21世纪高校网络与新媒体专业系列教材

编委会

总 主 编	石长顺
副 主 编	郭 可　支庭荣
主编单位	华中科技大学
	上海外国语大学
	暨南大学
	华南理工大学
	武汉理工大学
	河南工业大学
	沈阳体育学院
	广州大学
编委会成员	（按英文字母顺序排序）

陈冠兰　陈沛芹　陈少华　单文盛　郭　可
韩　锋　何志武　黄少华　惠悲荷　季爱娟
李　芳　李　军　李文明　李秀芳　梁冬梅
鲁佑文　尚恒志　石长顺　唐东堰　王　艺
肖赞军　杨　娟　杨　溟　尹章池　于晓光
余　林　张合斌　张晋升　张　萍　郑传洋
郑勇华　支庭荣　周建青　邹　英

河南省"十四五"普通高等教育规划教材

网络与新媒体广告（第二版）

尚恒志　主　编
张合斌　康初莹　副主编

图书在版编目（CIP）数据

网络与新媒体广告 / 尚恒志主编 . —2 版 . —北京：北京大学出版社，2022.5
21 世纪高校网络与新媒体专业系列教材
 ISBN 978–7–301–33008–1

Ⅰ . ①网… Ⅱ . ①尚… Ⅲ . ①网络广告 – 高等学校 – 教材 ②传播媒介 – 广告 – 高等学校 – 教材 Ⅳ . ① F713.8

中国版本图书馆 CIP 数据核字 (2022) 第 080126 号

书　　名	网络与新媒体广告（第二版）
	WANGLUO YU XINMEITI GUANGGAO（DI-ER BAN）
著作责任者	尚恒志　主编
责 任 编辑	李淑方
标 准 书号	ISBN 978–7–301–33008–1
出 版 发行	北京大学出版社
地　　址	北京市海淀区成府路 205 号　100871
网　　址	http://www.pup.cn　　　　新浪微博：@ 北京大学出版社
微信公众号	通识书苑（微信号：sartspku）　科学元典（微信号：kexueyuandian）
电 子 邮箱	编辑部 jyzx@pup.cn　　　　总编室 zpup@pup.cn
电　　话	邮购部 010–62752015　发行部 010–62750672　编辑部 010–62767857
印 刷 者	三河市博文印刷有限公司
经 销 者	新华书店
	787 毫米 ×1092 毫米　16 开本　17.5 印张　380 千字
	2018 年 6 月第 1 版
	2022 年 5 月第 2 版　2024 年 5 月第 2 次印刷
定　　价	59.00 元

未经许可，不得以任何方式复制或抄袭本书之部分或全部内容。
版权所有，侵权必究
举报电话：010–62752024　电子邮箱：fd@pup.cn
图书如有印装质量问题，请与出版部联系，电话：010–62756370

总　　序

教育部在2012年公布的本科专业目录中,首次在新闻传播学学科中列入特设专业"网络与新媒体",这是自1998年以来为适应社会发展需要,该学科新增的两个专业之一(另一个为数字出版专业)。实际上,早在1998年,华中科技大学就面对互联网新媒体的迅速崛起和新闻传播业界对网络新媒体人才的急迫需求,率先在全国开办了网络新闻专业(方向)。当时,该校新闻与信息传播学院在新闻学本科专业中采取"2+2"方式,开办了一个网络新闻专业(方向)班,面向华中科技大学理工科招考二年级学生,然后在新闻与信息传播学院继续学习两年专业课程。首届毕业学生受到了业界的青睐。

在教育部新颁布《普通高等学校本科专业目录(2012)》之后,全国首次有28所高校申办了网络与新媒体专业并获得教育部批准,继而开始正式招生。招生学校涵盖"985"高校、"211"高校和省属高校、独立学院四个层次。这28所高校的网络与新媒体专业,不包括同期批准的45个相关专业——数字媒体艺术和此前全国高校业已存在的31个基本偏向网络新闻方向的传播学专业。2014年、2015年、2016年、2017年又先后批准了20、29、47和36所高校网络与新媒体专业招生,加上2011年和2012年批准的9所高校新媒体与信息网络专业招生,到2018年全国已有169所高校开设了网络与新媒体专业。

媒体已成为当代人们生活的一部分,并逐渐走向21世纪的商业和文化中心。数字化媒体不但改变了世界,改变了人们的通信手段和习惯,也改变了媒介传播生态,推动着基于网络与新媒体的新闻传播学教育改革与发展,成为当代社会与高等教育研究的重要领域。尼葛洛庞帝于《数字化生存》一书中提出的"数字化将决定我们的生存"的著名预言(1995),在网络与新媒体的快速发展中得到应验。

中国互联网络信息中心(CNNIC)2019年8月发布的第44次《中国互联网络发展状况统计报告》显示,截至2019年6月,我国网民规模已达8.54亿,较2018年年底增长2598万,互联网普及率达61.2%,较2018年底提升1.6个百分点。互联网用户规模的迅速发展,标志着网络与新媒体技术正处在一个不断变化的流动状态,且其低门槛的进入使人与人之间的交往变得更为便捷,世界已从"地球村"走向了"小木屋",时空概念的消解正在打破国家与跨地域之间的界限。加上我国手机网民数量持续增长,手机网民规模已达8.47亿,较2018年年底增长2984万,网民使用手机上网的比例达99.1%,较2018年年底提升0.5个百分点。这是否更加证明移动互联网时代已经到来,"人人都是记者"已成为现实?

网络与新媒体的发展重新定义了新媒体形态。新媒体作为一个相对的概念,已从早期的广播与电视转向互联网。随着数字技术的发展,新媒体更新的速度与形态的变化时间越来越短(见图1)。当代新媒体的内涵与外延已从单一的互联网发展到网络广播电视、手机电视、微博、微信、互联网电视等。在网络环境下,一种新的媒体格局正在出现。

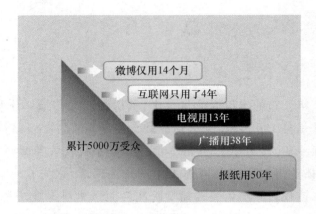

图1　各类媒体形成"规模"的标志时间

　　基于网络与新媒体的全媒体转型也正在迅速推行,并在四个方面改变着新闻业,即改变着新闻内容、改变着记者的工作方式、改变着新闻编辑室和新闻业的结构、改变着新闻机构与公众和政府之间的关系。相应地也改变着新闻和大众传播教育,包括新闻和大众传播教育的结构、教育者的工作方式和新闻传播学专业讲授的内容。

　　为使新设的"网络与新媒体"专业从一开始就走向规范化、科学化的发展建设之路,加强和完善课程体系建设,探索新专业人才培养模式,促进学界之间的教学交流,共同推进网络与新媒体专业教育,由华中科技大学广播电视与新媒体研究院及华中科技大学武昌分校(现更名为"武昌首义学院")主办,北京大学出版社承办的"全国高校网络与新媒体专业学科建设"研讨会,于2013年5月25—26日在武汉举行。参加会议的70多名高校代表就网络与新媒体专业培养模式、网络与新媒体专业主干课程体系等议题展开了研讨,通过全国高校之间的学习对话,在网络与新媒体专业主干课和专业选修课的设置方面初步达成一致意见,形成了网络与新媒体专业新建课程体系。

　　网络与新媒体主干课程共14门:网络与新媒体(传播)概论、网络与新媒体发展史、网络与新媒体研究方法、网络与新媒体技术、网页设计与制作、网络与新媒体编辑、全媒体新闻采写、视听新媒体节目制作教程、融合新闻学、网络与新媒体运营与管理、网络与新媒体用户分析、网络与新媒体广告策划、网络法规与伦理、新媒体与社会等。

　　选修课程初定8门:西方网络与新媒体理论、网络与新媒体舆情监测、网络与新媒体经典案例、网络与新媒体文学、动画设计、数字出版、数据新闻挖掘与报道、网络媒介数据分析与应用等。

　　这些课程的设计是基于当时全国28所高校网络与新媒体专业申报目录、网络与新媒体专业的社会调查,以及长期相关教学研究的经验讨论而形成的,也算是首届会议的一大收获。新专业建设应教材先行,因此,在这次会议上应各高校的要求,组建了全国高校网络与新媒体专业"十二五"规划教材编写委员会,全国参会的26所高校中有50多位学者申报参编教材。在北京大学出版社领导和李淑方编辑的大力支持下，经过个人申报、会议集体审议，初步确立了30余种教材编写计划。这套网络与新媒体专业"十二五"规划系列教材包括：

《网络与新媒体概论》《西方网络与新媒体理论》《新媒体研究方法》《融合新闻学》《网页设计与制作》《全媒体新闻采写》《网络与新媒体编辑》《网络与新媒体评论》《新媒体视听节目制作》《视听评论》《视听新媒体导论》《出镜记者案例分析》《网络与新媒体技术应用》《网络与新媒体经营》《网络与新媒体广告》《网络与新媒体用户分析》《网络法规与伦理》《新媒体与社会》《数字媒体导论》《数字出版导论》《网络与新媒体游戏导论》《网络媒体实务》《网络舆情监测与分析》《网络与新媒体经典案例评析》《网络媒介数据分析与应用》《网络播音主持》《网络与新媒体文学》《网络与新媒体营销传播》《网络与新媒体实验教学》《网络文化教程》《全媒体动画设计赏析》《突发新闻教程》《文化产业概论》等。

这套教材是我国高校新闻教育工作者探索"网络与新媒体"专业建设规范化的初步尝试，它将在网络与新媒体的高等教育中不断创新和实践，不断修订完善。希望广大师生、业界人士不吝赐教，以便这套教材更加符合网络与新媒体的发展规律和教学改革理念。

石长顺
2014年7月
2019年9月修改
(作者系华中科技大学广播电视与新媒体研究院院长、教授；
武昌首义学院副校长，兼任新闻与文法学院院长)

第二版序言

　　2022年是互联网进入中国第二十八个年头，互联网构造的新媒体传播情境对广告产业进行着不断的塑造，尤其是近年来5G的出现，大数据与人工智能的广泛应用，对新媒体广告实践领域与教育教学带来更多新视角。《网络与新媒体广告》第一版自从2018年7月出版后，河南、山东、湖北、广东、湖南、河北等十余个省份的高校新闻传播学院均采用此教材作为学生的用书，在使用过程中同仁们表达高度认可的同时，也提出结合新近行业变化进行修订的建议。2020年教材荣获河南省首届教材建设二等奖，同时获河南省普通高等教育"十四五"规划教材立项。

　　因此，第二版在第一版基础上进行了认真的修订，立足一流本科专业、一流课程、课程思政等新时代高等教育新理念，结合新文科建设的规范，更新了互联网及新媒体广告行业统计数据，增加了人工智能大数据与计算广告、信息流广告的章节，补充了广告法近年研究中关于互联网新媒体广告方面的新成果等，同时也完善了课程PPT，规划建设慕课，在课后实践中融入新文科与课程思政环节。

　　第二版修订工作总体由尚恒志和张合斌统筹组织完成。其中，第一、二、七章由张合斌修订完成，第三章由许俊义修订完成，第四章由孙晓韵修订完成，第五章由康初莹修订完成，第六章由邢中玲修订完成。统稿审稿与校对工作由尚恒志、张合斌、康初莹统筹，组织指导2021级硕士研究生张高沿、杨壹婕、任昱炎、李梓正、周笑楠、冯程程、于浩玥、成鑫等完成。

　　互联网行业与网络新媒体广告领域之变化未有尽头，因此本教材未尽之处敬请全国同仁批评指正。

第一版前言

在世界范围内,网络与新媒体广告发轫于1994年的美国。1994年10月14日,美国著名的《连线》(Wired)杂志推出了网络版《热连线》(Hotwired),其主页上开始有AT&T等14个客户的网幅广告(Banner)。这是世界广告史上一个里程碑式的事件。1997年3月,中国的比特网(ChinaByte)网站主页出现了Intel和IBM的468×60像素动画网幅广告,这是中国第一个网络与新媒体广告。

2017年是互联网进入中国的第二十三年头。二十年中,"网络媒体""新媒体""新兴媒体""网络与新媒体"等词语被用以描述媒介新变化,然而国内外学界和业界尚对"网络与新媒体"缺乏比较统一的认识,更没有较为权威的概念解读。目前达成的共识是:网络是新媒体的重要领地,新媒体所包含的形式远远超越目前传统及移动互联网所呈现的形态。新媒体是相对的概念,其内涵与外延不断地变化,也不断地被革新,昔日曾经所谓的新媒体可能今天就已经不再是新媒体,因此以新媒体为载体的网络与新媒体广告也将不断被创新。

2017年1月22日,中国互联网络信息中心(CNNIC)发布第39次《中国互联网络发展状况统计报告》显示:截至2016年12月31日,我国网民数量规模达到7.31亿人,普及率达53.2%;手机网民规模达6.95亿人,网民中使用手机上网的人群占比提升至95.1%,手机网民规模继续保持稳定增长。同时,近年来网络跻身主流媒体行列,在促进公民获取信息、拓展人际交往、鼓励社会参与、提供实际生活便利等方面发挥的作用较为突出。因此,对中国乃至全球而言,一个普遍意义上的网络与新媒体时代已经到来!

2013年10月在徐州召开的"2013—2017年新闻传播学类专业教学指导委员会第二次全体会议"指出,目前全国高校新闻传播学类专业布点1080个,在校本科生23万。目前国内1080所高校设新闻与传播类7个本科专业,其中307所高校设有新闻学专业,225所高校设广播电视学专业,365所高校设广告学专业,55所高校设传播学专业,80所高校设编辑出版专业,110所高校设网络与新媒体专业。在网络的深远影响下,当前的广告教育如何把网络新媒体的技术与理念系统地传授给广大学子,是值得学界深入探讨的具有较强现实意义的课题。

目前,从高校的培养方式来看,主要有把行业实习融合到相关课程中或单列课程讲授等形式,往往缺乏整体观和系统性。从业界相关情况来看,传统媒体在实施新媒体化战略的进程中亟须学界对其人员进行网络传播相关业务的培训,而实践中相关理论与方法的支持薄弱。鉴于此,立足于新闻传播教育需要的网络媒体教材的编写尤为重要。

当前全国高校的新闻院系中均开设与网络新媒体广告相关的课程,该课程是广学专业和网络与新媒体专业的主干课程,也是新闻与传播类其他专业的主要选修课程。网络技术发展迅速,与此相关的传播理念与形式也相应变化较快,但综观目前国内已出版的网络新媒体广告教材,均没有较新版本出现。把网络新媒介传播学界、新媒体广告业界、互联网技术领域的最新研究成果以教材内容的形式介绍给学生,关系到新闻与传播类专业学生网络新媒体广告素养与技能的培养。

2014年3月22日,时任教育部副部长的鲁昕在中国发展高层论坛上表示我国即将出台方案,实现学术、技术两种类型高考模式。与之相应的是高校人才培养模式的转变。与全国著名新闻院系着力培养研究型人才不同,近年来省属高校新设立的新闻院系则以培养应用型人才为主。课程教材必须服务于人才培养定位之需要,必须满足于业界渴求业务型广告传媒人才之需要。教材编写与课程讲授中均应围绕网络新媒体广告的相关核心理论,使学生构建起广告媒体理念,同时着重培养学生对网络新媒体广告业务的驾驭能力。

基于将网络媒体新变化新需求融入广告传媒专业教育的考量,我们编写了《网络与新媒体广告》一书。本书力求既能立足于互联网技术理念的新变化,又能覆盖网络媒体广告岗位的工作要求,具体分为网络与新媒体溯源、网络与新媒体广告概述、网络与新媒体广告类型、网络与新媒体广告经营与盈利模式、网络与新媒体广告的策划与创意、网络与新媒体广告设计与制作、网络与新媒体广告发布与测评等七章内容。今后几年编者将努力尝试编写一系列面向应用型本科院校的新闻与传播类专业网络新媒体系列教材。参与编写本书的人员都是在高校专门从事网络新媒体方面教学研究的一线教师,拥有多年的网络媒体业务实践或与之相关的教学及研究经验。

本书策划设计组织、编写提纲审定、前言由尚恒志教授和张合斌副教授(河南工业大学)、郑州电视台梁杰完成;第一章、第二章由张合斌撰写;第三章由许俊义(河南工业大学)撰写;第四章由孙晓韵(河南工业大学)撰写;第五章由康初莹(河南工业大学)撰写;第六章由邢中玲(河南工业大学)撰写;第七章由张合斌撰写。

尚恒志、张合斌和梁杰完成了本书的审稿统稿工作。

本书是探路之作,在编写过程中,编者借鉴了国内外新闻传播学者和各级各类网络媒体网站近年来出版或登载的关于互联网或网络媒介传播的广告传播研究的相关成果,在此一并表示衷心感谢。

由于时间仓促,水平有限,书中不足之处在所难免,敬请读者批评指正。衷心希望本书能对读者有所帮助,也期待更多更精彩的网络与新媒体广告的著述问世。

尚恒志

2017年2月

目 录

第一章 网络与新媒体溯源 ·· 1
  第一节 什么是网络与新媒体 ·· 1
    一、什么是网络 ·· 1
    二、什么是新媒体 ·· 2
    三、新媒体的构成要素 ·· 4
    四、对网络与新媒体的理解 ·· 5
  第二节 网络与新媒体的特征 ·· 6
    一、传播与更新速度快 ·· 6
    二、信息量大、内容丰富 ·· 7
    三、低成本、全球传播 ·· 7
    四、检索便捷 ·· 7
    五、多媒体化 ·· 7
    六、超文本、超媒体 ·· 8
    七、互动性强 ·· 8
  第三节 全球网络与新媒体发展历程 ······································ 8
    一、第一阶段——技术准备阶段:1969 年前 ······························ 9
    二、第二阶段——初步形成阶段:1969—1985 年 ·························· 9
    三、第三阶段——渐进发展阶段:1986—1994 年 ························· 10
    四、第四阶段——规模高速扩张阶段:1995—2002 年 ····················· 10
    五、第五阶段——Web 2.0 及媒体融合阶段:2003—2009 年 ··············· 13
    六、第六阶段——移动互联网阶段:2009 年迄今 ························· 14
  第四节 中国网络与新媒体发展历程 ····································· 14
    一、第一阶段——史前阶段:1994 年前 ································· 15
    二、第二阶段——互联网 1.0 阶段:1994—2000 年 ······················· 17
    三、第三阶段——互联网 2.0 阶段:2001—2008 年 ······················· 18
    四、第四阶段——互联网 3.0 阶段:2009 年迄今 ························· 20

第二章 网络与新媒体广告概述 ··· 29
  第一节 网络与新媒体广告的定义 ······································· 29

一、网络与新媒体广告的技术定义 …………………………………………… 29
　　二、网络与新媒体广告的法律定义 …………………………………………… 30
　第二节　网络与新媒体广告的特性 ……………………………………………… 31
　第三节　网络与新媒体广告的发展历史与现状 ………………………………… 33
　　一、美国网络与新媒体广告的发展历史与现状 ……………………………… 34
　　二、中国网络与新媒体广告的发展历史与现状 ……………………………… 34
　第四节　网络与新媒体广告的新理论 …………………………………………… 38
　　一、蓝海战略 …………………………………………………………………… 38
　　二、长尾理论 …………………………………………………………………… 40
　　三、SNS 理论 …………………………………………………………………… 42
　　四、整合营销传播理论 ………………………………………………………… 46
　　五、创意传播管理理论 ………………………………………………………… 53
　　六、人工智能大数据与计算广告 ……………………………………………… 59

第三章　网络与新媒体广告类型 …………………………………………………… 63
　第一节　Web 互联网类型广告 …………………………………………………… 63
　　一、网幅广告 …………………………………………………………………… 63
　　二、企业网站广告 ……………………………………………………………… 65
　　三、关键字广告 ………………………………………………………………… 67
　　四、搜索引擎广告 ……………………………………………………………… 68
　　五、电子邮件广告 ……………………………………………………………… 71
　　六、网络游戏内置广告 ………………………………………………………… 75
　　七、网络广播广告 ……………………………………………………………… 78
　　八、流媒体广告 ………………………………………………………………… 82
　　九、富媒体广告 ………………………………………………………………… 84
　第二节　Wap 互联网类型广告 …………………………………………………… 87
　　一、手机广告 …………………………………………………………………… 87
　　二、微博广告 …………………………………………………………………… 89
　　三、微信广告 …………………………………………………………………… 92
　　四、二维码广告 ………………………………………………………………… 97
　第三节　其他新媒体类型广告 …………………………………………………… 100
　　一、户外广告 …………………………………………………………………… 100
　　二、楼宇广告 …………………………………………………………………… 101
　　三、移动电视广告 ……………………………………………………………… 103
　　四、行为广告 …………………………………………………………………… 106
　　五、智媒广告 …………………………………………………………………… 107

第四章　网络与新媒体广告经营与盈利模式　111
第一节　互联网企业盈利模式　111
第二节　新媒体时代广告的新特征　114
一、总量扩大，市场细化　114
二、新媒体特性带来新投放方式　115
第三节　门户网站的营销方式　118
一、综合性门户网站与垂直性门户网站　118
二、门户网站的盈利模式　118
第四节　搜索引擎的营销方式　119
一、百度竞价排名与凤巢系统　121
二、百度联盟　122
第五节　社交网站和视频网站的营销方式　125
一、社交网站的营销方式　125
二、视频网站的营销方式　126
第六节　信息流广告——移动营销时代的新广告形式　129
一、移动营销新技术：信息流广告　129
二、信息流广告的特征　131
三、利用大数据提升原生广告投放精准度　131
第七节　新媒体时代广告代理的新动向　136
一、网络与新媒体广告代理模式　136
二、网络与新媒体广告代理服务商发展趋势　138

第五章　网络与新媒体广告的策划与创意　143
第一节　网络与新媒体广告的战略策划　143
一、网络与新媒体广告战略策划概述　143
二、网络与新媒体广告战略目标　146
三、网络与新媒体广告战略设计　148
四、网络与新媒体广告预算策划　154
第二节　网络与新媒体广告的策略策划　161
一、网络与新媒体广告目标市场策略　161
二、网络与新媒体广告定位策略　163
三、网络与新媒体广告诉求策略　165
四、网络与新媒体广告表现策略　170
第三节　网络与新媒体广告的创意　179
一、网络与新媒体环境下广告创意理念的变革特征　179
二、网络与新媒体广告的创意形态　183

三、网络与新媒体广告创意策略 ……………………………………………… 186
　第四节　网络与新媒体广告的文案创意 …………………………………………… 190
　　一、网络与新媒体时代广告文案的主流特征 …………………………………… 190
　　二、网络与新媒体平台下广告文案的主要形式 ………………………………… 191
　　三、网络与新媒体广告文案的创意原则 ………………………………………… 192
　　四、网络与新媒体广告创作技法 ………………………………………………… 193

第六章　网络与新媒体广告设计与制作　200
　第一节　网络与新媒体广告的设计 ………………………………………………… 200
　　一、网络与新媒体广告的设计方法 ……………………………………………… 200
　　二、网络与新媒体广告的艺术表现手法 ………………………………………… 203
　第二节　网络与新媒体广告制作 …………………………………………………… 206
　　一、Flash 广告的制作流程 ……………………………………………………… 206
　　二、微电影广告制作流程 ………………………………………………………… 214
　　三、三维动画微广告制作流程 …………………………………………………… 218
　　四、信息流广告设计制作流程 …………………………………………………… 226

第七章　网络与新媒体广告发布与测评　234
　第一节　网络与新媒体广告的发布 ………………………………………………… 234
　　一、网络与新媒体广告的发布方式 ……………………………………………… 234
　　二、网络与新媒体广告发布的误区 ……………………………………………… 240
　　三、网络与新媒体广告发布规范管理 …………………………………………… 241
　第二节　网络与新媒体广告的效果测评 …………………………………………… 247
　　一、网络与新媒体广告效果测评及其意义 ……………………………………… 247
　　二、网络与新媒体广告效果测评的原则 ………………………………………… 248
　　三、网络与新媒体广告效果测评的特点 ………………………………………… 248
　　四、网络与新媒体广告效果测评数据的获取 …………………………………… 250
　　五、网络与新媒体广告效果测评的内容及指标 ………………………………… 251
　第三节　手机广告效果测评 ………………………………………………………… 255
　　一、手机广告媒介层次的评价指标体系 ………………………………………… 256
　　二、手机广告受众层次的评价指标体系 ………………………………………… 258
　　三、手机广告设计开发制作层次评价指标体系 ………………………………… 259
　　四、手机广告商品方层次评价指标体系 ………………………………………… 260
　　五、手机广告传播效果测评的具体应用 ………………………………………… 260
　第四节　网络与新媒体广告效果测评发展趋势 …………………………………… 261

第一章 网络与新媒体溯源

> **学习目标**
> 1. 熟悉网络与新媒体的基本含义。
> 2. 掌握网络与新媒体的基本特征。
> 3. 全面系统了解全球及中国网络与新媒体的发展历程和重大事件。

20世纪60年代后期互联网出现,随后计算机技术与网络技术日渐成熟,将全球带进了网络化时代。互联网改变了人们的生活,颠覆了传统媒体的信息传播规律,催生了新的媒体形式,形成了迥然于既往的传播格局,有力地推动着广告传媒行业的深刻变革,产生了新的广告形态,促进广告行业进入历史发展新阶段。通过本章的学习,读者将初步了解网络与新媒体的基础知识、基本特征等内容,系统了解全球及中国网络与新媒体的发展历程,为网络与新媒体广告的后续学习做好知识铺垫。

第一节 什么是网络与新媒体

在系统了解网络与新媒体广告专业知识之前,需要对网络与新媒体的相关基本概念进行初步了解。

一、什么是网络

网络是由节点和连线构成的,表示诸多对象及其相互联系。在数学上,网络是一种图,一般专指加权图。网络除了数学定义外,还有具体的物理含义,即网络是从某种相同类型的实际问题中抽象出来的模型,而一般我们说的网络是对计算机网络的简称。在计算机领域,网络是信息传输、接收、共享的虚拟平台,通过它把各个点、面、体的信息联系到一起,从而实现资源共享。

(一)什么是计算机网络

计算机网络最简单的定义是:相互连接的、以共享资源为目的的、自治的计算机的集合。最简单的计算机网络是只有两台计算机和连接它们的一条链路,即两个节点和一条链路。因为没有第三台计算机,因此不存在交换的问题。最庞大的计算机网络就是因特网,它由非常多的计算机网络通过许多路由器互联而成,因此因特网也称为"网络的网络"。另外,从网络媒介的角度,可以将计算机网络看作是由多台计算机通过特定的设备与软件连接起来的一种新的传播媒介。网络由承担通信的通信子网和承担数据处理、存储的资源子网组成。通信子网的主要任务是完成数据的传输、转发和通信的控制。而资源子网负责全网的数据处理和计算,向网络用户提供数据的处理、存储、管理、输入、输出等功能,提供各种网络资源和网络服务,以最大限度共享全网络资源。

(二) 计算机网络的功能

计算机网络的主要功能有4个,最基本的功能是资源共享和实现数据通信,另外还有均衡负荷与分布处理,以及综合信息服务的功能。资源共享是人们建立计算机网络的主要目的。计算机资源包括硬件资源、软件资源和数据资源。硬件资源的共享可以提高设备的利用率,避免设备的重复投资,如利用计算机网络建立网络打印机;软件资源和数据资源的共享可以充分利用已有的信息资源,减少软件开发过程中的劳动,避免大型数据库的重复设置。数据通信是指利用计算机网络实现不同地理位置的计算机之间的数据传送。均衡负荷与分布处理是指当计算机网络中的某个计算机系统负荷过重时,可以将其处理的任务传送到网络中的其他计算机系统中,以提高整个系统的利用率。对于大型的综合性的科学计算和信息处理,可通过适当的算法,将任务分散到网络中不同的计算机系统上进行分布式处理。综合信息服务是指在当今的信息化社会中,各行各业每时每刻都会产生大量的信息,需要及时处理,而计算机网络在其中起着十分重要的作用。

二、什么是新媒体

什么是新媒体?怎样定义新媒体?学界到目前为止并没有一个统一的界定。一般而言,新媒体是一个与传统媒体相对的概念,是继报纸、广播、电视等传统媒体之后发展起来的新型媒体形态。

新媒体的概念从何而来?这要追溯到40多年前。新媒体(New Media)一词最先由美国哥伦比亚广播电视网(CBS)技术研究所所长P.戈尔德马克(P. Goldmark)于1967年在一份商品开发计划中提出。在这份开发电子录像(Electronic Video Recording,EVR)的商品计划书中,戈尔德马克将电子录像称为新媒体,"新媒体"一词便由此诞生。

那么"新媒体"一词是如何发扬光大的呢?这要归功于美国传播政策总统特别委员会主席E.罗斯托(E. Rostow)。1969年,在罗斯托向尼克松总统提交的报告书中,多次使用"New Media"一词,使得"新媒体"一词开始在美国社会流行,并迅速扩展到全世界。

然而,"新媒体"一词真正为世人熟知并广泛应用则是从近年来开始。随着数字信息技术的飞速发展和新兴媒介形态不断涌现,新媒体逐渐成为统称这些新兴媒体的代名词。在人们使用"新媒体"称呼那些继传统媒体之后出现的新兴媒体,或是描述由其带来的传播生态环境变化的同时,国内外对于"新媒体"的定义却始终无法统一。

与传播学、新闻学相关的各类研究机构、组织及专家、学者、媒介实践者都纷纷从各自不同的领域及角度出发对"新媒体"的概念加以界定。一开始,对"新媒体"的概念界定都十分简短:联合国教科文组织给出"新媒体就是网络媒体"的定义;美国《连线》杂志将新媒体定义为"所有人对所有人的传播(communications for all, by all)";华纳兄弟总裁施瓦茨威格认为"新媒体就是非线性播出的媒体"。

此后,《圣何塞水星报》的专栏作家丹·吉尔摩(Dan Gillmor)为"新媒体"的概念界定加入了新的元素——数字技术,他认为"新媒体"应该是数字技术在传播中广泛应用后产生的新概念。尽管"新媒体"之"新"是相对于传统媒体之"旧"而言的,但并不是只要有新的媒介形式出现就会被称为"新媒体"。直到 Web 2.0 的诞生,信息的传播方式及范围发生了革命性的改变,这种传播生态的改变使得人类信息社会进入"自媒体"时代,这才产生了真正意义上的"新媒体"。

继丹·吉尔摩之后,"技术"逐渐成为"新媒体"概念中一个必不可少的要素。

互联网实验室(chinalabs.com)对"新媒体"的定义如下:"新媒体是基于计算机技术、通信技术、数字广播等技术,通过互联网、无线通信网、数字广播电视网和卫星等渠道,以电脑、电视、手机、个人数字助理(PDA)、视频音乐播放器(MP4)等设备为终端的媒体。能够实现个性化、互动化、细分化的传播方式,部分新媒体在传播属性上能够实现精准投放、点对点的传播,如新媒体博客、电子杂志等。"[①]

中国传媒大学黄升民教授认为,构成新媒体的基本要素是基于网络和数字技术所构筑的三个无限——需求无限、传输无限和生产无限,由此形成的利润链促使传媒产业进入完全竞争的状态。因此,新媒体是建立在数字技术和网络技术基础之上的,延伸出来的各种媒体形式。技术是"新"的最根本体现,并会表现在形式上,譬如:互联网就是一个全新的媒体形式,但是电子报纸、手机电视等就是在旧媒体(传统媒体)的基础上通过技术革新所达到的媒介形式的融合。

清华大学新闻与传播学院熊澄宇教授提出,今天的新媒体是在计算机信息处理技术基础之上产生和发挥影响的媒体形态,包括网络媒体和其他数字媒体形式。所谓新媒体,或称数字媒体、网络媒体,是建立在计算机信息处理技术和互联网基础之上,发挥传播功能的媒介总和;它除具有报纸、电台、电视等传统媒体的功能外,还有交互、即时、延展和融合的新特征。[②] 互联网用户既是信息的接收者,同时也是信息的提供者和发布者。因而网络媒体不再局限于大众媒体的范畴,而是逐渐转化成为融合了大众传播、组织传播和人际传播方式的全方位立体化的新型媒介形式。

除了技术要素之外,上海交通大学的蒋宏教授和徐剑于 2006 年从内涵和外延两方面对新媒体做出了界定。他们认为,就内涵而言,新媒体是指 20 世纪后期在世界科学技术发生巨大进步的背景下,在社会信息传播领域出现的,建立在数字技术基础上的,能使传播信息大大扩展、传播速度大大加快、传播方式大大丰富的,与传统媒体迥然相异的新型媒体;就外延而言,新媒体包括光纤电缆通信网、有线电视网、图文电视、电子计算机通信网、大型电脑数据库通信系统、卫星直播电视系统、互联网、手机短信、多媒体信息的互动平台、多媒体技术广播网等。[③]

---

① 互联网实验室.中国新媒体发展研究报告(2006—2007)[R].2007.
② 匡文波.新媒体"概念辨析"[J].国际新闻界.2008(06).
③ 赵凯.解码新媒体[M].上海:文汇出版社,2007.

不仅专业机构和学者对"新媒体"各执己见,一些媒体行业的从业者也结合自身实践,表达了他们对于"新媒体"的不同看法。

阳光媒体、红岩资本投资集团的创始人吴征认为,消解力量是新媒体相对于旧媒体而言所显现出来的第一个特点。这种消解力量可表现为:消解传统媒体(报纸、广播、电视、通信)之间的边界,消解国家之间、社群之间、产业之间的边界,以及消解信息传受者之间的边界等。因此,吴征所认为的新媒体是一种既超越了电视媒体的广度,又超越了印刷媒体的深度的媒体,而且由于其高度的互动性、个人性及感知方式的多样性,使其具备了从前任何媒体都不曾具备的力度。从狭义角度而言,新媒体就是互动式数字化复合媒体。

辽宁电视台数字电视技术总监赵季伟在其《"新媒体传播学"初步研究要点》中对新媒体做了如下界定:借助于数字化的语言能力,将不确定的自信息按信宿的需求迅速转化为主观内容,并寓于各种形式的传播方式和业务服务之中,它们被称为新媒体。[①]

曾任博客大巴(BlogBus)副总裁兼首席运营官的魏武挥从受众的角度出发,将新媒体定义为受众可以广泛且深入参与(主要是通过数字化模式)的媒体形式。

任职中央电视台的资深媒体人杨继红则从新媒体的特征出发,通过对新媒体特征的描述及归类,遴选出最具代表性和概括性的特征对新媒体进行定义:新媒体是基于数字基础的、非线性传播的、能够实现交互、具有互联传播特性的传播方式和交互传播的组织机构。[②]

此外,四川大学出版社的《传播学关键术语释读》,也将"New Media"一词收录其中,译为"新媒介"。该书将新媒介定义为以电脑技术为核心的传播载体,主要指光纤电缆、大型电脑数据通信系统、通信卫星和卫星直播电视系统、高清晰电视以及 20 世纪 90 年代迅猛兴起成长的互联网、多媒体等,其中互联网是主体。[③] 新媒介和传统媒介(印刷媒介、声音媒介、图像媒介)不同,它把文字、图形、声音、图像结合在一起,实现了 20 世纪中叶以来人类传播中媒介层面的新突破,也推进了人类社会信息化的进程。

从以上这些对"新媒体"的定义中可以看出,新媒体是一个相对的且不断变化的概念。它在时间上具有相对性,并随着技术的革新而不断更新。这些百家之言大致可概括为两类:一类是从技术层面(如数字技术、网络技术等)对新媒体进行界定;另一类则是从与传统媒体的比较优势出发来定义新媒体,例如传播的高速度、高共享性、高互动性以及信息的多媒体化等。

三、新媒体的构成要素

不管人们怎样定义新媒体,通过了解各种有关"新媒体"的界定及"新""旧"媒体的区别,可以肯定的一点是:新媒体是相对于已经存在的媒介形态而言的,并且其媒介形态

[①] 赵季伟."新媒体传播学"初步研究的要点[A].中国电影电视技术学会影视技术文集.2007.
[②] 杨继红.谁是新媒体[M].北京:清华大学出版社,2008.
[③] 黄晓钟,杨效宏,冯刚.传播学关键术语解读[M].成都:四川大学出版社,2005.

会随着技术革新、媒介融合等原因不断变化及发展。尽管目前尚不能对"新媒体"的概念进行统一的界定,但其构成要素还是相对清晰的:

其一,数字技术和网络技术的应用。新媒体是建立在数字技术和网络技术之上而产生的媒介形态。计算机信息处理技术是新媒体的基础平台,互联网、卫星网络、移动通信等则作为新媒体的运作平台,通过有线或无线通道的方式进行信息的传播。

其二,多媒体的呈现方式。新媒体在信息传播的方式上往往融合了声音、文字、图形、影音等多种媒体的呈现形式,通过高科技的传播平台,实现跨媒体、跨时空的信息传播,彻底打破了时空界限,满足用户多方位的需求。

其三,互动性。作为区分"新""旧"媒体的重要参考因素,新媒体因其良好的交互性而备受人们的推崇。在新媒体时代,人们不再是被动接收信息的受众,而是成为能自由传播、选择及接收信息的媒体用户,充分显现了新媒体人性化的一面。

其四,创新的商业模式。新媒体兼具技术平台和媒体机构双重身份,与传统媒体相比,新媒体在技术、运营、产品、服务等领域可以充分利用高新科技平台,不断丰富和创新商业模式,从而有助于自身的运营。

其五,媒介间的融合。新媒体的种类有很多,包括次第出现的网络媒体、有线数字媒体、无线数字媒体、卫星数字媒体、无线移动媒体等;其典型特征是在数字化基础上各种媒介形态的融合和创新,如手机电视、网络电视等,通常具有互动性。[1] 同时,媒介融合也使得传统媒体可以借助数字技术转变为具有互动性的新媒体,比如电视可以升级为数字互动电视。

四、对网络与新媒体的理解

各类专家学者及媒体从业者对新媒体的诸多定义,从某种程度上体现出"新媒体"的研究热潮。在新闻传播教育教学领域2011年开设的"新媒体与信息网络"本科专业和2013年开设的"网络与新媒体"本科专业更是催生了新的概念,带来了新的争议,不免会给受众及学习者带来些许困扰。中国人民大学的匡文波教授对当前的各种新媒体定义颇有微词,他认为目前对新媒体的界定中存在的最大问题就是界定过宽且逻辑混乱。

曾有人把近十年内基于技术变革出现的一些新的传播形态,或一直存在但长期未被社会发现传播价值的渠道、载体称作新媒体。这样就会将目前存在的一些新型媒介都混为一谈,手机电视、网络电视、博客、播客、楼宇电视、车载移动电视、光纤电缆通信网、都市型双向传播有线电视网、高清晰度电视、互联网、手机短信、数字杂志、数字报纸、数字广播、数字电视、数字电影、触摸媒体等均被列入新媒体。

事实上,并非所有新出现的媒体都能称为"新媒体"。尽管广播、电视相对于报纸而言在传播技术和信息表现形式上有了很大的创新,但由于其并没有改变媒介的传播生态,因此人们仍旧习惯地将广播、电视媒介与报纸媒介归为"传统媒体"。尽管究竟如何

---

[1] 石磊.新媒体概论[M].北京:中国传媒大学出版社,2009.

划分"新媒体"和"传统媒体"两个范畴,到目前仍没有一个统一的标准,但对其做一定的了解将有助于我们理解什么是新媒体。

网络新媒体的兴起,改变着人类社会的传播生态。受众不再只是传统媒体时代定位明确的信息接收者,而是由被动的信息消费者逐渐转化为自由的信息用户,既能根据自身喜好接收信息、发表观点,更重要的是能够成为信息的发布者。由此可见,交互性(Interactivity)是新媒体所有特性中最显著的一点。因此,用是否具备交互性的标准来衡量目前存在的各种新媒体形态,不难发现许多所谓的"新媒体"其实只是"以新形式包装的旧媒体",譬如车载移动电视、户外媒体、楼宇电视等,它们的本质同传统媒体一样,只是通过高新科技呈现出来罢了。

邵培仁教授认为,新媒介和过去的媒介既可以明显地区别开来,又有某种模糊性。明显的区别表现在:以网络媒体为代表的新媒体,由于其具有交互性、即时性、开放性、快捷性、分众化、个性化、多媒体等特点,因此与传统媒体相比具有良好的整合性、展示性及容纳性,这样就为受众提供了一个全新的、功能齐全的媒介综合平台,既融合了以往的媒介形式,又显现出信息覆盖面广、规模大、信息资源丰富等优势。而新旧媒体之间的模糊性则表现在:网络媒体蓬勃发展所带来的传播革命虽是上一轮传播革命的终点,却也是下一轮传播革命的新起点。在网络技术的基础上,人类传播历史上的全部媒介进行了一次整合和展示,同时也是对未来的传播媒介和形态的一次试验。邵培仁教授的解释可能更好地诠释了"网络与新媒体"这个概念的内涵与外延。

第二节 网络与新媒体的特征

网络与新媒体传播的基本技术特征是数字化,基本传播特征是互动性。网络与新媒体传播具有信息量大、使用方便、检索快速便捷、图文声像并茂、互动性强等特性,信息通过计算机网络高速传播,具有信息传播快、获取快、更新快等特性;并且具有计算机检索功能、超文本功能,是一种具有强大生命力的传播媒体,给人类社会带来了深刻的影响。网络与新媒体传播允许读者与作者之间进行网络交流,能及时反馈,改变了传统的学术交流方式。具体地说,网络与新媒体具有以下特征。

一、传播与更新速度快

网络与新媒体传播与更新速度比传统媒体更快。电视、广播的更新周期以小时或天计算,纸质报纸的出版周期以天甚至以周计算,纸质期刊与图书的更新周期更长;而网络与新媒体传播的更新周期可以用分秒计算。为适应新媒体的高速传播与更新速度,1997年,美国麻省理工学院教授尼古拉斯·尼葛洛庞帝(Nicholas Negroponte)与斯沃琪(Swatch)公司共同创造了一种新计时方式——互联网时间(Internet Time)。互联网时间将一天分成1000beat,1beat相当于1分26秒,以@符号表示,一天开始于@000,结束于@999。网络与新媒体传播可以做到同步传播与异步传播的统一。网络与新媒体的即时传播提高了新闻的时效性,其本身"接收的异步性"又方便受众随时随地接收信息。

二、信息量大、内容丰富

互联网能够使用户共享全球信息资源,可以说没有任何一种传统媒体在信息量上可以与海量信息的网络媒体相提并论。报纸若多印1万字内容,就需增加一个版,给印刷、排版、发行等带来很多问题。广播、电视更是这样,内容要准确到几秒、几十秒时间,字有时要算到几十个。网络与新媒体的传播则不同,存储数字信息的是大容量的硬盘。容量大的优势还体现在网络与新媒体传播的专题报道和数据库中,网络与新媒体传播几乎可以不限时不限量地贮存和传播信息,各种信息数据库使得读者可以对历史文件随时进行检索。对新闻传播来说,网络与新媒体传播的这一重要功能开拓了实施"深度报道"的新的纵深途径,它能够保证读者对新闻发生的广阔背景及所造成的影响进行全程观察。

三、低成本、全球传播

网络与新媒体传播突破地域、国界,而且传播成本低廉。无论从传播者的角度还是从受众的角度看,信息在网络上跨国传播与本地传播的成本与速度是相同的,这一点与传统媒体截然不同。纸质媒体、广播电视,虽然在理论上也能进行全球传播,但是其传播的成本与传播的距离成正比。网络与新媒体传播完全打破了传统的或者说物理上的空间概念,网络信息的传播实现了无阻碍化。世界变成了地球村,真实的地理隔离,国界等限制不存在了。网络上的新闻传播是跨文化的传播,互联网使不同国家之间的跨文化传播达到前所未有的方便和迅捷。网络与新媒体传播的全球性使得网民可以低成本地便捷地在世界范围内选择其喜爱的新闻网站,主动获取所需的信息。

四、检索便捷

检索便捷特性是传统媒体所难以具备的。纸质报纸、电视等传统媒体每天发送大量的新闻信息,储存信息占用大量的空间和金钱,检索更是费时费力。网络与新媒体传播则完全不同。凡是在互联网中存储的数据,网民只要动动手指,便可以通过搜索引擎从各类数据库中迅捷地获取所需的信息。

五、多媒体化

所谓多媒体,是使计算机成为一种可以作用于人的多种感知能力的媒体,它集合了多种媒体表现形式(文字、声音、图片、动画、视频等)来传送信息。网络与新媒体传播是一种多媒体的传播,这种具有立体效应的多媒体传播组合可以更加真实地反映所报道的对象,给受众带来逼真而生动的感觉。网络上的新闻是多媒体的,它融合了文字、声音、图像、动画、视频等多种形式的媒体,打破了传统的文字媒介(报刊)、声音媒介(广播)和视觉媒介(电视)之间难以逾越的鸿沟。网络与新媒体传播不仅具有电视等传统媒体的功能,还因其容量大、可检索等特性而更加实用。一个网络与新媒体传播,实际上是三种媒体的综合体。网上音频、视频、图片节目,等于是开办了网上电台、电视台、图片社。现在,大型网站上,如中央电视台网站、凤凰网站等,都有专门的视频、音频频道。由于操作平台软件成熟,人们可以在计算机里同时同列多个窗口,一边听音乐,一边看视频新闻、文字新闻或写作。

六、超文本、超媒体

所谓超文本是一种非线性的信息组织方式。超文本设计成模拟人类思维方式的文本,即在数据中又包含与其他数据的链接。用户单击文本中加以标注的一些特殊的关键单词和图像,就能打开另一个文本。超媒体又进一步扩展了超文本所链接的信息类型,用户不仅能从一个文本跳转到另一个文本,还可以激活一段声音,显示一个图形,或播放一段视频图像。网络以超文本、超媒体方式组织新闻信息,用户接收新闻内容时可方便地联想和跳转,更加符合人们的阅读和思维规律。人类的思维活动是多维的、发散的,而不是线性的。传统新闻媒体的表达方式是顺序的、线性的,而不是跳跃的、多向的,这样的表达方式不符合人们的思维方式。人们要求新的新闻媒体能够突破线性表达的桎梏,采用多维的表达方式,使其具有联想功能,从而更接近于人类对知识、概念、思想的表达习惯。网络与新媒体传播改变了信息组合方式,它的魅力在于将分布于全世界的图文并茂的多媒体信息以超链接的方式组织到一起,用户只要连接到一个网页,在链接字上用鼠标一点就可以访问相关的其他网页。这种方式改变了人们传统的阅读方式,极大地方便了用户。网络新闻采用互联网的"超链接"概念,以超文本、超媒体方式来组织新闻内容及有关新闻背景,使受众在阅读新闻时,能按照自己的意愿和思路,实现新闻内容的"跳转"及表达方式的转换,更好地体现读者的主体地位及联想的思维规律,大大增加了新闻报道的综合性、信息量、可选择性和自主性。

七、互动性强

从传播学的角度看,互动性是网络与新媒体的根本性特征。网络新闻传播是一种开放的互动式(Interactive,亦翻译为交互性)传播。传统媒体的传播方式通常是单向的,编读双方无法随时随地进行双向沟通。而网络与新媒体传播既可以是单向传播,也可以是双向(编者与读者之间)甚至多向(编者与读者之间、读者与读者之间)传播,信息的传播具有很强的互动性,网民与网站之间、网民与网民之间可以利用BBS、聊天室、网络电话、电子邮件等工具实时沟通,实现互动,对新闻内容也可以随时展开讨论,还可以举行网络会议。

第三节 全球网络与新媒体发展历程

对全球网络与新媒体发展历程的梳理是繁杂而庞大的工程,我们考虑到互联网在网络新媒体发展中所起到的基础性作用,以全球互联网的发展为主线,结合互联网的媒介化进行系统化审视。总体而言,全球网络与新媒体迄今为止经历了六个阶段:1969年前为技术准备阶段;1969—1985年为初步形成阶段;1986—1994年为渐进发展阶段;1995—2002年为规模高速扩张阶段;2003—2008年为Web 2.0及媒体融合阶段;2009年至今为移动互联网阶段。

一、第一阶段——技术准备阶段:1969年前

从计算机学科的角度看,互联网实际上是一个计算机网络系统,它与计算机网络系统是密切联系在一起的。要回答"互联网是怎样诞生的",首先要追溯计算机产生和发展的历程。计算机是一种用于高速计算的电子计算器。20世纪伟大的数学家冯·诺伊曼(John von Neumann)在"第二次世界大战"期间为研制电子数学计算机提供了基础性的方案。1946年2月14日世界上第一台电脑ENIAC(Electronic Numerical Integrator and Calculator)在美国宾夕法尼亚大学诞生。它使用了18800个真空管,长50英尺,宽30英尺,占地1500平方英尺,重达30吨,这是一台运算速度快(每秒5000次加法运算)、体积庞大、十分耗电的"庞大"计算机。之后,计算机经历了从电子管数字计算机到大规模集成电路计算机四代的发展,同时计算机也从科研、事务管理等领域走向了家庭,开创了PC时代。

随着计算机的诞生和发展,面向终端的计算机通信网诞生了。它的特点是计算机是网络的中心和控制者,终端围绕中心计算机分布在各处,呈分层星型结构,各终端通过通信线路共享主机的硬件和软件资源。这种计算机系统只能进行远程通信,没有实现资源共享的功能。到了20世纪60年代,真正的计算机网络随着阿帕网的诞生而发展起来。

二、第二阶段——初步形成阶段:1969—1985年

互联网起源于苏联和美国冷战时期,两国在冷战时期的军备竞赛催生了许多新的科学技术的诞生与运用。1958年,美国国防部成立了"国防高级研究项目署",其目的之一就是建立一个全球高级情报传输系统。工程指导思想是网络必须经受得住故障的考验而维持正常的工作,一旦发生战争,网络的某一部分因遭受攻击而失去工作能力时,其他部分应能维持正常的通信工作,全网没有控制中心,信息自由流通。

1969年11月21日,国防高级研究项目署建成了第一个网络,取名阿帕计算机网(ARPA net)。这个网络只有两个节点,同年12月5日网络节点增加为4个。此后阿帕网快速发展,到1981年节点就增加至213个,以后每20天就有一个新的节点加入网络。

1977—1979年,阿帕网推出了目前形式的TCP/IP体系结构和协议。1980年前后,阿帕网上的所有计算机开始了TCP/IP协议的转换工作,并以阿帕网为主干网建立了初期的互联网。1981年,美国计算机网络网上消息栏首次使用。1983年,阿帕网上的全部计算机完成了向TCP/IP的转换。阿帕网虽然在美国本土不断扩大,但与美国之外的网

络系统没有连接。欧洲的科研人员开发出联合学术网（JANET）等网络，经过一段时间的磨合，1984年与美国阿帕网接通。

三、第三阶段——渐进发展阶段：1986—1994年

1985年，美国国家科学基金组织（NSF）采用TCP/IP协议，将分布在美国各地的六个为科研教育服务的超级计算机中心互联，并支持地区网络，形成国家科学基金会网（NSF net）。1986年，国家科学基金会网替代阿帕网成为互联网的主干网，"Internet"[①]名称正式使用，1988年互联网开始对外开放，结束了其仅供计算机研究人员和政府机构使用的历史。1989年互联网开始商业化，一批提供上网服务的公司应运而生。

1989年，英国科学家泰姆伯纳斯·李（Timberners Lee）和比利时人罗伯特·凯利奥（Robert Calliau）在欧洲粒子物理研究所（CERN），提议和构造了在互联网上使用超文本来发布、分享和管理信息的方法。这是一个相互链接在一起、通过网络浏览器来访问的超文本文档系统。浏览器里看到的网页，可能包含文本、图像以及其他的多媒体，通过文档之间的超链接，可以从一个网页浏览到其他网页。同年，美国国家超级计算机应用中心（NCSA）发明了一种超文本（Hypertext）的浏览器，为在互联网上查询浏览各种信息提供了有效的手段，这就是人们现在很熟悉的万维网（World Wide Web）。

1990年万维网开始在全世界普及，万维网具有两大特点：一是突破了平面文字的限制，可展现图形、动画、声音、影像等，成为令人耳目一新的多媒体信息网络；二是采用了超文本链接技术，这是一种采集、储存、管理、浏览离散信息，建立和表示信息之间的关系的技术，任何超文本系统都是由存放信息的节点和表示信息之间的链组成。

1991年6月，世界联网的计算机中商业用户首次超过了学术界用户，这是网络发展史上的一个里程碑。在这个时期，大批商业机构开始在互联网络上刊登网页广告，提供各种信息；互联网的用户也不再局限于高校师生和计算机行业的工作人员，真正走入家庭。各种传统的大众传媒开始与互联网相融合，开辟了媒介传播的新纪元。

四、第四阶段——规模高速扩张阶段：1995—2002年

1995年以后，互联网的发展已到了第四个阶段，也可称之为大规模的国际互联网络阶段，网络传播以其巨大的传播优势向传统的传播媒介和传播方式发出了挑战。从1995年5月开始，多年资助互联网研究开发的美国国家科学基金会宣布退出互联网，把网络经营权转交给美国三家最大的私营电信公司（Sprint、MCI和ANS），这是互联网发展史上的重大转折。美国的网络发展从此进入了产业化运营和商业化应用阶段。

这一阶段互联网高速发展态势具体表现在三个方面：一是个人电脑迅速普及；二是电子商务蓬勃发展；三是网络媒体功能凸显。

[①] 互联网即Internet，指当今全球最大的计算机信息网络。最早译为"国际互联网""互联网络"，1997年7月18日全国科学技术名词审定委员会确定译为"因特网"。现在国内一般都使用"互联网"，有时仍使用"国际互联网"，是为了与"中国互联网"对应。

1973年法国工程师弗塞德·吉纳(Fran&ccedil ois Gernelle)和安觉·出勒(André Truong)发明了最早的个人电脑 Micral。1975年美国人比尔·盖茨(Bill Gate)和保罗·艾伦(Boll Allen)建立了微软公司。1981年8月12日,IBM推出具有英特尔的x86硬件架构及微软公司的 MS-DOS 操作系统的个人电脑,它是现代 PC 的原形。1985年微软首次发布 Windows 操作系统。1993年,英特尔推出奔腾处理器。1995年,微软 Windows 95 面市,并在4天内售出100多万个拷贝,把互联网功能加入其所有产品。2000年,英特尔公司推出奔腾4处理器,运行速度达 1.5GHz,与 1971年第一个英特尔芯片 108kHz 的速度有着天壤之别。个人电脑的迅速普及为网络传播及博客的大规模发展奠定了基础。

电子商务一般来说是指利用电子信息网络进行的商务活动,是商务活动的电子化、网络化;广义而言,电子商务还包括政府机构、企事业单位内部业务的电子化。电子商务最早产生于20世纪60年代,在1995年后取得大规模的发展。1997年5月31日,由美国 VISA 和 Mastercard 国际组织等联合指定的电子安全交易协议的出台,为网络上的电子商务提供了一个安全的环境;同年欧盟发布了"欧洲电子商务协议",美国随后发布"全球电子商务纲要",电子商务受到世界各国政府的重视,许多国家的政府开始尝试"网上采购",这为电子商务的发展提供了有利的政府支持。电子商务发展迄今经历了网络黄页、网络广告、网络销售、网络整合管理及营销、在线生产与在线消费(Produce Online & Consume Online,POCO)等五个阶段。在经济全球化的时代,电子商务正对各国经济和社会发展产生深刻影响。

网络媒体在这一时期也飞速发展,在与传统媒体竞争的过程中,形成了相互依托、共荣共存的良好态势。网络媒体具体包括两大类:一类是传统媒体网站,另一类叫作网络自生媒体。网络自生媒体是指某个组织或个人利用网站、主页等网络工具定期制作和发布新闻,形成新的仅依托网络平台的信息传播媒体。由于互联网具有报纸内容阐述详尽深入与可保存的优势,又具有电视的视听合一、形象生动的特点,再加上互动、即时、延展、融合等特征,很快就对传统媒体形成巨大挑战,同时也为传统媒体发展提供了一个崭新的空间。

1992年2月美国总统在国情咨文中提出,计划用20年时间,耗资2000亿~4000亿美元,用于建设美国国家信息基础结构(NII),作为美国发展政策的重点和产业发展的基础。倡议者认为,它将永远改变人们的生活、工作和沟通的方式,产生比工业革命更为深刻的影响。而将 NII 比喻为信息高速公路(ISHW),更令人联想到20世纪前期欧美国家兴起的高速公路建设在振兴经济中的巨大作用和战略意义。虽然美国政府拥有因特网的很多权限,但是为了科技的发展,美国本身并没有对网络上的任何行为收取大量的权利金(因为国际互联网是美国政府出钱研究开发的),所以很多的研究机构,得以以很低的成本加入因特网技术与服务的研究开发,因特网也因此得以发展成为全世界覆盖最广的网络。

1992年,美国《圣何塞信使新闻报》创办了全球第一份网络版报纸,从此各类传统媒体先后向互联网进军。发达国家的网络报纸经历了三个发展阶段：1995年的电子版阶段，报纸只是把印刷版的内容原封不动地搬上网；1996年的超链接阶段，文本中间的一些关键字与相关内容建立链接，使信息之间关系更加直接，同时在网络版上还开辟了电子论坛(BBS)、聊天室、邮件列表等服务，实现了双向交流；1997年的网络专用新闻阶段，报纸网络版与印刷版相对独立，有一批专门为网络版工作的新闻人员和技术人员，提供网络版独家的新闻报道，并且初步具有了多媒体报道的特征，不少报业集团走上了门户网站的道路。《纽约时报》《休斯敦年鉴》等报纸和商业公司合作建立了门户网站，提供访问者渴望知道的任何东西，不仅有突发新闻报道，还有即时股市行情、电子商务、免费电子邮件甚至网上婚庆服务。

1993年，在读大学生马克·安德森(Marc Andeerseen)和艾瑞克·比纳(Eric Bina)根据WWW思想编写了网络浏览器"马赛克"。马克·安德森在毕业后与人合作开办了Netscape公司，"马赛克"发展成了Netscape浏览器。Netscape浏览器加快了互联网的普及速度，马克·安德森因此成为百万富翁。WWW技术的应用也降低了互联网应用的门槛，使上网不再是技术高手的专利。互联网逐步成为深受人们欢迎的通信与信息交流的工具。

在线广播是指数字化的音频、视频信息通过国际互联网传播，是网络传播多媒体形态的重要体现，也是电台、电视台网上发展的重要方向。1995年8月，美国广播公司(ABC)首先利用互联网进行全球广播。1996年7月，全国广播公司(NBC)与微软公司结盟建立网站，开通名为"MS-NBC"的全天24小时有线新闻频道。英国广播公司(BBC)于1997年9月推出网络频道。全球有线电视新闻网(CNN)的网络版"CNN Interactive"成为世界上最忙的新闻网站之一。1997年以后，很多记者开始专门为互联网做新闻，允许用户参与新闻报道，实现多元动态互动。

1997年9月，"美国之音"通过各种渠道发布了一条消息："号外！号外！号外！我们宣布一个好消息，美国之音中文部从10月1号开始提供一项新的服务。我们将通过电子邮件方式，把每天的重大新闻、突发事件、趣味消息传送到您的电子信箱……如果您或您的朋友对美国之音这项新的服务感兴趣，请将电子信箱告诉我们。"这是网络新闻订阅的开始。

1998年，美国总统克林顿与莱温斯基的绯闻成了全世界大大小小的媒体关注的热点，而最早将这一条爆炸性新闻公之于世的正是一个名叫马特·德拉吉(Matt Dradge)的年轻人开设的个人网站。1998年1月18日，德鲁吉得知《新闻周刊》一名记者写了一篇关于克林顿与莱温斯基有暧昧关系的报道，但编辑部拒绝发布，德鲁吉立即将此报道在自己的网站上发布。从此以后，德鲁吉名声大振，这一事件也成为美国网络媒体向传统媒体发出的第一次严峻挑战，充分展示了网络媒体的传播优势。2001年9月11日，美国世贸大楼遭遇恐怖袭击，博客成为重要信息和灾难亲身体验的重要来源渠道，开始进入主流社会的视野。

五、第五阶段——Web 2.0 及媒体融合阶段：2003—2008 年

从自身的应用层面上看，互联网 2003 年之后被称为"Web 2.0 时代"，在此之前的网络应用方式被称为"Web 1.0"。"Web 1.0"的主要特点是用户通过浏览器获取信息，"Web 2.0"则更注重用户的交互作用，用户既是网站内容的消费者，也是网站内容的制造者。

"Web 2.0"的概念源自于 2004 年 3 月美国 O'Reilly 公司和 Media Live 公司的一次头脑风暴会议。O'Reilly 公司副总裁戴尔·道夫（Dale Dougherty）在会议上指出，互联网比其他任何时候都更重要，令人激动的新应用程序和网站正在以令人惊讶的速度涌现出来，那些幸免于网络泡沫的公司，其模式都具有相似性，互联网正在经历一种新的变革。在分析了这些新技术与新型网站的模式后，戴尔·道夫与公司总裁体姆（Tim O'Reilly）创造性地提出了"Web 2.0"的概念。

他们在其后发表的文章中对这一概念做了进一步的解释："Web 2.0"体现为互联网作为跨媒介形态的平台，其应用程序充分发挥平台的内在优势，软件以不断更新的服务方式进行传递，个人用户通过组成群体贡献自己的数据和服务，同时允许他人聚合，以达到用户越多、服务越好的目的。这种"参与架构"创造出超越传统网络页面技术内涵，引发出具有丰富用户体验的网络效应。与此同时，网络传播的外部环境也发生了革命性的变化。2003 年以来，手机媒体作为新媒体的代表异军突起，它进一步融合了传统媒体和网络的优点，不仅能直接搜索网上信息，还有很强的便携性。新媒体是一个很宽泛的概念，是利用数字技术、网络技术，通过互联网、宽带局域网、无线通信网、卫星等渠道，以及电脑、手机、数字电视机等终端，向用户提供信息和娱乐服务的传播形态。美国《连线》杂志将新媒体定义为："所有人对所有人的传播。"

"媒介融合"（Media Convergence）概念的提出始于 20 世纪 80 年代的美国，最早由马萨诸塞州理工大学浦尔教授提出，其本意是指各种媒介呈现出多功能一体化的趋势。美国新闻学会媒介研究中心主任安德鲁·尼彻森（Andrew Nachison）将媒介融合定义为"印刷的、音频的、视频的、互动性数字媒体组织之间的战略的、操作的、文化的联盟"。2003 年，美国西北大学教授戈登（Gordon）归纳了美国当时存在的五种"媒介融合"的类型：技术融合、产品融合、业务融合、市场融合和组织融合。

2004 年日本及韩国分别提出了"Ubiquitous Japan"及"Ubiquitous Korea"计划。英文单词"ubiquitous"来源于拉丁语，意为"普遍存在的，无所不在的"。国际信息产业界最早提出此概念的是美国施乐公司 Palo Alto 研究中心（PARC）已故的马克（Mark Weiser）博士，他在 1988 年第一次提出"ubiquitous computing"的概念。马克博士认为"电脑在我们没有意识到它存在的时候，已经融入了我们的生活中"。其后，日本学者衍生出了"Ubiquitous Network"（无所不在的网络）的概念，认为人们在没意识到网络存在的情况下，能随时随地地通过适合的终端设备上网并享受服务。

"无所不在的网络"需要同时满足三个要求。第一，无论在何处使用，无论使用模式

是固定的还是移动的、是有线的还是无线的,它都能提供永远在线的宽带接入;第二,"无所不在的网络"不仅能够连接通用的大型计算机和个人电脑,也能连接移动电话、PDA、游戏机、汽车导航系统、数字电视机、信息家电、RFID标签以及传感器等各种信息设备,这些设备通过IPv6协议连接到网络中;第三,"无所不在的网络"能够实现对信息的综合利用,不仅能够处理文本、数据和静态图像,还能够传输动态图像和声音。它能够实现安全的信息交换和商务交易,以及满足用户的个性化需求。

六、第六阶段——移动互联网阶段:2009年迄今

移动互联网(MobileInternet,MI)是一种通过智能移动终端,采用移动无线通信方式获取业务和服务的新兴业务,包含终端、软件和应用三个层面。终端层包括智能手机、平板电脑、电子书、MID等;软件层包括操作系统、中间件、数据库和安全软件等;应用层包括休闲娱乐类、工具媒体类、商务财经类等不同应用与服务。

很长时间以来,人们对于移动互联网并不了解,自然用过去的经验去看,就将其定位为互联网的延伸和补充,是互联网的一个组成部分。在这样的思路之下,关于移动互联网的形态、模式、商业模式都自然想从互联网中搬过来,从2001年10月第一个3G网络商用开始,这种思维渗透到移动互联网的各个领域,也渗透到新媒体领域。今天中国乃至全世界,大部分传统媒体向新媒体转型不成功的,很大程度上就是因为这个原因。

什么是移动互联网?移动互联网虽和互联网有很大亲缘关系,甚至带着互联网的基因,流着互联网的血,但是它不是互联网,而是一个有着新生命的网络形态,它将超越互联网,超越那些定式思维和模式。

2011年后4G网络快速普及与发展,有力促进了信息通信服务在全球广泛应用,截至2017年,全球移动互联网用户已达33亿,2017年移动产业占全球GDP总值的4.5%。当前,新一代移动通信技术快速发展,与移动互联网、物联网、人工智能等新兴技术交织并进,不断催生新产业、新业态、新模式,成为经济社会发展的新动能。2019年后5G的到来开启万物互联、深度融合的新阶段,进一步引领信息通信技术产业创新发展,促进经济社会数字化转型。2021年7月调研机构Data Reportal发布《全球数字报告》,该报告从全球互联网用户增长速度、平均上网时间、移动连接速度以及社交媒体等多个层次分析了目前全球互联网情况,并对接下来的互联网趋势做了相关分析。报告显示,截至2021年6月底全世界共有48亿互联网用户,相当于世界总人口的61%。全球移动用户已达到52.7亿,约占世界总人口的比例的67%,仅在2020年一年全球就增加了1.17亿移动用户。

第四节 中国网络与新媒体发展历程

回顾中国网络与新媒体的发展历程,其同样遵照全球网络与新媒体发展的基本历程和发展规律,而且可以清晰地看到中国网络与新媒体的发展历程基本是对全球发展历程的参照,在历史机遇上中国更好地抓住了互联网全球化的机缘,从互联网在中国诞生到今天,所用时间远远短于美国等传统互联网强国。

1994年4月20日,通过一条64K的国际专线,中国全功能接入国际互联网,刻下了进入互联网时代的起始点,这是中国互联网发展史上"开天辟地"的大日子——这一天中国全功能接入互联网,成为国际互联网大家庭中的第77个成员。今天,我们已无法想象发出第一封电子邮件历时7天的曲折,而当今中国互联网正在发生的一切,也远远超出了20多年前"中国互联网之父"钱天白教授的设想。新技术层出不穷,新应用使人应接不暇,新设备令人眼花缭乱……20多年时间里,中国互联网从处于边缘落后状态到奋起追赶,并开始在世界舞台崭露头角。

国内著名新媒体研究学者闵大洪和方兴东等从媒体和传播的角度,对中国互联网20多年发展的历程进行了充分研究。在整理已有研究成果的基础上,我们认为中国网络与新媒体发展历程可划分为4个阶段:史前阶段——1994年前;互联网1.0阶段——1994—2000年,以门户网站、新闻网站为代表;互联网2.0阶段——2005—2008年,以博客、播客为代表;互联网3.0阶段——2009年迄今,以微博、微信、移动客户端为代表。中国互联网传播格局差不多每5年就发生一次重大变化。互联网1.0阶段奠定了网络媒体的地位,互联网2.0阶段造就了自媒体的局面,互联网3.0阶段造就了社会化媒体和媒体社会化的局面。互联网传播的每一次"升级",均是在新技术的引领下出现新的应用、新的业态,进而造成整个格局和市场的变化。互联网进入3.0阶段,从更大的技术背景看,是今天已全面进入光纤宽带时代、移动互联网时代、后PC时代、云计算时代和大数据时代。

对于中国互联网20多年的发展历程,仁者见仁,智者见智。在此期间,中国互联网实现了从技术工具到网络媒体、从网络媒体再到网络社会的转变。如今,互联网与社会已经互相嵌入、共生互促,互联网成为像日常生活中的水、电一样的基础社会资源。

一、第一阶段——史前阶段:1994年前

1994年之前,是中国互联网的史前阶段。从1986年启动中国学术网项目,并通过卫星链路远程访问日内瓦的主机节点,到1987年从本土经由意大利和德国的互联网路由节点发出第一封电子邮件,再到1990年注册登记了我国的顶级域名CN,以及1993年中科院高能物理所租用AT&T卫星链路接入美国SLAC国家实验室的64k专线,最终到1994年4月初,中国互联网终于得到美国国家科学基金会的认可,正式开启中国拥抱全球互联网的时代。该阶段,由于互联网初期的技术门槛较高,资源极为紧缺,因此仅有科技工作者、科研技术人员等很少的人群使用,而且使用的范围也被限制在科学研究、学术交流等较窄领域。

第一封电子邮件的"网络寻呼":1987年9月20日20时55分(北京时间),中国兵器工业计算机应用研究所发出第一封电子邮件。时任该所所长的李澄炯提出邮件内容用"越过长城,走向世界"。他表示,该邮件的作用就相当于一个"网络寻呼",希望外界收到

来自中国计算机网络的声音。

CN域名注册登记:1990年10月10日,王运丰教授与德国卡尔斯鲁厄大学的维纳·措恩(Werner Zorn)教授商讨中国申请国际域名的问题,最后决定用.CN代表中国。1990年11月28日,得到中方授权的措恩教授在德国卡尔斯鲁厄大学内建立.CN顶级域名服务器,在SRI-NIC(Stanford Research Institute's Network Information Center)注册登记中国的顶级域名.CN并开通.CN的国际电子邮件服务。1992年年底中科院院网(CASNET)建成,CN服务器移入该网络。

科学院所的学术研究需求:1993年3月国内的部分科学家可以尝鲜接入美国科研网络。中科院高能物理所自1990年开始,即为社会提供国际网络接入服务。事实上,从1990年开始,国内的北京市计算机应用研究所、中科院高能物理研究所、电子部华北计算所、电子部石家庄第54研究所等科研单位,先后将自己的计算机与CNPAC(X.25)相连接。1993年年底中科院中关村地区的30多个研究所及北大、清华两所高校,全部用光缆互联在一起。紧接着,中科院在全国范围内的研究机构联网工程(CASnet)启动,后续完成了将12个分院区域网及其他城市的研究所连到北京的广域网工程,连接了24个城市(包括北京)。继1993年美国提出建设信息高速公路计划之后,中国也在同年提出建设实施"三金工程",即建设中国的"信息准高速国道",以更好地为经济社会发展服务。1993年年底,中国正式启动了这项国民经济信息化的工程,此举宣告了中国互联网基础设施建设的起步。

互联网引入中国,正值天时地利人和之时。1991年苏联解体,结束了美苏长达40年的争霸局面,世界格局发生变化,两极格局瓦解,同时也为其他社会主义国家敲响了警钟,为其他社会主义国家的成功改革积累了经验。1992年邓小平同志提出加快改革开放的步伐,大胆地试,大胆地闯。而此时,美国互联网热潮渐起。改革开放的大背景下,中国加快了走出去的步伐,并且极度渴望与国外信息的交流,这是早期互联网的需求。当时,电视是人们了解国外信息的主要渠道,但国务院1993年10月发布的《卫星电视广播地面接收设施管理规定》(国务院第129号令)和广播电影电视部1994年2月发布的《〈卫星电视广播地面接收设施管理规定〉实施细则》规定,居民个人不得安装和使用卫星电视地面接收设施,单位设置卫星地面接收设施必须持有广播电视行政部门发放的许可证。这些规定的出台,迫使人们特别是部分科研学术工作者更加渴望引入更多的信息交流渠道,而互联网无疑是最合适的。

1993年,美国伊利诺伊大学国家超级计算机应用中心(National Center for Supercomputing Applications,NCSA),发布了一个浏览器,命名为"Mosaic",成为点燃后来互联网热潮的火种之一。互联网发展与中国市场经济和政治改革的发展恰逢其时地交汇了。了解互联网、接纳互联网、加入互联网,这个选择本身就是我们制度的一大突破。发展互联网,从一开始就从最高层确立了政治正确性,确保了迄今为止互联网在中国顺利、健康和高速地发展。

史前阶段主要是将互联网引入中国的历程,该阶段尚缺乏网络文化的演变和准备。

全球第一份中文网络杂志是 1991 年创刊的《华夏文摘》,由朱若鹏等海外学子组成的 CDN(中国电脑新闻网络)主办,它所刊载的文稿主要取自海内外各家中文刊物和读者投稿。互联网这一彻头彻尾的"舶来品"在中国文化的包容性下,从来就没有表现出任何水土不服。难怪有人要说,互联网好像更是为中国的复兴和崛起而准备的。

二、第二阶段——互联网 1.0 阶段:1994—2000 年

1994 年 4 月 20 日是中国互联网诞生之日。随后,由清华大学等高校网、科研计算机网等多条互联网接入,国家邮电部正式向社会开放互联网接入业务,互联网服务供应商(ISP)如瀛海威等开始出现,互联网创业浪潮渐起。中国互联网创业浪潮是由 1995 年 8 月 9 日网景上市触发的。这一年,全球网民 500 万人,美国网民占全球的 77%,这时中国的互联网才刚刚起步,要到三四年之后才有真正的创业氛围。1997 年开始,以新浪、网易为代表的门户网站开始逐步创立并发展,人民网、新华通讯社网站(后更名新华网)等中央级新闻门户,上海热线、武汉热线等地方门户逐步建立起来,开启了互联网的门户时代;同期,阿里巴巴、百度、盛大、天涯社区等互联网公司创立;风险投资的环境开始改善,互联网企业的融资路径逐步明确,这一切,预示着中国互联网的第一次发展热潮即将到来。

中国互联网的第一次发展热潮,发端于新浪、搜狐、网易等三大门户的创建。1999 年 7 月,名不见经传的中华网在纳斯达克(NASDAQ)成功上市,融资 8600 万美元;2000 年 1 月,在纳斯达克即将接近最高峰的时刻,再次发行新股,又募得令人惊讶的 3 亿美元,第一次让风险投资看到了中国市场的巨大商机,由此带动了三大门户上市热潮,以及一大批中国互联网公司的兴起。那时候,诞生了"中国概念股"的称呼。因为到 2000 年,中国网民才突破 1000 万大关,美国互联网热潮带动起来这一轮浪潮。

但好景不长,2000 年继新浪、网易、搜狐三大门户先后上市后,美国股市开始大幅下滑,三只股票刚上市就一路暴跌,新浪股价跌到了 1.06 美元,搜狐跌至 60 美分,网易上市当天就跌破发行价,一度仅有 53 美分。曾经狂热的投资商也趋于谨慎甚至停止投资。刚刚火热起来的中国互联网,还没有充分施展,就被硬生生地拖入了互联网的冬天,两年之内可谓尸横遍野。

这一场来自 2000 年的以科技股为代表的纳斯达克股市的崩盘和"网络泡沫"的破灭,让全球互联网产业都进入"严冬","多米诺骨牌"效应带动 IT 产业整体下滑,市场一片低迷。据 Webmergers 统计,2000 年的泡沫破灭,令全球至少 4854 家互联网公司被并购或者被迫关门。

第一次互联网浪潮初期,中国互联网的发展尚处于摸索阶段,制度管理以社会化形态为主,属于非政府组织治理的初级阶段。

1994 年代表中国完成互联网首次全功能接入的,不是当时的邮电部,也不是其他政府部门,而是一个由中科院牵头的科研项目 NCFC。1997 年主管域名的 CNNIC 成立,就放在中科院这样一个科研单位,而不是当时的邮电部或者电子部。今天回头看来,真

是富有前瞻性、充满智慧的设置。想想看,如果一开始 CNNIC 就放在邮电部管理,那么中国互联网的发展将会如何?还会有今天互联网的繁荣吗?这个看起来只是一念之差的安排,是中国互联网初期最了不起的制度创新之一!CNNIC 放在学术性质的中科院,才符合互联网国际惯例,适合国际交流和参与。

早期互联网发展是由产业部门而不是宣传部门来主管,这也是不经意间的重要制度创新。这一切,确保了早期开拓阶段以发展为主的思路,"先发展,后管理"的理念对于前期的开拓性探索,无疑是最佳的保障。1997 年 2 月国务院信息办组织举办"数字化信息革命报告会",开启了中国互联网启蒙第一课。美国麻省理工学院教授尼葛洛庞帝第一次正式访华,无论对于政府、商业,还是公众层面,都起到了唤醒互联网意识崛起的作用。继早期的中国与国际互联网络的互联互通后,中国互联网完成了与国际互联网思想的第一次接轨。

1998 年,信息产业部成立,正式成为互联网产业的主管部门。1999 年,中央首次提出以现代化信息技术为手段加强和改进对外传播方式,并开启了对新闻媒体网站的调研与视察,加大新闻媒体网站建设的力度。《中央宣传部、中央对外宣传办公室关于加强国际互联网络新闻宣传工作的意见》的发布,明确了今后网络新闻宣传工作发展的方向,并对网上新闻信息发布提出了规范原则。《中国新闻界网络媒体公约》的发布也在赋予网络媒体权利的同时第一次约束了其职责与义务。强国论坛的诞生打开了网络媒体在中国洞察和影响社会舆论的窗口。历经发展,现在网络媒体已经成为网民了解信息的主要途径。网络的互动性、即时性等特点使得网络媒体逐步成为影响社会舆论的重要手段。

1997 年,网民的狂欢与热情在世界杯预选赛中国队主场迎战卡塔尔队这一场出线关键大战中达到了顶峰。中国论坛第一帖"大连金州没有眼泪"迅速传播,并蔓延至传统媒体,众多报纸竞相转载报道,也使全社会意识到互联网不仅仅为我们带来新鲜的上网冲浪的娱乐体验,还能够连接人与人,让全社会产生情感共鸣。而对于网民,上网冲浪成为一种时尚。城市里的网络发烧友们自称"网虫",把 E-mail 电子邮件昵称为"伊妹儿",Java 技术取名"娇娃",上网使用的调制解调器 Modem 演绎成"猫"。1999 年开始,国内互联网传播领域发生了多起重大的里程碑事件,网络作为中国第四大传媒形态的地位初步奠定。新浪、搜狐、网易等门户网站以及大量新开通的网站开始涉足新闻传播。

三、第三阶段——互联网 2.0 阶段:2001—2008 年

互联网第二次浪潮下,中国互联网形成了 SP、网络游戏和网络广告三大扎实的盈利模式,每一个都达到数十亿的年收入规模。2002 年,美国互联网刚刚开始感受到春天的温暖,中国互联网已经要迎接夏天的火热。这一场火热是由中国移动策划的短信 SP 业务所带动的,不但让三大门户从葬礼中复活,而且带动了一批新锐网站的崛起。携程上市、盛大上市、一批 SP 公司上市,中国互联网的第二次热潮开始了。

当然,推动这股热潮达到最高峰的,是 2005 年 8 月 5 日百度的上市,上市当天股价

涨幅达353.85％,震惊华尔街。随后,博客网成功融资带动的Web 2.0热潮,成为这一轮热潮的主旋律。热潮来得实在凶猛,对于需要慢火的Web 2.0来说,太快了就容易丢失灵魂,资本热潮驱动下的急功近利变成了巨大的负面力量。难以速成的Web 2.0遭遇过度期望之后的失望,加上长达两年没有一家新的互联网公司在纳斯达克上市,长时间缺乏新鲜刺激的风险投资开始降温。互联网第一次热潮启蒙了风险投资的概念和模式,而第二次热潮促成了中国风险投资行业的整体形成。新兴的行业毕竟不够老到,投资者抱着追涨杀跌的心态也是正常的。2006年开始,风险投资对互联网持观望的态度,这让网民过亿的中国互联网行业倍感凉意。

2007年开始,网络游戏成为中国互联网第一收入来源。8月份,连业界都很陌生的"完美时空"成功上市,融资接近两亿,是中国互联网公司首次上市融资额的新高度。下半年尾随而上的"征途""金山""久游"等起码四家以上以网游"快钱"为主业的公司上市,为第三次互联网热潮开始预热,储备更充足的能量。

阿里巴巴直接推动了中国第三次更大的互联网热潮,电子商务成为重中之重。2007年11月6日,阿里巴巴上市,首日股价收盘逼近40港元,市场价值超越250亿美元,一举超越了原本在中国互联网业遥遥领先的腾讯和百度两大公司,更与价值只有20多亿美元的三大老牌门户拉开一个数量级,中国互联网全新格局初步奠定。

在SP、游戏、聊天、Q币等娱乐化浪潮之后,电子商务的崛起拓展了中国互联网的深度和厚度。电子商务其实是旧概念、老模式,但是,由于2000年开始的低潮,在中国始终没有成为热潮的中心,"8848"成为中国互联网历史上最惨烈的失败案例,当当、卓越等也一直在边缘辛苦发展。相比之下,电子商务在美国一直是重点。在前四大互联网巨头中,除了谷歌和雅虎,就是两大电子商务公司易贝和亚马逊占得半壁江山。所以,中国电子商务热潮是一次迟到的表演,是一次厚积薄发的展现。同时,因为电子商务与传统产业结合紧密,中国主流社会对此更加信任、感觉更加踏实,有助于极大改变互联网的社会影响和社会形象。

阿里巴巴上市也将中国的竞争正式推向了世界级的高度。此前,腾讯和百度在上市2~3年之后都先后跨越了市估百亿美元大关,而阿里巴巴这次亮相完全是世界级的当量。当年全球互联网四强的市场价值分别为谷歌2000亿美元、易贝500亿美元、雅虎400亿美元和亚马逊250亿美元,阿里巴巴的250亿美元仅仅是B2B部分,还不包括支付宝和人们更看好的淘宝。所以,阿里巴巴上市是中国首次诞生世界级的互联网巨头,重新设定了中国互联网的高度,极大提升了投资者的想象空间。2007年,全球网民达13亿,普及率为20％左右,美国、日本、韩国、欧洲各国等很多国家网民普及率已经达到70％以上,而中国网民达到1.6亿,逼近第一的美国(2亿),但是普及率仅仅为12％。这更让人对中国互联网的未来充满更大的期望。

但谷歌、易贝、雅虎和亚马逊等互联网巨头,都是以发达的美国为基础,面向全球布局,它们在很多国家都是该领域的第一第二。而阿里巴巴等国内网站,仅仅立足于还处于互联网发展初期的中国市场。所以,这个提前到来的世界级水平堪称忧喜参半。喜就不用说，忧的是中国互联网公司虽然市场价值一时很高，但是事实上还缺乏全球性的竞争力，甚至在中国市场创新方面的核心竞争力，也是非常虚弱的，需要推出更扎实的商业模式，进一步提高具有中国特色的创新力。

进入 21 世纪，中国互联网协会无疑是中国互联网制度创新的最重要的成果之一。这个非政府组织在胡启恒理事长和黄澄清秘书长这两个黄金搭档的领导下，为中国互联网产业做了无数工作，提供了巨大支持。互联网与其他行业和领域不一样，除了创新不断、变革不断之外，更重要的是具有独特的文化基因，有独特的互联网精神，有崇尚自组织、自下而上的草根精神。所以，要让互联网顺利发展，繁荣昌盛，依靠我们传统的管理方式和制度是不行的。全世界的互联网治理最有效的方式不是通过政府，而是通过社会化的非政府组织来完成。而在中国的体制下，以 CNNIC 和中国互联网协会等为核心构建社会化治理体系，虽然表面上波澜不惊，但是事实上却发挥了无可替代的重要作用。

随着互联网第二次浪潮的掀起，互联网管理者开始从产业部门转向意识形态部门。有关网络的法规制度不断出台，着力点在于网络文化市场的整治以及网络经营场所的规范管理。期间，文化部下发《关于加强网络文化市场管理的通知》。北京"蓝极速"网吧火灾事件之后，文化部、公安部等部门对网吧展开专项治理，之后，《互联网上网服务营业场所管理条例》开始实施。此外，在互联网信息传播领域，《互联网出版管理暂行规定》也开始实施，《中国互联网行业自律公约》由中国互联网协会发布，在构筑网络世界良好生态方面发挥着重要作用。

2007 年，《国民经济和社会发展信息化"十一五"规划》发布，提出了"十一五"时期国家信息化和互联网发展的总体目标，部署了主要任务，安排了重大工程，明确了保障措施，是加快推进信息化与工业化融合和贯彻落实科学发展观的重要举措。

Web 2.0 时代的到来，博客、BBS 等多种网络媒体形式得到发展，网络媒体的影响力迅速提升，网民主导网络文化发展的格局开始形成。2008 年是中国的网络舆论年，这一年，在报道国内突发事件上，网络媒体与不负责任进行报道的西方媒体展开对抗，努力将事实真相公布于众，对西方媒体的歪曲报道进行了有力的回击。在举国震惊的"5·12汶川地震"中，互联网在赈灾新闻报道、寻亲、救助、捐款等各方面发挥了重要作用。奥运会期间，网络视频的应用也使奥运新闻的传播达到了前所未有的效果。凭借在汶川地震、北京奥运会等重大事件中的突出表现，互联网获得了社会的广泛认可，网络媒体渐渐跻身于当今中国社会的主流媒体。随着互联网影响力的提升，政府、社会对互联网媒体也愈加关注。互联网作为一种表达民意的渠道，以其所具有的舆论监督的功能，正在引起党中央领导的高度重视。

四、第四阶段——互联网 3.0 阶段：2009 年迄今

2009 年开始，Web 2.0 的概念逐渐淡出视野，SNS 网站逐渐兴起，微博、微信类服务崛起，中国互联网进入即时传播时代。中国的互联网发展开始呈现自己的特性，并在网

民数量、宽带网民数、CN 注册域名、个人电脑等多个指标上超越美国成为世界之最,腾讯、阿里巴巴等巨头公司的市值也跻身世界前列。

互联网业之后经历了将近半个世纪的发展,带来了颠覆性的变革:2008 年 3 月中国网民数量和宽带网民数量同时超过美国。2011 年第二季度中国个人电脑(PC)销量首次超过美国。2011 年第三季度中国智能手机销量首次超过美国。2012 年 6 月,中国网民数量(5.38 亿)超过美国(2.45 亿)两倍以上,也超过美国、日本、德国、英国和法国等五个发达国家的数量总和。

互联网产业的全球竞争力开始凸显。2013 年 8 月 28 日,谷歌市值 2831 亿美元,亚马逊市值 1283 亿美元,脸书市值 965 亿美元。这是美国互联网界的三大千亿美元级霸主。而滑落到第二梯队的雅虎市值也有 275 亿美元,易贝有 655 亿美元,使得美国互联网界的第二梯队依然比中国强大。当然,我们不能忘了美国还有苹果(市值 4480 亿美元)、微软(2795 亿美元)等正在转型的一批数千亿美元级的互联网编外梯队,以及像 IBM(2002 亿美元)、Oracle(1472 亿美元)、思科(1258 亿美元)、高通(1140 亿美元)和英特尔(1111 亿美元)等千亿美元级的老牌 IT 巨头。这样一比,中国 IT 业在美国 IT 业面前依然只能甘拜下风。

2014 年,中国的网民规模与互联网企业竞争能力的上升是建设网络强国最重要的驱动力。以互联网金融为代表的互联网新商业模式的发展与创新已经超越美国。2014 年开年,余额宝是否取缔的大论战,打车软件与微信红包引爆腾讯和阿里巴巴的移动支付大战,将中国互联网金融的发展推向新的高潮。

微博与微信时代的到来,使得传统基于政府集中控制的信息传播模式开始面临着新的挑战,动员非政府主体参与社会化治理体系成为解决各种弊端的必然选择。中国互联网的发展主要是充分发挥了来自草根创业者的创业精神和创新精神,而不是来自政府部门的鼓励促进和政策支持。中国互联网的有效治理,最终也必须依靠强大的社会化治理体系的建立。博客自律公约、妈妈评审团、微博辟谣平台等民间组织的重要性开始凸显。

2013 年的"斯诺登事件"无论是在全球互联网发展史上,还是在全球网络安全历史上,都是迄今为止最重大的事件,也是影响最深远的事件,标志着全球网络空间的博弈真正成为各国国家战略的核心问题。对于中国来说,"斯诺登事件"最大的影响就是战略觉醒,包括政府的觉醒、企业的觉醒和民众的觉醒。中国网络空间安全不设防的时代从此终结。短期之内,中国网络空间安全的现实目标还是加强内功,加紧补课,尽快结束不设防的现状,形成一定的防御能力。尤其是争取在最短的时间内,能有效保住要害部门,能及时侦测到潜在的危险,同时初步建立关键基础设施的网络安全体系,初步形成自主可控的能力。

后斯诺登效应还将持续发酵。2014 年 4 月 8 日,微软停止对 Windows XP 的更新支持。这一事件表面上看起来似乎只是微软的一个产品问题,事实上却可能成为中国有史以来最严重的网络安全事故。首先,Windows XP 的用户群体主要在中国,涉及 2

亿多用户。其次，外界很少知情的是，因为微软在 Windows XP 之后实施了高度掌控用户电脑和数据的新架构，便于实施类似"棱镜门"这样的监控行为，所以从 Windows XP 之后的 Vista 到 Windows 7 和 8，都被禁止进入中国政府采购目录。

不解决自主可控和有效防御的问题，网络强国只能是空中楼阁。解决这个问题不可能一蹴而就，也不允许再继续延误。在核心技术方面，必须下决心着力解决可替代的问题，初步实现自主可控。在关键基础设施方面，建立产品安全审查、源代码托管、首席安全官、安全性攻防监测等一系列措施，建立起基本的保障能力。

即时网络时代的到来，SNS 网站的兴起、微博微信等即时网络应用的发展，促使中国互联网文化迎来全民创新的局面。2009 年以来，伴随着 SNS 网站的兴起，"杯具""围脖""不要迷恋哥"等谐音新词广泛流传，渲染得整个互联网产业呈现欣欣向荣的发展态势。而微博微信等即时网络应用的发展，也使网络媒体的舆论监督作用达到一个前所未有的高度。互联网开始以迅雷不及掩耳的速度挖出各种丑闻、不公事件，成为不可忽视的舆论力量。而且，在接下来的几年中，互联网在舆论监督方面仍将发挥强劲的作用，并随着各种新媒体服务的应用，成为反腐反贪的重要手段。在中国互联网产业发展逐渐步入正轨的同时，政府开始介入互联网监管中来。互联网协会积极组织会员、企业制定行业规范，政府制定管理规范与行业自律同步开展，政府与行业组织更加重视保护网民的权益。同时，互联网管理法规相继出台，互联网法制建设进一步完善。

2014 年 2 月 27 日，中央网络安全和信息化领导小组正式亮相，可以说，这是中国互联网有史以来最重要，也将是影响最深远的一件大事。如果说，2013 年是中国网络空间战略的觉醒与启蒙之年，那么 2014 年堪称中国网络空间战略的开局之年。领导小组在北京召开的第一次会议上，习近平提出要从国际国内大势出发，总体布局，统筹各方，创新发展，努力把我国建设成为网络强国。网络强国方略是 21 世纪中国提出的重要举措，它关乎国计民生，影响和决定国家未来发展，与每个人的生活息息相关。中央最高规格领导小组的成立，表明中国用举国之力，建设网络空间之强大国家的决心和魄力。领导小组的成立标志着中国完成从网络大国到网络强国的制度设计。而完成制度设计仅仅是万里长征迈出了第一步，从网络大国到成为网络强国，我们还需要很长时间的努力。

2014 年 8 月 18 日，中央全面深化改革领导小组第四次会议审议通过了《关于推动传统媒体和新兴媒体融合发展的指导意见》，强调要着力打造一批形态多样、手段先进、具有竞争力的新型主流媒体，建成几家拥有强大实力和传播力、公信力、影响力的新型媒体集团。

2015 年 2 月 3 日，中国互联网络信息中心（CNNIC）发布第 35 次《中国互联网络发展状况统计报告》，显示，截至 2014 年 12 月，我国网民规模达 6.49 亿人，互联网普及率为 47.9%，我国手机网民规模达 5.57 亿人，较 2013 年底增加 5672 万人。网民中使用手机上网人群占比由 2013 年的 81.0% 提升至 85.8%。手机端即时通信使用保持稳步增长趋势，使用率为 91.2%。我国互联网在整体环境、互联网应用普及和热点行业发展方面取得长足进步。

2015年两会"互联网+"国家战略,将推动移动互联网、云计算、大数据、物联网等与现代制造业结合,促进电子商务、工业互联网、互联网金融发展,引导互联网企业拓展国际市场。

2015年12月16日,第二届世界互联网大会在浙江省乌镇开幕。中共中央总书记、中央军委主席、国家主席习近平出席开幕式并发表主旨演讲,强调互联网是人类的共同家园,各国应该共同构建网络空间命运共同体,推动网络空间互联互通、共享共治,为开创人类发展更加美好的未来助力,并提出五点主张。2016年11月16日,第三届世界互联网大会在浙江省乌镇开幕。中共中央总书记、中央军委主席、国家主席习近平在开幕式上通过视频发表讲话。他指出,互联网发展是无国界、无边界的,利用好、发展好、治理好互联网必须深化网络空间国际合作,携手构建网络空间命运共同体。

在国内新媒体发展中,当前最具影响力的新媒体平台有新浪微博、腾讯微信、今日头条等,其无论是受众数量还是市场占有率,抑或是社会影响力,均为当前国内新媒体机构及产品中的翘楚。

2009年8月,新浪推出"新浪微博"。2011年10月,中国微博用户总数达到2.498亿人,世界第一。截至2016年第一季度末,新浪微博月活跃用户达到2.61亿人,日活跃用户达到1.2亿人。截至2017年第一季度末,新浪微博月活跃用户达3.4亿人,已超过推特成为全球用户规模最大的独立社交媒体公司。2018年6月,新浪微博月活跃用户4.31亿人。2019年6月,新浪微博月活跃用户数增至4.86亿人。新浪微博2020年第二季度月活跃用户数达到5.23亿人。

腾讯公司2011年初推出微信。2012年4月,微信国际化,面向欧美推出4.0英文版Wechat,之后多种语言支持。2013年1月15日,用户数突破3亿人,成为全球下载量和用户量最多的通信软件,影响力遍及中国、东南亚、欧美、拉非等,覆盖200多个国家,20多种语言。2014年1月,微信用户约5亿人。2014年7月活跃用户约4亿人。2016年6月,微信活跃用户已达到5.49亿人。2017年6月,微信活跃用户已达到9.63亿人。2018年6月,微信MAU达到10.58亿人,同期WhatsAPP活跃用户15亿人,脸书Messenger活跃用户达13亿。2019年3月,微信活跃用户已达到11.12亿人。2020年第一季度,微信及WeChat的合并月活跃账户数达12.025亿人。

今日头条是由1983年出生的张一鸣于2012年3月创建,2012年8月发布第一个版本。今日头条是一款基于数据挖掘的推荐引擎产品,为用户推荐信息、提供连接人与信息的服务的产品。2016年9月20日,今日头条宣布投资10亿元用以补贴短视频创作。后独立孵化UGC短视频平台"火山小视频"和"抖音短视频"。2017年1月,今日头条中国新第一批认证的8组独立音乐人入驻今日头条。2017年2月2日,全资收购美国短视频应用Flipagram。今日头条不生产内容,通过算法进行搬运新闻的方式在平台内聚焦内容,然后以数据算法推送机制让每篇文章都能找到相符合的用户。截至2019年底,头条已经通过这样的方式累积了66亿激活用户,1.4亿活跃用户。今日头条公司目前约有6亿受众,在2020年1月7日发布《2019今日头条年度数据报告》,报告揭示从用户搜索行为、阅读创作习惯、社会责任等多方面展现了通用信息平台的价值。头条搜索正式上线后，被搜索最多的关键词是"国庆大阅兵"。2019年有1825万用户首次在头条上发布内容，114款国家级贫困县农产品通过信息流动走出大山。随着创作和传播门槛的降低，有越来越多的普通人在头条上表达和记录自我。2019年，头条创作者全年共发布内容4.5亿条，累计获赞90亿次。其中，有1825万人是首次在头条上发布内容。除角力国内新媒体市场外，今日头条不断拓展全球新媒体市场，一边是不断推出头条产品海外版，包括今日头条海外版TopBuzz、TopBuzz Video、火山小视频海外版Hypstar和抖音短视频海外版Tik Tok等，一边是不断收购其他国家的新媒体应用，2016年10月投资印度最大内容聚合平台Dailyhunt，2016年年底控股印度尼西亚新闻推荐阅读平台BABE，2017年2月全资收购美国短视频应用Flipagram，2017年11月收购全球移动新闻服务运营商News Republic、音乐视频分享和互动社交应用Musical.ly，到2017年年底今日头条在日本、印度、东南亚、巴西和北美都取得了不错的进展，多款产品长时间占据当地APP Store/ Google Play总榜前三。

2021年2月3日，中国互联网络信息中心发布第47次《中国互联网络发展状况统计报告》，截至2020年12月底，我国网民规模达9.89亿人，手机网民规模达9.86亿人，互联网普及率达70.4%。其中，40岁以下网民超过50%，学生网民最多，占比为21.0%。今天，网络就像水和空气一样，与我们密不可分——即时通信用户规模达9.81亿人，网络购物用户规模达7.82亿人，短视频用户规模达8.73亿人……庞大的网民与丰富的应用构成了中国蓬勃发展的新媒体市场。2020年，我国互联网行业在抵御新型冠状病毒肺炎疫情和疫情常态化防控等方面发挥了积极作用，为我国成为全球唯一实现经济正增长的主要经济体，国内生产总值（GDP）首度突破百万亿，圆满完成脱贫攻坚任务做出了重要贡献。

"健康码"助9亿人通畅出行，互联网为抗疫赋能赋智。2020年，面对突如其来的新型冠状病毒肺炎疫情，互联网显示出强大力量，对打赢疫情防控阻击战起到关键作用。疫情期间，全国一体化政务服务平台推出"防疫健康码"，累计申领近9亿人，使用次数超过400亿人次，支撑全国绝大部分地区实现"一码通行"，大数据在疫情防控和复工复产中作用凸显。同时，各大在线教育平台面向学生群体推出各类免费直播课程，方便学生居家学习，用户规模迅速增长。受疫情影响，网民对在线医疗的需求量不断增长，进一步推动我国医疗行业的数字化转型。截至2020年12月，我国在线教育、在线医疗用户规模分别为3.42亿人、2.15亿人，占网民整体的34.6%、21.7%。未来，互联网将在促进经济复苏、保障社会运行、推动国际抗疫合作等方面进一步发挥重要作用。

网络扶贫成效显著。截至2020年12月，农村网民规模为3.09亿，较2020年3月增长5471万人；农村地区互联网普及率为55.9%，较2020年3月提升9.7个百分点。近年来，网络扶贫行动向纵深发展取得实质性进展，并带动边远贫困地区非网民加速转化。在网络覆盖方面，贫困地区通信"最后一公里"被打通，截至2020年11月，贫困村通光纤比例达98%。在农村电商方面，电子商务进农村实现对832个贫困县全覆盖，支持贫困地区发展"互联网+"新业态新模式,增强贫困地区的造血功能。在网络扶智方面,学校联网加快、在线教育加速推广,全国中小学(含教学点)互联网接入率达99.7%,持续激发贫困群众自我发展的内生动力。在信息服务方面,远程医疗实现国家级贫困县县级医院全覆盖,全国行政村基础金融服务覆盖率达99.2%,网络扶贫信息服务体系基本建立。

网络零售连续八年全球第一,有力推动消费"双循环"。自2013年起,我国已连续八年成为全球最大的网络零售市场。2020年,我国网上零售额达11.76万亿元,较2019年增长10.9%。其中,实物商品网上零售额9.76万亿元,占社会消费品零售总额的24.9%。截至2020年12月,我国网络购物用户规模达7.82亿人次,较2020年3月增长7215万人次,占网民整体的79.1%。随着以国内大循环为主体、国内国际双循环的发展格局加快形成,网络零售不断培育消费市场新动能,通过助力消费"质""量"双升级,推动消费"双循环"。在国内消费循环方面,网络零售激活城乡消费循环;在国际国内双循环方面,跨境电商发挥稳外贸作用。此外,网络直播成为"线上引流+实体消费"的数字经济新模式,实现蓬勃发展。直播电商成为广受用户喜爱的购物方式,66.2%的直播电商用户购买过直播商品。

网络支付使用率近九成,数字货币试点进程全球领先。截至2020年12月,我国网络支付用户规模达8.54亿,较2020年3月增长8636万,占网民整体的86.4%。网络支付通过聚合供应链服务,辅助商户精准推送信息,助力我国中小企业数字化转型,推动数字经济发展;移动支付与普惠金融深度融合,通过普及化应用缩小我国东西部和城乡差距,促使数字红利普惠大众,提升金融服务可得性。2020年,央行数字货币已在深圳、苏州等多个试点城市开展数字人民币红包测试,取得阶段性成果。未来,数字货币将进一步优化功能,覆盖更多消费场景,为网民提供更多数字化生活便利。

短视频用户规模增长超1亿,节目质量飞跃提升。截至2020年12月,我国网络视频用户规模达9.27亿,较2020年3月增长7633万,占网民整体的93.7%。其中短视频用户规模为8.73亿,较2020年3月增长1.00亿,占网民整体的88.3%。近年来,匠心精制的制作理念逐渐得到了网络视频行业的认可和落实,节目质量大幅提升。在优质内容的支撑下,视频网站开始尝试优化商业模式,并通过各种方式鼓励产出优质短视频内容,提升短视频内容占比,增加用户黏性。短视频平台则通过推出与平台更为匹配的"微剧""微综艺"来试水,再逐渐进入长视频领域。2020年,短视频应用在海外市场蓬勃发展,同时也面临一定政策风险。

高新技术不断突破,释放行业发展动能。2020年,我国在量子科技、区块链、人工智能等前沿技术领域不断取得突破,应用成果丰硕。在量子科技领域,政策布局和配套扶持力度不断加强,技术标准化研究快速发展,研发与应用逐渐深入。在区块链领域,政策支撑不断强化,技术研发不断创新,产业规模与企业数量快速增长,实践应用取得实际进展。在人工智能领域,多样化应用推动技术层产业步入快速增长期,产业智能化升级带动应用层产业发展势头强劲。

上市企业市值再创新高,集群化发展态势明显。截至 2020 年 12 月,我国互联网上市企业在境内外的总市值达 16.80 万亿人民币,较 2019 年底增长 51.2%,再创历史新高。我国网信独角兽企业总数为 207 家,较 2019 年底增加 20 家。互联网企业集群化发展态势初步形成。从企业市值集中度看,排名前十的互联网企业市值占总体比重为 86.9%,较 2019 年底增长 2.3 个百分点。从企业城市分布看,北京、上海、广东、浙江等地集中了约八成互联网上市企业和网信独角兽企业。当前,我国资本市场体系正在逐步完善,市场包容度和覆盖面不断增加,更多地方政府也正积极培育本地创新创业公司及独角兽企业,有望最终形成"4+N"的发展格局。

数字政府建设扎实推进,在线服务水平全球领先。2020 年,党中央、国务院大力推进数字政府建设,切实提升群众与企业的满意度、幸福感和获得感,为扎实做好"六稳"工作,全面落实"六保"任务提供服务支撑。截至 2020 年 12 月,我国互联网政务服务用户规模达 8.43 亿,较 2020 年 3 月增长 1.50 亿,占网民整体的 85.3%。数据显示,我国电子政务发展指数为 0.7948,排名从 2018 年的第 65 位提升至第 45 位,取得历史新高,达到全球电子政务发展"非常高"的水平,其中在线服务指数由全球第 34 位跃升至第 9 位,迈入全球领先行列。各类政府机构积极推进政务服务线上化,服务种类及人次均有显著提升;各地区各级政府"一网通办""异地可办""跨区通办"渐成趋势,"掌上办""指尖办"逐步成为政务服务标配,营商环境不断优化。

2022 年 2 月 25 日,中国互联网络信息中心在北京发布第 49 次《中国互联网络发展状况统计报告》,报告显示:5G 网络建设稳步推进,截至 2021 年 12 月,我国移动电话基站总数达 996 万个,累计建成并开通 5G 基站总数为 142.5 万个,全年新增 5G 基站数达到 65.4 万个。移动电话用户规模稳中有增,5G 用户规模快速扩大。截至 2021 年 12 月,移动电话用户总数达 16.43 亿户,其中 5G 移动电话用户达 3.55 亿户。截至 2021 年 12 月,我国网民使用手机上网的比例达 99.7%,人数达到 10.28 亿,手机仍是上网的最主要设备。据 QuestMobile2021 中国移动互联网年度大报告数据显示,截至 2021 年 12 月,全网用户 11.74 亿,其中,综合电商、网上银行、本地生活、支付结算、地图导航、浏览器、效率办公、智能家居月活用户净增长位居前八位,综合电商、网上银行、本地生活的月活用户净增长均过亿。"新基建"的落地布局推动我国移动互联网基础设施实现技术突破与智能升级,移动互联网迎来了全新发展变革。移动互联网行业将更加规范,将演变成人与海量物品共生的超级网络,将推动车联网、4K/8K 超高清视频、智慧城市、数字乡村建设、智能家居生活、自动驾乘体验、远程田间管理、在线教育、远程医疗等行业深入触网发展,进一步拓宽移动互联网应用,推动移动互联网发展红利在全社会普及。

下一个十年中中国文化和政治力量很大程度上将借助中国互联网的力量在全球崛起。所以,驾驭好互联网的趋势,把握好这个十年的大好机遇,中华民族复兴之梦是可以期望的。互联网将成为中国崛起的催化剂、加速器和驱动力,网络强国的战略紧迫性和重要性显而易见。

下一个十年互联网将是中国软实力全球崛起的主战场。面对机遇的同时,中国互联网也将面临新的挑战:一个来自内部,即互联网如何顺利融入整个社会,成为中国未来发展的全新基础设施;一个来自外部,即中国互联网如何走出去,影响国际,在全球范围建立竞争力和话语权。相应地,中国互联网将面临痛苦的裂变:一是互联网将面临更加复杂的环境,在复杂的环境下,要如何实现企业、政府和公民的良性互动和良性发展;二是作为新文明新文化样态的中国互联网文化如何与全球互联网文化的主旋律(开放、共享、创新、自由、平等)顺利接轨。

在这个过程中,互联网产业将继续通过技术创新的形式,重新分配社会资源,包括注意力、财富、权力、话语权、影响力等。互联网创业,将继续推动社会完成大规模的、深层的新陈代谢,激发国家迸发新的活力和动力,并重新调整和修改社会发展的游戏规则。这种未来的巨大变化蕴含着巨大的创业机会,是创造新财富的契机。更重要的是,未来互联网产业面临的复杂挑战和痛苦裂变,以及互联网产业的走向,将更为深远地影响中国社会的经济、政治、文化发展的主旋律和在全球格局中的位置。在这个意义上,几十年来中国掀起的互联网浪潮,是对中国社会发展具有深远影响的一段历史。

本章小结

网络自其产生之日起便与生俱来具有信息传播特质,同时纵观媒体发展史,网络对媒体的革新不亚于甚至远远超越了其他传播介质。网络与新媒体有辉煌的既往,更有光明的未来,但是迄今关于网络与新媒体的定义等基本概念仍在探讨中,这或许就是新媒体的另一番魅力。在本章我们讨论了网络与新媒体的相关含义和基本特征等,按照相关阶段分类原则,依据时间序列对全球及中国网络与新媒体发展历程进行了认真梳理,期望为后续的学习提供一种宏观视野观照。

思考与练习

1. 什么是计算机网络?
2. 如何认识新媒体?
3. 全球网络与新媒体发展中的重大事件有哪些?
4. 中国网络与新媒体发展中的重大事件有哪些?
5. 智媒与既往网络新媒体有哪些区别与联系?
6. 从习近平总书记有关网络空间命运共同体论述的视角出发,结合2020年以来新型冠状病毒肺炎疫情防控等重大事件中的新媒体应用,谈谈中国网络与新媒体在产生、发展、应用、治理中有哪些区别于美国的独特之处?

参考文献

[1] 李良荣.网络与新媒体概论[M].北京:高等教育出版社,2014.
[2] 谭天.新媒体新论[M].广州:暨南大学出版社,2013.
[3] 约翰·奈斯比特.大趋势——改变我们生活的十个新趋向[M].孙道章,等译.北京:新华出版社,1984.

[4] 阿尔文·托夫勒.未来的冲击[M].孟广均,等译.北京:新华出版社,1996.

[5] 尼葛洛庞帝.数字化生存[M].胡泳,范海燕,译.海口:海南出版社,1997.

[6] 吴伯凡.孤独的狂欢——数字时代的交往[M].北京:中国人民大学出版社,1998.

[7] 林军,张宇宙.马化腾的腾讯帝国[M].北京:中信出版社出版,2009.

[8] 林军.沸腾十五年——中国互联网1995—2009[M].北京:中信出版社出版,2009.

[9] 刘韧,韩磊.网络媒体教程[M].北京:中国广播电视出版社,2005.

[10] 闵大洪.从边缘媒体到主流媒体——中国网络媒体20年发展回顾[J].新闻与写作.2014(3).

[11] 方兴东,等.中国互联网20年:三次浪潮和三大创新[J].新闻记者,2014(4).

[12] 国家互联网信息办公室,北京市互联网信息办公室.中国互联网20年:网络大事记篇[R].北京:电子工业出版社,2014.

[13] 中国社会科学研究院新闻与传播研究所.中国新媒体发展报告[R].2014.

[14] 苏涛,彭兰."智媒"时代的消融与重塑——2017年新媒体研究综述[J].国际新闻界,2018(1).

[15] 中国互联网络信息中心.第46次中国互联网络发展状况统计报告[R].2020.

[16] 方兴东,钟祥铭,彭筱军.全球互联网50年:发展阶段与演进逻辑[J].新闻记者,2019(7).

[17] 苏涛,彭兰.热点与趋势:技术逻辑导向下的媒介生态变革——2019年新媒体研究述评[J].国际新闻界,2020(1).

[18] 中国互联网络信息中心.第47次中国互联网络发展状况统计报告[R].2021.

[19] 苏涛,彭兰.技术与人文:疫情危机下的数字化生存否思——2020年新媒体研究述评[J].国际新闻界,2021(1).

[20] 中国互联网络信息中心.第49次中国互联网络发展状况统计报告[R].2022.

第二章 网络与新媒体广告概述

学习目标
1. 熟悉网络与新媒体广告的基本含义及其主要特征。
2. 掌握网络与新媒体广告发展历史和它们在中国的发展状况。
3. 全面了解网络与新媒体广告的主要支撑理论。

以网络为主要形态的新媒体出现之后,广告产业随之也发生了巨变,无论是广告学科的基础理论还是广告产业的实战领域都涌现出了不同于以往传统广告的理念与方法,丰富了广告的表现形式,增加了广告的投放平台,激发了广告的传播价值,促进了整个产业的革命性变化。学生通过本章学习将初步了解网络与新媒体广告的基本概念、主要特性、发展历程、支撑理论等,为之后深入学习网络与新媒体广告的策划与设计制作等内容打好基础。

第一节 网络与新媒体广告的定义

由于目前国内学界业界尚对"网络与新媒体"缺乏比较统一的认识,更没有较为权威的概念解读,因此在较多场合提到的"网络与新媒体广告"可从以下两个层面来理解。其一,以 Web 传统互联网、wap 移动互联网、其他非网络化的新型媒介为主要载体的新兴广告形式;其二,新兴传播或营销理念所催生的新的广告传播理念与业务形态。

一、网络与新媒体广告的技术定义

在陈述网络与新媒体广告的定义前,要先明确广告的定义:广告是一种大众传媒方式。广告可分为商业广告(以盈利为目的)和公益广告(不以盈利为目的)。

根据著名的美国传媒研究者霍金斯所给的定义:网络广告即电子广告,指通过电子信息服务传播给消费者的广告。

不同于霍金斯的定义,例如,中国广告商情网就把网络广告定义为:在互联网上传播、发布的广告,它的广告形式、收费模式、广告特点等与传统广告有很大的差异。

本书认为,网络广告指运用专业的广告横幅、文本链接、多媒体的方法,在互联网刊登或发布的广告,是通过网络传递到互联网用户的一种广告运作方式。通俗地讲,网络广告是指广告主利用一些用户密集或有特征的网站摆放的商业信息,并链接到目的网页以引起消费行为的过程。

互联网络广告是指在 Web 网页或电子邮件内登载的广告。利用本公司的网站进行制品宣传或发行邮件杂志,二者都属于使用互联网络市场营销的一种,广义上也有包含于互联网络广告的情况。但为与新闻与广告媒体不等同,这里将利用本公司的网站进行的宣传排除在互联网络广告之外。

随着技术的发展和互联网的兴起,网络广告作为一种新生的广告形象出现在公众视野中。网络广告,是广告中的一种,具有广告的基本属性的同时,也有着自己鲜明的特点。在英语中,广告一词是 Advertising,电视广告称为 Commercial,而网络广告并没有特有的专用名词,一般将其称为 Internet Advertising 或 Web Advertising。

由于"网站"广告盛行,因而多了一个新的单词,有人把"网站"(Web)与"广告"(Advertising)两个词结合起来,另创一词"Webvertising",直接翻译为网站广告,一经约定俗成,大家也把这个词当作网络广告的代名词。直观地讲,在网站上能看到的那些包含广告性质的文本、图像以及其他形式的载体,都可以纳入网络广告的范畴。

从技术层面考察,网络与新媒体广告是指以数字代码为主要载体,采用先进的电子多媒体技术设计制作,通过因特网或其他新型媒介广泛传播,具有良好的交互功能的广告形式。

常在网上漫游的网民都会注意到,绝大多数的网页中都有各种各样的图标,有的是静态的;更多的是动态的文字或图片;有的是固定的,像放电影似的交替显现;有的是漂移的,没有确定的位置。这些图标有各种形状,设计和制作都很精致,色彩鲜亮,具有很强的视觉吸引力,常常会诱使浏览者把鼠标放在上面去点击。当浏览者有意或无意地点击后,这些图标会引导浏览者去浏览一个新的网页。此时,设置图标的人就达到了宣传网址和广告信息的目的。网络与新媒体广告是充分利用各种新媒介技术如网页制作中超文本链接功能而形成的。由于网络与新媒体广告本身就含有经过浓缩的广告语句,同时静态或动态的精美别致的图形又非常吸引人,只要浏览者看一眼,哪怕是短短的几秒钟,就已经产生广告作用了。而点击它则是广告行为得以成功完成的标志。

二、网络与新媒体广告的法律定义

确切地讲,网络与新媒体广告可以分为广义和狭义两种。广义的网络与新媒体广告指企业在互联网或其他新型媒介上发布的一切信息,包括公益性信息、企业的商品信息,以及企业自身的互联网域名、网站、网页等;狭义的网络与新媒体广告是指可确认的广告主通过付费方式在互联网或其他新型媒介上发布的、异步传播的具有声音、文字、图像、影像和动画等多媒体元素、可供网络受众观看(收听),并能进行交互式操作的商业信息传播形式。

从法律角度看,网络与新媒体广告目前有狭义和广义之分,在此仅能依照相关法律法规中对"网络广告"的定义来对"网络与新媒体广告"进行界定。

2001 年 4 月北京市工商局颁布的《北京市网络广告管理暂行办法》第二条规定:"本办法所称网络广告,是指互联网信息服务提供者通过互联网在网站或网页上以旗帜、按钮、文字链接、电子邮件等形式发布的广告。"该办法作为我国第一个全面规范网络广告活动的规范性文件,对保护消费者、经营者合法权益,对电子商务的立法执法,都具有极为重要的现实意义和探索意义。该办法所界定的网络广告属于狭义的定义,仅仅将以旗帜、按钮、文字链接、电子邮件等形式发布的广告归属于网络广告。

狭义的网络与新媒体广告定义,有利于对经营性的网络广告制作者进行管理。广义的网络与新媒体广告是根据广告法规定的特征做出的。

《中华人民共和国广告法》(以下简称《广告法》)规定:"在中华人民共和国境内,商品经营者或者服务提供者通过一定媒介和形式直接或者间接地介绍自己所推销的商品或者服务的商业活动,适用本法。"

根据《广告法》的规定,广告有四个法定特征:其一,有偿性,即"承担费用"。其二,依附性,即"通过一定媒介和形式"。其三,目的性,即介绍"所推销的商品或者所提供的服务"。其四,商业性,即具有"商业"特点。网站或网页上以旗帜、按钮、文字链接、电子邮件或其他新兴媒介载体的广告信息传播等形式发布的广告,自然具备上述特征。但由于因特网本身具有媒体性质,其他涉及商品或服务的信息,同样也符合法定的广告特征。

例如,专门发布商品信息的网上商城网页内容。这些网页所介绍的并非是网站自己的商品,而是网站收取了各种形式的信息发布费,为其他企业发布的商业信息。这些网页内容都是商品的提供者承担了费用,通过因特网这一媒介,直接介绍其商品,具有商业目的的信息。也就是说,它们都符合《广告法》对广告的定义。

再如,企业在自建网站上对自己商品或服务的介绍。这种自我介绍同样也是"通过一定媒介和形式介绍商品和服务",具有"商业"目的,只不过其"承担费用"的方式有所不同。其制作和发布都由商品服务提供者自己完成,发布信息的费用主要是网络域名注册费、网络设备和服务器购置或租借费、网络信息的制作成本和传输费用等。所以,这种网上信息仍然符合《广告法》的规定,应该属于广告,对照实体市场,较类似于企业自行发布的印刷品广告以及商铺本身建筑上的户外广告。

所以,广义的网络与新媒体广告应当定义为:凡符合广告的法定特征,即符合有偿性、依附性、目的性、商业性特点的网络信息或其他新兴媒介载体的广告信息传播都可界定为网络与新媒体广告。运用广义的网络与新媒体广告定义,有利于对网络与新媒体广告实施更严密的管理。

第二节　网络与新媒体广告的特性

网络与新媒体广告作为一种全新的广告,之所以受到各个国家及地区企业的重视和喜欢,是因为它与当今投放在电视、广播、报纸、杂志等媒介上的广告相比,具有以下十大特点。

第一,交互性。交互性是网络与新媒体广告区别于传统媒体广告的一个最明显的特点,同时也是网络媒体与传统媒体相比所具有的强大的优势。互联网络的出现使广告媒体的发展从过去传统的单向传播,受众被动地接受信息,逐渐趋向双向、主动的互动模式。即受众可以主动地接受其需要的信息,厂商也可以随时得到用户反馈信息。传统媒体广告,如电视、广播等具有强制收视的特点,而网民在浏览网页时可以随心所欲地选择自己需要的各类广告信息,如果想知道某种商品或服务的详情,可以通过点击广告进一步了解,或者通过电子邮件、网络电话、网络传真等与广告主进行交流,甚至可以实现在线购买。在与消费者实时沟通过程中,厂商可以随时得到用户反馈信息,直接与目标群进行互动式交流,可利用网络新媒体广告同时达到不同的销售目的,收集完整的客户资料以及客户对产品和服务的意见或建议。网络新媒体广告在消费者与厂商之间提供了一条互动、随时的交流渠道,为厂商提高消费者对商品的认知、培养客户的忠诚度、实施CRM(客户关系管理)增加了有力手段。网络与新媒体广告可以做到一对一的发布以及一对一的信息回馈。对网络感兴趣的网民不再被动地接受广告,而是可以及时地做出反应;通过在线调查等方式,厂商可以以较低的成本得到大量的、快速的用户反馈信息,并且大大提高了厂商后期整理、统计、归档等工作的效率。

第二,实时性。传统广告在广告发版后很难改变,或者说更换广告的经济代价太大,因而难以实现。而在互联网上做广告则能按照需要即时变更广告内容。例如,一则有关商品促销的广告中,商品的销售价格变动了,更改其价格只需要一两分钟,更改成本则可以忽略不计。这样就可以很容易地做到经营决策变化与广告变化之间的无延迟对接。

第三,传播范围广泛。网络与新媒体广告的覆盖范围和传播区域是传统媒体广告无可比拟的。信息时代的"网络无国界"已是一个不争的事实,互联网络把遍及世界各地的计算机用户,按照统一的通信协议连接成一个全球性的信息传输网络,通过互联网络传播广告信息。无论是广告主还是受众对象,都不受地域限制,覆盖范围遍及世界各地。而传统的媒体广告如电视广告、报刊广告等,都会受到信号转接或发行区域的限制,只能在某个范围内传播。从这个角度讲,网络与新媒体广告的覆盖范围和传播区域是传统媒体广告望尘莫及的。只要具备上网条件,任何人在任何地点都可以阅读广告。

第四,受众数量可准确统计。网络与新媒体广告的突出特点是可测量性和智能性。通过第三方服务器不仅可以精确统计出网站的访客人数、广告的曝光和被点击次数,还能记录网民上网的时间分布和地域分布情况,乃至网民的个人爱好和上网习惯,从而具备了精确定向的可能。广告主借助于权威公正的访客流量统计系统精确统计出来的数据,能够准确地评价广告效果,并进一步审定广告投放策略。而且还能利用互联网的互动和实时特点,按照需要随时变更广告的形式和内容。基于互联网的这些技术优势,从基础面确立了网络与新媒体广告的经济价值,即节省广告主的费用投入,增强广告的实际效果,改变传统广告媒体"知道有一半的钱白花了,但不知道白花在哪里"的固有缺陷。

第五,针对性。网络与新媒体广告的投放能够很好地进行市场细分,广告主可以针对不同的消费群体投放不同的广告,让企业接触到目标顾客和大量的潜在顾客,有机会建立一对一的营销关系。在网络世界中,有着共同兴趣、爱好和议题的人们往往聚合成一个个群体,网络媒体顺应这种"群体化"趋势,使得特定网络媒体的目标受众十分明确。

根据分析结果显示：网络与新媒体广告媒体的受众是最年轻、最具活力、受教育程度最高、购买力最强的群体，网络与新媒体广告可以帮助客户直接命中最有可能的潜在用户。利用软件技术，客户可以指定某一类专门人群作为广告播放对象，而不必为与此无关的人付钱。比如，如果客户在某地举办一个新品展卖会，他可以要求网站只向由当地登录的网民播放广告，网站可以通过监测 IP 地址做到。通过提供众多的免费服务，网站一般都能建立完整的用户数据库，包括用户的地域分布、年龄、性别、收入、职业、婚姻状况、爱好等。此外，不同类型的网站有不同类型的用户集团。这些资料可帮助广告主分析市场与受众，根据广告目标受众的特点，有针对性地投放广告，并根据用户特点定点投放和跟踪分析，客观准确地评价广告效果。广告主将特定的商品广告投放到有相应消费人群的地方，其目标市场很明确，从而做到有的放矢，将广告准确地投放到具有明确目标受众的市场中。在互联网络上，合适的产品在适合于自身的网络媒体上做广告，会使广告信息与受众的相关程度大大提高，而信息受众也会因广告信息与自己的需求相关而更加关注这类广告信息。

第六，形式多样。网络与新媒体广告的表现形式包括动态影像、文字、声音、图像、表格、动画、三维空间、虚拟现实、其他新兴媒介载体呈现等，它们可以根据广告创意需要任意进行组合创作，从而有助于最大限度地调动各种艺术表现手段，制作出形式多样、生动活泼、能够激发消费者购买欲望的广告。

第七，多对多。报纸广告基本是一对一的传播过程，电视广告则是一对多的方式，而网络与新媒体广告则是多对多的传播过程。之所以这样，是因为在互联网上有众多的信息提供者和信息接收者，他们既在互联网上发布广告信息，也从网上获取自己所需产品和服务的广告信息。

第八，快捷性。这一方面指的是信息的发布，另一方面指的是信息的反馈和更换。对于广告运作来说，从材料的提交到发布，所需时间可以是数小时或更短。

第九，可重复性和可检索性。网络与新媒体广告可以将文字、声音、画面完美地结合之后供用户主动检索、反复观看。而电视却是让广告受众被动地接受广告内容，如果错过广告时间，就不能再得到广告信息。另外，较之网络与新媒体广告的检索，平面广告的检索要费时、费力得多。

第十，成本低。网络与新媒体广告制作周期短，即使在较短的周期内进行投放，也可以根据客户的需求很快完成制作，而传统广告制作成本高，投放周期固定。网络与新媒体广告制作周期短，却能获得与传统广告同等的广告效应，网络与新媒体广告的有效千人成本远远低于传统广告媒体。

第三节 网络与新媒体广告的发展历史与现状

网络与新媒体广告是一种新兴的广告形式，它依托互联网等新媒体而产生。互联网是有史以来发展最快的媒体，从世界范围来看，报纸成为大众媒体用了 200 余年，广播用了38年,电视用了13年,互联网用了5年。互联网诞生初期,一直是作为一种在国防、科技、教育领域使用的通信交流工具而存在。直到20世纪90年代初期万维网出现后,大量的信息源以超文本格式进行全球链接,终于形成了一个跨国界的全球性新型媒体。

由于互联网把计算机与最新的通信、数码技术结合了起来,使得各种信息在传播范围、传播速度、通信容量及信息交互方法等方面都取得了前所未有的突破。如此卓越的功能使得互联网理所当然地成为现代广告的新兴载体而且被社会各界广泛运用。在1998年5月17日的联合国新闻委员会年会上互联网被正式宣布为是继"报刊""广播""电视"三大传统媒体之后的第四大传播媒体。在对1998年6月的法国世界杯、克林顿绯闻案的报道中,互联网以其特有的交互性,第一次超过报刊、广播、电视等传统媒体,真正确立了第四大媒体的地位。

互联网发展如此之快,其方便、快捷、交互性强等优势广为人们所喜爱,网络与新媒体广告也应运而生。作为网络营销的一种强有力的手段,网络为广告主提供了一个受众清晰、信息量超大、费用偏低的良好媒体平台。网络与新媒体广告既可以针对不同的受众实施不同的广告宣传,还可以有效地将文本、声音、图像和动画等结合起来,传送多感官信息,为消费者和广告主架起一座沟通的桥梁。因此,网络与新媒体广告迅速崛起并得到极大发展,而且日益展现出其特有的魅力与广阔的前景。

一、美国网络与新媒体广告的发展历史与现状

在全球范围内,网络与新媒体广告发轫于1994年美国Hotwired网站的网幅广告。1994年10月,美国《热线》杂志(*Hotwired*)推出了网络版Hotwired(http://www.hotwired.com),其主页上开始有AT&T等14个客户的网幅广告,开创了广告的新时代,也标志着网络与新媒体广告开始成形,这是广告史上一个里程碑事件,自此之后,网络与新媒体广告逐渐成为网络上的热点,无论网络媒体还是广告主均对其充满期望。

美国作为网络与新媒体的发源地,其广告市场发展最早,在各方面对全球其他地区的互联网产业有着很大影响,引领着全球互联网行业的发展。中国著名的互联网研究机构艾瑞咨询集团根据美国互动广告局(IAB)发布的1996—2011年《美国网络广告收入报告》,对美国互联网广告市场自1995年至2011年的数据进行了收集、梳理和分析,将这16年美国互联网广告市场发展的整体情况连贯地呈现出来。更详尽更新的情况可查询IAB最新报告。

二、中国网络与新媒体广告的发展历史与现状

中国网络与新媒体广告起步与国家网络建设基本同步,与世界第一个发布网络广告的美国也基本同步。从历史机遇视角审视,中国在网络与新媒体广告领域谋得先机,其发展基本与世界整体发展水平是同步的。

（一）中国网络与新媒体广告发展历程

1995年4月，马云创办中国黄页，在中国开始推广网络广告理念。1996年8月19日，《计算机世界》发表《Internet上的广告现状》，同年12月8日中国广告协会与北京燕兴广告公司开始共建中国广告商情网（http://www.cnad.com.cn）。

1997年3月，中国第一个商业性的网络与新媒体广告出现，中国的比特网赢得第一笔广告收入，IBM为AS400的宣传支付了3000美元；同年7月14—23日，英特尔举办"网上夺标，莫失良机"活动，在多家网站打出网幅广告。广告表现形式为468*60像素的动画网幅广告。Intel和IBM是国内最早在互联网上投放广告的广告主，此后逐渐有网络广告出现在国内的网站中。

1997年4月，Chinabyte.com由国际授权媒体监测机构AcNielsen旗下专业公司开始站点访问第三方认证。

1998年3月，《中国计算机报》载文提出并组织ISP和广告公司研讨网络广告运作。7月，国中网（www.cww.com）在北京举行网络广告研讨会。7月，国中网宣布"98世界杯网站"获得200万人民币广告收入。8月，CNNIC与sohu.com举办"sohu站点访问统计新闻发布会"并颁发访客流量认证证书。11月，China.com Corporation与24/7 Media Inc.在国中网第三届年会上宣布正式成立24/7互动传媒亚洲有限公司。

1999年，北京三元牛奶在网易上发布网络广告，开创了中国传统企业做网络广告的先例。1月，新浪宣布拿到IBM公司30万美元的广告单子，标志中国网络广告已成气候。4月奥美公司与智威汤逊-中乔公司在华推出互动媒体咨询服务。9月，http://www.media999.com进入中国并于12月与Adforce.com结成战略联盟。12月，CNNIC联合17家网站倡议推出网站访客流量度量标准——《网站访问统计术语和度量方法》。从广告收入的角度看，新浪、搜狐和网易这三个巨型网站的广告收入占全国1999年度整个网络广告营业额的一半。1997—1999年，在网上做广告的广告主主要来自两大行业，即电脑和电信。Intel、联想、IBM是电脑行业中的主要广告主。而摩托罗拉和诺基亚则是电信行业的主要广告主。

2000年3月，信息产业部与国家工商局主办的"新世纪网络广告研讨会"在国家工商局召开。2000年5月，国家工商局向全国27家知名企业颁发"广告经营许可证"，开展网络广告经营登记试点工作。

2000—2002年，随着中国互联网发展进入寒冬，网络广告的发展也开始进入蛰伏期。虽然增长幅度比较小，但网络广告仍在继续发展。根据数据统计，2001年中国网络广告市场规模为4.1亿人民币，2002年为4.9亿人民币。在2002年，搜狐在网络广告收入的支持下，实现了赢利。

2003年春，"非典"（SARS）突然降临，众多公司、企事业单位放假，人们在家中的"坚守"让传统的平面广告以及路边广告等效率大减。部分在家中无事的人们选择了上网以打发时间，这让很多一直青睐传统广告模式的企业看到了网络广告的机会。在"非典"的"帮助"下，网络广告在2003年开始爆发。据数据统计，2003年中国网络广告的市场规模急剧增至10.3亿人民币,增长幅度达112%。"非典"给网络广告带来了发展机遇。

2004—2005年,随着博客和搜索引擎的广泛应用,众多互联网公司开始赢利,风投重新大批进入互联网产业,网络广告市场也稳步增长。2004年中国不含搜索引擎的网络广告市场规模已经从2003年的10.8亿元增长到19亿元,市场增长率达75.9%,整个网络广告市场保持高速增长。2005年以来,网络服务类广告投放基本趋于稳定,门户网站仍是主要的网络广告媒介。同时,网络广告监测成为此行业的竞争热点。2005年新浪网以6.8亿元网络广告收入占中国网络广告总收入的21.7%,搜狐网以4.7亿元占15.0%,QQ.com以1.2亿元占3.8%,TOM.com以0.7亿元占2.2%,中国主要门户网站累计占网络广告市场总收入的50%。网络广告宣传已成为网络公司生存与发展的一个关键性要素。

2006—2007年,传统的网络广告模式已经不能满足客户的需求,于是各种网络广告模式百花齐放,网络广告代理公司也成为资本的宠儿。中国排名前两位的网络广告代理公司好耶与华扬联众陆续被收购。中国互联网协会的《2007中国互联网调查报告》显示,2006年我国网络广告(不含搜索引擎在内)收入达49.8亿元,比2005年增长了50.91%。传统广告主已逐渐突破了投放网络媒体的心理关口。每个网民每个月在互联网上平均的消费水平2006年是169.57元,比2005年的157.8元同比增长7.46%,用户个人消费市场总规模2767.46亿元,比2005年的1876.53亿元同比增长47%,2006年网民个人互联网消费规模增长明显。新浪是网络广告最典型的受益者。该公司2006年第一季度广告营收2220万美元,比去年同期增长33%,占新浪营收总额的47%。经过长期经营部署的搜狐,则借助门户矩阵的流量优势,2006年第一季度的广告收入比去年同期增长了35%,达到2010万美元——该公司的主要盈利点已经从无线增值业务成功转型到网络广告。腾讯2006年第一季度的财报显示,该公司在网络广告上的收入为4180万元人民币,比上一季度增长了10.9%,比上年同期增长了173.1%。现在,腾讯除了通过其门户网站吸引广告收入,还在客户端上充分开发潜力:例如曼秀雷敦针对乐肤洁的目标受众及产品特性,在QQ主题包、QQ对话框、QQ博客空间上进行置入式营销等。此外,百度是点击搜索广告的典型代表企业。

2007—2008年,诸如校内网、人人网、开心网等SNS网站的全面兴起与北京奥运会的举办,使网络与新媒体广告进入一个新的增长阶段。

2009—2011年开始"大行其道"的微博更是对SNS应用的拓深,再加上智能手机广泛应用,移动互联网应用服务日渐丰富,SNS极大提升了门户网站在传统互联网和移动互联网上的传播影响力,使网络与新媒体广告的形式、内容、表达、效果越来越丰富多彩,广告市场进入新阶段。

2012年以来微信逐渐兴起,作为具有本土原创气质的新型互联网应用,在短时间内快速扩展领地,在竞争激烈的互联网市场占领一席之地,与二维码、APP、新闻客户端等一起成为网络与新媒体广告的新秀。

(二) 中国网络与新媒体广告现状

根据艾瑞咨询等机构的相关报告统计数据,2012年中国网络与新媒体广告的市场规模达到753.1亿元,超过报纸广告市场规模;2013年第一季度市场规模达到200亿元,接近电视广告市场规模,年终突破千亿大关,达到1100亿元;2014年达到1540亿元;2015年达到1897亿元;2016年达到2295亿元;2017年达到2957亿元;2018年达到3717亿元;2019年达到43412亿元;2020年达到4972亿元;2021年达到5435亿元

全球经济在2020年以来的新型冠状病毒肺炎疫情以及诸多不确定性因素影响下放缓增速,而中国经济在国家政策有效引导与防疫抗疫举措得力的支撑下,实现了全社会各行业的稳步复苏,网络与新媒体广告产业受益于内生需求的增长,实现了市场规模的持续增长。中国已形成了全球规模最大、应用渗透最强的数字社会,互联网应用和服务的广泛渗透构建起数字社会的新形态,短视频、直播、网购、外卖、在线教育、在线医疗等虽然带来网络与新媒体广告的新领地与新形态,但近年来网民的增长率正逐年放缓,新增广告受众的红利在减弱。

网络与新媒体广告赖以存在与发展的环境在构建新生态。2021年4月,国家市场监管总局依照《中华人民共和国反垄断法》对阿里巴巴集团处以182.28亿元人民币罚款,开出了自欲建构互联网新时期市场秩序以来,为打破行业垄断的最大罚单。2021年7月,工信部启动互联网行业专项整治行动,将屏蔽网址链接列为重点整治问题之一,主管部门的一系列重大举措获得社会的广泛关注,各界希望通过市场治理,让互联网回归互联互通的初衷本质。国家反垄断局于2021年11月正式挂牌成立,标志着反垄断工作的法制化和常态化。"赢者通吃"的互联网平台垄断格局被打破,阿里巴巴、美团等一批因滥用市场支配地位,强迫商家"二选一"的行为受到反垄断行政限制。"互联互通"打破垄断壁垒,这使得行业内中小企业获得新的发展机遇,可营造一个风清气正的互联网健康发展及网络与新媒体广告健康发展的新生态。

网络与新媒体广告对大数据算法等引入与使用规范化。2021年9月1日起《中华人民共和国数据安全法》正式施行,2022年3月1日起《互联网信息服务算法推荐管理规定》正式施行,以上法规的实施,标志着互联网行业野蛮生长时代的结束,行业调整与规范运营的时期到来。无论是媒体主、广告主,还是广告代理,都必须基于合法合规的范畴内使用数据展开广告传播活动,创新长效监管机制,公管共治才能迎来互联网广告新的发展拐点。

网络与新媒体广告适应社会经济发展的宏观调控与优化供给。从网络与新媒体广告市场的角度观察,"双减"政策助推教育培训产业格局重构,教育培训类新媒体广告骤然下降。同时,为避免炒房投机现象的抬头,房地产继续受到政策严格监管,房地产品类新媒体广告出现了负增长。宏观经济结构调整,带来网络与新媒体广告产业格局的巨大变化。

网络与新媒体广告形态与营销边界进一步融合。在直播带货潮的蜂拥下,网络与新媒体广告与营销的边界得到进一步的拓展,昔日电商的价格战已变为以构建消费场

景为主要广告营销手段的能力比拼。直播行业在游戏和秀场内容逐渐遇到天花板后，发挥自己隐藏的互联网"工具"功能，与电商相结合，挖掘出全新广告营销变现途径和发展方向。而电商行业在遇到直播这种能立体展现商品属性，堪比线下促销环境的商业场景则一改以往销售略显疲软的状态，重新回到新闻和话题的巅峰。但当前直播电商生态圈也呈现寡头垄断的格局，而监管部门已开始着手治理野蛮生长的乱象，预计未来直播电商广告营销领域头部机构集中的局面将逐渐被打破，整个生态发展更健康更平衡。

随着市场的成熟度不断提高，近年来网络与新媒体广告的市场规模的增速放缓，发展平稳，但随着新媒体生态不断融合、扩展、丰富，网络与新媒体广告的市场规模总量仍会持续增长。

第四节 网络与新媒体广告的新理论

在全球范围内网络与新媒体广告的产生与发展离不开广告传播基础理论的支撑，离不开新的媒介环境的孕育。自互联网诞生之日起，不同学科与新兴媒介环境不断交融，催生出新的营销理论、新的经营管理理论、新的媒介传播理论等，不同领域的新兴理论对新媒介环境下的广告产业具有较大的推动作用，值得广告学界业界投入更多的关注。

一、蓝海战略

蓝海战略（Blue Ocean Strategy）是由欧洲工商管理学院的 W. 钱·金（W. Chan Kim）和莫博涅（Mauborgne）提出的。蓝海战略认为，聚焦于红海等于接受了商战的限制性因素，即在有限的土地上求胜，却否认了商业世界开创新市场的可能。运用蓝海战略，视线将超越竞争对手移向买方需求，跨越现有竞争边界，将不同市场的买方价值元素筛选并重新排序，从给定结构下的定位选择向改变市场结构本身转变。

（一）基本含义

蓝海以战略行动（Strategic Move）作为分析单位，战略行动包含开辟市场的主要业务项目所涉及的一整套管理动作和决定，在研究 1880—2000 年 30 多个产业 150 次战略行动的基础上，指出价值创新（Value Innovation）是蓝海战略的基石。价值创新挑战了基于竞争的传统教条，即价值和成本的权衡取舍关系，让企业将创新与效用、价格与成本整合一体，不是比照现有产业最佳实践去赶超对手，而是改变产业境况重新设定游戏规则；不是瞄准现有市场"高端"或"低端"顾客，而是面向潜在需求的买方大众；不是一味细分市场满足顾客偏好，而是合并细分市场整合需求。

（二）构思方法

如何构思蓝海战略呢？构思蓝海战略的布局需要回答四个问题：第一，哪些被产业认定为理所当然的元素需要剔除？这些元素经常被认为理所当然，虽然它们不再具有价值。第二,哪些元素的含量应该被减少到产业标准之下?这个问题促使企业做出决定,看看现有产品或服务是否在功能上设计过头,是否只为竞比和打败竞争对手,是否企业所给超过顾客所需并徒然增加成本。第三,哪些元素的含量应该被增加到产业标准之上?这个问题促使企业去发掘产业中消费者不得不做出的妥协。第四,哪些产业从未有过的元素需要被创造出来?这个问题帮助发现买方价值的全新源泉,以创造新需求改变产业战略定价标准。

(三) 实施原则

在实施蓝海战略中需要遵守相关原则,即六项原则,具体为四项战略制定原则和两项战略执行原则。四项战略制定原则分别为:重建市场边界、注重全局而非数字、超越现有需求、遵循合理的战略顺序。两项战略执行原则分别为:克服关键组织障碍、将战略执行建成战略的一部分。

蓝海战略的第一个原则是重建市场边界。从硬碰硬的竞争到开创蓝海,使用六条路径重建市场边界。其一,产业:跨越他择产业看市场。红海思维:人云亦云为产业定界,并一心成为其中最优。蓝海观点:一家企业不仅与自身产业对手竞争,而且与替代品或服务的产业对手竞争。其二,战略集团:跨越产业内不同的战略集团看市场。红海思维:受制于广为接受的战略集团概念(例如豪华车、经济型车、家庭车),并努力在集团中技压群雄。蓝海观点:突破狭窄视野,搞清楚什么因素决定顾客选择,例如高档和低档消费品的选择。其三,买方群体:重新界定产业的买方群体。红海思维:只关注单一买方,不关注最终用户。蓝海观点:买方是由购买者、使用者和施加影响者共同组成的买方链条。其四,产品或服务范围:跨越互补性产品和服务看市场。红海思维:雷同方式为产品和服务的范围定界。蓝海观点:互补性产品或服务蕴含着未经发掘的需求,简单方法是分析顾客在使用产品之前、之中、之后都有哪些需要。其五,功能情感导向:跨越针对卖方的产业功能与情感导向。红海思维:接受现有产业固化的功能情感导向。蓝海观点:市场调查反馈的往往是产业教育的结果,企业挑战现有功能与情感导向能发现新空间,如果在情感层竞争,可否去除哪些元素使之功能化?反之亦然。其六,时间:跨越时间参与塑造外部潮流。红海思维:制定战略只关注现阶段的竞争威胁。蓝海观点:从商业角度洞悉技术与政策潮流如何改变顾客获取的价值,如何影响商业模式。

蓝海战略的第二个原则是注重全局而非数字。一个企业永远不应将其认真仔细观察企业所处市场环境的任务外包给别人,伟大的战略洞察力是走入基层、挑战竞争边界的结果。蓝海战略建议绘制战略布局图将一家企业在市场中现有的战略定位以视觉形式表现出来,把视线引向蓝海。

蓝海战略的第三个原则是超越现有需求。通常,企业为增加自己的市场份额努力保留和拓展现有顾客,常常导致更精微的市场细分,然而,为使蓝海规模最大化,企业需要反其道而行,不应只把视线集中于顾客,还需要关注非顾客。不要一味通过个性化和细分市场来满足顾客差异,应寻找买方共同点,将非顾客置于顾客之前,将共同点置于差异点之前,将合并细分市场置于多层次细分市场之前。

蓝海战略的第四个原则是遵循合理的战略顺序。遵循合理的战略顺序，建立强劲的商业模式，确保将蓝海创意变为战略执行，从而获得蓝海利润，合理的战略顺序可以分为确定买方效用、价格、成本、接受四个步骤。

蓝海战略的第五个原则是克服关键组织障碍。企业经理们证明执行蓝海战略的挑战是严峻的，他们面对四重障碍：一是认知障碍，沉迷于现状的组织；二是有限的资源，执行战略需要大量资源；三是动力障碍，缺乏有干劲的员工；四是组织政治障碍，来自强大既得利益者的反对，"在公司中还没有站起来就被人撂倒了"。根据蓝海战略，威廉·布拉顿（Willam. Brandon）领导的纽约警察局于20世纪90年代进行变革，并提出了引爆点领导法（Tipping Point Leadership），其理论是在任何组织中，当数量达到临界规模的人们以信心和能量感染了整个组织而行动起来去实现一个创意时，就会发生根本性变化。与组织变革理论以转变大众为基点不同，引爆点领导法认为转变大众就要把力量集中于极端，也就是对组织业绩有超凡影响力的人、行为和活动之上。

蓝海战略的第六个原则是将战略执行建成战略的一部分。执行蓝海战略，企业最终需要求助于最根本的行动基础，即组织内基层员工的态度和行为，必须创造一种充满信任和忠诚的文化来鼓舞人们认同战略。当人们被要求改变习惯从而改变工作方式时，恐慌情绪便会增长，他们会猜测发生这种变化背后的真正理由是什么。员工距离高层越远就越不容易参与战略创建，也就越惴惴不安，如果不考虑基层员工的思想和感受，而将新战略硬塞给他们就会引起反感情绪。要想在基层建立信任与忠诚，企业需要将战略执行建成战略的一部分，需要借助"公平过程"来制定和执行战略。实现公平过程的关键不在于新的目标、期望和责任，而在于人们是否清楚地理解了它们。围绕公平过程的原则组织蓝海战略的制定，一开始就要将战略执行建成战略创建的一部分，使人们集中精力执行战略。

二、长尾理论

长尾（The Long Tail）这一概念是由美国《连线》杂志主编克里斯·安德森（Chris Anderson）2004年10月在《长尾》一文中最早提出，用来描述诸如亚马逊和奈飞（Netflix）之类网站的商业和经济模式。"长尾"实际上是统计学中幂律（Power Laws）和帕累托分布（Pareto）特征的一个口语化表达。一个简单的解释是只要存储和流通的渠道足够大，需求不旺或销量不佳的产品共同占据的市场份额就可以和那些数量不多的热卖品所占据的市场份额相匹敌甚至更大，即众多小市场汇聚成可与主流大市场相匹敌的市场能量。

（一）理论起源

克里斯·安德森，美国《连线》杂志主编，喜欢从数字中发现趋势。在一次跟eCast首席执行官范·阿迪布（Fan Adibush）的会面中，后者提出一个让安德森耳目一新的"98法则"，改变了他的研究方向。范·阿迪布从数字音乐点唱数字统计中发现了一个秘密：听众对98%的非热门音乐有着无限的需求，非热门的音乐集合市场无比巨大，无边无际。听众几乎盯着所有的东西！他把这称为"98法则"。安德森意识到阿迪布那个有悖常识的"98法则"隐含着一个强大的真理。

以 Rhapsody 的销售数据为例。记录 Rhapsody 每月的统计数据，并把它们画在一张图上，就可以发现该公司和其他任何唱片店一样，都有相同的符合"幂指数"形式的需求曲线——对排行榜前列的曲目都有巨大的需求，尾部快速下降的部分代表的是不太流行的曲目。但是最有趣的事情是深入挖掘排名在 40000 以后的歌曲，而这个数字正是普通唱片店的流动库存量（最终会被销售出去的唱片的数量）。沃尔玛在这些排名在 40000 以后的唱片上的销量几乎为零，要么沃尔玛就没有销售此类唱片，要么就是此类边缘唱片的少数潜在本地客户没有能够找到它们或者他们就从来没有走进过沃尔玛商店。Rhapsody 的需求一直源源不断。不仅位于排行榜前 10 万的每个曲目每个月都至少会点播一次，而且前 20 万、30 万、40 万的曲子也是这样。只要 Rhapsody 在它的歌曲库中增加了曲子，就会有听众点播这些新歌曲，而且还分布在世界上不同的国家，尽管每个月只有少数几个人点播了它们。

于是，安德森系统研究了亚马逊、狂想曲公司、谷歌、易贝、奈飞等互联网零售商的销售数据，并与沃尔玛等传统零售商的销售数据进行了对比，观察到一种符合统计规律（大数定律）的现象。这种现象恰如以数量、品种为二维坐标上的一条需求曲线，拖着长长的尾巴，向代表"品种"的横轴尽头延伸，长尾由此得名。《长尾》一文在 2004 年 10 月《连线》上发表后，迅速成了这家杂志历史上被引用最多的一篇文章。特别是经过吸纳无边界智慧的博客平台，不断丰富着新的素材和案例。安德森沉浸其中不能自已，终于打造出一本影响商业世界的畅销书——《长尾理论》。这就是长尾理论的起源。

（二）重要价值

长尾理论认为，由于成本和效率的原因，过去人们只能关注重要的人或重要的事，如果用正态分布曲线来描绘这些人或事，人们只能关注曲线的"头部"，而将处于曲线"尾部"、需要更多的精力和成本才能关注到的大多数人或事忽略。例如，在销售产品时，厂商关注的是少数几个所谓"VIP"客户，"无暇"顾及在人数上居于大多数的普通消费者。而在网络时代，由于关注的成本大大降低，人们有可能以很低的成本关注正态分布曲线的"尾部"，关注"尾部"产生的总体效益甚至会超过"头部"。例如，某著名网站是世界上最大的网络广告商，它没有一个大客户，收入完全来自被其他广告商忽略的中小企业。安德森认为，网络时代是关注"长尾"、发挥"长尾"效益的时代。

长尾市场也被称之为"利基市场"。"利基"一词是英文"Niche"的音译，意译为"壁龛"，有拾遗补阙或见缝插针的意思。菲利普·科特勒在《营销管理》中给利基下的定义为：利基是更窄地确定某些群体，这是一个小市场并且它的需要没有被服务好，或者说"有获取利益的基础"。因此，通过对市场的细分，企业集中力量于某个特定的目标市场，或严格针对一个细分市场，或重点经营一个产品和服务，就会创造出产品和服务优势。

一些语句可以简单清晰地描述长尾理论的巨大价值，如"涓涓细流，汇聚成河""终结二八定律""无物不销，无时不售""一个小数乘以一个非常大的数字等于一个大数"。

（三）实现条件

首先，长尾理论统计的是销量，并非利润。管理成本是其中最关键的因素。销售每件产品需要一定的成本，增加品种所带来的成本也要分摊。所以，每个品种的利润与销量成正比，当销量低到一个限度就会亏损。理智的零售商是不会销售引起亏损的商品的。这就是"二八定律"的基础。超市是通过降低单品销售成本，从而降低每个品种的止亏销量，扩大销售品种。为了吸引顾客和营造货品齐全的形象，超市甚至可以承受亏损销售一些商品。但迫于仓储、配送的成本压力，超市的承受能力是有限的。而互联网企业可以进一步降低单品销售成本，甚至没有真正的库存，因为网站流量和维护费用远比传统店面低，所以能够极大地扩大销售品种。互联网经济也有赢者独占的特点，所以网站在前期可以不计成本、疯狂投入，这更加剧了品种的扩张。如果互联网企业销售的是虚拟产品，则支付和配送成本几乎为0，可以把长尾理论发挥到极致。因此，从某种程度上说，虚拟产品销售天生就适合长尾理论。

其次，要使长尾理论更有效，应该尽量增大"尾巴"。也就是降低门槛，制造小额消费者。不同于传统商业的拿大单、传统互联网企业的会员费销售模式，互联网营销应该把注意力放在把蛋糕做大。通过鼓励用户尝试，将众多可以忽略不计的零散流量，汇集成巨大的商业价值。谷歌的 Adsense 就是这样一个蛋糕制造机。之前，普通个人网站几乎没有营利机会。AdSense 在小网站上发布相关广告，带给站长们一种全新的低门槛的营利渠道，同时，把众多小网站的流量汇集成为统一的广告媒体。当然，在这里还有一个降低管理成本的问题。如果处理不好，客服成本会迅速上升。Google 是通过算法降低人工管理工作量，但也仅仅做到差强人意。

使用长尾理论必须小心翼翼，要保证任何一项成本都不随销量的增加而激增，最差也是同比增长。否则，就会走入死路。最理想的长尾商业模式是，成本是定值，而销量可以无限增长。这就需要可以低成本扩展的基础设施，Google 的 Big Table 就是如此。

（四）成功案例

谷歌是一个最典型的"长尾"公司，其成长历程就是把广告商和出版商的"长尾"商业化的过程。有数以百万计的小企业和个人，此前他们从未打过广告，或从未大规模地打过广告，他们小得让广告商不屑，甚至连他们自己都不曾想过可以打广告。但谷歌的 AdSense 把广告这一门槛降下来了：广告不再高不可攀，它是自助的，价廉的，谁都可以做的；另一方面，对成千上万的 Blog 站点和小规模的商业网站来说，在自己的站点放上广告是举手之劳。Google 目前有一半的生意来自这些小网站而不是搜索结果中放置的广告。数以百万计的中小企业代表了一个巨大的长尾广告市场。这条长尾能有多长，恐怕谁也无法预知。一个前亚马逊公司的员工精辟地概述了公司的"长尾"本质：现在所卖的那些过去根本卖不动的书比我们现在所卖的那些过去可以卖得动的书多得多。

三、SNS 理论

SNS 全称 Social Networking Services，即社会性网络服务，专指旨在帮助人们建立社会性网络的互联网应用服务。该服务依据六度关系理论,以认识朋友的朋友为基础,扩展自己的人脉,并且在该服务需要的时候,可以随时获取一点,得到该人脉的帮助。在互联网领域 SNS 有三层含义,Social Network Service、Social Network Software、Social Network Site。中文的社会性网络服务含义包括硬件、软件、服务及网站应用,人们习惯上用社交网络来代指 SNS(包括 Social Network Service 的三层含义),用社交软件代指 Social Network Software,用社交网站代指 Social Network Site。

(一) 基本含义

SNS 网站就是依据六度关系理论建立的网站,帮助用户运营朋友圈的朋友。六度关系理论是美国著名社会心理学家米尔格兰姆(Stanley Milgram)于 20 世纪 60 年代最先提出的。其基本含义为:在人际脉络中,要结识任何一位陌生的朋友,这中间最多只要通过六个朋友就能达到目的。就是说如果想认识一个人,托朋友找认识他的人,中间不会超过六个人。

现实社会中,人与人的交流是通过人与人之间的介绍、握手来形成一个朋友圈、联系圈的,每个人不需要直接认识所有人,只需要通过他的朋友,朋友的朋友,就能促成一次握手。而普通的网络交际,则大多数通过某些平台来实现,比如将自己联系方式或言论放到一个平台中去,让很多人看到,并且联系你、认识你。两者的优缺点明显。现实社会性交际的优点是可靠,彼此关系建立在可靠的人际网络上,缺点是产生握手的时间长、代价较高;平台式的网络交际优点是成本低,但不可靠。

那么在网络中将该机制拷贝,即在理论上,可获得高可靠性与低成本的双重优点。还有一些优点就是,SNS 网络中,朋友圈内的关系往往真实度很高,非常可靠,互相之间不存在所谓网络的"假面具",因此,比较容易实现实名制;SNS 基于人传人联系网络,一传多,多传多,利用网络这一低廉而快速的平台,建立朋友圈的速度非常快,这又使得建立人脉网络的成本进一步降低。

(二) 发展历程

自 2003 年起,SNS 在美国悄然兴起,SNS 网站如脸书、MySpace、Youtube、HuLu 等相继出现,至今在全球范围内依然有强大的影响力。自 2008 年起,SNS 风靡中国,中国的 SNS 网站也逐渐被网友所认识和喜爱。如果按照时间轴来分析中国的 SNS 市场,从 2002 年到现在,中国的 SNS 市场发展可以分为三个时期。

第一个时期是初始期(2002—2006 年)。中国 SNS 市场处于引入阶段,SNS 市场容量快速扩大,SNS 数量不断增多。第一个时期,SNS 主要以交友和婚介为主,代表性的有联趣网、亿友网以及初始期后期的爱情公寓、51.com、校内网(现在的人人网)。这个时期市场预期相对高涨,但在用户维系和营利模式上仍面临一些根本问题。

第二个时期为成长期(2007—2010 年)。2007 年 SNS 市场出现被夸大的预期峰值,SNS 市场充斥着大量的厂商。然后进入 2008—2010 年的洗牌阶段。SNS 产业问题显现,例如同质化严重、资金不足、没有有效的营利模式等,部分厂商被淘汰,如 360 圈。之后的 2010 年,SNS 产业热度下降,多数厂商开始思考探索自己的商业模式,进行创新,实现盈利上的突破。SNS的繁荣一度被认为是热闹的表象，国内大大小小的SNS网站数不胜数，自2008年以来便冲击着人们的眼球，特别是2009年两个开心网的纷争甚嚣尘上，更将SNS网站的娱乐化推向媒体热议的风口浪尖。开心001可以说是SNS里的一个神话，在短短的15个月内，聚集了超过3000万注册会员的超强人气。为了迅速聚拢人气，类似开心001的网站所做的就是不断推出新玩意，这种带有一定真实关系的社交型网站，由于模式的新颖性以及对娱乐的追求，在短时间内得到众多用户的喜爱。然而当娱乐因素疲乏、新奇感消失时，这个关系网便随之土崩瓦解，这恐怕也就是开心网的用户来得快、去得也快的重要原因。

第三个时期是理性发展期（2011年到现在）。在这个阶段，市场稳定，垄断性质的厂商出现，其营利能力也显著提高。到目前为止，中国的SNS体现为两大阵营。第一阵营的SNS以使用率较高的网站原平台为基础，实力雄厚，占据市场主体地位。如开心网是最早一批以产品功能为卖点，形成人与人之间交互关系的网站；人人网则是以校内人员起家，高校用户较多；腾讯QQ空间以腾讯IM为基础，拥有庞大的用户群。第二阵营是体现个性化营销的SNS网站。如淘宝淘江湖依托于C2C商务平台淘宝网，新浪空间则与新浪博客紧密相连，世纪佳缘、百合网倾向于情感婚嫁的相关内容。总体来看，第一阵营为主导，第二阵营专注于差异化。

（三）重要价值

六度关系理论的发展与其网络空间的实现，使得构建于信息技术与互联网络之上的应用软件越来越人性化、社会化。软件的社会化，即在功能上能够反映和促进真实的社会关系的发展和交往活动的形成，使得人的活动与软件的功能融为一体。六度理论的发现和社会性软件的发展向人们表明：社会性软件所构建的"弱链接"，正在人们的生活中扮演越来越重要的角色。

与"弱联系"的六度关系理论形成重要关联与弥补的则是"强联系"的150法则（Rule of 150），二者的有机结合可以较好地诠释并发挥网络媒介环境下广告传播的最大价值。150法则来源于欧洲的"赫特兄弟会"，该会有一个不成文的严格规定：每当聚居人数超过150人的规模，他们就把它变成两个，再各自发展。150成为人们普遍公认的个人可以与之保持社交关系的最大人数值。无论个人曾经认识多少人，或者通过社会性网络服务与多少人建立了弱链接，那些强链接仍然符合150法则。这也符合"二八"法则，即80%的社会活动可能被150个强链接所占有。

因此若在网络新媒介环境中进行广告传播，可以假定：广告主理论上可以通过某种手段，通过6个人，就可以把他的广告传播到全世界每一个人，但一个人保持社交关系的最大数量不超过150人。

（四）传播优势

第一，资源丰富。无论是综合的SNS还是垂直的SNS，都没有特定的用户群体，其人员分布很广泛，全国各地的、各行各业的都有，这就给SNS网站以无限的资源，由广大用户在使用中慢慢地帮助SNS网站积累资源。其实用户就是资源。

第二，用户依赖性高。由于SNS网站积累了较多的资源，所以，SNS用户可以更容易地在网站上找到自己想要的，比如，有些人希望找老乡、找些自己喜欢的东西，通过其他用户提供的资源可以解决这个问题。又如，在SNS网站认识了一些志同道合的人，每天都想上去交流一番。由此SNS网站逐渐形成了一定的用户群体，并有较高的用户黏度。

第三，互动性极强。SNS网站虽然不是即时通信工具，但是它的即时通信效果也是很好的。可以写一些消息发给好友，极其方便。在SNS网站人们可以就自己喜欢的、当下热点的话题进行讨论。可以发起一些投票，提出一些问题，调动所有人的智慧。

第四，SNS网站的价值高。上面第一条中提到的丰富的资源就是SNS的最大价值。其实用户可以分为好多种，有人是想通过SNS来多认识些朋友，有人是想通过在SNS上发软文来推广自己的网站，有些人是想写写日志来交到更多志同道合的朋友，有些人是想利用SNS的丰富人脉找到工作等。这些都体现了SNS网站的价值所在。

（五）广告营销的优势

首先，SNS广告营销可以满足企业不同的营销策略。作为一个不断创新和发展的营销模式，越来越多的企业尝试着在SNS网站上施展拳脚，无论是开展各种各样的线上的活动（例如，悦活品牌的种植大赛、伊利舒化奶的开心牧场等）、产品植入（例如，地产项目的房子植入、手机作为礼品的植入等），还是市场调研（在目标用户集中的城市开展调查了解用户对产品和服务的意见），以及病毒式营销等（植入了企业元素的视频或内容在用户中像病毒传播一样迅速地被分享和转帖），所有这些都可以在这里实现。为什么这么说呢？因为SNS最大的特点就是可以充分展示人与人之间的互动，而这恰恰是一切营销的基础所在。

其次，SNS广告营销可以有效降低企业的营销成本。SNS社交网络的"多对多"信息传递模式具有更强的互动性，受到更多人的关注。随着网民网络行为的日益成熟，用户更乐意主动获取信息和分享信息，社区用户显示出高度的参与性、分享性与互动性。SNS社交网络营销传播的主要媒介是用户，主要方式是"众口相传"，因此与传统广告形式相比，无须大量的广告投入，相反因为用户的参与性、分享性与互动性的特点很容易使用户加深对一个品牌和产品的认知，形成深刻的印象，形成好的传播效果。

再次，SNS广告营销可以实现目标用户的精准营销。SNS社交网络中的用户通常都是认识的朋友，用户注册的数据相对来说都是较真实的，企业在开展网络营销的时候可以很容易地对目标受众按照地域、收入状况等进行用户的筛选，来选择哪些是自己的用户，从而有针对性地向这些用户进行宣传并与其互动。如果企业营销的经费不多，但又希望能够获得一个比较好的效果的时候，可以只针对部分区域开展营销，例如只针对北上广的用户开展线上活动，从而实现目标用户的精准营销。

最后，SNS广告营销是真正符合网络用户需求的营销方式。网络用户积极参与、分享和互动，符合网络营销发展的新趋势，没有任何一个媒体能够把人与人之间的关系拉得如此紧密。无论是朋友的一篇日记、推荐的一个视频、参与的一个活动，还是朋友新结识的朋友都会让人们在第一时间及时地了解和关注到身边朋友们的动态,并与他们分享感受。符合网络用户需求的营销模式能够在网络营销中帮助企业发挥更大的作用。

（六）成功案例

开心网的老用户,对于"悦活"产品品牌一定不陌生。因为悦活种子曾经是开心农场中最热门的种子,榨"果汁"送网友,也是当时的热门话题之一,其实这是悦活利用开心农场进行的一次SNS植入广告营销。悦活是中粮集团旗下的首个果蔬汁品牌,在其上市之初,并没有像其他同类产品那样选择在电视等媒体上密集轰炸营销,而是选择了互联网,当时开心网正火,于是在2009年,中粮集团与开心网达成合作协议,以当时最火的开心农场游戏为依托,推出了"悦活种植大赛",通过SNS站点来进行营销策划,很显然这次的SNS广告营销做得很成功。

在游戏的过程中,用户不但可以选购和种植"悦活果种子",还可以将成熟的果实榨成悦活果汁,并将虚拟果汁赠送给好友,系统会每星期从赠送过虚拟果汁的用户中随机抽取悦活女孩若干名,赠送真实果汁。在这次活动的基础上,悦活又在开心网设置了一个虚拟的"悦活女孩",并在开心网建立悦活粉丝群。通过这个虚拟"美眉",向用户传播悦活的理念。由于该活动植入得自然巧妙、生动有趣,所以活动刚上线便受到追捧,悦活玩转开心农场把虚拟变成现实,为游戏增加了更多的趣味性,提升了用户的积极性,自然这次活动也很成功。两个月的时间里,参与悦活种植大赛的人数达到2280万,悦活粉丝群的数量达到58万,游戏中送出虚拟果汁达102亿次。根据某咨询公司的调研报告,悦活的品牌提及率短短两个月里从零提高到了50%多。品牌价值直线上升,可称为是中国经典的一次SNS品牌营销案例。

四、整合营销传播理论

整合营销传播（Integrated Marketing Communications,IMC）是指将一个企业的各种传播方式加以综合集成,其中包括一般的广告、与客户的直接沟通、促销、公关等,对分散的传播信息进行无缝接合,从而使得企业及其产品和服务的总体传播效果明确、连续、一致和提升。其中心思想是以通过企业与顾客的沟通满足顾客需要的价值为取向,确定企业统一的促销策略,协调使用各种不同的传播手段,发挥不同传播工具的优势,从而使企业实现促销宣传的低成本化,以高强冲击力形成促销高潮。

（一）基本含义

广义的整合营销传播是指企业或品牌通过发展与协调战略传播活动,使自己借助各种媒介或其他接触方式与员工、顾客、其他利益相关者以及普通公众建立建设性的关系,从而建立和加强与他们之间互利关系的过程。

狭义的整合营销传播是指确认评估各种传播方法战略作用的一个增加价值的综合计划（例如,一般的广告、直接反应、促销和公关）,并且组合这些方法,通过对分散信息的无缝接合,以产生明确的、连续一致的和最大的传播影响力。

(二) 理论辨析

整合营销传播理论是随着营销实践的发展而产生的一种概念,因此其概念的内涵也随着实践的发展而不断地丰富和完善。在过去几年内,整合营销传播在世界范围内吸引了营销人员、传播从业者和专家学者的广泛注意。一直以来,整合营销传播实践者、营销资源提供者和营销效果评价者以各种方式,从不同的角度对整合营销传播进行定义和研究。

美国广告公司协会(American Association of Advertising Agencies,4As)是这样给整合营销传播进行定义的:"整合营销传播是一个营销传播计划概念,要求充分认识用来制订综合计划时所使用的各种带来附加值的传播手段——如普通广告、直接反映广告、销售促进和公共关系——并将之结合,提供具有良好清晰度、连贯性的信息,使传播影响力最大化。"

美国南卡罗来纳大学教授特伦奇·希姆普(Trach Hemes)认为:"整合营销传播学是制订并执行针对顾客或未来顾客的各种说服性传播计划的过程。整合营销传播学的目标在于影响或直接影响有选择的受播者的行为。整合营销传播学认为,一个顾客或一个未来顾客在产品或服务方面与品牌或公司接触的一切来源均是未来信息潜在的传播渠道。进而,整合营销传播利用与顾客或未来顾客相关的、并有可能被接受的一切形式的传播。总之,整合营销传播学开始于顾客或未来顾客,然后反馈,以期明确规定说服性传播计划的形式与方法。"

美国学者舒尔茨·唐列巴姆(Schulz Dolebam)和劳特伯恩(Lout Born)也给出了他们的观察结论:"整合营销传播是一种看待事物整体的新方式,而过去在此我们只看到其中的各个部分,比如广告、销售促进、人员沟通、售点广告等,它是重新编排的信息传播,看起来更符合消费者看待信息传播的方式,像一股从无法辨别的源泉流出的信息流。"

托马斯·罗索(Tomas Lous)和罗纳德·莱恩(Ronald Ryan)认为整合营销传播是指将所有传达给消费者的信息,包括广告、销售促进、直接反映广告、事件营销、包装,以有利于品牌的形式呈现,每一条信息都应使之整体化,与整体相互呼应,以支持其他关于品牌的信息或印象,如果这一过程成功,它将通过向消费者传达同样的品牌信息而建立起品牌资产。

在对整合营销传播的研究中,科罗拉多大学整合营销传播研究生项目主任汤姆·邓肯(Tom Duncan)引入了"关系利益人"的概念来解释整合营销传播:"整合营销传播指企业或品牌通过发展与协调战略传播活动,使自己借助各种媒介或其他接触方式与员工、顾客、投资者、普通公众等关系利益人建立建设性的关系,从而建立和加强他们之间的互利关系的过程。"

整合营销传播理论的先驱、全球第一本整合营销传播专著的第一作者唐·E. 舒尔茨(Don E. Sohultz)教授根据对组织应当如何展开整合营销传播的研究,并考虑到营销传播不断变动的管理环境,给整合营销传播下了一个新的定义:整合营销传播是一个业务战略过程,它是指制订、优化、执行并评价协调的、可测度的、有说服力的品牌传播计划,这些活动的受众包括消费者、顾客、潜在顾客、内部和外部受众及其他目标。这一定义与其他定义的不同之处在于:它将重点放在商业过程上。这最终将形成一个封闭的回路系统,它深入地分析消费者的感知状态及品牌传播情况,最重要的是它隐含地提供了一种可以评价所有广告投资活动的机制,因为它强调消费者及顾客对组织的当前及潜在的价值。

唐·E. 舒尔茨分别对内容整合与资源整合进行了表述。他认为内容整合包括四个方面:其一,精确区隔消费者——根据消费者的行为及对产品的需求来区分;其二,提供一个具有竞争力的利益点——根据消费者的购买诱因来确定;其三,确认目前消费者如何在心中进行品牌定位;其四,建立一个突出的、整体的品牌个性,以便消费者能够区别该品牌与竞争品牌之不同。关键是"用一个声音来说话"。他认为资源整合应该发掘关键"接触点",了解如何才能更有效地接触消费者。传播手段包括:广告、直销、公关、包装、商品展示、店面促销等,关键是"在什么时候使用什么传播手段",无论是内容整合还是资源整合,两者都统一到建立良好的"品牌—顾客"关系上来。内容整合是资源整合的基础,资源整合推动内容整合的实现。

(三) 核心思想

整合营销传播的核心思想是将与企业进行市场营销所有关的一切传播活动一元化。整合营销传播一方面把广告、促销、公关、直销、包装、新闻媒体等一切传播活动都涵盖到营销活动的范围之内;另一方面则使企业能够将统一的传播资讯传达给消费者。所以,整合营销传播也被称为"用一个声音说话"(Speak With One Voice),即营销传播的一元化策略。

整合营销传播的开展,是20世纪90年代市场营销界最为重要的发展,整合营销传播理论也得到了企业界和营销理论界的广泛认同。整合营销传播理论作为一种实战性极强的操作性理论,兴起于商品经济发达的美国。在经济全球化的形势下,近年来,整合营销传播理论也在中国得到了广泛的传播,并一度出现"整合营销热"。

整合营销传播从广告心理学入手,强调与顾客进行多方面的接触,并通过接触点向消费者传播一致的清晰的企业形象。这种接触点小到产品的包装色彩,大到公司的新闻发布会,每一次与消费者的接触都会影响到消费者对公司的认知程度,如果所有的接触点都能传播相同的正向的信息,就能使公司的传播影响力最大化。同时消费者心理学又假定:在消费者的头脑中对一切事物都会形成一定的概念,假使能够令传播的品牌概念与消费者已有的概念产生一定的关联,必然可以加深消费者对该种概念的印象,并达到建立品牌网络和形成品牌联想的目的。

(四) 基本方法

第一,建立消费者资料库。这个方法的起点是建立消费者和潜在消费者的资料库,资料库的内容至少应包括人员统计资料、心理统计、消费者态度的信息和以往的购买记录等。整合营销传播与传播营销沟通的最大不同在于整合营销传播是将整个焦点置于消费者、潜在消费者身上，因为所有的厂商、营销组织，无论是在销售量或利润上所取得的成果，最终都依赖于消费者的购买行为。

第二，研究消费者。这是第二个重要的步骤，就是要尽可能广泛地使用消费者及潜在消费者的行为方面的资料作为市场划分的依据，相信消费者"行为"资讯比其他资料如"态度与意想"测量结果更能够清楚地显现消费者在未来将会采取什么行动，因为用过去的行为来推论未来的行为更为直接有效。在整合营销传播中，可以将消费者分为三类：该品牌的忠诚消费者、其他品牌的忠诚消费者和游离不定的消费者。很明显这三类消费者有着各自不同的"品牌网络"，而想要了解消费者的品牌网络就必须借助消费者行为资讯才行。

第三，接触管理。所谓接触管理就是企业可以在某一时间、某一地点或某一场合与消费者进行沟通，这是20世纪90年代市场营销中一个非常重要的课题，在以往消费者自己会主动找寻产品信息的年代里，决定"说什么"要比"什么时候与消费者接触"重要。然而，现在的市场由于资讯超载、媒体繁多，干扰的"噪声"大为增大。目前最重要的是决定"如何、何时与消费者接触"。

第四，发展传播沟通策略。这意味着什么样的接触管理之下，该传播什么样的信息，而后，为整合营销传播计划制订明确的营销目标，对大多数的企业来说，营销目标必须非常正确，同时在本质上也必须是数字化的目标。例如，对一个擅长竞争的品牌来说，营销目标就可能是以下三个方面：激发消费者试用该品牌产品；消费者试用过后积极鼓励继续使用并增加用量；促使其他品牌的忠诚消费者转换品牌并建立起该品牌的忠诚度。

第五，营销工具的创新。营销目标一旦确定之后，下一步就是决定要用什么营销工具来完成此目标，显而易见，如果我们将产品、价格、通路都视为是和消费者进行沟通的要素，那么整合营销传播企划人将拥有更多样、更广泛的营销工具来完成企划，其关键在于确定哪些工具、哪种结合最能够协助企业达成传播目标。

第六，传播手段的组合。这最后一步就是选择有助于达成营销目标的传播手段，这里所用的传播手段可以无限宽广，除了广告、直销、公关及事件营销以外，事实上产品包装、商品展示、店面促销活动等，只要能协助达成营销及传播目标的方法，都是整合营销传播中的有力手段。

（五）对广告传播的影响

首先，从广告主的角度看，整合营销传播以广告、推销、公共关系等多种手段传播一贯的信息，整合传播战略，以便提高品牌和产品形象。其次，从媒体机构看，整合营销传播不是运用个别的媒体实施行动，而是把多种媒体组成一个系统，给广告主提供更好的服务。再次，从广告公司的角度看，整合营销传播不仅是做广告，还是灵活运用必要的推销、公共关系、包装等诸多传播方法，并把它们整合起来，给广告主提供服务。最后，从企业研究者或经营战略研究者的角度看，整合营销传播可以使用资料库，以争取更多的消费者。从消费者立场出发进行企业活动，并构筑传播方式，以消费者容易接受的方法为其提供必要的信息。关注消费者的购买行为，实施能够促进与顾客建立良好关系的传播活动。

（六）意义

整合营销传播是以整合企业内外部所有资源为手段，重组再造企业的生产行为与市场行为，充分调动一切积极因素，以实现企业目标的全面的、一致化营销。简而言之，就是一体化营销。整合营销主张把一切企业活动，如采购、生产、外联、公关、产品开发等，不管是企业经营的战略、方式方法，还是具体的实际操作，都要进行一元化整合重组，使企业在各个环节上达到高度协调一致，紧密配合，共同进行组合化营销。其基本思路如下：

第一，以整合为中心。整合营销重在整合，从而打破了以往仅仅以消费者为中心或以竞争为中心的营销模式，而看重企业所有资源的综合利用，实现企业的高度一体化营销。其主要用于营销的手段就是整合，包括企业内部的整合、企业外部的整合以及企业内外部的整合等。整合营销的整合既包括企业营销过程、营销方式以及营销管理等方面的整合，也包括对企业内外的商流、物流及信息流的整合。总而言之，整合、一体化、一致化是整合营销最为基本的思路。

第二，讲求系统化管理。区别于生产管理时代的企业管理，那种管理将注意力主要集中在生产环节和组织职能上，以及混合管理时代那种基本上以职能管理为主体，各个单项管理并序的"离散型管理"，整合营销时代的企业由于所面对的竞争环境复杂多变，因而只有整体配置企业的所有资源，企业中的各层次、各部门和各岗位，以及总公司、子公司、产品供应商，与经销商及相关合作伙伴协调行动，才能形成竞争优势。所以，整合营销所主张的营销管理，必然是整合的管理、系统化的管理。

第三，强调协调与统一。整合营销就是要形成一致化营销，形成统一的行动。这就要强调企业营销活动的协调性，不仅仅是企业内部各环节、各部门的协调一致，还是企业与外部环境协调一致，共同努力以实现整合营销，这是整合营销与传统营销模式的一个重要区别。

第四，注重规模化与现代化。整合营销是以当代及未来社会经济发展状况为背景的企业营销新模式，因而，十分注重企业的规模化与现代化经营。规模化不仅能使企业获得规模经济效益，还为企业有效地实施整合营销提供了客观基础。与此同时，整合营销依赖于现代科学技术、现代化的管理手段，现代化可为企业实施整合营销提供效益保障。

（七）成功案例

1. 麦斯威尔整合营销传播案例

麦斯威尔是一个成功运用整合营销传播策略的典范。麦斯威尔咖啡自1982年在市场发售以来，一直以"分享"的广告策略塑造品牌。1986—1988年，麦斯威尔通过随身包咖啡的上市，延伸"分享"的概念，并运用广告、公共关系、促销活动等手段，由形象代言人孙越发起"爱、分享、行动"的街头义卖活动，1988年麦斯威尔随身包咖啡销量同上年相比增长50％。麦斯威尔通过不同的传播媒体传达"分享"这一核心概念，运用的就是典型的整合营销传播策略。

2. 雅客 V9 整合营销传播案例

2003 年 8 月 26 日,具有极强冲击力和感染力的雅客 V9《跑步篇》的广告开始在中央电视台的黄金时段播出,广告一开始告诉观众"本年度最具创意的糖果雅客 V9 诞生",中间明星周迅巧妙地回答了雅客 V9 的功能"每天两粒补充每日所需的 9 种维生素"。同时利用跑步将运动感和体育精神融入其中。在以后的投放策略中雅客始终贯彻"选择央视,集中投放"的原则,并在以后连续在央视创下了三个脉冲式的高峰。雅客的这种央视大投放让消费者在心目中形成了雅客 V9 是维生素糖果的第一品牌,甚至就是糖果第一品牌的暗示,同时也建立了较高的门槛,阻止了竞争对手的跟进,为此雅客付出了三亿元人民币的代价。

在正式投放前,雅客 V9 利用大量的软文对消费者进行了维生素糖果概念的培养,而在雅客之前维生素糖果市场一直未作为独立的市场来开发。同时利用报纸媒体的大众性对雅客 V9 做了大量的热度宣传,让人们对雅客的广告抱有极强的渴望。这在一定程度上刺激了购买行为的完成。随着央视广告的大量投放,雅客 V9 的知名度大大提升后,雅客则在终端利用软文进行功能的介绍及核心品牌价值的宣传。

在央视高空广告的轰炸式灌输后,为了迅速地提升认知度和影响力,雅客的各种提醒式广告纷纷登场,让消费者无处可逃!车体、灯箱、写字楼、社区等所有能利用的媒介几乎都被用来进行宣传,可以说雅客的覆盖率在投放初几乎超出了同类广告的总和。

在终端拦截上,雅客为拦截对象设计了很多有趣的游戏并可以积分,这种方式在吸引了消费者注意的同时也提供了与消费者互动的机会。雅客设计的各种游戏在网络中同样可以玩,利用网络媒体的互动性带动整体的传播及销售。当雅客的宣传热度达到了高峰后,超大规模的新品派发品尝会更将宣传推向了全新的记录,在零售终端上利用精美的 pop 及终端的各种活动来吸引公众的注意。总之,雅客 V9 无疑是 2003 年糖果行业里的一匹黑马,其原因就是它首先发现了维生素糖果作为独立的品类市场来开发的机会,第一个抢占了这个市场空白,并且将品牌、品类、媒介三集中的原则真正执行到位,才能以惊人的速度创下这个奇迹。

3. 麦当劳整合营销传播案例

麦当劳是世界上规模最大的快餐连锁集团之一。1990 年,麦当劳来到中国,在深圳开设了中国的第一家麦当劳餐厅;1992 年 4 月在北京的王府井开设了当时世界上面积最大的麦当劳餐厅,当日的交易人次超过万人。从 1992 年以来,麦当劳在中国迅速发展。1993 年 2 月广州的第一家麦当劳餐厅在广东国际大厦开业;1994 年 6 月,天津第一家麦当劳餐厅在滨江道开业;1994 年 7 月,上海第一家麦当劳餐厅在淮海路开业。数年间,麦当劳已在中国的餐饮业市场占有重要地位。

麦当劳 21 世纪在全球各地市场受到了多方面的挑战:市场占有率上,2002 年 11 月 8 日,麦当劳宣布从 3 个国家撤出,关闭 10 个国家的 175 家门店,迅速扩张战略受阻。在中国,麦当劳的门店数仅为肯德基的 3/5。品牌定位上逐渐"品牌老化"。肯德基主打成年人市场,麦当劳50年坚持走小孩和家庭路线,"迎合妈妈和小孩"。但随着人们的婚姻和婚育观念的改变,晚婚和单身的现象日渐增多,消费核心群体由家庭群体向24岁到35岁的单身无子群体转变,麦当劳的定位以及品牌的概念恰与此偏离。投资策略上,麦当劳在中国一直坚持自己独资开设连锁店。截至2003年7月底,麦当劳都没有采取肯德基等快餐连锁集团的特许经营的扩张方式。公司管理上,迅速扩张的战略隐患逐渐暴露。麦当劳曾经最引以为豪的就是其在全球的快速而成功的扩张,在2002年麦当劳缩减扩张计划之前,麦当劳在全球新建分店的速度一度达到每8小时一家,而这种快速扩张使得麦当劳对门店的管理无法及时跟进,比如一些地区正在恶化的劳资关系以及滞后的危机处理能力。

在广州麦当劳消毒水事件中,店长反应迟缓,与消费者发生争执,损坏了企业的品牌形象。民族和文化意识上的隔阂也给麦当劳带来了麻烦。与可口可乐、万宝路一样,麦当劳与"美国"这一概念捆绑在一起,其效应就如一把双刃剑,既征服了市场,也引来了麻烦。"9·11"事件后麦当劳餐厅的爆炸事件说明了"美国"品牌的负面效应。现代社会,快餐食品对健康的负面影响逐渐为越来越多的人所重视,这成为麦当劳的又一难题。2003年3月5日的"两会"上,全国政协委员张皎建议严格限制麦当劳、肯德基的发展;世界卫生组织(WHO)也正式宣布,麦当劳、肯德基的油煎、油炸食品中含有大量致癌毒素。

在各种不利因素的综合作用下,2002年10月麦当劳股价跌至7年以来的最低点,比1998年缩水了70%,并在2002年第四季度第一次出现了亏损。为改变这种情况,2002年的年初,麦当劳新的全球首席营销官拉里·莱特(Larry Light)上任,并策划了一系列整合营销传播方案,实施麦当劳品牌更新计划:2003年,麦当劳在中国、新加坡等推出了"和风饭食系列""韩式泡菜堡""板烧鸡腿汉堡",放松标准化模式,发挥本地化策略优势,推出新产品,顺应当地消费者的需求。

2003年9月2日,麦当劳正式启动"我就喜欢"品牌更新计划。麦当劳第一次同时在全球100多个国家联合起来用同一组广告、同一种信息进行品牌宣传,一改几十年不变的"迎合妈妈和小孩"的快乐形象,放弃坚持了近50年的"家庭"定位举措,将注意力对准35岁以下的年轻消费群体,围绕着"酷""自己做主""我行我素"等年轻人推崇的理念,把麦当劳打造成年轻化、时尚化的形象。同时,麦当劳连锁店的广告海报和员工服装的基本色都换成了时尚前卫的黑色。配合品牌广告宣传,麦当劳推出了一系列超"酷"的促销活动,比如只要对服务员大声说"我就喜欢"或"I'm Loving It",就能获赠圆筒冰激凌,这样的活动很受年轻人的欢迎。

(八)注意事项

整合营销传播主张把一切企业的营销和传播活动,如广告、促销、公关、新闻、直销、包装、产品开发进行一元化的整合重组,以便让消费者从不同的信息渠道获得某一品牌的一致信息,以增强品牌诉求的一致性和完整性,对信息资源实行统一配置、统一使用,提高资源利用率。这使得营销活动和传播活动有了更加广阔的空间,可以运用的传播方式大大增加了。这一新理论对网络新媒体广告产业具有较强的指导意义。

仍应指出的是,虽然整合营销传播近年来已成为广告界的时髦词汇,但是整合营销传播也并非就是一种万能的营销策略,即便是完全推翻了传统的营销理论所倡导的 4P's 营销组合思想,提出了更为合理的 4C's 理论,但并不是说整合营销传播放之四海而皆准,在具体实施过程中仍然会受到许多因素的制约,比如受到企业文化、传播历史、传播阶段的影响,因此也不能盲目随大流赶时髦,不分青红皂白就上马立项开始实施整合营销传播策略。从另一个方面来讲,整合营销传播不仅仅只是如许多人所说的"传达同一个声音,树立鲜明的形象"这样简单,在实施过程中还要结合管理科学、消费者行为学、统计学等其他学科进行分析和决策,所以整合营销传播的具体执行过程是一门科学而绝非仅仅是一个概念。

五、创意传播管理理论

互联网构筑了新型的数字生活空间。在数字生活空间中,传统营销传播环境中的企业和消费者的关系转变为生活服务者和生活者的关系。这种变化导致了营销传播模式的革命,营销传播进入创意传播管理时代。

(一) 基本含义

创意传播管理(Creative Communication Management,CCM)是 2012 年由北京大学教授陈刚提出的一个传播学术语,是在对数字生活空间的信息和内容管理的基础上,形成传播管理策略,依托沟通元,通过多种形式,利用有效的传播资源触发、激活生活者参与分享、交流和再创造,并通过精准传播,促成生活者转化为消费者和进行延续的再传播,在这个过程中,与企业共同不断创造和积累有关产品和品牌的有影响力的、积极的内容。

(二) 核心思想

创意传播管理强调,企业必须进行管理创新,设立专门的传播管理部门,对传播进行管理,在此基础上开展创意传播。创意传播的核心要素是沟通元。依托沟通元,运用多种形式,触发数字生活空间的生活者不断分享和协同创意,共同不断创造有关企业产品和品牌的积极的有影响力的内容。

(三) 重要价值

创意传播管理立足于更为崭新的媒介传播环境,尤其是焕然一新的受众环境,站在整合营销传播这一巨人的肩膀上,对传播环境新的革命性变化进行了回应。

这是一个更加强化以消费者为中心的时代。整合营销传播时代,以消费者为中心更多的是一种观念,只能体现在前期通过调查和有限的数据库资源得到的有关消费者的各种信息,努力把握这些形成较准确但单一的诉求;而在创意传播管理时代,数字生活空间的生活者能够随时参与到企业的生产、销售、营销传播、品牌建设等经营发展的所有层面,企业转型为随时呼应生活者需要的生活服务者。

这是一个技术引领的时代。整合营销传播时代,虽然唐·舒尔茨教授睿智地洞察到技术应用在营销传播中的价值,但当时所能实现的技术,主要是线下的一些成熟的企业积累下来的既有消费者的资料所形成的数据库技术。在数字生活空间中,创意传播管理的相关技术可以完成监测、内容分析、效果分析等。而一些新技术还在不断地开发和应用之中。

创意传播管理的创新和发展首先在于把传播从营销层面提升到企业的管理层面。互联网带来的史无前例的变化,使得企业被抛入一个海量的语义空间。在这个数字生活空间内的生存、竞争和发展,无时无刻都离不开传播。传播不仅是营销层面的问题,更是企业的整体发展首先面对的问题。所以,企业必须进行管理创新,成立专门的传播管理部门,通过专业的流程,完成创意传播这一艰巨而重大的任务。

创意传播管理的创新和发展其次在于强调在整合的基础上走向协同创意。整合营销传播中的整合,更主要的是在传统的、复杂的媒体环境中,通过整合传播资源和各种营销传播工具形成单向的、强势的声音,虽然强调互动,但互动在这种环境中是无法真正实现的。在数字生活空间主导的新的传播环境中,传播渠道碎片化,在这个环境中,对优质的传播资源当然还是要整合,但整合只是基础性的工作,更重要的是在整合之后做什么。创意传播管理强调,通过沟通元的发布,激活生活者参与到分享、再创造中,参与到协同创意中,不断循环、不断创造和传播积累有关产品和品牌的积极内容,这是在新的环境下有效解决营销传播问题的核心。而在这种变化中,企业在营销传播中的地位也发生变化,企业更多地参与到营销传播的整个过程中。

创意传播管理是对整合营销传播的继承和发展,整合营销传播是创意传播管理的基础。正像整合营销传播推动了营销传播产业的转型一样,在创意传播管理时代,营销传播产业将迎来又一次革命。

(四)传播管理的必要性

面对互联网的挑战,企业必须把传播提升到战略和管理层面,改变现有的管理框架,单独建立传播管理部门。在企业目前的管理框架中,尚没有一个部门能够完成数字生活空间有关传播的所有工作。大多数企业的传播部门都从属于企业的市场部门,在这种传统的组织架构下,传播部门既无法与其他部门进行紧密的协作,也不能进入企业的决策中心,很难满足现代企业在数字生活空间中的竞争和发展的需要。

传播管理不仅仅是一个新的观念,更要落实到企业的组织机制上,通过对传播管理的重新定位,调整现有的组织架构,提高传播管理在组织中的地位,充分发挥其价值。传播管理部门的核心职能是对数字生活空间内容的监测和管理,支持企业的整体发展。

传播管理可以看作是企业在互联网上设置的"雷达",全面监测和管理与企业相关的信息。企业希望了解环境,可以通过传播管理监测行业的政策、趋势以及市场动态。企业希望了解自身,可以监测企业的新闻报道、搜索排名和关注情况,甚至做得更加细化,比如通过电子商务系统监测产品销售情况,通过论坛监测产品和服务的口碑,监测企业作为雇主在员工心中和在求职市场中的形象。企业还需要关注竞争对手,互联网是一个公开的、开放的平台,竞争对手的情况也能通过监测获得。

传播管理为企业捕捉到大量有价值的信息之后,通过数据挖掘和商业智能技术,对数据进行分析,经过专业人员的解读和研究,提炼出企业有关品牌、产品、销售等方面的策略。传播管理发挥着类似企业大脑的作用,面向最高决策者和各个部门提供情报和策略,支持企业进行决策,支持各个部门的工作。企业在互联网上不可避免地会遇到危机,一旦监测到危机可能发生,传播管理就能向企业发出预警,并且分析危机产生的原因、可能的传播源和传播链条。根据企业的情况,指导企业做出有针对性的反应。

除了决策支持外,传播管理还可以为企业在挖掘互联网资源方面提供支持。很多企业能够从获得信息的角度去利用互联网,但企业还应该意识到,从互联网中可以获取更多的养分和资源。早期的互联网就是一个突破地理限制的资源交换平台,而现在是一个众包、协同的时代,例如维基百科是知识的共同创造平台,通过众多生活者的努力,现在的知识专业程度恐怕已经达到了百科全书的水平,而在信息数量上则远远超过了百科全书。

(五)企业传播管理部门的构建

由于传播管理是企业的信息中枢,涉及各个部门,因此在组织架构上,该部门的地位可比其他部门的级别更高。无论如何,这个部门肯定是跨部门的机构,在建立的时候必须考虑同各部门协调和沟通的方便性。

传播管理的部分职能与广告和公关有关,但又超过了传统的广告和公关活动范畴,更重要的是该部门的运作思路颠覆了原有的营销传播模式。同时,企业原有的负责信息化的部门也同传播管理相关,但其原来偏重技术化和企业内部信息化建设的特点远远不能满足传播管理的需求。所以,一种可行的思路是,成立传播管理部门后,将企业原有的负责广告、公关的部门和负责信息化建设的部门并入传播管理部门。

根据企业规模,传播管理部门肯定有不同数量的专职管理人员,但由于传播管理部门要处理不同部门的大量信息内容并要迅速作出判断和反馈,所以如何协调同各部门的关系,是组织建设应该考虑的重要问题。目前戴尔公司的做法是由其他部门选派自己部门的员工轮流参与到传播管理的工作中,这是一种可以借鉴的方式。而另一种方式是通过互联网技术,即传播管理部门所汇聚的各种信息和分析策略会在各部门的专门的终端显示,各部门有专人负责直接与传播管理部门进行反馈和沟通。

由首席传播官负责传播管理,以及运用传播管理部门比其他部门高半级的组织结构设计,能够保证传播管理的工作得到其他各个职能部门的支持,在信息发布、沟通和反应方面形成协作和合力。另外,传播管理所监测到的信息和分析的策略也能够及时提供给其他部门,使传播管理充分发挥信息管理和决策支持的作用,配合企业产品开发、服务、销售各个层面的工作。传播管理通过监测和分析生活者的生活形态、生活者对品牌(与产品、服务)的感知和评价、品牌现阶段的市场策略效果以及互联网本身的特征,可以为企业市场部的市场策略提供建议,包括目标人群的选定、营销手段的选择、市场活动的内容等方面。传播管理部门监测与企业相关的产品信息、销售信息、受众信息、行业信息、政府信息和重要利益相关者的信息,通过对这些数据的长期监测和深度挖掘,再结合以上分析的市场、销售和产品情况,就能够在某种程度上判断出企业的优势、劣势、问题和机遇,为企业战略规划部门制订企业发展规划、调整战略布局提供决策上的参考和依据。

传播管理部门与企业其他部门之间的关系是双向的,传播管理部门监测的信息可以提供给其他部门,传播管理部门的信息发布和反应同样也需要其他部门的支持。企业在互联网上发布的信息要想符合生活者全方位的需求,就必须更加多样、更加专业。因此,这些信息的发布不能只是由传播管理部门参与,传播管理部门应该是信息的统一出口,而信息的来源应该是企业的产品、服务、销售等相关的各个部门。

传播管理部门需要与相关的职能部门合作,共同决定沟通内容,由传播管理部门选择合适的方式及时进行沟通。有时候生活者的需求不是仅从传播层面就能获得满足的,企业除了与生活者沟通之外,还需要采取有针对性的措施予以改善和处理,这些都需要各职能部门去落实。比如产品层面的问题,需要改进产品研发和生产;服务层面的问题,需要提高服务质量,与客户进行线下的进一步联系;销售层面的问题,需要优化产品组合和销售渠道等。

企业传播管理部门应包括四个团队:综合管理团队、精准传播团队、创意传播团队和技术服务团队。在数字生活空间中,企业的传播管理同传统的营销传播不同。传播管理对数字生活空间中各种内容的收集和研究并不仅是直接对应营销传播,而是对应企业的各个部门和整体发展,所以,传播管理大于营销传播。

在传播管理部门中,有一个专门的团队是进行综合管理的,这个团队的主要工作是进行信息的监测、汇总和分析,并形成策略,服务于企业的战略和各个部门。由于互联网的特点,精准类传播越来越重要。精准类传播效果突出,其特点是可以测量和控制。与传统的营销传播不同的是,精准类传播还必须根据综合管理团队研究的策略而随时调整。所以,在传播管理部门应建立专门的管理团队,负责处理精准类传播的各项业务。创意传播是数字生活空间中最具挑战性的方面。在传播管理部门,有一个重要的团队负责创意传播。创意传播要不断地提供高质量的内容,在数字生活空间中产生影响和关注。这个部分将在下一章创意传播部分深入探讨。技术服务团队是传播管理部门的基础和支持。这个团队负责维持传播管理的技术系统的正常运行,并承担企业网站和内网等自有传播资源的技术服务。同时,要维护将来建立的内容数据库和生活者数据库。这些团队,分工不同,但又相互协作,共同完成企业传播管理的工作。

(六)创意传播的必要性

21世纪传播环境的巨大变化,主要是互联网等新传播形态的快速发展,对广告业提出了重大挑战。宝洁(P&G)的首席营销官吉姆·史丹格(Jim Stengel)曾说过:"在1965年时,用三个插播在'新闻60分'中的广告片就可以接触到美国80%以上的成年观众,但是到了2002年时,要用117个黄金时段的电视广告片才能达到同样的效果。在20世纪60年代早期,一天后,一个黄金时段的60秒广告能够被记住40%,而且其中一半内容都不用任何提醒;而现在,一个30秒的广告大约能被记住18%~20%,在没有任何提示下,没有人能记住广告传递的任何信息。"

在这样一个瞬息万变的数字生活空间中,信息繁杂而又容易被遗忘,制作一则能够吸引人注意力并轻松记忆的广告并非易事,而传统的媒体投放型广告服务,也已无法满足生活服务者在互联网这个数字生活空间中进行营销传播的要求。因为面对互联网海量的信息和多元化的内容,加之媒体的多样化和碎片化,作为生活服务者的企业要想引起关注仅仅依靠网络广告是不够的,进一步说,在以互动精神为核心的互联网上,企业的传播内容不能靠覆盖、靠强制性到达生活者,对生活者产生影响。在这种情况下,如何与生活者沟通,成为互联网传播环境中遇到的新难题。以前那种只要瞄准产品的目标用户,锁定其关注的主要媒体,配合相应的品牌策略,就可以产生传播效果的时代已经一去不复返了。

在数字生活空间中,企业已经不再是单纯的企业,更是力求满足每一名生活者个性化需求的生活服务者,显然,角色的转变对他们的营销传播提出了全新的挑战。首先是营销传播信息的分散化。在传统媒体阶段,企业利用大众媒体很容易取得传播效果,而在数字生活空间中,人人都是生活者,人人都是传播者,海量信息全球直播,如果作为生活服务者的企业仍然按照传统的传播操作模式,传达的信息就会淹没在信息噪声中,很难产生预期的效果。随之而来的是舆论多元化。在传统媒体阶段,媒体把关人的存在使得内容很容易控制,而在数字生活空间中,各种不同利益的代表可以自由地表达自己的声音,而且非常容易聚合起来放大影响形成舆论。因此,生活服务者所面临的多元化传播冲击的危险已经达到了空前的程度。此外,各种多元化的传播信息聚到一起,混同生活服务者所有的历史资料在同一时间呈现在生活者面前,使其基本上没有秘密可言。也就是说,在数字生活空间里,生活服务者近乎透明化。在这种背景下,生活服务者要想对生活者和社会发挥导向作用,是难度极大的一项工程,创意传播因此成为其营销传播的第一要务。

在数字生活空间中,策略固然重要,但是如果没有好的创意,传播就不会在海量的信息环境中产生任何影响,就等于没有传播。创意重新成为营销传播的核心,并且渗透到营销传播的各个环节、各个层面。究竟什么是创意传播?创意传播是根据生活服务者的策略,依托沟通元进行创意构想,并将沟通元的各种表现形式利用相关传播资源展现,激活生活者,在分享、互动和协同创意中创造交流机会、创造话题、创造内容,进而创造传播效果的营销传播模式。其中"沟通元"是创意传播的核心要素,是实现复制、延伸和不断传播的创意"元点"。

(七)创意传播的实现

在数字生活空间中,创意传播在创意表现上跟过去截然不同。

首先,创意深入整个传播活动的各个环节、各个层面并起着统领全局的作用。它不仅仅是创意人员一个新奇的想法,不仅仅是设计人员对这个想法的具体呈现和执行。在数字生活空间中,每一名生活者都可以成为传播者,创意传播更要适应互联网的互动精神,充分发动生活者的力量,为其提供分享和再创造的创意空间和素材——"沟通元",

从而建立生活服务者与生活者的联系,实现数字生活空间中,沟通元得到广泛快速地复制、转发、延伸,达到生活服务者品牌营销传播管理的目的。

其次,创意与技术的结合更加紧密,对技术提出了更高的要求。传统的创意策略固然需要技术,但创意部门通常只有美术和文案人员,只要创意出来了,配合创意的执行技术往往不是问题。但在当前的数字传播环境中,创意部门无法绕开技术单独操作,必须吸纳掌握互联网应用技术的人员,技术不再是配角,甚至已成为创意传播中的重要因素之一。比如传播管理技术,可以通过专业的创意传播管理服务公司开发的传播管理办公系统解决;比如创意表现技术,即怎样通过技术把信息传播出去,让生活者更容易获取,运用什么样的技术可以让传播取得更好的效果,激发他们参与的热情。"很多时候,网络传播的执行和制胜取决于技术的应用,很多成功的网络营销传播案例也是新技术运用的典范。这样的例子比比皆是,特别是在互联网和手机平台上应用得较多。比如QR Code(二维码)、AR(实景增强)技术,在技术应用和品牌营销传播层面找到了很好的结合点,因此很快被应用到互动网络营销传播中。"创意传播作为创意传播管理的重要一极,与传播管理相互关联,承接呼应,它的提出为生活服务者的营销传播活动指出了明确的方向,保障了在数字生活空间中生活服务者营销传播任务的顺利完成。

(八)创意传播实现的核心要素——沟通元

沟通元是创意传播的核心要素,它既是传播的载体也是实现创意的元点,是创意传播的重要概念。优秀的沟通元在合适的时间利用合适的传播资源发布,会取得令人意想不到的爆炸性传播效果。沟通元的力量在于为营销传播活动提供核心价值和指导思想,在传播环境极端复杂的互联网环境下,广告、公关、活动等传统环境下的分类概念已经不适用,各种营销传播手段的边界开始模糊化。

沟通元有四个特性。第一,明确单一性。沟通元是易于识别、易于记忆的,一则信息应该包含清晰明确的沟通元。在商业信息泛滥的数字生活空间中,如果信息承载的意义过多会导致生活者理解上的混乱,反而不利于记忆。一个成功的传播过程可以在生活者的脑海里将某一个概念与某一品牌形成清晰而深刻的对应关系。第二,可分享性。沟通元被发送到数字空间,能够立刻引起受众的关注与讨论,并被自发地进行复制与分享。第三,可延展性,沟通元并不是一成不变的,作为创意传播的核心与起点,沟通元的广度和深度都在传播过程中不断延伸与扩展。第四,可参与体验性,沟通元一定能够为受众提供可参与创造体验的空间,实现从参与者到意见领袖的转变,形成持续传播效果。

沟通元有三种类型。热点关注型沟通元、生活者制造型沟通元和主题传播型沟通元。热点关注型沟通元是指生活服务者传播的内容与热点事件相结合,捆绑投放,依靠热点事件所具有的高关注度和高参与度吸引生活者关注、参与,从而实现生活服务者营销传播的目的。核心在于热点事件,诸如社会公共事件、重大灾难、体育赛事、节庆日、影片上映、明星绯闻等热点事件都可以成为捆绑结合的载体。生活者制造型沟通元是指由受众自己创造的能够吸引其他受众广泛参与的,甚至参与其中能够再次进行自觉传播的信息内容。主题传播型沟通元是指由受众在相关主题基础上延伸出来的各种附加活动与信息,最终借助制造某一主题或其相关活动来进行信息传播。

创意传播的实现需要三个步骤来实现。第一,寻找沟通元。这是创意传播的起点,选择合适的沟通元是创意传播最关键的内容,关系到创意传播的成败。第二,选择合适的平台发送沟通元,触发创意传播。合适的平台是沟通元得以实现的载体,是创意传播进行延伸与扩展的重要土壤。第三,激活受众,实现协同创意。激活受众一方面使传播的受众增加,另一方面可以扩大沟通元的传播范围,激起更深更广的传播。

六、人工智能大数据与计算广告

美国奇点大学校长雷·库兹韦尔(Ray Kurzweil)在 2005 年《奇点临近》一书中大胆预测,21 世纪前半叶技术不可避免地朝向机器化发展,必将大大超越人类的智能,因此智能化将成为未来媒体形态的最重要特征。广告行业伴随人工智能技术、大数据技术和 5G 物联网的发展在近十年产生了深刻的变化,从在线广告、数字广告,到程序化广告、信息流广告、原生广告等广告新形式的涌现,业界和学界对广告发展的分析单元不断细化,因此计算广告是广告在人工智能大时代的智能化下发展的重要产物。计算社会科学理论认为,人具有多元行为属性,在社会科学研究中应当通过考察初始状况、基本行为方式、学习演化规则等方面的差异性来看待行为的多元属性并建立相应的分析维度。

(一)大数据与计算广告的发展

在移动互联网、物联网、云计算、大数据、智能终端等技术飞速发展的推动下,互联网广告迎来爆炸式增长,这种快速发展的过程也为广告传播思维的转型提供了新机遇。智研咨询发布的《2020—2026 年中国互联网广告行业市场竞争格局及投资战略咨询报告》数据显示,2019 年中国互联网广告市场规模为 4699.9 亿元,预计 2022 年这一市场规模将达到 6363.3 亿元,同比增长率为 15.6%。技术和数据的广泛应用赋予了广告学明显的量化色彩。计算广告颠覆了传统广告从用户洞察到效果衡量的方式,开创了智能营销全链路的变革。从信息驱动的 IT 时代到数据驱动的 DT 时代,再到智能驱动的 ZT 时代,计算广告逐步实现了从程序化计算广告到智能计算广告,再到认知计算广告的发展与流变。

传统上广告是大众传媒产业收入和利润的主要来源,传播媒介首先将广告产品售卖给受众,然后再将获得的受众注意力售卖给广告主,"二次售卖理论"是主要的经营模式。此时,囿于传播技术与传播手段的局限,广告主通常通过粗犷的全渠道单一灌输产品信息,进行广撒网式的信息输出。这种传播思维无法实现广告信息的精准传播,广告效果难以保证。计算广告的出现,让广告不再是广告,它不仅是一门艺术、一种工具,更是艺术思维的纯感性化创意与逻辑算法的理性化数字思维的结合。计算广告是以数据为基础、以算法为手段、以用户为中心的智能营销方式,它在数据的实时高效计算下,进行用户场景画像,并快速投放、精准匹配及优化用户一系列需求。

(二)计算广告研究概述

计算广告的研究和发展目前还处于上升阶段。自2008年雅虎研究院资深研究员兼副总裁Andrei Broder首次提出计算广告学的概念,学界和业界开始了对计算广告学的探索。2011年,周傲英、周敏奇等人是国内较早一批对计算广告学进行研究的学者,此后刘庆振(2016)、颜景毅、段淳林和杨恒、曾琼等学者对计算广告学的概念界定、组成部分、演化过程、理论范式、实践路径以及学科体系的构建等方面都进行了探索和论证。近年来,广告学科的著作也日益丰富,例如段淳林的《计算广告》、刘庆振的《计算广告学》、刘鹏的《计算广告——互联网商业变现的市场与技术》等。目前,学界关于计算广告的研究主要分为四大流派:

(1)以算法为核心的计算机软件科学应用研究。近年来,国内围绕计算广告在机器学习、逻辑回归模型等技术方向的论文快速增长。2011年,郭庆涛、郑滔对计算广告研究中的计价模型和匹配算法模型进行了详细综述,从检索词匹配精度、语义情景和用户点击反馈等方面对主要算法模型进行了分析总结。2011年,周傲英等阐述了计算广告在技术上的新型应用模型,对应用全貌进行了较为全面的梳理。2017年,吴忠斌通过对计算广告中相关算法的解释与分析,明确了DSP优化传统交互流程及其要点,并对计算广告的相关算法进行了综合阐述。

(2)以计算广告概念及广告产业链发展为核心的广告学研究。2011年,景东、邓媛媛首先从美学艺术视角归纳了计算广告的特点,并将其形式划分为文本分析、用户分析和用户参与三种类别。2015年,刘鹏、王超在合著的《计算广告》一书中,从工业视角对计算广告的算法系统进行了解读,并梳理了网络广告的发展变化。在产业链方面,2016年,刘庆振从计算广告引发的定制、融合、智能、程序化视角,探讨了计算社会科学带来的广告产业链变革。

(3)以计算广告学科建设和范式构建为方向的理论探讨研究。自计算广告的概念被提出后,2011年美国斯坦福大学开设了"Computational Advertising"课程;2018年美国伊利诺伊大学创办了计算科学与广告专业,并开设"Computational Advertising"系列课程。此后,越来越多的学者开始探讨计算广告学学科建设和范式构建等方面的问题。2014年,祝建华、彭泰权根据经典的5W模型探讨了计算社会科学运用到新闻传播学研究中的意义和价值。2017年,颜景毅表示学界亟须对计算广告的传播模式进行探讨,为大数据时代的广告传播研究厘清思路。2019年,姜智彬则从技术变革的角度出发,探究了智能广告带来的行业重构,并基于"基础—工具—目的—本性"框架提出了智能广告的定义。

(4)以计算广告发展前沿的实践和学术研究为基础的研究动态。2018年,段淳林、杨恒辨析了计算广告的定义等基础概念,梳理了计算广告从Web 1.0到Web 3.0的发展路径,提出要从数据、算法模型、智能决策三个基本维度来进行研究。《数据、模型与决策:计算广告的发展与流变》一文为计算广告学的研究奠定了理论基础,厘清了研究思路,并被《新闻大学》全文转载。同时,段淳林、张庆园编著的《计算广告》一书,为计算广告学理论和学科发展奠定了基础。

（三）计算广告发展对传统广告学的冲击与挑战

计算广告对整个传统广告学科带来了革命性变化，这种变革主要表现在两个方面：一是对传统广告理论和广告学理论研究范式带来的冲击；二是对当今时代广告教育与广告学科人才培养带来的巨大挑战。计算广告将计算主义理论引入广告学研究中，从根本上改变了广告传播的性质，在数据、模型与决策三个维度，颠覆了传统广告理论。

首先，数据是计算广告的基础。传统的广告实践因为缺少数据，广告从业者经验性的个人智慧主导了广告从用户洞察、创意策划、广告投放渠道到广告优化等环节。而在计算广告时代，数据是智能决策与用户画像的基础和依据，是计算广告组织运作的核心要素，数据的来源、质量和算法决定了广告匹配的效率，也决定了计算广告的交易价格与价值，成为计算广告最大的驱动力。

其次，智能算法模型是计算广告的主要工具。计算广告的一切数据均由智能算法进行处理与优化，因此全链路均涉及广泛的算法模型的运用，如标签化定向模型、数据化定向模型、智能化定向模型等。算法赋予了计算广告"智能"的基因，智能算法寻找用户兴趣与广告主需求的连接点，间接实现了用户与场景的匹配。

最后，智能决策是计算广告的目的。大众媒体时代，"精准营销"方面的成果乏善可陈，广告决策居于广告链的后端。而在计算广告时代，广告的效果衡量方式更为精细化，开始出现 CPC、CPM、CPA、CPT、CPS 等多种在线广告效果衡量指标。广告效果的渐趋精准也使广告主有了更为精准集约的广告投放选择，通过大规模的数据利用将广告决策前置，用数据驱动决策，成为广告业的常态。计算广告学科的构建和发展一方面需要发展和研究广告在物联网时代、跨场景、跨渠道的算法与数据的优化，另一方面要进一步注入人文因素，考虑广告传播受众的复杂性和多样性。

计算广告对当今时代广告教育与人才培养也带来了巨大挑战。一方面，面对计算广告的飞速发展与冲击，传统广告教育开始面临困境：传统广告教育的理论观念开始跟不上新时代的步伐；传统广告学科的研究方法和研究范式显得较为老套；传统广告教育的学科体系建设与社会人才需求脱节；传统广告教育的课程设置体系亟待更新等。另一方面，在过去，传统广告教育培养了一批兼具理论基础、策划能力、创意能力与市场营销能力的专业人才，而在计算广告时代，这些能力还远远不够，计算广告时代的人才培养模式亟需思考和探索。

本章小结

网络与新媒体广告是一种新兴的广告媒体，发展速度远远超过传统媒体，它以图文并茂的多媒体形式组合并提供各式各样的广告形式，具有传统媒体广告所无法比拟的传播效果，信息量大、内容丰富、传播范围广泛。对这一新兴的广告形式，我们讨论了其含义、特点等，并对目前国内外网络与新媒体广告发展历程与现状进行分析，着重叙述与之有较大关联的相关理论，希望学习者能够更深入地了解网络与新媒体广告。

思考与练习

1. 什么是网络与新媒体广告？
2. 网络与新媒体广告具有哪些特性？
3. 中国网络与新媒体广告发展中有哪些大事？
4. 创意传播管理与整合营销传播有何区别？
5. 综合比较中美网络与新媒体广告发展历程与现状，总结出中国网络与新媒体广告发展的独特之道。
6. 结合自身在新媒体平台对计算广告的观感，谈谈其如何体现出大数据与智能化之特征。

参考文献

[1] 祝玉华.网络广告[M].郑州:郑州大学出版社,2008.
[2] 范军环.网络营销理论与实务[M].北京:北京大学出版社,2010.
[3] 舒咏平.新媒体广告传播[M].上海:上海交通大学出版社,2015.
[4] 祝玉华.网络传播实务[M].郑州:河南人民出版社,2012.
[5] 陈刚,等.创意传播管理:数字时代的营销革命[M].北京:机械工业出版社,2012.
[6] 李良荣.网络与新媒体概论[M].北京:高等教育出版社,2014.
[7] 张合斌.网络媒体实务[M].北京:北京大学出版社,2015.
[8] 马二伟.大数据时代广告产业结构优化研究[J].国际新闻界,2016(5).
[9] 邓敏.中国数字广告产业二十年:基于"组织—技术"逻辑的制度化进程[J].国际新闻界,2018(11).
[10] 中国互联网络信息中心.第46次中国互联网络发展状况统计报告[R].2020.
[11] 段淳林.计算广告的发展对广告学的冲击与挑战[J].中国广告,2020(11).
[12]《2020中国互联网广告数据报告》——2020年中国互联网广告全年收入增长13.85%[EB/OL].(2021-4-26)[2021-1-21].http://world.people.com.cn/n1/2021/0112/c1002-31997483.html.
[13] 林开梁.计算广告学[M].北京:中国人民大学出版社,2021.
[14] 黄河,江凡,王芳菲.新媒体广告[M].北京:中国人民大学出版社,2019.

第三章 网络与新媒体广告类型

> **学习目标**
> 1. 掌握桌面互联网、移动互联网和其他各类型新媒体广告的概念、特点、现实发展和应用注意事项。
> 2. 理解移动互联网与桌面互联网的本质区别及其对广告形式的影响。
> 3. 能够对不同的网络与新媒体广告进行类型区分。

"世界上唯一不变的就是变化",对于日新月异的互联网更是如此。在互联网发展的历程中,各种热门应用可谓是"你方唱罢我登场",从门户网站到搜索引擎,从博客到SNS,从视频到微博。当桌面互联网应用酣斗时,移动互联网已悄然间成为新的战场高地。相应地,互联网广告的形式也随着这些应用的登场不断涌现。从横幅广告到搜索引擎广告,从富媒体广告到流媒体广告,从贴片广告到病毒式广告,当桌面互联网广告的形态已基本成型并被各方广泛认可时,手机已经俨然变成互联网用户上网的第一终端。通过本章学习,你将详细了解伴随着互联网的发展而出现的各种网络与新媒体广告类型的产生背景、特点及现实发展情况。

第一节 Web 互联网类型广告

Web 互联网广告又称"桌面互联网广告"或"传统互联网广告",是指在 Windows 系统平台上通过桌面浏览器进行广告投放和接收的网络广告形式。经过 20 多年的发展,Web 互联网广告产业形态已经基本形成,相应的广告类型、规格、运作模式已基本完善。

一、网幅广告

(一)概述

网幅 Banner 广告又称条幅广告、旗帜广告、通栏广告,点击可打开链接,是网络广告的最早形式,也是目前最常见的网络广告形式。它是以 Gif、Jpg、Swf 等格式建立的图像文件,可以是静态图像,也可为多帧图像拼接的动画图像,也可使用 Html、Flash、Java 等程序使其产生交互性。最常见的广告规格是 486×80 像素、230×60 像素、88×31 像素,文件大小一般小于 30KB。该类型规格有横幅和竖式两种,横幅广告(Horizontal Banner)一般出现在网站主页的顶部或底部,竖式广告(Vertical Banner)一般设在网站主页的两侧,也是网络广告中的有效宣传位置,价格多以 CPM 模式①来计算。相对横幅广告,竖幅广告价格会稍低一点。

在实际的广告运作中,为了在经济效益和用户体验方面保持平衡,网站广告位的数量会保持一个相对合适的规模。在一些知名网站的首页,优质广告位由于其稀缺性而成为各企业竞相争夺的对象。为了解决此问题,轮播就应运而生。所谓"轮播"是指让多个用户共享一个广告位,进行广告的轮流播放展示。轮播概念是由新浪网于 2004 年 10 月率先提出并付诸实践的。轮播的实行既增加了网站的广告收益,又最大限度地满足了广告主对优质广告位的需求,同时,其并没有给消费者带来额外的广告干扰,可谓一举三得,因此受到业界的青睐,目前被普遍应用于网幅广告中。

(二) 网幅广告效果的影响因素

网幅广告脱胎于传统广告,在发展的初期,其形式、规格和收费方式都类似于传统纸媒广告,由于其形式新颖、表现力强、互动性强的特点受到广告主的青睐,消费者对网幅广告也响应热烈,1995 年,美国网站横幅广告的点击率能达到 30%～40%。但拥有自主权的网民很快就转移了注意力,2000 年,美国横幅展示广告平均点击通过率(CTR)已下降到约 0.5%。2007 年,eMarketer 报告显示横幅展示广告平均 CTR 只有约 0.2%。中国的趋势也是如此。2007 年 AC 尼尔森的《2007 年 10 月中国网络广告市场研究报告》显示,横幅、弹出、按钮等广告形式的平均 CTR 不足 0.18%。虽然不被点击的广告也会产生品牌的曝光度,提高商品或服务的知名度,但这种效果由于难以得到测定而成为困扰网站和广告主的一个难题。

对于任何媒体,广告商的首要目标就是让消费者注意到其品牌。其次是让他们产生兴趣。最后就是让其产生购买行为,但这要在实现前两个目标的基础上完成。横幅广告显然是最为适合第一个目标的,人们不点击某一广告并不意味着没有受到它的影响,人们也许过分低估了这种广告形式的价值。美国南加州大学的一项研究表明:通过使用视线跟踪技术发现,一个忙碌的网页访问者只有大约 50% 的概率看到一个横幅广告。但是,在访问该网页一整天后,11% 的上网冲浪者可以回想起那个广告,而且无需提醒就可说出牌子。另外 19% 的人在看了去掉商标名的同样广告后也能识别出该品牌。而最近 DoubleClick、IAB 和 MSN 组织的一次研究发现,就提高品牌的认知而言,点击率并没有浏览到一个横幅广告起的作用大。

这些发现也得到美国市场调查公司 Avenue A 的支持,它对上百万互联网用户进行了追踪,以研究这些用户对横幅广告的反应。该公司称,看到广告的一组比看到不相关广告的控制组进行购买和访问站点的比率要高 10%。在为期 6 星期的研究中,看到该广告并随后访问了客户的站点的人中 80% 从未点击过一个。这表明:在线广告能提高访问量和销售量,但是以间接方式起作用的。这一研究正在改变着业内人士的态度。在

---

① Cost Per Thousand 或 Cost Per Impressions；Cost Per Impressions 每千次印象费用,广告条每显示 1000 次(印象)的费用。

线广告业内人士正试图让广告客户不要只注意点击率。横幅广告本身没有错,而是在于广告商到底以一种什么样的标准来衡量这些横幅广告的有效性。

毫无疑问,优秀的横幅广告依然能获得网民的青睐和点击,影响横幅广告效用的因素可以分为三大类:

第一类,广告信息源的影响。即网络横幅广告投放网站的可信度对网络广告效果有较大影响。一般而言,可信度越高,网络广告的广告效果越明显。

第二类,网络横幅广告本身的影响。作为被传递的信息,网络广告的信息丰富程度、互动性、可信性、创造性、形式都对网络横幅广告的记忆效果、品牌态度和购买意愿产生重要影响。网络横幅广告本身的一些基本特征如色彩、大小、样式等都已经被证实是影响网络广告点击率的重要因素。一般来说,广告尺幅越大,越容易被看到,也就有更高的可能性被点击。Google AdSense 的广告平台的相关研究证实,如将广告底色、广告文字颜色以及广告链接颜色设置为与广告所在网页一致,都有助于用户认为广告是文章的一部分,从而有利于提高 CTR。如果广告的形式是动画或视频,一般来说要比文字或者静态图片更能吸引点击。其次,如果广告内容和网页或网站内容相一致,也将有效提高网络横幅广告的效果。这一结论已经在实践中得到广泛应用。此外,影响网络横幅广告的 CTR 还有其他一些因素,如价格、折扣和促销信息等。而时间也是一个值得探讨的因素,如在周末用户可能更倾向于购买消费品,从而使得消费品广告的点击率比工作日可能要高。

第三类,关于网络横幅广告受众的因素。受众在收入、购买经验、年龄方面的个人特质也能在一定程度上影响网络横幅广告的效果。

二、企业网站广告

(一)概述

企业网站广告是指发布在企业网站的广告。中国互联网发展中心的调查数据显示:2001—2010 年,中国的网站总数平均年增长约 27%,其中企业网站数年增长约 23%。根据 CNNIC 统计,截至 2021 年 12 月,中国网站数量为 418 万个。其中,企业网站占到近六成。作为一个信息平台和传播媒介,网站提供了消费者与企业之间直接交互的一种途径。同传统媒介相比,其对受众更具有亲和力与吸引力,可以帮助企业与消费者之间建立更亲密、更稳固的联系。

作为企业的直属媒体,企业在其官网发布广告,可以节省广告费用,及时准确地传达企业信息,具有交互功能的企业网站在解决用户问题、维系客户关系、提高企业的美誉度方面具有不可替代的作用。

(二)企业网站广告应注意的问题

由于网络可以将信息流、商品流和资金流进行有效整合,因此对于企业网站来说,在进行定位、管理及广告宣传时,应当注意以下事项:

1. 品牌形象

网站的形象代表着企业的网上品牌形象,人们在网上了解一个企业的主要方式就是访问该公司的网站,网站建设的专业化是否直接影响企业的网络品牌形象,同时也对网站的其他功能产生直接影响。尤其对于以网上经营为主要方式的企业,网站的形象是访问者对企业的第一印象,这种印象对于建立品牌形象、产生用户信任具有至关重要的作用,因此具备条件的企业应力求在自己的网站建设上体现出自己的形象。但实际上很多网站对此缺乏充分的认识,网站形象并没有充分体现出企业的品牌价值,相反一些新兴的企业却利用这一原理做到了"小企业大品牌",并且获得了与传统大型企业平等竞争的机会。

2. 产品/服务展示

顾客访问网站的主要目的是为了对公司的产品和服务进行深入的了解,企业网站的主要价值也就在于灵活地向用户展示产品说明的文字、图片甚至多媒体信息,即使一个功能简单的网站至少也应当可以随时更新产品的宣传资料,并且这种宣传资料是用户主动获取的,对信息内容有较高的关注程度,因此往往可以获得比一般印刷宣传资料更好的宣传效果。这也就是为什么一些小型企业只满足于建立一个功能简单的网站的主要原因,在投资不大的情况下,这样做就有可能获得理想的回报。

3. 信息发布

网站是一个信息载体,在法律许可的范围内,可以发布一切有利于树立企业形象、服务于顾客以及促进销售的企业新闻、产品信息、各种促销信息、招标信息、合作信息、人员招聘信息等。因此,拥有一个网站就相当于拥有一个强有力的宣传和广告工具,这就是企业网站具有自主性的体现。当网站建成之后,合理组织对用户有价值的信息是网络营销的首要任务,当企业有新产品上市、开展阶段性促销活动时,也应充分发挥网站的信息发布功能,将有关信息首先发布在自己的网站上。

4. 顾客服务

通过网站可以为顾客提供各种在线服务和帮助信息,比如常见问题解答、电子邮件咨询、在线表单、通过即时信息实时回答顾客的咨询等。一个设计水平较高的常见问题解答,应该可以回答80%以上顾客关心的问题,这样不仅为顾客提供了方便,也提高了顾客服务效率、节省了服务成本。

5. 顾客关系

通过网络社区、有奖竞赛等方式吸引顾客参与,不仅可以起到宣传产品的目的,同时也有助于增进与顾客的关系,顾客忠诚度的提高将直接增加销售量。尤其是对于功能复杂或者变化较快的产品,如数码产品、时装、化妆品等,顾客为了获得更多的产品信息,对于企业网络营销活动参与兴趣较高,网站可充分利用这种特点来建立和维持良好的顾客关系。

6. 网上调查

市场调研是营销工作不可或缺的内容,企业网站为网上调查提供了方便而又廉价的途径,通过网站上的在线调查表或者电子邮件、论坛、实时信息等方式征求顾客意见,可以获得有价值的用户反馈信息。无论是产品调查、消费者行为调查,还是品牌形象等方面的调查,都在企业网站获得第一手市场资料方面发挥着积极的作用。

7. 资源合作

资源合作是独具特色的网络营销手段,为了获得更好的网上推广效果,需要与供应商、经销商、客户网站以及其他内容、功能互补或者相关的企业建立资源合作关系,实现从资源共享到利益共享的目的。如果没有企业网站,便失去了很多积累网络营销资源的机会,没有资源,合作就无从谈起。常见的资源合作形式包括交换链接、交换广告、内容合作、客户资源合作等。网上销售、建立网站及开展网络营销活动的目的之一是为了增加销售,一个功能完善的网站本身就可以完成订单确认、网上支付等电子商务服务,即企业网站本身就是一个销售渠道。随着电子商务的价值越来越多地被证实,更多的企业将开拓网上销售渠道,增加网上销售手段。利用企业网站本身的资源来开展在线销售是一种有效地实现在线销售的形式。

三、关键字广告

(一) 概述

关键字(Keyword)广告是一种文字链接型网络广告,通过对文字进行超链接,可让感兴趣的网民点击进入公司网站、网页或公司其他相关网页,实现广告目的。链接的关键字既可以是关键词,也可以是语句。

对于阅读者来说,关键字广告是以用户主动浏览的方式出现,对文章排版也不造成影响。当读者浏览网页,将鼠标移到关键字时,广告会自动展示,能够准确地将广告、内容、消费者完美地结合。读者也可以点击广告浮窗进入相应网站或页面进一步充分了解广告信息。

对于广告主来说,关键字广告利用先进的技术对网站中的文字进行提取、分类、形成关联词库,企业通过购买关键词来进行广告发布。广告被展示或被点击时,广告主才付出相应的广告费用,无效果不付费,非常适应企业进行"品牌行销""产品发布""活动预告"等相关的广告宣传,并可以主动与网站浏览者互动,因此也受到企业的欢迎。

(二) 关键字广告的类型

1. 公司关键字

即网页中凡涉及该公司的名称、产品或服务品牌,都以超级链接方式,链接到公司相关的主页或网站。这种形式是网络广告的早期形式,目前已很少使用。

2. 公众关键字

即将网页中出现的公众感兴趣的关键字链接到公司(产品)相关网站或主页,目前的"小苹果",如影视明星、体育明星、歌星、社会名流等公众人物。如果企业经营与这些关键字相关,并与企业的整体营销活动相结合,公众关键字具有较好的补缺作用。例如,有公司或产品形象代言人的企业,就可以直接用形象代言人的姓名作为关键词。

3. 语句广告

即把一句能够引起网民注意的话语链接到公司相关网站或主页,吸引网民点击进入浏览。这种广告是目前广告主最常用的类型。

4. 搜索关键字

即公司预先向搜索引擎网站购买与企业、产品和服务相关的关键字,在网民使用搜索引擎,用到公司所购买的关键字搜索其所想找的信息时,与公司网站或网页超级链接的相关信息就出现在搜索结果页面突出位置上的一种关键字广告形式。

5. 竞价排名广告

这种形式的广告是企业注册属于自己的"产品关键字",这些"产品关键字"可以是产品或服务的具体名称,也可以是与产品或服务相关的关键词。当潜在客户通过搜索引擎寻找相应产品信息时,企业网站或网页信息就会出现在搜索引擎的搜索结果页面或合作网站页面的醒目位置上。由于搜索结果的排名或在页面中出现的位置是根据客户出价的多少进行排列,故称为竞价排名广告。这种广告按点击次数收费,企业可以根据实际出价,自由选择竞价广告所在的页面位置。因而企业能够将自己的广告链接更加有的放矢地发布到某一页面,而只有对该内容感兴趣的网民才会点击进入,因此广告的针对性很强。

四、搜索引擎广告

(一) 概述

搜索引擎广告是指企业经过搜索引擎而投放的广告。目前,竞价排名是搜索引擎广告所采用的主要模式,它是按照排名靠前的原则,对购买了同一关键词的网站进行排序。广告主根据自己的产品或服务的内容、特点等,确定相关的关键词,撰写广告内容并自主定价投放的广告。当用户通过搜索引擎搜索到广告主投放的关键词时,相应的广告就会展示出来(关键词有多个用户购买时,根据竞价排名原则展示),并在用户点击后按照广告主对该关键词的出价收费,无点击不收费。目前较为成熟的搜索引擎系统有谷歌的 AdWords、微软的 AdCenter 和百度的凤巢推广。

竞价排名最早是由 Goto 公司提出的,GoTo.Com(www.overture.com)于 1997 年最早发明了按点击收费的搜索引擎。1998 年 GoTo.com 改名为 Overtuer,2003 年,雅虎收购了 Overtur。谷歌也看中了此模式的巨大发展前景,很快将其引入。由于这种拍卖模式将拍卖理论中的第一价格机制扩展到多目标集,因此称之为广义第一价格拍卖机制(Generalized First Price,GFP)。在这种机制下,竞价最高的广告商将得到搜索引擎公司提供的最好的广告位置,同时广告商要按照其竞价的价格向搜索引擎公司支付费用;竞价第二的广告商将得次好的广告位置同时按照其竞价的价格支付费用;依此类推,搜索引擎公司将按照所有参与竞价的广告商的竞价高低进行排序;排序后,广告商需要按照约定的竞价支付费用。

在随后的几年时间中,由于广义第一价格拍卖机制所引起的广告商策略性竞价行为引起了搜索引擎公司的注意,因而需要对这一拍卖模式进行改进和创新。2002年谷歌公司将扩展到多目标集的第二价格拍卖机制用于其 AdWords 竞价平台,创建在线关键词广告的广义第二价格拍卖机制(Generalized Second,GSP)。在这种机制下,处于第 N 位广告位置的广告商支付给搜索引擎公司的价格等于处于第 $(N+1)$ 位广告位置的广告商的竞价加上搜索引擎公司规定的最小增量。2006年,谷歌公司又将广告商品质纳入广义第二价格拍卖机制竞价排名的衡量因素中;2007年,雅虎公司也将广告商品质纳入它的竞价排名体系的衡量因素中。

作为成熟的网络广告模式,搜索引擎广告能提供良好的曝光率和较高的关联性,未来仍将持续受到广告主的青睐。

(二)搜索引擎广告的优势

网络时代,人们经常依赖网络搜索引擎寻找自己需要的信息,电子商务商家由此看到商机,他们向大型搜索引擎公司支付一定的费用,从自己要推销的产品中提取出重要的关键字输入大型搜索引擎公司的数据库,当用户通过此公司的搜索引擎搜索与该产品相关的关键字时,搜索出的结果将第一时间给出该电子商务公司的产品及网站,以达到推广产品与网站的目的。这样,搜索引擎不再仅仅是一种检索工具,而且成为一项产业,它的商业利益成为推动系统完善和扩展的主要动力。美国著名的数字媒体评估公司 Jupiter Media Metrix 发布研究报告称:"搜索引擎公司推出的付费添加服务是一个正在兴起的、前景光明的因特网领域;相对于目前低迷的在线广告市场来说,它的发展潜力是非常巨大的。"

具体来说,搜索引擎广告的优势有以下五个方面:

1. 广泛的受众

CNNIC 发布的第49次《中国互联网发展状况统计报告》数据显示,截至2021年12月,我国搜索引擎用户规模达8.29亿,较2020年12月增长5908万,占网民整体的80.3%。综合搜索引擎仍然是网民最基本的搜索工具,面对海量的大数据,搜索引擎能为网民信息冲浪提供有效的帮助,因此受众广泛,潜力巨大。

2. 良好的企业适应性和投资回报率

搜索引擎采用灵活的计费模式,无论是实力雄厚的大企业还是刚起步的小微企业,都可以根据自己的情况投放此类广告。能有效节省企业时间和精力,可通过自助形式完成广告投放,每天有数以百万计的用户可能看到公司的产品或服务;可以通过调整关键词捕捉到各类不同的目标访问者,并且可以及时监控本公司和竞争对手的排名情况,当公司排名下滑时,会及时发出预警。此外,该形式广告还可以及时提供丰富深入的统计分析报告,帮助公司监控和优化服务。

3. 较强的针对性

基于搜索内容的投放形式使广告具有极强的针对性,得到最佳的广告效果。

4. 可跟踪的广告效果

好的搜索引擎可以提供广告的数据报告,由此生成完整的报告,方便掌握广告投放效果,及时调整相应的营销战略。

5. 灵活多变的形式

基于文字形式的广告,简洁明了又直观,不同的关键字可以对应不同的广告内容,投放期间可以随时修改广告内容。

(三)搜索引擎广告的弊端

竞价排名搜索引擎广告也有弊端,特别是在2008年11月,百度因为竞价排名模式搜索结果不客观被央视曝光后,人们对百度竞价排名产生怀疑,因此,在投放竞价排名搜索引擎广告时,必须冷静思考搜索引擎商业化中存在的问题以及应对策略。目前,搜索引擎广告存在的弊端主要有:

1. 无法有效避免点击欺诈

某个关键词广告的点击数毫无理由地增长,即称为关键词广告的点击欺诈(Click Fraud),"点击欺诈"的出现无疑大大增加了广告商的支出,而这些支出却不会给他们带来任何收益;同时,随着广告商无效支出的不断增加,他们对提供关键词广告服务的搜索引擎公司的信任会不断降低,甚至会转换到其他搜索引擎公司,所以,"点击欺诈"最终将给搜索引擎公司带来更大的损失。根据美国点击欺诈监测公司(Click Rorensics)的调查,美国在线广告产业的平均点击欺诈率一直呈现增长趋势。

"点击欺诈"的来源主要为两类:第一类来自广告商的竞争者,因为每个广告商对于某个关键词广告支出都有一定的预算,所以当竞争对手的"点击欺诈"使他们的支出远远超出其预算从而无法支撑自己原来所处的好的广告位置时,竞争对手的排名会以更低的价格轻松超出;第二类来自与搜索引擎公司有合作的广告发布商,因为这类广告发布商是基于点击数从搜索引擎公司获得收入的,所以他们有充分的动机通过"点击欺诈"来增加在自己网站上发布的关键词广告的点击数量,从而得到更多的收入,相对而言,这类"点击欺诈"占有更大份额。

防止"点击欺诈"通常可以通过技术方法来避免。除技术层面之外,近年来有学者开始从经济学的角度对"点击欺诈"进行研究。

2. 依靠竞价排名投放的广告缺乏有效监管

互联网搜索引擎关键词广告的出现,极大地降低了广告主投放的资金门槛,使得广告主有了更为便宜有效的投放渠道。传统的投放渠道,成本高昂,广告主较少,对广告还可以进行较为有效的监管。而当所有人都在拥抱互联网的时候,对广告信息却缺乏相应的监督,因此,通过搜索引擎关键词得到的可能会是虚假广告,而大多数公众对此可能并不知情。出于对网络搜索引擎的信任,公众普遍认为用关键词搜索时,是搜索引擎自动在对网络结果进行汇总,并不知道这种搜索结果是可以进行人为干预的,所以公众一般会误认为搜索排名靠前的一定是同类产品(或服务)中最好、用户最多的。

3. 侵蚀用户利益，影响用户体验

搜索引擎的竞价排名会将太多的商业因素引入检索结果的组织过程中，很有可能使得原本相关度不高的网站信息排名靠前而让相关度高的网站靠后，这将会在一定程度上使结果集合的相关度失真，从而影响用户对检索结果中所含信息的准确判断与获取。也就是说，收费排名给访问者带来的结果有可能是不真实的，因为搜索引擎的结果排序难保其公正性，有时候还可能带来大量无关搜索结果。

由此可见，竞价排名搜索引擎广告对电子商务商家来说是一把双刃剑，一方面，电子商务商家在公司产品推广等方面不愿意落后于竞争对手；另一方面，由于竞价排名搜索引擎广告存在的诸多问题，使得电子商务商家在投放广告时顾虑重重。因此，竞价排名搜索引擎公司都在改进技术或策略，以期达到电子商务商家的要求。

（四）发展趋势

竞价排名理念本身没问题，收费方和付费方都能从中获得最大的效益。但Overture、百度等现行的模式能否持续下去，并最终形成一种相对稳定的主流商业模式还有待市场检验。谷歌曾联手新浪、搜狐、腾讯、网易、雅虎五大网站，呼吁国内搜索引擎需要公正的搜索结果和承担更多的社会责任，并强调"搜索结果不应该被人为干预"和"被广告操纵"。谷歌原全球副总裁李开复指出：百度的竞价排名把本来不应该出现在某个位置的信息，比如广告内容，人为地、更加优先地呈现给用户，并且没有透明地明示用户。这一做法有违搜索引擎的公正性。与百度的做法不同，谷歌的广告与搜索结果有明显区隔，其关键字广告只出现在搜索结果右侧，并注明是"广告商赞助"。谷歌刚刚推出了一种按转换收费的竞价排名计费方式，若采用此方式，用户可在点击或展示两种计费方式时自定义转换。谷歌上海研究院副院长王敬称，之所以推出该计费方式，是为了"避免恶意点击的发生"。

业内人士认为，在对搜索引擎公正性的呼声与日俱增之际，谷歌推出的按转换收费的竞价排名计费方式是一种向搜索以及生活搜索领域行业本质的回归。同时，此种模式上的创新将有助于搜索引擎行业走出点击欺诈、竞价排名等种种潜规则的误区，走上健康发展轨道。

搜索引擎广告的出现，对传统的广告观和营销观产生了巨大的挑战，为广告人和营销者带来了无穷的机会。其未来的发展，将取决于如何跳出已有的思维模式，寻求更新的更有用的广告解决方案。而这些突破性的解决方案所围绕的中心，就是一切从用户的体验出发。

五、电子邮件广告

（一）概述

电子邮件广告（E-mail Advertising）是指通过互联网将广告发到用户电子邮箱的网络广告形式。可以直接发送，但有时也通过搭载发送的形式：比如通过用户订阅的电子刊物、新闻邮件和免费软件以及软件升级等其他资料一起附带发送。也有的网站使用注册会员制,汇集忠实读者(网上浏览者)群,将客户广告连同网站提供的每日更新的信息一起,准确送到该网站注册会员的电子信箱中。这种形式的邮件广告容易被接受,具有直接的宣传效应。

(二)电子邮件广告的优势

1. 广告成本低

电子邮件广告可以准确地向目标消费群投放广告,节约广告成本。通过广告商建立的数据库,广告主可以设定收信人的年龄、性别、学历、工作状况和月收入等,从而能够准确圈定目标消费群。广告主因此不必再支付非目标市场的广告费用,从而节约大量广告成本。这对电视、报纸等传统媒体来说是不可能实现的。

2. 运作简单快捷

电子邮件广告的制作和维护比传统媒体简单、快捷,成本低。电视广告制作必须聘请导演和演员、选择并租用拍摄场地、安排拍摄队伍、进行拍摄及后期制作等,制作过程复杂,时间漫长。报纸广告需要经过平面设计、出胶片,制作时间同样长于网络广告。户外广告牌的维护和审批程序则是广告主最头痛的问题。电子邮件广告如同其他网络广告一样,只要确定了设计方案,即可马上交由技术人员制作和投放,整个过程可以在短短几天,甚至1~2天内完成,这样可以为广告主节省设计制作和投放以外的大量成本。

3. 市场应变能力强

电子邮件广告具有快速的市场应变能力。商场上竞争激烈,分秒必争。企业经常需要针对市场情况和竞争对手做出快速反应,但传统媒体广告制作相对复杂,因此往往具有滞后性。通过电子邮件广告,企业可以在短短几小时以内把广告信息传递给成千上万的目标消费群,从而控制消费者心理的制高点,防止竞争对手捷足先登。此外,季节性比较强的行业也可以利用电子邮件广告反应迅速的特点在旺季进行大规模宣传,由此避开传统媒体中激烈的同行竞争,收到意想不到的效果。

(三)电子邮件广告营销面临的挑战

1. 垃圾邮件的泛滥和困扰

真正意义上的电子邮件广告是基于用户事先默认或者许可的,即用户同意接收的电子邮件广告信息而非垃圾邮件,然而网上大量充斥的垃圾邮件广告,严重损害了电子邮件广告的声誉,使消费者对电子邮件广告产生不良印象。受新型冠状病毒肺炎疫情影响,全球大部分企业开启远程办公模式,企业对电子邮件的依赖也达到了前所未有的地步。凯捷研究院(Capgemini Research Institute)发布的《未来远程混合工作模式的挑战和机会2021》报告显示:2021年,全球邮件威胁总数量相对2020年上升4.4%,相对2019年上升56.3%。垃圾邮件在全球邮件总数量中的占比已高达45%。垃圾邮件大多数属于欺诈邮件,垃圾邮件的发送手段和方式也越来越多。这在一定程度上给网民造成了困扰,也使得网民失去了对电子邮件广告的信心,这无疑会大大影响电子邮件广告的发展。

2. 企业对电子邮件广告的认识不足

很多企业忽视了电子邮件广告的正确使用方法,或者说将其看得过于简单了,这点从许多企业常用的电子邮件广告手段中便可略知一二,他们往往都是从网上下载一个邮件地址搜索软件自行收集或向第三方购买大量的邮箱地址,然后利用邮件群发软件发送大量未经许可的电子邮件广告。同时,很多企业还对自己网站的注册用户反复发送大量促销信息和最新的服务项目,却没有提供明确的退订方法。

3. 电子邮件广告的效果评价比较困难

与电子邮件广告相关的评价指标有送到率、开信率、回应率、转化率等,但在实际中对电子邮件广告进行准确的评价仍然有困难。美国 e-Dialog 的一项调查表明:有 50% 的利用电子邮件广告的被调查者无法对广告的效用做出评价,甚至有 51.8% 的人认为他们不能做出任何有关电子邮件广告的成绩报告,电子邮件广告提供者的承诺更多是潜在的,而不是现实的。

(四)电子邮件广告营销的主要策略

1. 进行目标消费群体的精确定位

每一个产品或服务都有自己的定位,因此它所选择的推广对象也就不一样,确定目标是电子邮件广告策略的第一步。首先,要了解目标消费群体的行为特征,主要包括消费者的购买行为特征,如消费者一般在何时、何地、何因(购买目的)、购买多少数量的产品;影响消费者消费力、做出购买决策的主要因素,以及消费者在购买时主要关注的因素,尤其需注意目标消费者对产品类别的核心价值的关注点。其次,要了解不同生活形态、性别、教育程度及职业的消费者对于电子邮件广告态度的差异性。属于"大众派"的电子邮件使用者在广告认知态度和情感态度方面更具有正向性,而"精英派"的电子邮件使用者则最不喜欢或不认可电子邮件广告,且最容易产生广告规避行为;一般而言,男性对于电子邮件广告的喜好程度比女性高;教育程度越高在态度上越会质疑电子邮件广告的真实性以及其对消费者的意义;学生在认知态度上的程度比其他职业高,而且随着网络使用经验的增长,其广告态度会偏向负面。

2. 广泛收集邮件地址

收集邮件地址的第一种方法是在会议或商展上询问参展的观众是否想订阅企业的电子报或产品营销邮件,或者在顾客购买产品时附带询问他是否愿意留下邮件地址以便将来收到相关的产品资讯或服务等。第二种方法是通过搜索引擎或软件搜索,比如通过搜索某个关键字收集电子邮件地址,或者当浏览某个网站的时候,利用专业软件把这个网页的所有邮件地址都收集起来。第三种方法是通过商业渠道购买,这种方法是最直接的,但是精准率也是最差的,这些地址可能会过时,而且可能由于别的商家已经对他们进行过大规模的广告推广活动,潜在顾客可能产生抵触情绪。第四种方法是通过举办网上营销广告活动让消费者参与进来,如竞赛、评比、猜谜、网页特殊效果、打折优惠、售后服务、促销等。用这种方式来有意识地营造自己的网上客户群,不断用电子邮件来维系与他们的关系。

3. 精心策划电子邮件广告内容

电子邮件广告内容主要包括邮件称呼、邮件主题、正文标题、正文、页面设计等。首先，亲切而个性化的邮件需要营造出一对一面对面谈话的气氛。具体做法可采用对话形式，例如让 A 公司的李先生寄信给 B 公司的周女士；其次，邮件一开始可直接称呼顾客的名字，在邮件中以第一、第二人称的"我""你"进行称呼，可以拉近与顾客的心理距离，让邮件显得更有人情味。

邮件主题相当于广告语，是收件人首先看到的，因此主题一定要富有吸引力，而且要新颖、可以激发兴趣，这样才能促使收件人打开企业的电子邮件。正文标题就是放在正文之前的题目，电子邮件广告的标题对广告效果起到决定性的作用。

正文标题要言简意赅，体现正文的主要内容，要有吸引力，这是吸引阅读者仔细阅读正文内容的牵引力。

邮件正文是发送邮件的具体内容，可以是促销的详细信息、最新服务项目、最新业内新闻、企业通知等。邮件内容要简单明了，简短清晰，邮件最好不要超过 3/4 页纸的长度，这样可以增加电子邮件的可阅读性。邮件正文的可扩展性内容最好采用文本链接方式将用户引导到企业的网站上，将用户的兴趣延伸到企业网站。同时，邮件正文要避免使用附件，由于很多用户担心病毒传播，往往拒收带有附件的陌生邮件。

页面设计也很重要，应该体现企业形象，体现个性化，最好是针对目标用户的特性进行设计。个性化的邮件可以拉近与客户的距离，增加响应率。针对个人时，内容要吸引人，而针对企业客户时，要突出内容的专业性和个性化，措辞要谦虚和礼貌。

4. 选择许可式电子邮件营销手段

许可式电子邮件营销是指在事先征得电子邮件接收人默认或许可的前提下，广告主利用电子邮件的双向互动与实时响应的特性，结合企业后端数据库，企业有效运用数据库分析取得的客户数据、行为模式、偏好等，在此基础上主动与目标客户群沟通，并且向用户传递特定营销信息，进行客户状况追踪、产品与服务的延伸营销、客户意见收集及市场调查，进而做到互动数据库营销以及一对一营销。在选择电子邮件广告营销分发手段的同时，要避免滥发垃圾电子邮件带来的负面影响。企业在进行电子邮件广告营销时，应该尽可能地预先征得邮件接收人的同意，并且要有订阅或者退订提示，尊重用户的选择权，发送垃圾邮件会是一种极其危险的市场策略。

5. 合理控制邮件发送频率

许多企业为了增加产品的广告效果，盲目提高电子邮件发送的频率，而忽略了过多的邮件可能让顾客产生"弹性疲乏"。另外，如果发送的次数过少，则有可能浪费刺激顾客消费的机会。因此，要合理控制邮件发送频率，企业可以从产品本身、资讯多寡、客户对资讯的需求量和需求程度等方面找出邮件发送频率和顾客接受度之间的关系。

电子邮件广告作为一种产品推广载体和渠道，已经被企业和商家所接受并不断尝试，在电子商务实践中发挥了重要作用，取得了非凡的成绩。我国的电子邮件广告营销如同等待挖掘的金矿，依然蕴藏着巨大潜力，尽管现阶段电子邮件广告营销还存在这样或者那样的问题和难题,但机遇与挑战并存,电子邮件广告营销公司、研究机构、实体企业和从业人员等需要共同探索和努力,提高行业自律,真诚对待客户,赢得客户相对的信任和尊重,树立电子邮件广告在人们心目中的良好印象,使电子邮件广告成为未来营销的主流。

六、网络游戏内置广告

(一) 概述

网络游戏内置广告(In-Game Advertising,IGA),是以网络游戏为载体,以游戏玩家为目标群,通过一定的条件,将广告植入网络游戏当中。让玩家在玩游戏的状态下充分体验产品的特性,把广告变成游戏环节的一部分。利用网络游戏把虚拟文化传播转化为真实的企业品牌传播,将企业品牌传播与游戏文化深度结合,让游戏玩家成为忠诚的企业品牌"消费者、追随者和传播者"。一直以来,游戏只是人们的消遣方式,几乎没人会将它和广告联系起来。然而短短几年,具有较强生命力的游戏产业已经和网络联系在一起了,利用网络游戏植入广告的模式已经深入人们的生活当中。

网络游戏内置广告是游戏产业拓展多元盈利空间下产生的新模式,也是虚拟经济和现实经济相结合的产物。在美国,网络游戏内置广告的收入占到整个网游收入的7成左右,与美国发达的市场相比,网络游戏内置广告在我国才刚刚起步,但已展现出广阔的市场潜力。

(二) 优劣势分析

1. 网络游戏内置广告的优势

虽然网络游戏内置广告发展时间短,存在不少问题,但与传统广告媒体相比,网游内置广告具备更多的优势。

(1) 受众明确,针对性强

据《中国互联网络发展状况统计报告》显示,2019年我国网络直播用户规模达5.6亿人,占网民整体的62%。从每用户平均收入(Average Revenue Per User,ARPU)来看,2019年ARPU为206元,同比增长3.3%。而支付方式便捷和玩家群体自身素质与消费水平的提高,亦整体增强了玩家为游戏付费的意愿。从年龄结构来看,我国仍然存在着一大批移动游戏市场的潜在用户"00后"。网络游戏行业数据统计指出,随着"00后"的成长,其接入网络的人数也将不断增加,这将为网络游戏市场的发展带来动力。2019年"00后"人口总数达1.47亿人,移动设备在他们中有着极高的渗透率,其中手机拥有率达到64.6%。

(2) 具有更高效的广告送达率

2015—2018年年底中国网络游戏使用率持续上升,2019年上半年中国网络游戏使用率为57.8%,较2018年年底下降了0.6%;2020年3月中国网络游戏使用率为58.9%,较2019年上半年增长了1.1%。长时间的广告曝光,大大提高了广告的记忆度。一款成功的网络游戏每时每刻都有数以万计的玩家在线,是一个24小时不间断运作的媒体平台,从而吸引了大量的注意力和访问量。而据有关统计,游戏广告每给1000个玩家达成广告效应的经济成本大约为1.5~5美元,而这个数字在传统电视广告领域却高达20~25美元。很显然,网络游戏内置广告成本低、效率高,有着无可比拟的巨大优势。

玩家在从启动游戏到关闭游戏的整个过程中,有多次机会接触到广告信息,并且受到的干扰小。通过反复传播,广告信息可以有效地到达受众,加深受众对产品和品牌的印象,甚至激发受众由被动接受转为主动接受。在游戏中植入广告不仅没有像电视或其他媒体广告那样引来受众的反感,反而使游戏玩家感觉增强了虚拟社会的真实感,使游戏变得更加有趣,广告的送达率往往比较高。

(3) 独特的黏性

网络游戏时刻都有数以万计的游戏玩家进入并长时间逗留,这就使得网络游戏成为一个24小时不间断运作的媒体平台,具备巨大的广告效应。网络游戏内置广告从图像、声音等多个方面影响受众,互动性和娱乐性较强,能给受众带来良好、持续的体验。在国内网络游戏的玩家中,超过半数的玩家每次玩游戏的时间平均为3~4个小时,在长时间完全虚拟的游戏中,广告内容在玩家心目中不断被强化。

艾瑞咨询公司的《17173网站第六届网络游戏市场调查报告》显示:近90%的网络游戏玩家认可网络游戏与其他产业相关产品的联合推广活动,并希望今后在这方面的合作能得到加强。较之其他媒体广告,网络游戏内置广告得到更多的支持,并且大部分玩家希望以广告来抵消点卡和其他的游戏费用,这是网游广告的独特之处。

2. 网络游戏内置广告存在的问题

网络游戏本身的存在一直备受争议,其产业发展一直受到诸多质疑和一些限制。网络游戏内置广告作为一种新型的广告形式,除了受到其载体本身的特点影响外,目前也存在诸多问题。

(1) 来自政府政策上的风险

近年来,网络游戏发展非常迅速,已经形成了一个庞大的产业,但是目前国内网络游戏也的确给缺乏自我约束能力的青少年带来一些负面影响。在这种情势下,网络游戏的发展一直备受争议,有时甚至处于风口浪尖。这一定程度上也影响了企业在网络游戏上投放广告的积极性。

2005年8月23日,国家新闻出版总署公布了《网络游戏防沉迷系统开发标准》,据称该标准根据青少年的身心发育特点,通过对网络游戏特性和玩家的消费习惯的调查,确定累计在线3小时以内的游戏时间为"健康"游戏时间,超过3小时就进入"疲劳"游戏时间,此时间段内如玩家继续玩游戏,其经验值和虚拟物品收益将被减半;累计游戏时间超过5小时进入"不健康"游戏时间,不健康时间内玩家的收益降为零。2007年4月,中国网游防沉迷系统正式上线。

在中国,青少年沉溺于网络被视为一个严重的社会问题,因为沉溺于网络导致犯罪的反面事例也确实不胜枚举,严重影响了互联网正面形象的树立。这难免会让一些谨慎的广告商举步不前,对网络游戏内置广告的推广形成一种无形的阻力。

(2) 技术阻力

目前市场上从事网络游戏内置广告服务的公司,大多数的核心技术都来自与国外公司的合作,引进采用国外的相关技术。核心技术受制于人、手中缺乏自有技术,从而导致的纠纷已经屡见不鲜,致使企业面临很大的不确定性和风险。而且中国缺乏专业的游戏广告制作人员,做广告的人很多,做游戏的人也很多,可做游戏广告的人少之又少,目前网络游戏内置广告的制作大多是由传统的广告公司完成的,他们不能准确把握网络游戏这个新兴媒体的特点,广告很难做到恰如其分,尚不能全面地发挥网络游戏内置广告的优势。因此,行业本身的造血功能不足是一个亟待重视和解决的问题。

(3) 难以评估

网络游戏内置广告需要有自己的评估体系和监测办法。网络游戏作为一种新兴媒体,对投放于其中的广告效果评估指标构建并不完善。游戏公司通常对外公布的在线人数都相当庞大,却无法确保其真实性,广告主很难估算这部分广告费用,从而降低了广告主对网络游戏内置广告的投放欲望。可靠的评估机构是使广告投放取得良好效果的保证,没有相关的机构就无法体现网络游戏内置广告的价值,也会造成厂商的止步不前,缺乏投资的信心。因此,网络游戏内置广告需要形成符合自身特性的一套效果评估指标,以便广告主在选择投放媒体时可以提供参考。

(三) 网络游戏内置广告类型

1. 通过游戏画面背景或某个场景将品牌信息进行融入

这是最为常见的一种植入模式,即把品牌的信息植入游戏的内部场景中。《街头篮球》《跑跑卡丁车》中游戏背景就呈现出多样化特征,各种广告穿插其中,在符合现实场景的同时进行了产品的宣传。

2. 通过游戏的各类功能道具将产品进行植入

此种方式把游戏中角色的各类需求道具作为载体,把产品植入。《QQ幻想》中就将娃哈哈集团生产的"营养快线"作为角色补充体能的药剂供玩家使用,甚至娃哈哈还将"营养快线"的上市时间与《QQ幻想》上市时间同步,最终大大节约了推广成本,也取得了良好的宣传效果。在《疯狂赛车》游戏中,上海大众将其麾下的Polo赛车作为游戏功能道具让玩家免费领取使用,使产品本身成为游戏中必不可少的元素,也将产品与游戏玩家紧密地连接在一起。

3. 通过游戏的情节巧妙地将产品信息融入

此种方式是将品牌信息植入游戏的情节当中,使玩家在互动娱乐中接受产品的推广。如麦当劳在《模拟人生》网络游戏中内置广告,游戏玩家在游戏中可以进入麦当劳店铺购买各种食物,甚至和现实中一样,可以坐在店铺里就餐,还可以在游戏中的麦当劳店里打工赚钱。

4. 通过游戏奖励将产品视频或音乐广告融入

此种方式是通过在游戏内植入品牌的视频或者音频广告,使之成为游戏的一部分,并对观看或收听的游戏玩家给予游戏奖励的方式。如真实模拟现实生活的游戏《第二人生》中，可口可乐就将其约 6 分钟的视频广告"The COKE Side of Life"植入其中。

5. 通过游戏与现实中的销售互动而将产品信息融入

此种方式将现实的产品与游戏中的道具连为一体，通过现实与虚拟的结合进行品牌推广。如网游《宠物王》与必胜客的合作，只要玩家在网络游戏《宠物王》中打怪物，就有机会获得从怪物身上掉下来的必胜客赠券打折甚至免费吃比萨。

（四）网络游戏内置广告的技术实现方式

1. 开发集成式广告系统

该系统需在游戏还处于开发编程阶段时就联合游戏开发商将一套广告发布、监测系统集成到游戏中。国外 Massiveinc、IGA Worldwide 等顶尖网络游戏内置广告公司常采用此系统。但在中国，这一系统却存着很大的挑战，这是因为中国的网络游戏行业主要还以代理国外已开发成熟的游戏业务为主，前期未与游戏开发商紧密联系，无法做到在游戏开发阶段就将广告系统集成到游戏中。

2. 后期植入式广告系统

该系统基本无需对游戏源码进行修改，只需对游戏的客户端简单地进行一些集成就可以实现广告投放和监测。这类广告系统主要是通过用户无法察觉的外挂程序将游戏场景中的一部分资源动态地更换掉。后期植入式广告系统简化了游戏和广告的集成难度，但是存在广告效果不佳，无法与受众实现更深层次的互动和交流的问题。

3. 外挂交互式广告系统

这是一种既能减少广告系统与游戏的集成难度，又能给游戏玩家增强广告互动性的广告系统，这种广告系统既集合了前两种广告系统的优势，又规避掉了前两者的劣势。此种系统代表着 IGA 技术更高一层的水准，也是衡量中国网络游戏广告市场能否进入更成熟发展阶段的标杆。

七、网络广播广告

（一）概述

网络广播广告是以网络广播为媒体的广告形式。网络广播又称网络电台，是新媒体和传统媒体融合的产物，是广播在网络时代发展的新探索。它把传统意义上的空中电台搬到了网上，由专业的网络电台主持人通过互联网进行实时广播，用户通过登录电台网站即可进行收听。

相对传统意义上的广播，网络广播实现了三个"传播回归"：大众化传播向个性化传播回归、单向传播向双向互动传播回归、权威化传播向平民化传播回归。其发展呈现以下特征：

1. 受众接受门槛低

广播是普及率极高的传统媒体，也是用户进入壁垒最小的大众媒体，多年来对于广播媒体深有感情的听众大有人在，这为网络广播奠定了较好的受众基础。与传统广播一样,网络广播也是伴随性很强的媒体,网民在网上浏览文字新闻、收发邮件、文字聊天的同时,听觉处于闲置状态,对"伴随性"音频的需求仍然存在,需要的仅是一个收听的习惯。

2. 传播内容极大丰富

传统广播播出有时间限制,信息容量也是有限的。而网络广播具有既能上传、又能下载的功能,使"同时与异时"分享得以实现。借助互联网,广播不再是"转瞬即逝"不可保留的媒体。网络广播可以利用网络庞大的存储空间和强大的传输能力,大大扩展广播的信息容量。据了解,中国广播网除了实时直播外,还提供了包括银河台在内的 12 个广播频率、超过 200 个栏目,自开播以来每天 24 小时开通的音频点播和下载内容,用"海量""库"的概念形容网络广播一点都不为过。

3. 传播范围超越地域限制

传统广播的传输覆盖受到地域的限制,特别是音质较好的调频广播发射范围很小,短波虽发射范围大,但信号不稳定,收听效果差。网络技术的应用使网络广播突破了地域的限制。网络广播的"覆盖"可借助互联网的普及实现"国际化"覆盖,使远在世界任何一个地方的听众都能通过网络收听实时广播。研究人员在监控中发现,境内不少网页可以提供国内几百个广播频率的在线收听,而境外一个名叫 Radiopaq 的网站,更是提供了全世界 186 个国家和地区的上千个广播频率、网络电台和个人播客的在线收听,网民可以随时登录,根据不同国别、类型或特定词汇进行搜索选择收听。

4. "异步性"突破线性传播

以声音为唯一传播手段的传统广播具有传播速度快的优势,但也有着稍纵即逝、不便保存的致命弱点。由于这个原因,广播又被称为弱媒介,而网络广播受众完全可以不受时空限制自由选择节目。受众可以通过文字来了解广播节目的内容,根据自己的需要和兴趣来选择要听的内容,错过收听时间或没有听清楚可以反复听,甚至还可以复制、下载保留,因而突破了传统广播电视节目"线性传播"的局限。网络广播使听众选择节目的主动权增强,从而提高了广播媒体所传播信息的使用价值,延长了这些信息的"生命",提高了媒体资源的利用率。

5. 反馈互动体现网络本质

就传统广播而言,"传""受"双方互动方式单一,并受到播出安全、节目时长等诸多因素的限制,而互联网的特性决定了"传""受"双方的互动更为便捷,并且不受时空限制。主持人、听众可通过 QQ、MSN、手机短信、聊天室等多种手段实现多维化互动交流。某网络电台直播中的《历历在耳边》节目页面,主题为"爱球鞋的男孩"。听众收听的同时,可以在直播网页下方用"丢纸条"的方式留言,通过网络空间给主持人传递消息,主持人很快就可在节目中回复,互动性非常强,最大限度地满足了受众参与节目的需求。

(二)网络广播媒介的发展

1995 年,加拿大中学生萨斯·伯顿开办的私人网络电台是全球第一家网络电台。同年 4 月,美国西雅图的"进步网络"在其网页上设置了 Real Audio System 软件,提供音频点播业务，从此宣告了商业化网络广播的诞生。随后，一些广播公司纷纷与网络联姻，依托其原有电台建立起网络电台，陆续踏上了广播网络化的进程。

1996年12月15日，广东珠江经济广播率先开通网上实时广播，随后，北京人民广播电台、上海人民广播电台、中国国际广播电台、中央人民广播电台等主流媒体陆续加入网络广播序列。

网络的出现给广播的发展创新提供了新的契机。网络广播技术不断发展，功能不断完善，市场不断发展，规模逐渐壮大，网络广播开放性、互动性、大众性的特点得到充分体现。根据开办主体不同，目前中国网络广播主要有以下三个类型：

1. 传统广播"触网"

依托传统广播电台自身的网站建立的网络广播，有较强的专业性。内容上：一是把整套的广播节目（或栏目、重要节目）原封不动地在网上实时广播或点播。二是重新编排整合优质音频节目（如音乐、评书、相声等），供网民点播。三是配合音频内容提供文字、图片信息（以新闻为主）。四是把广播与因特网融合起来形成新的内容，或在网站上介绍广播栏目和节目，提供背景资料，或由网民通过电子邮件、聊天室发表意见、参与节目。此类网络广播中，以中央人民广播电台主办的中国广播网和中国国际广播电台主办的国际在线发展得最为成熟。

2. 商业网站开办网络广播

有代表性的如QQ之声、猫扑电台、网易虚拟社区电台、萤火虫网络电台等。商业网络广播数量庞大，定位清晰，主打音乐广播，目标人群为年轻网民。商业网络广播依托强大的商业网站背景，整合音频服务资源，逐步形成独立的音频服务品牌。比较成熟的网络电台拥有一批专业的网络主持人（NJ），内部机构健全，设置包括台长及节目部（NJ组、导播组、策划组、音频编辑组、技术支持组）、人力资源部（顾问组、监督组、招聘审核组、福利发放组）、事业拓展部（网站技术组、宣传组、电台版组）及包括制作中心在内的运营管理部门。商业网络广播电台在品牌定位、用户服务、市场营销等方面所做的许多探索，为时下中国网络广播的市场运营积累了一定经验。

3. 个人和团体创办的私人网络电台

此类网络电台多以个人播客的形式出现，代表的是一个人、几个人或某个兴趣社团等，数目难以统计。从最初广播发烧友把自己制作的广播节目上传至互联网与网友分享，发展到今天具备一定制作水准、制作能力的所谓独立广播制作。个人播客有的以个人网页的形式出现，有的则在各大论坛和视听网站以注册会员的身份出现。此类网络广播的节目形式以主持人脱口秀为主，节目设置偏重"娱乐"和"音乐"，也涉及情感、心理问题和社会问题等，风格上较为张扬。虽然个人网络电台的权威性、持久性难以保证，却充分体现了网络时代的社会宽容与草根阶层的喜怒哀乐，如个人播客"反波"。"反波"的两位成员"飞猪"和"平客"，一个是媒体工作者，一个是自由电台主持人，语言幽默轻松，话题广泛不落俗套。因此在开播之初，"反波"便以广泛的网友好评和一个月115000人次的点击量，一举夺得德国之声播客大赛的"最佳播客金奖"。

（三）网络广播广告的实践及前景

CD Baby 是一家在线音乐销售公司，它在若干个网络广播电台中投放音频广告。公司负责人认为他们的这种广告投放方式是颇有成效的："我不相信网页的那种浮动的标语式广告会有多大效用。我们的这一新广告方式是同传统广告方式同时开展的，我的设想是将广告目标人群设定在那些总是选择自己喜欢的广播节目的用户身上。而这些人，正是我们的目标市场。"从许多方面考虑，网络广播的广告比传统广播的广告更为合理。收听者不但可以收听相关音频获取相应的信息，还可以立即拨打销售商的电话，或者浏览其网站。

"可以想象，网络广播电台广告的回应率要超过传统广播电台广告。"为了响应这一急剧增长的需求，数家软件制作公司已经着手研发特殊的广告平台软件，以帮助销售商将广告投放给特定的网络广播电台听众。Pod2Mobile 公司开发了一种新软件，它能够使广告商自动将 10~15 秒的广告投入数个网络广播电台之中，广告商可以选择某一种类型的网络广播电台，如娱乐或体育广播电台，或者选择特定的某一个网络广播电台，用以投放广告。Pod2Mobile 公司负责人称，如果付 600 美元，广告商将能够在 30 天内成为某一播客的独家赞助人；并且，随着业务的扩展，Pod2Mobile 还计划和与其签约的网络广播电台一起分享利润。其他公司也开始借助于网络广播电台来扩展它们的常规传统广告，从而促使其广告遍及更多的受众。

就美国的实例来看，网络广播电台有一项吸引企业广告的特别优势。据 Spinner.Com 统计，网民平均停留在该网络广播电台网站 90 分钟。而 Disney 所属 Go 网站的统计则为 40 分钟。比一般网站更长的停留时间对广告商来说，意味着能让网民拥有更长的时间接触到特别为这个网站所设计的广告。

在美国，根据对一些媒体收视状况的最新研究，互联网收音机可能是所有交互式营销资源中最有效的媒体，其平均内容信息点击率最高可达 70%，广告信息点击率可达到 60%，在线商品"购买"率为 49%。根据一项调查结果，接近 1/4 的互联网用户收听互联网收音机，收听者主要是男性和年轻人，其中，年龄在 12~24 岁的占 33%，25~44 岁的占 28%，45 岁以上的占 19%。这些听众经常收听市场信息，大约一半听众收听所在行业市场内的网络广播以及少数世界各地著名网站的节目。有趣的是，许多在工作时间不便收听的节目他们会在家里网上冲浪时收听，而很少在传统广播、电视等媒体上花费时间。

目前网络广播有直播和点播两种主要播放形式。直播主要应用于重大活动的即时报道，是电台或电视台实际播出节目的网上传输形式，其优点是时效性强，生动实际，而且用户可在第一时间获取信息。点播则是将节目根据内容做成一个个片段，听众可以根据标题或其他标准分类选择所喜爱的片段来收听。这种播放形式具有节约资源的优点，而且选择性和针对性也更强。

由于网民所具有的自主选择的特点，传统的硬广告可能会受到听众强烈的反感，因此网络广播广告需要更加注意听众的体验，在内容、形式、创意等方面需要进行更多的考虑。适应网民行为的广告活动才能得到有效的回应，如推出针对目标受众需求的热门商品的"团购"会将广告和营销直接结合,从而实现广播电台、企业、消费者的共赢。

八、流媒体广告

(一)概述

流媒体广告是以流媒体为介质的一种广告形态。网络流媒体(Network Streaming Media)指在数据网络上按时间先后次序传输和播放的连续音/视频数据流。与传统的播放方式不同,流媒体在播放前并不下载整个文件,只将部分内容缓存,使流媒体数据流边传送边播放,这样就节省了下载等待时间和存储空间。

流媒体技术从1995年Real Networks公司的首次引入如今实现社会化、规模化的领域覆盖,其最重要的原因在于它集报纸、广播、电视的优势于一体,并能够以"流"的方式实现边传边看的实时传播,成为"互联网世界的电视机"。

伴随着宽带的普及、网民数量的激增以及流媒体技术的广泛应用,流媒体广告已跻身为互联网广告中最常见的表现方式之一,成为对电视媒体广告具有较强冲击能力的媒介广告形态。

(二)流媒体广告的分类

按照广告所传达的内容来说,流媒体广告可划分为静态广告和动态广告。静态广告指的是图文结合或使用高品质动画的广告形式,相对于过去网络横幅广告的单一形式,采用流媒体动画形式的广告更具美感。动态广告可分为音频流媒体广告和视频流媒体广告两种表现形式。这两种形式从某种程度上可以看作广播广告和电视广告的网络再现。因此收听和收看效果都可以与传统媒体抗衡。

按照插播的方式来看,流媒体广告可以划分为流中广告和媒体播放器广告。流中广告是指广告商利用流媒体技术将一段音频或视频插播于流媒体节目中。作为一种贴片广告,网民在观看流媒体节目中自然而然地接收到广告的信息。这种表现手法具有很强的渗透性,能够实现传播效能的叠加提升,传达效果远远超过普通媒体的影响力度。媒体播放器广告是打开媒体播放器时依附于网页而存在类似于网络横幅网络广告的一种形式。大多数媒体播放器包含一个或多个可以显示各种可视内容的窗口,这就为广告信息提供了传播的载体。

流媒体时代的开端起源于1995年第一个流媒体播放器的推出,但当时由于窄带互联网的带宽限制,网络无法承受大容量的信息传输,因此,承载视频、音频信息的流媒体广告不但自身优势无法凸显,而且其传送效果、范围都不理想。2000年后,伴随着信息技术的升级,高速宽带的普及,宽带时代宣布到来,而与之息息相关的流媒体广告也随之迎来了蓬勃发展的春天。

(三)流媒体广告的优势特征

1. 丰富的传播内容

流媒体广告的最大特色在于它弥补了传统互联网只能表现文字和图片的缺陷,音频、视频、图像等多媒体的交互极大地丰富了流媒体广告的内容,强烈的感官冲击大大提升了广告的传播效果。根据 Millwand Brown Interactive Report 的一项调查结果,测试者在观看流媒体广告后对品牌的记忆度是非流媒体形式的 160% 以上,流媒体广告的点击率是普通标题广告的 5 倍以上。

2. 实时的传播速度

流媒体广告的传播以网络为平台,避免了时空限制,流式技术的传输还使得流媒体广告实现了边下载边播放的实时播放,从而大大节约了传播时间,提高了传播速度。

3. 交互性强的双向传播

流媒体广告不同于传统广告推送式的传播方式,其交互性的特征使得广告由单向的信息传播变为一种双向的互动传播。作为国内 P2P 流媒体视频网站的代表,PPSTREAM 充分利用流媒体这一优势,其用户在观看广告时可根据自己需要选择广告,并可通过点击获取相关商品信息的官网链接。另外,广告主也可以随时获得受众的反馈信息以获得目标受众的第一手资料。

4. 针对性强的有效传播

在市场细分的时代,传播的重点已由广播过渡到窄播。衡量信息传播是否有效的标准,不只在于受众的数量,更在于受众的质量。流媒体广告所独有的流媒体技术可以建立与受众相关的数据库,将受众分门别类,针对不同的广告类别,对目标受众进行筛选发送。这样既避免了无效的广告投放,同时也减轻了受众对于广告的排斥心理,使广告所传达的信息更容易被受众接受。对于广告主而言,流媒体广告更加体现了分众传播、精准营销的理念。

5. 准确的受众数据统计

这个特点主要针对广告主而言。利用传统媒体做广告,只能得到单一的发行量数字,没办法准确地统计出广告信息的有效到达率,而在互联网中,系统精确核查访客流量可以统计出一个广告被多少受众看过,以及这些受众的基本信息如浏览时间、地域分布等,这就为广告主制定广告策略、评估广告效果提供了客观准确的依据。

(四) 制约流媒体广告发展的瓶颈

目前越来越多的企业将流媒体纳入自己的广告投放规划中,但从权威性和影响力来看,流媒体仍然无法与电视等传统媒体相比。流媒体广告结构的单一化一方面是因为广告主对流媒体广告的认可度、信赖度不高,另一方面也突显出流媒体广告市场的拓展工作不到位,缺乏对潜在的广告主深入挖掘的现实。从目前来看,流媒体广告还无法归并为主流媒介广告的行列。

1. 流媒体广告代理混乱尚需规范

从大的类别划分,流媒体广告从属于网络广告。目前,在中国,由于缺乏相应的法律法规管理,网络广告代理业的经营方式比较混乱,代理能力较弱,不能提供较为专业的流媒体广告服务。专业性服务项目的缺失不仅限制了流媒体广告策划和创意水平的提高,也钳制了流媒体广告理念和经营模式的创新。

2. 流媒体广告经营机构缺乏成熟的第三方认证

广告监测是评估广告效果的必要手段。权威、客观的第三方监测报告能够为广告主和广告代理商提供有价值的数据参考。在国外,有专门的网络公司从事第三方监测工作,比如 Doubleclick 公司利用其强大的专业优势、资深的数据分析工具,为网站提供第三方的网络数据监控报告。但在中国,对流媒体广告进行测评的大多是网站自身。由于缺乏第三方的认证,网站提供数据的权威性、客观性遭到质疑,伪造访问量、随意定价等现象时有发生,从而造成网络广告市场竞争混乱的局面。

3. 流媒体广告仍处于烧钱阶段

流媒体广告从属于网络广告业,属规模性产业。只有当广告终端达到一定数量,覆盖一定规模后,市场才能开始启动,产品营销才能顺利开展。而目前的残酷现实是,流媒体网站大多还处于烧钱阶段,营利模式仍在探索之中。流媒体广告收入虽然逐年增加,但相对于前期巨额投入来说只能算作杯水车薪。

九、富媒体广告

(一) 概述

随着网络基础设施的不断完善和信息技术的发展,网络能够快速地传输大容量的广告。富媒体广告出现之前,一个网页广告大约只有 30~40K 大小,表现的不过是简单的文字信息或图片,相比之下,富媒体广告所提供的创意空间就大得多,甚至可以达到 2M,表现效果几乎可以与电视相媲美。因此,富媒体广告应运而生并不断发展,使一度平淡无奇的网络广告变得鲜活有趣。

所谓富媒体(Rich Media)不是一种真正的媒体,而是目前在网络上应用的一种高频宽技术,是一个互联网的技术名词。形象地说,富媒体即意味着在互联网上传播的信息不仅只有文字或图片,同时还可以包括动画、视频、互动、音乐或特效等,是相对于窄带网络的信息贫乏而言的。在网络用户浏览网页时,不需要安装任何软件或插件。一般来说,富媒体特指交互性多媒体,多媒体与交互性两项缺一不可。一个由 2D 及 3D 的 Video、Audio、JAVA、动画等组成的广告,或是多媒体增加了点击、填表等交互功能,即成为富媒体。

(二) 富媒体广告的表现形式

1. 视频类广告,即广告中含有视频文件的网络广告形式

视频类广告在用户打开页面时,自页面右下角浮出基本无损伤压缩的原视频内容。同时视频中添加了一些互动元素,促使更多的用户观看视频内容。其主要表现形式有标准的视频形式、画中画形式、产品外形形式、焦点视频形式等。

2. 扩展类广告

即现有页面内广告位置上,当鼠标滑过或触发后,广告显示面积发生变化的 Flash 文件。扩展类广告能给人深刻的印象。当用户将鼠标滑过或点击广告时,扩展类广告即被触发,广告基于原广告位进行扩展,不会离开原广告位。当鼠标移开后,扩展部分

自动消失。由于广告由用户主动触发，对用户的干扰性较小。其主要表现形式有下拉扩展、上升扩展、撕页扩展、扩展视频以及自定义扩展等。

3. 浮层类广告

即在一定时间中，网页的部分显示区域分层，广告内容在这些分层中显示或播放。当用户打开网页时，浮层广告以不规则动画形式突然出现在网页上，动态的形式很容易吸引人们的注意，并且可以融入与用户的互动，更好地表现广告内容。动画播放完毕后将自动消失，有消失型（包含全屏尺寸）、重播型等形式。

4. 其他类广告

即非以上形式出现的富媒体广告形式。有地址栏广告、网页背景广告等表现形式。

（三）富媒体广告的优劣势分析

根据 DoubleClick 的调查，富媒体广告的点击率高于非富媒体广告 5 倍以上，用户转化率高出近 4 倍。在品牌宣传效果上，富媒体广告比非富媒体广告高出 153%。而富媒体广告的投入费用只相当于电视广告的几分之一。这种优势来源于其自身的技术优势：

1. 富媒体广告拥有超大容量

传统网络广告只有 30K 左右容量。而富媒体广告容量可达 300K 甚至更多，是普通广告形式的 10 倍以上，有的甚至可以达到 2M。

2. 超大容量使其表现力丰富

超大容量使富媒体广告的创意空间大得多，可以最大限度占据屏幕（800*600 分辨率），并且有效支持文字、图片、声音、Flash、视频、交互页面等多种表现形式，表现力极其丰富。

3. 独特的智能后台下载技术

富媒体广告突破互联网广告带宽瓶颈对内容容量的限制，广告的下载是在用户浏览间隙，也就是带宽空闲时在后台进行的。由于富媒体广告独立于网页内容之外，其下载又完全不占用页面请求的带宽，因此广告的下载对浏览者的正常浏览行为没有任何影响。

4. 流畅的播放速度

富媒体广告普遍采用 30 秒、15 秒、8 秒等几个时长，这与电视的视频广告相对应。利用富媒体技术强大的压缩、下载等功能，富媒体广告能够在网民打开网页的瞬间完整播放，并通过新颖的创意直接刺激受众的视觉、听觉感官。

5. 丰富的效果满足不同广告需求

富媒体广告实现音频、视频广告的流畅播放效果，并可满足互动游戏、互动调研、互动演示等多种互动广告需求。富媒体是建立在多媒体基础上的一项新技术，与多媒体技术最大的不同在于是否具有交互性。比如，多媒体所播放的音频或视频都是由应用程序预先制作好的，在播放的过程中用户不能控制播放的内容，而具有互动特性的富媒体广告可满足互动游戏、互动调研、互动演示等多种互动广告需求。

较于传统网络广告,富媒体之所以"富",体现在其表现形式、其所运用的技术手段等非常丰富,这些成为富媒体广告的主要优势,传统网络广告则在这些方面陷入瓶颈。当然,富媒体广告同样也有局限:首先是广告文件比较大,用户需要花很长时间才能打开页面,而且并不是所有的位置都能投放富媒体广告。因此,传统网络广告由于文件量比较小、表现方式虽然单一却不会占据太大的资源,而成为目前所有的媒体必须继续使用的方式。其次,富媒体广告的价格比较贵也成为它的劣势之一。

（四）富媒体广告面临的挑战与未来发展

从2002年国内播出第一例富媒体广告到现在已有二十年,富媒体广告已经形成了初步的产业链,以其强大的视觉冲击力和较高的到达率受到广告主青睐,但其仍然面临着诸多挑战:

1. 如何让用户免受审美疲劳

从第一个富媒体广告产生时受众对其的新鲜感,到如今受众对广告的熟视无睹,受众已经对司空见惯的广告没有兴趣。这就要求富媒体广告公司在创新上加大步伐,以精彩的广告内容和形式赢取受众的好感。

2. 如何平衡受众体验和广告效果之间的矛盾

受众打开网页是为了寻找他所需要的信息,当一个和自己完全无关的广告跳出、覆盖受众电脑屏幕的时候,如何才能不让受众感到反感甚而厌恶,这是摆在富媒体广告公司面前的难题。

虽然富媒体广告所具备的冲击力远远大于普通的广告,但是富媒体的点击率呈现出逐年下降的趋势,并且下降的幅度比普通广告更高。为了保持并提高富媒体的广告效果,我们可以从以下几方面着手考虑、准备。

首先是用户体验问题。良好的用户体验才能带来良好的品牌效应。成功的富媒体广告具备满意度和效率两个层面的意义。对于用户来说,网络广告的满意度体现在他的每一次网络浏览经历;对于广告主来说,网络广告的满意度在于他对每一次广告投放的性价比的评价。只有平衡好两方面的关系才能创造出一次成功的富媒体广告投放。

其次是创意空间问题。目前大量的富媒体广告创意都只是集中在一个特定的广告区域,广告形式还略显单一。另外,异形富媒体广告、联动富媒体广告等打破了既定广告空间的限制,既照顾了用户的浏览又加深了广告对用户的影响,我们需要这种突破既定广告范围、有效利用每一寸空间的创意。

3. 如何解决互动问题

目前大量的富媒体广告都仅仅局限在广告本身的展示和互动上,用户的交互形式比较单一。随着Web 2.0时代的推进,"长尾"从过去的被忽略到今天的被重视,这些现象对富媒体广告都具有一定的参考意义。丰富富媒体广告交互的维度,才能让富媒体用户和广告达到真正的交流。

当然,在挑战的背后,机遇也同时存在。首先,视频网站的发展催发着广告主对视频前后贴片广告以及暂停广告的需求,这就给富媒体广告公司很大的发展空间。在这片还没有深度开垦的领域,富媒体从业者应该抓住机会,大力发展。其次,移动互联网的蓬勃发展也让富媒体广告公司看到更加广阔的前景。随着移动互联网的普及和大范围运用,在受众掌上媒体上进行各种创意广告展示是从事这个行业的各家公司又一个掘金地。

第二节 Wap 互联网类型广告

一、手机广告

（一）概述

手机广告是以手机媒体为平台传播和发布的广告信息,它是一种相对独立的新型广告,其最大亮点在于把手机和广告结合起来,形成客户、商家和运营商三方受益的局面。

截至 2021 年 12 月,中国手机网民规模达到 10.2 亿人,继续保持上网第一大终端的地位。网民中使用手机上网的人群比例由 2012 年年底的 74.5% 提升至 95%,远高于运用其他设备上网的网民比例。在 4G 网络进一步普及、智能手机和无线网络持续发展的背景下,视频、音乐等高流量手机应用拥有越来越多的用户。在人们日常生活中的重要性和便携性使得手机成为人们身边不可分离的重要媒体工具,手机用户群体往往具有特定习惯,利用手机媒体传播针对性的广告比传统媒体更容易实现广告效应。目前主流的手机广告可以分成以下三种类型：

1. 运营商发布广告

需要发布广告的企业直接付费向运营商租赁或购买专用的渠道进行广告发布。

2. SP 发布广告

需要发布广告的企业通过申请发布广告,获得运营商审批通过之后,在运营商的监督之下在其提供的平台上发布广告。

3. APP 应用内置广告

APP 应用内置广告是手机广告的主要盈利方式之一,随着 APP 被用户广泛下载使用,内置广告能针对特定的群体实现广告效应。

（二）手机广告的优势

1. 交互性强

交互性强是手机媒体的最大优势,它不同于传统媒体的信息单向传播,实现了信息互动传播,用户可以获取他们认为有用的信息,厂商也可以随时得到用户反馈信息。这种优势使手机广告可以与电子商务紧密结合,能够马上完成一个交易的过程。受众的自主地位得到提高,反馈变得更加容易。

2. 送达率高

户外广告可能没人看,电视广告的时效性太强容易错过,报刊的广告专版又容易被大多数不感兴趣的消费者干脆略过。相比之下,手机广告信息在网络和终端正常的情况下可以直接到达每一个个体用户,而且存储转发机制的消息服务和浏览类服务对时效性要求不强,进一步确保了这种高送达率的延续。

3. 针对性强

手机的"终端即人"效应为广告信息的针对性发布、广告受众的精细化识别和广告需求的定制化消费创造了极其有利的条件。由于手机与消费者个体的自然捆绑,广告商可以选择性地向目标消费者进行有效推送,消费者也可以通过定制个性化信息使手机实现所见即所需。

4. 扩散性强

手机终端不仅可以接收广告内容,还可以将广告内容向周围转发。传统的广告只能通过消费者口口相传,才能达到消费者自发传播的效果,且传播过程中难免会使信息失真。借助于先进的通信手段,消费者可以将手机广告转发给其他潜在客户,有利于广告内容在潜在消费者中准确迅速传播。

(三) 手机广告目前存在的问题

事实表明,尽管国内手机广告业务无论是技术、平台还是商业模式都进入了市场的导入期阶段,但是手机广告业务市场还需要有一个市场的培育期。目前国内手机广告还存在一些问题。

1. 用户反感引起信任危机

中国通信市场发展中的不规范现象已经在消费者心目中产生了阴影,手机广告一旦在发布过程中带有强制或欺骗成分,则会产生负面影响——被用户判定为骚扰性的手机广告。同时,广告无孔不入、客户个人信息外泄,也容易导致手机用户产生心理焦虑。清华大学工业工程系饶培伦博士组织进行的一项调查研究发现:43%的人认为"我可能成天都被人追踪";60%的人认为"我的个人隐私会被商业信息所侵犯";大约80%以上的用户认为"太多广告拥堵到我的手机上"以及"好多是完全不知所云的垃圾广告"。

2. 广告主认知度不高

手机垃圾短信已经对用户心理产生了一些阴影,手机用户对手机广告信息的反感和不信任导致对手机广告商的信任度较低。广告主们一方面担心现有的手机广告观众太少,投资会化为泡沫;一方面担心如果操作不当,不但要耗费金钱,还可能伤害到自己的品牌形象。同时,广告主还担心由于手机广告的相关技术和应用还没有得到验证,其广告效果的评估还没有形成一套规范,因此很难衡量手机广告的效果和价值。

3. 手机广告行业缺乏行业标准

对于不同形态的手机广告,监管部门尚未制定一套全国通用的标准,技术指标和规则以及监管机制尚未制定,这使得不同形态、不同提供商之间的广告互不兼容,从而制约广告内容市场的发展。

4. 缺乏成熟的商业模式

当前运营商、广告代理商和 SP 等产业链参与者的不同组合构成了多种商业模式,其可行性和盈利前景都有待时间验证。市场需要一段时间进行摸索和实践。

（四）手机广告的运作策略

1. 建立有效执行广告信息安全审核的管理机制

采取技术措施对广告信息进行过滤审查以保证广告的有效性和真实性；公布客户服务及举报电话；建立违规企业数据库，停止向黑名单企业和代理商提供技术服务；工商、公安、信息产业管理部门联合执法，调查黑名单企业并进行查处；协助媒体公开曝光违法违规企业，避免更多手机用户受害，以取得用户信任。

2. 创新短信广告发布模式

为避免用户产生抵触情绪，广告内容最好简明实用，且有针对性，能够满足用户随时随地的需要，在用户得到满足的基础上获得用户的持久关注。同时，短信服务商还可鼓励手机用户通过注册成为会员，用手机接收自己需要的实用、即时的信息，这样，手机短信广告和有效的生活信息一起发送，更能被手机用户接受。

3. 将手机广告与传统媒体广告融合

目前，在整合营销传播的背景下，传统媒体广告的优势也可以在手机屏幕上得到体现，手机广告与传统媒体广告融合更能提高广告效果，不同的媒体受众对象也能扩展广告信息的覆盖面，有利于对产品的推广和广告品牌的树立。

4. 进行数据库营销

数据库营销已成为手机广告的核心竞争力，手机广告运营商要对现有手机用户数据库进行分析研究，并根据分析研究结果向用户发送相关广告信息，以及与企业合作为用户提供商业信息服务，这样既强化了广告效果，又节约了广告成本，拉近了广告产品和手机用户的情感距离。

5. 增强手机广告的表现力

手机集合了通信、互联网应用、娱乐等功能于一体，广告商可以根据广告目标、广告内容和目标受众的不同，选择合适的手机广告形式，以达到广告效果的最优化。随着4G的应用，手机视频广告在用户体验中越来越受到欢迎，广告商可以在手机电视播放的同时植入一些相关广告信息，也可以在播放视频的时候，在屏幕下方显示广告链接，这样用户可以根据自己的喜好点击这些广告信息。随着智能手机的兴起，手机程序包括手机游戏和软件的广告潜力也开始逐渐显现。比如手机版城市生活指南软件，提供了美食、电影、娱乐休闲等各类广告信息，是人们出行的好参谋，也是手机植入广告的好平台。

二、微博广告

（一）概述

微博广告是指广告主借助微博平台，发布的所有有关商品和服务的信息，是网络广告的一种新形式。微博即微博客（Micro Blog）的简称，是一个基于用户关系的信息分享、传播以及获取平台，用户可以通过各种客户端组建个人社区，以140字左右的文字更新信息，并实现即时分享。从出现至今，微博凭借其传播迅速、互动性强、操作简单和进入门槛低等特点赢得了越来越多的用户的青睐。微博作为代表性的平民媒体，带给电视、报纸、广播等传统媒体强有力的冲击。

微博已经成为中国网民的主流应用，庞大的用户规模又进一步巩固了其网络舆论传播中心的地位，微博正在重塑社会舆论生产和传播机制，无论是普通用户，还是意见领袖和传统媒体，其获取新闻、传播新闻、发表意见、制造舆论的途径都不同程度地转向微博平台。微博的强劲发展态势和自身具备的优势使得它正在改变传统的传播格局，已经由一种传播手段发展成社会化的新媒体。微博广告借助微博平台应运而生，其前景也被广告主看好。

（二）微博广告的类型

1. 通过微博中介平台传播微博广告

新浪微博用户中，有大量博主通过发布新闻、趣事、视频、图片等网友们比较关注、感兴趣的东西，从而吸引众多粉丝。这类微博大都由专业的微博中介平台拥有，然后利用其关注者众多的特点，进行商业性代发广告。

2. 利用微博名人资源进行广告营销

广告主通过关注微博名人、向其发私信、@微博主等方式联系他们，用一定的酬金让微博名人为其发布商业广告，以实现更大范围的传播，扩大品牌影响力，以求实现商品销售。

3. 开设企业微博进行商品营销

新浪微博为促进商业经济发展，专门开设"企业版"微博服务，能够帮助企业更好地宣传自己，更便捷地与目标企业及消费者沟通，让企业在被更多人了解的同时，促进销售，发现更多的销售机会。著名体育组织NBA联盟就开通了自己的新浪微博，利用球迷们对比赛、球星的关注，及时发布最新的比赛信息、球员信息，并用抽奖等各种方式吸引更多球迷参与比赛、到现场观看、收看电视直播以及短信互动，以达到盈利的目的。

4. 隐性微博广告

这种广告行为是广大网友出于对某微博内容或商品的兴趣，对其评论，这其中提及的某些商品可能就会被大家所认可。还有很多网友通过私信、评论等方式询问商品性能、商品价格、购买途径等，从而间接地为某商品打了广告。

（三）微博广告的传播价值

1. 微博广告目标受众更具精准性

随着人们生活节奏的加快，人们的时间和空间日趋碎片化，企业的目标受众也逐渐呈现出分众化和碎片化的趋势，精准的传播备受广告主的青睐。微博的受众来自社会的各行各业、各个年龄段，在微博上，受众一般会根据个人的兴趣、爱好、年龄等特征，主动关注自己感兴趣的品牌信息，并把它推荐给自己的朋友或粉丝，很多潜在的消费者会在参与对话中获得品牌信息，进而转化为现实的受众，因而不同的微博满足了不同受众细分群的需求，企业可根据微博用户的群体特点进行个性化的信息配置，有针对性地投放广告，实现广告的精准传播。

2. 微博广告传播的潜意识性

微博信息只有与受众的兴趣利益点相结合,才会引发粉丝的实时互动。在广告轰炸的现代社会,人们本能地抗拒赤裸裸的功利性广告信息,广告主希望以一种非强制性的手段与消费者展开深度的情感沟通,让受众在不知不觉中产生对产品或品牌的印象,达到营销的目的。微博作为一个随时随地交流的平台,让企业的广告宣传呈现出"微博搭台,广告唱戏"的特点。企业披着交流的外衣,借助情感化的语言,发布潜意识的广告,把广告产品核心理念和价值渗透到微博中,或者以体验的形式,把广告产品使用后的感受通过微博表现出来,供粉丝浏览、评价和转发。

以柒牌微博为例。柒牌微博以个人化的姿态参与社会热点话题和时事的评论,粉丝们很少看到其有关企业、品牌的纯商业化的信息。柒牌积极参与品牌之外的信息互动,如柒牌结合其"时尚中华"和"真爱"的品牌文化理念,在微博上发布"2010年柒牌非物质文化遗产研究与保护基金评审会"专题、"盘点:2009年十大真爱事件"专题等非商业化信息,拉近与粉丝的距离,增强了企业的亲和力,有效地实现企业对品牌的软性推广,加深消费者对柒牌文化的认同。

3. 微博广告的实时反馈性

传统媒体的广告传播是一种单向传播,广告受众处于传播过程的末端,往往被动地接受广告信息,对广告信息的反馈相对滞后。微博实时互动的特点,改变了消费者信息接受的习惯,使微博广告受众的信息反馈具有即时性。企业在与受众的信息互动中,迅速把握消费者心理,了解消费者对产品的感受,获取市场动态,依据微博广告受众的信息反馈,采取被动互动和主动互动两种互动方式与受众深度沟通。被动互动是对消费者提出的问题进行解答,帮助企业进行数据分析、数据挖掘,找到新的产品营销机会,或者改进产品设计。如 iPad 推出后,在微博上可以实时地看到用户碰到的种种问题,如系统崩溃、硬件不兼容、软件安装故障等。这些都给厂商提供了尽快修复、改善、推出解决方案并与用户沟通的机会。主动互动是企业提出问题,主动与消费者交流。企业微博在做好被动互动的同时,更应积极地进行主动互动,引导受众关注品牌信息。2010年7月,霸王洗发水被曝二噁烷超标之后,厂家在第一时间开启微博,通过官方微博发布29条信息做出相关说明,主动掌握发布信息的出口,占据了主动性,将人们的注意力集中到微博上,减少了猜测,提高了危机处理的效率。

(四)微博广告目前存在的问题

微博入门的低门槛和操作的便捷性为广告主打开了一道便捷之门。作为新兴的广告传播方式,微博拉近了广告主和消费者之间的距离,并能够及时迅速地传播企业的最新广告信息。近年来,微博广告在中国发展迅速,三家大型门户网站(新浪、腾讯、网易)的微博广告都发展得如火如荼,但其客观存在的问题也不容忽视。

1. 大量买卖"僵尸粉"

在微博广告日趋走红网络的今天,拥有大量的粉丝也许是每一个微博用户所想要的效果。微博用户在转发含广告内容的微博时,其自身粉丝量的多少直接影响到所赚取的利润，拥有千万粉丝量的明星转发微博广告可以按字计费，如此诱人的利润使得不少用户开始倒卖"僵尸粉"，他们专门利用系统自动批量注册买家粉丝，即"僵尸粉"。淘宝上就曾出现此类倒卖"僵尸粉"的人，买家只需30元就可以立即拥有10000的粉丝量。这些粉丝不会参与发表状态、评论、转发等微博日常活动，只是一种名存实亡"僵尸式"存在。"僵尸粉"的大量存在将会导致微博广告市场的混乱，广告主的既得利益会受到直接影响，其传播效果相较于预期也会大打折扣。据悉，新浪微博目前已成立了专门的团队，对各种恶意注册行为进行严厉打击，并且开始屏蔽"僵尸粉"。

2. 虚假广告、骗子信息泛滥

微博注册用户鱼龙混杂，投放微博广告的用户不仅仅有正规的厂商，也有个别恶意传播者借此平台散发虚假广告蛊惑消费者。针对"牛皮癣"小广告、虚假信息在各大微博平台上开始泛滥的现象，新浪微博相继推出了"微博虚假活动曝光平台""微博不实信息曝光专区""微博违规公示平台"，将治理重点定格在刷粉丝、发广告和发布虚假信息活动上。

3. 博主唯利是图，没有相应的约束和管理机制

微博广告为很多用户带来商机，不少博主为赚取广告费而大量转发各类广告性质的微博，这些广告既包括了一般的商品广告，也包括一些不正规的小广告，甚至还会有含色情词汇的广告微博，有的用户所有的博文均与广告有关，这就破坏了微博秩序的和谐和微博广告业的健康发展。针对这种问题，各大门户网站应该对用户的博文内容进行严格审查，筛查排除其中的不和谐因素，严格限制微博用户每单位日内的广告转发条数，对违规用户采取"禁止评论""禁止转发"等相应措施；对违规情节严重者，可以采取"封号"的手段。

三、微信广告

（一）概述

微信是腾讯集团研发的一款基于智能手机的即时通信软件，在目前国内同类产品中影响最大。在微信出现之前，国外已经在2010年推出了手机即时通信软件Kik，上线15日便吸引了100万的用户，国内也相继推出小米科技"米聊"、"盛大KiKi"开心网、"开心飞豆"、"诺基亚IM"等手机即时通信软件。腾讯在借鉴已有即时通信软件技术的基础上，经过观念和功能上的创新，后发而制胜，大力推出微信，上市短短数月间便赢得了良好的市场口碑，在市场占有率和用户认同方面较之前者毫不逊色。

微信具有LBS、语音听读、实时对话、漂流瓶等多种先进功能，品牌借助微信可以为用户提供更加丰富的服务，制定更明确的营销策略。微信已远远超越了其最初设计的即时通信属性，其平台化的商业价值显然更值得期待。而微信传播的及时性、便捷性、跨平台性、用户资源稳定性和低流量、低成本等优势使得其广告价值空间巨大。

（二）微信的广告价值

1. 从微信自身价值视角看，微信具有以下四大广告价值。

（1）自主化、平等化的传播理念

随着微博的兴盛及微信的兴起，人人为王的自媒体时代特点越发显著，微信的微传播模式呈现出自主化、平等化的传播特征，为微信用户提供了能够自由的活动空间和独立平台。这种自主平等的传播理念也是受众介入论（社会参与论）的重要体现。微信获得推崇的一大原因，主要在于受众能够根据自身意愿表达自己的观念，强化了受众的话语权和自主权，这种全民自己动手的信息制作及传播特点为广告创意传播提供了平台。

（2）即时性、便捷化的传播速度

微信的交流基于手机通信录和 QQ 好友，这种朋友圈的功能使得沟通变得更加自主和直接，这种传播的"微动作"为受众提供了更加便捷的服务。在商品同质化及广告竞争白热化的情况下，广告发布的时间成为占领目标群体的重要影响因素，这就意味着广告传播本身也需要即时性，微信迅捷的传播方式为广告的快速发布创造了有利条件。

（3）碎片化、个性化的传播内容

微信用户可以利用任何"碎片"时间传播"碎片"内容。同时，微信基于 QQ 和手机通信录将用户的社会关系加固于手机上，实现了虚拟与现实的"无缝对接"。微信除了即时推送短信的功能外，其传播的内容也呈现出多媒体的特征。微信广告可以依托微信内容的碎片化特征，实现广告点面结合、长续推广的目标；同时，这种个性化、多样化的内容传播形式可为广告制作及发布提供更多的创意点及影响力。

（4）交互式、精准性的传播模式

与微博的开放式关注不同，微信的关注必须经过双方确认，同时它以 QQ 用户和手机通信录为基础，这是对微信"强关系"的进一步明确。强关系指的是个人的社会网络同质性较强，如交往的人群从事的工作、掌握的信息都是趋同的，人与人的关系紧密，有很强的情感因素维系着人际关系。这些存在强关系的小群体可演化为无数个细分市场，从而具有巨大的广告开发潜力。同时，朋友圈成员间信任的传递，有助于提升受众对接触到的广告信息的信任度，为广告的后续传播提供了可行性。每个企业的目标客户都有大体的行动区域，微信"附近的人"这一功能可以在目标区域进行全面搜索查找，实现广告信息的精准投放，从而直接促成消费，这一点现在其他任何一种媒体都无法做到。

2. 从微信用户视角看，微信的广告价值更加突出，移动互联网相对于传统互联网来说，人的因素更加重要，从此意义上说，微信是具有移动互联网入口性质的广告战略平台。

（1）微信用户规模及用户特征奠定了广告目标群体基础

2011 年 1 月 21 日腾讯推出微信，历时 433 天，用户量突破 1 亿人，这种爆发性的增长态势出现的主要原因，在于微信能够满足用户表达自我的需求，这完全符合了受众的媒体使用与满足原理，该理论又叫满足需要论，认为受众面对大众传播并非被动地接受各种信息，而是主动选择自己所偏爱和需要的媒介内容，而且不同的受众还可通过相同媒介信息来满足不同的需要，并达到不同的目的。简言之，人使用媒介是以满足自己的需要为前提的。微信不仅可以满足用户对信息的需求，同时又能维护用户的朋友圈或社交网络，其即时便捷的特性也符合现代化的快节奏生活。这种相对稳定的用户群体和不断壮大的用户数量,为微信广告奠定了广泛的受众基础,也成为微信广告的立足之本。

从微信的用户结构分布来看,其用户结构的主体属于社会大众消费主体,消费潜力较大,适宜开展普适性的大众营销活动。可见,微信使用主体大多是工作较为稳定的人群,以年轻者居多,这部分人更易接受新鲜事物,思想也相对活跃,具有较强的沟通能力及社会参与能力,同时移动介质的经济门槛及网络应用的技术门槛对于他们来说相对较低。此外,这些人收入相对稳定,具备了一定的消费能力,往往也是企业现实与潜在消费群体的主力。

(2) 微信用户黏性的增强有助于品牌忠诚度的形成

手机网络给用户带来的非现实的满足,导致对手机及网络存在客观依赖的人群逐步壮大,对手机网络的依赖性越来越强。

中国速动(Avanti)消费者调查机构针对中国微信用户的调查报告显示,微信用户的黏性颇高,超过四成用户"有空就会上微信",若再加上"有消息了就会上微信"的比例,整体已达66.8%。微信即时便捷的移动社交特点、多媒体化特征及地理定位、二维码扫描等功能,丰富了社交的内容和形式,"在线"成为一种时尚。与微博不同,微信是一种熟人网络,有助于增强微信用户信任度。微信用户对微信的高使用频率及不断增强的用户黏度,有助于建立和形成相对稳定的品牌忠诚度,相对于传统媒体具备了更高的广告价值。

3. 从广告主视角来看,微信公众平台允许商家通过账户认证,进行产品和服务的推广。

它是腾讯公司在微信的基础上新增的功能模块。广告主可以通过微信的公众号,实现和目标群体的全方位互动,是推广公司和品牌的有效渠道。企业微信的最大价值在于构建与用户沟通的渠道和平台,展示企业产品和服务,促进企业文化的传播和品牌的塑造。同时,还可通过公众平台开展丰富多彩的公关活动。这种低成本、高效率的传播方式,能够有效增强企业、产品的亲和力和用户黏度,有助于受众品牌忠诚度的形成与维护。随着微信的迅猛发展,微信广告开始崭露头角。

(三) 微信广告存在的问题

1. 推送过载对用户造成干扰

微信的信息传达模式是通过实时推送来完成的,这样的好处是使得用户不会漏接信息。但是,万事万物都有一个度,品牌一旦滥用广告就很容易造成负面效果。用户添加品牌为好友,起初可能是对品牌有好感并觉得有意思,如果微信用户关注十几个甚至几十个品牌,而每个品牌每天发送3条广告信息,广告信息就会对受众造成困扰。另外,微信的推送完全依赖移动互联网,而大部分的微信用户依靠的是运营商每个月提供的有限流量,广告推送会耗费他们有限的流量,并且这些都是在后台运行的,在用户毫不知情的情况下,这使得微信用户产生了额外的费用,从而影响其对品牌的好感。

2. 垃圾信息的影响

微信公众账号推送的消息与普通好友发来的消息并没有区别,也就是说受众在听到铃声后,在没打开手机的情况下,并不知道发来信息的是好友还是广告。要知道人们对广告有一种发自内心的抵触。如果有的品牌信息从一开始就没有对用户产生过用处,用户对其的好感度和关注度必定会下降,用户一旦取消对某个品牌账号的关注,那么就很难有兴趣再次关注。以麦当劳为例,如果用户添加麦当劳公众账号为好友,而它每天发来大量与用户无关的促销广告,毫无疑问,用户对麦当劳的好感度会下降。

3. 广告内容过于直白

微信虽然给广告主与受众提供了一个交流互动平台,但是互动过程中广告主和受众的理解难免会有偏差。有的广告主一味推送直白没有乐趣的广告,但受众想要得到的是平等交流以及新鲜有趣的信息,对枯燥无用的广告信息没有半点阅读和了解的兴趣。虽然微信平台使广告的到达率实现100%,但这并不意味着广告主发布信息时可以像投放街边传单一样,只顾自己的主观意愿。广告主大量推送各种各样直白的促销广告可能会导致用户取消对广告主的关注。

4. 跟风式的微信营销

现在有的品牌看到别的品牌微信营销进行得如火如荼,便也急于注册公众账号加入进来。其实品牌在做微信营销之前必须考虑以下几个问题:这个品牌或者产品有什么特点,是否能够通过微信这个平台把品牌或者商品的特点放大,自身魅力能不能吸引用户来关注。根据腾讯公布的2021年数据微信及WeChat的月活跃合并账户已达12.6亿。所以在考虑选择利用微信进行品牌营销时,就必须分析微信使用人群是否符合产品目标消费者人群。

微信是数字技术发展的产物,也是人际关系紧密化的阶段性工具。新的媒介生态系统的形成扩大了广告的应用空间,不仅为商业广告提供了新的传播方式,也拓展了广告发布者和目标受众的交流互动渠道,加快了信息传播的速度。但同时,也给广告的发展带来了新的挑战,微信信息的无序化现象严重,这为危机的产生制造了温床,也使得危机的突发性越来越强,传播速度也越来越快,对于危机的预防和处理难度也同步加大。这就要求广告主在投放微信广告的同时,更加注重人性化的沟通,充分考虑用户的情感因素,协调、引导广告活动的有序进行;此外,微信广告投放需做到适度原则,以保持良好的移动网络终端环境和和谐的社会潮流风尚,使微信广告作为社会生活的交流平台而进行有效的人际传播。

(四)微信广告应用注意事项

1. 明确品牌产品是否适合微信营销

目前大量品牌和营销公司涌入微信平台,谁都不想放弃在移动端的营销机遇,就像大量的风投将目光瞄准移动互联网一样。但是,不是所有品牌或者产品都适合微信营销,所以,在做微信营销之前,一定要思考品牌或者产品有哪些特点,是否能够很好地借助微信将品牌或者产品的特点放大,以免浪费过多的人力财力,使品牌处于被动地位。那么什么样的品牌适合做微信营销呢?首先是具备强大精神感召力的品牌,性格鲜明的、永远走在时代前沿的品牌,与消费者息息相关的、能够产生许多话题机会的品牌,还有就是创始人愿意接受和尝试新事物、愿意大胆尝试并亲身投入的品牌。大众化的品牌进行微信营销可以加强与用户的联系,提升影响力;有地理位置限制的小品牌可以利用微信吸引附近的人前来,有助于形成口碑营销。

2. 公众账号应该保持适当的活跃度

从微信诞生那天起,就注定了微信是一个深社交、强关系、弱媒体的移动平台,正因为这样,在微信平台上品牌很难成为深度的媒体,也意味着微信不能够像新浪微博那样频繁地做推广。如果广告主频繁地推送信息,受众收到无用、干扰信息过多可能会取消对其关注。可是,如果品牌太长时间不与受众沟通,或者不与受众进行互动,同样会有被取消关注的可能。被认证的公众账号群发信息数量是每天三条,在这有限的信息数量上,应当减少广告的硬推送,更多地是与受众保持一种联系,培养受众对品牌的情感而不是让受众感觉到微信是一个单纯传播广告的媒体。

3. 让广告信息更加富有趣味,植入更加自然

因为微信的信息是强制推送的,所以受众对信息的质量非常敏感,对信息推送的创意性和趣味性要求很高。同时,品牌在有限的推送数量上把信息推送给不同的用户,难免会众口难调。因此,对微信上的信息策划要非常精心。那么,怎样做到尽可能地满足受众而又不会对其造成干扰呢?以星巴克中国的公众账号为例,在推送的内容上设置了新品、杯子、星享卡、美食等选项,供不同口味的人选择,回复不同的代码会得到相应的答复,非常有趣。通过这种互动形式不仅拉近了品牌与受众的距离,还可以通过回复的内容更加精确地了解受众的兴趣方向。所以,品牌要做的就是把广告植入制作得更精良、自然。

4. 强化所推内容与品牌的关联性

广告是以盈利为目的的,所以推送的广告内容必须服务于品牌。也就是说推送的内容与品牌要有一定的相关性,这里的"关联性"可以是与品牌的行业特征相关,也可以与品牌在受众心目中的形象相关。广告主要做的就是强化品牌特性,让受众知道该品牌是做什么的。

微信作为新兴的移动互联网平台,其使用用户一直在持续增多,如此大的受众市场使得微信获得大量品牌的青睐。在受众有限的关注对象里,品牌如何能有一席之地,既能满足受众的需求又能宣传推广自己?这需要品牌发挥强大的感召力,并与受众密切沟通。回过头来,微信营销现今还没有微博营销那么成熟,平台不成熟,用户不成熟,变化因素多,这些都需要品牌在进行微信营销时保持内容和形式的多样性并具有无穷的创新意识。

四、二维码广告

（一）概述

二维码就是用某种特定的几何图形按一定规律在平面（二维方向上）分布的图形内记录数据符号信息；在代码编制上巧妙地利用构成计算机内部逻辑基础的"0""1"比特流的概念，使用若干个与二进制相对应的几何形体来表示文字数值信息，通过图像输入设备或光电扫描设备自动识读以实现信息自动处理。二维码作为一种新的信息存储和传递技术，从诞生起就受到了国际社会的广泛关注。经过几年的努力，已应用在多个领域。

手机二维码便是其中一种，可以印刷在报纸、杂志、图书、包装以及个人名片上，用户通过手机扫描二维码即可实现快速手机上网，随时打开图文、音乐、视频等资料；也可以获取优惠券、参与抽奖、了解企业产品信息等。二维码具有超强的纠错能力，比如二维码因穿孔、污损等引起局部损坏时，照样可以正确识读，甚至损毁面积达50%时仍可恢复信息。

手机二维码广告，顾名思义就是二维码技术与媒体广告的联姻结合，在报纸、杂志等传统媒体上印制二维码，就是两者结合的途径。印刷到传统媒体上的手机二维码就是与特定广告产品相对应的条码。浏览到这些广告的手机用户，如果对广告内容感兴趣，则可以用手机扫描这个二维码，登录到对应的Wap网站进行深层次阅读。

2005年，中国移动从日本和韩国引进二维码广告技术，伴随移动互联网技术的发展，二维码技术在广告行业得到广泛应用。以银河传媒和意锐科技为代表的高新技术企业纷纷涌入二维码广告领域。2009年后，以iOS和Android为代表的智能手机系统为二维码主读软件的运用创造了适合的条件。一时间，以我查查、快拍为代表的企业资本再次融入二维码广告行业。2014年5月我国有12.56亿手机用户，智能手机用户快速增长，这意味着二维码识读软件的潜在需求很大。灵动快拍用户数量达到1500万，我查查用户数量超过了5000万。目前，京东、淘宝、支付宝等支持二维码扫码功能，微信、UCWEB、QQ浏览器也支持二维码扫码功能，用户数量大幅度增加。二维码广告形式多样，受众可以通过手机扫描公交站牌、报纸、杂志上的二维码以浏览广告信息，通过扫描二维码，用户还可以获得各种商品的优惠信息。

（二）手机二维码广告出现的原因

1. 二维码广告技术的进步与成熟

二维码广告是基于二维码技术发展起来的，通过手机扫读方式实现其价值。二维码技术诞生于20世纪40年代，最先应用到通用商品条码应用系统。二维码技术研究始于20世纪80年代，在欧美国家已广泛应用于各个领域。2010年，我国二维码技术也取得重大成果。福建新大陆电脑股份有限公司成功自主研发了全球首颗二维码解码芯片。我国智能手机的广泛运用，加快了手机二维码广告的发展。第三方数据研究机构艾瑞咨询发布的《2010Q1中国移动应用市场季度监测报告》显示，我国智能手机用户已经达到2.2亿人，智能手机拍照与上网功能为二维码广告发展提供了支持，同时，机场、车站等公共场所提供的免费Wi-Fi网络也为二维码广告发展提供了较好的条件。

2. 二维码广告具有较强的吸引力

当今社会,户外广告、杂志广告、电视广告、贴片广告等广告信息铺天盖地,但大多数广告都没有足够的吸引力,没有吸引力的广告不能够为广告客户带来商业利益。二维码广告能够很好地吸引受众,使受众更加主动地获取广告信息。诺贝尔经济学奖获得者赫伯特·西蒙认为,随着信息技术的发展,有价值的不是信息而是注意力。总体上,现代商品市场供大于求,商品信息大多只能借助特殊形式的广告才能吸引公众的注意力。二维码广告的新颖形式和互动体验给消费者带来新鲜感。

客户发布信息的目的是为了让受众接受广告信息。而只有广告受众有需求时,相应的广告信息才会吸引他们的注意力,广告信息才能够发挥作用。受众接受广告信息的过程中具有选择性注意、选择性理解、选择性记忆的心理特征,二维码广告强化了受众的这种心理特征。在当今社会,受众没有足够的耐心去仔细品味广告语,更愿意接受直观的媒体影像。视觉化传播是以电子影像媒介为载体,以具体、直接、多维动态的视觉影像为表现方式。受众能够直接接触媒介,他们接受媒介的习惯发生了本质的转变。在这种视觉文化传播背景下,广告受众更愿意接受融入了多媒体特色的二维码广告,这既丰富了阅读方式,也增强了广告的娱乐性和欣赏性。

3. 较好地满足广告商和技术供应商的需求

二维码广告满足了广告商有效传播广告信息的要求,促进消费者产生消费行为。二维码广告通过新颖的传播方式吸引广告对象的注意力,使广告对象主动浏览商品信息,形成主动了解消费信息的习惯,最终带来经济上的回报。同时,技术供应商通过向企业或商家提供技术上的支持而获利。二维码分为主读和被读。通常国内使用的为被读模式,比如用户用手机购买门票后会收到一个二维码,到电影院、游乐园等娱乐活动场地凭借二维码获取门票或优惠券,这时需要二维码读码器进行确认。此类设备给二维码技术运营商带来不小的回报。

(三)手机二维码广告的价值

1. 受众广告主动卷入程度高

主动访问、与Wap互动、取代简单群发、精准投放将成为手机广告的主要发展方向,其中主动访问是广告效果最大化的有力保证。传统手机广告依然带有很强的侵入性以及受众广告的被动卷入性。而用户通过手机二维码实现手机上网浏览广告和了解信息则是一种主动式的访问。首先,扫码是一个用户掌握主动决定权的行为,不具有推送类手机广告的强迫性,手机用户只有在看到传统媒体广告并对其产生兴趣或需求,希望进一步了解更多广告信息时才会主动扫码,因而扫码具有很强的目的性与主动性。其次,用户扫码之后手机上网需支付网络流量费,这种费用的支付在一定程度上对于用户扫码行为的主动性与较高的卷入程度带来一定的保证,消费者追求的是投入产出的一种最佳值。

2. 互动性强

传统的手机广告形式（比如推送类、语音类广告）本身带有的侵入性与强制性，很容易引起用户的抵触心理，基于这种心理的信息接受行为，使广告信息的效果从一开始便大打折扣，而且随后的信息反馈行为除了心理上的抵触之外，还存在一个不方便操作的问题。通过手机二维码技术，用户进入 Wap 网页看到的是与广告产品密切对应或者说专属于广告产品的网页，这种内容上的专属性以及主动阅读性极大地提高了受众与广告之间的互动性，可以说广告与手机用户将有可能实现真正意义上的互动。

3. 信息内容集中，表现形式多样

目前的手机广告形式中，推送类短信 70 字的容量限制了传递的信息量，Wap 网页狭小的屏幕上各类广告互相展开竞争，语音类广告信息也只能是一闪而过。总之，受到版面或空间的限制，信息承载量非常有限，不能放很多内容，表现形式只能以文字、图画或声音等某一种形式为主。而通过手机二维码技术，由于该码与广告产品相对应，进入的 Wap 页面也属于广告产品专有页面，这样，受众一方面可借助传统媒体广告了解基本信息，另外可轻松地在相对应的 Wap 页面获得该广告产品更多的详细信息、技术参数或某个优惠活动的参与方法（甚至可直接参与），使用户有机会接触和广告主相关的大量信息，包括任意多的文字、图片甚至清晰的声音和视频，从而使企业达到增加广告内容的目的，节约了广告的成本。另外，广告主可以充分利用全面的媒体表现手段如音频、视频、动画、多面屏保、手机游戏、背景主题等增强广告自身的感染力和表现力，既解决了传统媒体广告的版面局限性问题，又能立体展示广告效果。

4. 广告效果便于监测

任何一家做广告的企业都明白，自己的广告费中有一半被浪费了，但到底哪一半被浪费了？手机二维码的应用为这个问题的解决提供了可能性，手机二维码可以根据需要为广告产品设置不同的二维码，企业和商家可以由此监测不同广告的投放效果；同时，由于手机媒体的特性，通过手机二维码可以精确地跟踪和分析每一个媒体、每一个访问者的记录，包括访问者的手机机型、话费类型、访问时间、访问地点、访问方式以及访问总量等，为企业选择最优媒体、最优广告位、最优投放时段提供精确参考；通过后台数据系统平台的分析，对广告投放的地点、媒体类型进行实时监控和数据分析，为商家制定更高效的广告投放策略提供有效分析数据。

5. 便于搜集用户信息，为下一步广告活动提供依据

根据后台数据系统平台，可以了解对某条信息感兴趣的用户的信息，比如用户的手机类型、所在区域、信息关注点等，便于广告主和广告代理商为下一步的广告设计、制作和投放获得客观的依据。广告主可根据广告诉求、广告内容和目标受众的不同特征选择合适的广告表现形式，以达到最佳的广告投放效果。

（四）二维码广告发展前景

1. 精准营销

与传统媒体广告相比，二维码广告不仅可以突破版面和空间的限制，还能够利用手

机精确地跟踪和分析每个访问者的记录,为企业的广告投放做参考,真正实现精准营销。二维码广告由用户主动扫描,因此商家可以直接与用户接触,直接面对消费终端,获取第一手消费数据,通过跟踪每一笔交易,企业可以建立稳定的顾客群,针对忠实顾客推出特定的增值服务,巩固目标消费者。

2. 数据库营销

在精准营销的基础上,二维码广告商可以建立顾客数据库,进行数据库营销,反过来数据库又可以更好地为精准营销服务。二维码广告商还可以将顾客数据库以租赁或售卖的形式推销给企业,实现二次盈利。对于数据库的各种原始数据,企业可以利用数据挖掘技术和智能分析在潜在的数据中发现盈利机会。通过及时获取营销效果反馈,企业也可以及时地进行广告营销策略调整。

3. 跨媒体整合营销

二维码广告是传统媒体广告与新媒体广告的结合体,二维码广告可以刊载于报纸、杂志、海报、公交站牌等媒介上,通过手机扫描,可以使平面媒体动起来。二维码广告以二维码为介质,可以将平面媒体、手机媒体和网络媒体整合起来,从多维度加深消费者的品牌印记,形成综合品牌印象。在此基础上,二维码广告可以量体裁衣,最大限度地满足消费者需求。二维码广告是一种成功的跨界广告,综合了多种形式媒体的优势,可以想象,未来二维码广告可以实现从跨界到无界的跳跃,实现整合营销效果的最大化。

随着移动网络的发展,智能手机和平板电脑的普及,手机二维码广告将不会受到硬件设备和时空的局限。商家通过编制二维码发布广告信息,用户可以通过移动网络扫描二维码,实现实时的购物团购、物流的实时跟踪、接受售后的一条龙服务,甚至可以实现设备远程维修和保养、产品打假等。随着国内物联网产业的蓬勃发展,相信更多的二维码广告将被开发出来并应用到各行各业的日常经营中。二维码成为移动互联网入口将成为现实。

二维码在产业链上还涉及产品防伪、质量监控、移动安全、数据库营销、物流管理、移动社交、身份验证、广告互动、广告监测、移动支付、电子票务、打折优惠等商业信息化和移动营销商务。总之,手机二维码广告将是未来的热门行业。

第三节 其他新媒体类型广告

一、户外广告

(一) 概述

户外广告(Outdoor Advertising,OD),即露天或公共场所运用特殊手段装潢物体向受众传达广告信息的广告形式。户外广告的受众具有极强的流动性,因此许多情况下又称为流动媒介、家庭外媒介。就其基本形式而言,它包括一般意义上的户外媒体和交通媒体两大类,其媒体形式有很多,主要可以分为:户外路牌、霓虹灯、灯箱、公交站亭、公共交通工具、电子显示屏、建筑墙体以及立体充气造型等。户外广告具有鲜明的特征,与其他广告媒介相比,户外广告由于其灵活性,不受地区、时间限制,在任何街道或住宅区、交通要道均可设置,并且发布媒体形式丰富多样,因此很受广告界重视。也正是由于其多样性的特点,现代户外广告的应用也是由多项技术与多种科技材料综合构成。

(二)户外广告的发展趋势

1. 展示的多元化

众所周知,由于各种各样的原因,户外广告长期以来给人的感觉总是内容单一,缺乏吸引力。无论是路牌、灯箱、公交站台,还是建筑墙体等媒介上,广告都是以静态的画面和文字展示给受众,这种单一的传统展示方式在过去相当长的一段时间内确实也取得了非常好的传播效果。但是随着技术的发展,现在的广告传播方式也已发生了巨大的改变,人们在铺天盖地的广告面前已变得挑剔,传统的静态画面和文字已很难锁住消费者的眼球,而一些诸如三面翻、多画面循环、电子屏幕等带有多媒体性质的户外广告开始逐渐盛行,通过动态的视觉展示加之听觉感受甚至是触觉的感知,极大增强了大众的兴趣,提高了对于产品的认识,进而逐步由被动地接受转向主动地认知。

传统的户外广告也在不断发展,试图通过好的创意来获得更多的关注。麦当劳大型路牌广告,查阅该广告未显示对标志性黄色进行设计,利用环境中的阳光照射,随着太阳的移动,M 的影子正好成了钟表的指针,形成不断变化的会动的时针,这种把环境演变成钟表元素加入路牌中的表现手法,可谓大胆而高明。再如戛纳广告奖的银奖作品"UMIWEIM 胶带":一个巨型广告牌四个角用胶带就可以固定住,这种夸张而又富有情理的表现手法,足以让人驻足观望,拍手叫绝。

2. 体验的乐趣性

重视体验成了现代户外广告发展的新趋势,而这种体验广告的发展也是伴随着体验经济的到来应运而生的。娱乐性为体验经济的重要特质,所谓体验就是创造难忘的经验,而这种营造体验乐趣的广告摒弃了单一的告知模式,让消费者自身去感受,去参与,在不知不觉中接受这个品牌,形成了品牌爱好和品牌认同之后,消费者自然会去购买该品牌的产品,这样广告传播的受众就由被动接受转向了主动接受。

二、楼宇广告

中国房地产业持续发展,伴随着高层建筑大量涌现,电梯作为高层建筑必不可少的配套设施,也迎来了需求高峰,与此同时,楼宇广告应运而生。目前的楼宇广告形式多样,包括楼宇电视广告、楼宇平面广告、楼宇广播广告等,其中尤以楼宇电视广告为主要形式。

(一)楼宇广告的特点

任何一种新媒体的崛起都不是偶然的,楼宇电视之所以能够在短时间内引起广告代理商和广告主的注意,证明它具有相对于传统媒体独特的传播特点。

1. 强烈的社区终端渗透能力

楼宇电视广告的出现使得商家的营销触角可以进入目标消费群的居住区和工作区。事实上,楼宇电视等于在目标群的每日必经之处开设了一个信息窗口,将商品和品牌信息的传播活动嵌入了目标群的生活环境。商家精心编码的信息直接展露给无防备戒心的受众,传播效果自然比传统媒体更为理想。

2. 精准锁定目标群

楼宇电视接收设备依所在楼盘经营物业的不同而有差异。按照物业性质分类,一定的楼盘总是联结了具有一定共性的消费群体,通过对楼盘物业的考察就可以对其背后的消费群体进行详尽的描述,在此基础上完全能够实现对目标受众进行精确划分,这样信息传播也就有了其他媒体难以比拟的分众性。在此意义上,楼宇电视可以被称为真正的小众媒体。

3. 受众支付能力强,消费需求旺盛

楼宇电视瞄准的是中高端受众,他们是当下社会的主流消费群体,一般从事比较体面的工作,拥有相对稳定和中等偏上的收入,大多数人处于中青年的年龄阶段,其中不乏事业有成的社会精英。他们思想观念比较开放,追求更高层次、更高品质的生活,愿意尝试新事物,有较好的品牌消费意识,对消费欲望的约束不是特别严格。他们由于社会交往和家庭生活的需要,每月的收入中消费支出将占去很大比例。而这样的消费群体正是商家所追逐的目标,广告信息传播也更容易产生积极效果。

广告信息传播的排他性、信息接收的强制性、低廉的传播成本也成为楼宇电视广告的主要特点。

(二) 楼宇广告的广告策略

楼宇液晶电视广告受众的生活方式和他们的消费行为,为提取广告主题、激发广告创意、制作广告提供了参考依据。只有考虑到他们的生活方式和价值观,唤起他们的共鸣,满足他们的需求,与他们进行良性沟通,才能做出有实效的广告,达到广告目标。

1. 突破单纯广告的形式,以多种方式将广告软化处理

楼宇液晶电视一般放置于写字楼、宾馆、公寓等高档楼宇内、电梯入口等处,内容以播放广告为主,每12分钟循环一次,每天多频次播放,每个广告时长约30秒。最初采用的多是DVD播放,一星期更换一个光盘。但是单纯的重复播放广告,会导致受众视觉疲劳,甚至可能产生抵触情绪。为了吸引受众主动关注,楼宇液晶电视应该提供有用的信息,以吸引受众的注意力。现在,很多液晶显示屏广告下面都有滚动新闻,几乎和网络同步,每15分钟滚动一次。

根据楼宇液晶电视广告受众的特征描述,如果发现受众关注股票等金融投资性的新闻,关注休闲娱乐的方式,楼宇液晶电视可以播报这些信息来吸引他们的注意力。在引入无线网络传输技术替代现有的DVD播放模式时,这种软化广告的处理方式变得轻而易举。

2. 向地域性媒体类型发展,突出地域性优势

楼宇液晶电视广告的受众比较注重消费地点的格调和氛围,消费行为多元化、个性化。楼宇液晶电视广告针对受众的这些特点可以立足地域性的传播优势,播放一些时尚的休闲娱乐内容,例如附近购物、娱乐的场所以及名店打折促销、新店开业等动态性休闲信息。

3. 依据受众等待时间,有效调整广告时间段

研究表明,通常一个广告被看到3次以后,就能被受众记住并且印象深刻。楼宇液晶电视受众的群体构成非常稳定,而且收视行为非常规律。比如,调查显示,写字楼里的大部分人每天乘坐电梯4～6次。基本每次等待电梯的人都会看液晶电视。每次等待电梯的时间为1～3分钟,足够看到至少5个连续广告。因此,只要广告时间安排合理,一个广告可以在短短一两天之内得到非常高的到达率。还应该依据不同广告受众的作息习惯,调整广告播出时段,如商务楼宇电视的受众一般在上班前后半小时时段接受广告的效果最佳。

三、移动电视广告

(一) 概述

移动电视是指采用了先进的数字电视技术,可以在移动状态中收看的电视,它以数字技术为支撑,通过无线数字信号发射、地面数字接收的方式进行电视节目传播。移动电视最早于2001年诞生在新加坡,2002年开始在中国上海出现,随后风靡全国很多城市。

作为一种全新的大众传播媒体,移动电视是通过无线传输的数字化电视。它通过无线数字信号发射、地面数字设备接收的方法进行电视节目的播放和接收,能保证在时速不超过120千米的移动交通工具中稳定地接收到电视信号且清晰度高,音响效果好。移动电视可以在公交车、出租车、商务车、私家车、轻轨、地铁、火车、轮渡及各种流动人群集中的移动载体上广泛使用,为受众提供精彩实时的资讯类节目。作为一种新兴的数字技术,移动电视技术受到国内外业界的广泛关注。1998年起北美和欧洲已经开播移动电视节目,许多国家也先后宣布了它们的移动电视发展和实施计划。新加坡是率先开展数字地面移动电视业务的国家。

移动电视是和传统意义上的电视相对应的。移动电视从广义概念上而言,是指针对移动人群进行传播的电视,包括手机移动电视、车载移动电视、楼宇移动电视、广场大屏幕电视等。移动电视具有覆盖面广的特点,是广大企业和广告代理商所认同的新广告媒体,成为继互联网广告之后又一大媒体广告平台。

(二) 移动电视广告媒体的类别分析

移动电视以多种形式呈现在人们眼前:从最初在巴士、火车、出租车、轮渡、城市轻轨等大交通移动载体上安装开通,接着将数字信号接入商务楼、商厦、写字楼、机场、高级公寓、星级酒店等楼宇电梯内外的液晶显示屏,到依托iPod和手机这类时尚用品来接收信

息。具体而言,移动电视广告媒体可分为以下类型。

1. 以公交移动电视为代表的大交通移动媒体

公交车是移动电视"触电"的首个媒介,是移动电视发展雏形期的主要媒介载体。公交移动电视于21世纪初在我国出现,随后飞速发展。列车移动电视是随着铁路设施改善和火车的不断提速而发展起来的。列车移动电视改变了乘客在旅程中信息真空、视觉单一的状态,满足了乘客主动收视意愿较强的心理,满足了庞大人群的精神文化需求。列车移动电视以旅游节目和电影为主体,中间插播大量的广告。列车移动电视收视时间相对较长,广告浪费率极低,但是广告成本相比同类宣传渠道却低得多,因此吸引了不少广告主。此外,地铁移动电视、出租车车载电视、私家车车载电视根据各自的传播优势,正沿着移动电视的发展轨道寻求个性化发展。

2. 手机移动电视

手机本身就是移动载体,手机移动电视是移动电视发展的必然结果。作为典型的移动宽带数据业务,手机移动电视的盈利前景吸引着众多投资者的目光,广告仍是手机移动电视的主要盈利渠道。手机移动电视作为一种获得资讯的新手段进入人们的生活,其影响力也会随着手机移动电视业务的逐渐深入而扩大。

(三) 移动电视广告的优势

1. 封闭、强制性收视决定了较好的广告传播效果

传统电视媒体的受众可以动用手中的遥控器,自由地选择收看时间和节目,这样造成的广告时段的"频道滑浪"是让广告投放者最头疼的问题。移动电视传播环境的封闭性就杜绝了这个问题发生的可能性。在公交车、地铁等地方,由于车厢封闭、频道固定,再加上移动电视中广告画面与文字信息滚动相结合,广告便无缝不入地跳入人们的视野。受众除非闭目塞耳,否则必定会在有意无意间接收到传播者预设的信息。而且这种强制性是视觉和心理双方面的。以公寓电梯视频为例,液晶电视放置在电梯口或电梯内,在有限的空间内与受众零距离面对面,这就造成强制性收视效果;电梯厅作为短暂滞留的空间,人们处于烦躁等待中,精彩的广告和底部滚动信息播报,极易抓住受众的视线,这就形成心理强制效果。移动电视的垄断性强制传播决定了其无可比拟的广告优势。

2. 移动接收特点决定了海量的广告接收人群

有人说移动电视是"电视长了脚,跟着乘客跑",这说明移动电视最初就是在"移动"的,交通工具上的乘客无需个人投资也不用交收视费,只需付出眼球和耳朵的"注意力资源"。从这一点来说发展数字移动电视带有社会公益性,很易被乘客接受。出租车和急剧增长的私家车驾驶员及乘客也会加入它的受众中来。应该说,移动电视的广告受众自然很多而且接触率也很高。

海量的移动受众,以工薪阶层和中产阶层为主,还包括高收入高文化程度的白领和企业管理人员。这些人群是社会消费的主流,消费能力强,是不可忽视的广告媒体资源。移动电视不仅填补和延伸了传统电视媒体所不能覆盖的地区,也为广告的发布开辟了

一个全新的媒介和市场。海量受众使这个市场的开发潜力可能超越任何传统的媒介平台。

3. 高清晰度的视听接收效果和生动性特点决定了广告发布的高质量

移动电视采用数字技术进行无线传输,基本消除了模拟电视因传输中受到干扰而出现的屏幕雪花、抖动等现象,具有更清晰的画质以及更高的音质,以声画俱佳、视听兼备的魅力吸引受众。

与传统户外广告一般只能提示品牌记忆、告知简单信息、提升品牌知名度的特点相比,移动电视联播网以数字科技与液晶电视相结合,将户外广告影视化,以音频、视频相结合的方式,充分提升了户外广告的生动性与影响力,强化了受众对广告商品和服务的感知能力。移动电视的这些特点提升了移动电视广告的收看质量,因此在某种程度上,移动电视达到了不光是让受众接受广告,更是让受众享受广告的目的。

(四)移动电视广告设计策略

移动电视为广告提供了一个相对封闭的空间并具有强迫收视的特点,与家庭电视相比,乘车、等电梯或者使用手机时,人们无法四处乱转或随意换台,只有等待时间过去,但也不愿意无所事事,基本上更愿意看移动电视。这些宝贵的等待时间,正是广告播放的最佳时间。移动电视广告设计要从受众的角度出发,也要兼顾到移动电视的独特性。

1. 移动电视广告无法发挥声音效果,应尽量做到"看图说话"

移动电视通常处在较为嘈杂的环境中,如公交车、地铁和广场等,或者即使是处在较为安静的环境,例如电梯旁侧,通常也是音量很小或是静音。如果将目前的家庭电视广告直接挪用到移动电视中,广告的声音信息被淹没在噪音之中甚至可以忽略不计,会使广告效果大打折扣。因此,移动电视的广告设计要更多地使用画面和文案说明,尤其是文案说明要一目了然,适当放大文字,牺牲部分优美的画面。

2. 移动电视广告要结合不同区域的实际情况,尽量做到符合当地人的需要

南方和北方的城市不同,大中城市与乡镇地区不同,例如,北京公交移动电视曾在2008年冬季重复播放美即保湿面膜的广告,广告强调在北方冬季干燥的气候下该款面膜对女性皮肤的保湿效果。这则广告属于应季性广告,受到许多年轻女性的关注。

3. 移动电视广告要言简意赅,创新求异,尽量做到在最短的时间内使消费者捕捉到广告意图

因为消费者会随时离开等待环境,广告也会很快淡出消费者的视野。因此广告设计者一方面要关注到消费者愿意接受轻松、愉悦的信息,要尽量用较为幽默的方式来阐释广告创意,另一方面,名人效应在移动电视广告中能得到较好的效果。例如,以剧情方式播放的两则公益广告,一则有名人,另一则没有,广告效果差别较大。

4. 移动电视广告要注意不同载体有着不同的应用

尤其是对于处在闹市广场的大屏幕电视,例如北京王府井广场、上海南京路的大屏幕电视,往往是人们休息、等待的地方,人们在等待的时候几乎都会看看电视,如果大屏幕电视中的广告与家庭电视广告无异,人们很快就会对电视失去注意力。在纽约时代广场,在每年开展全美最佳广告评选时,人们会前往时代广场,甚至就为去看当天播放的广告。中国国家大剧院曾在时代广场做过一次相当成功的移动电视广告。在美国时间 2009 年 3 月 17 日 19 点,他们将新编史诗京剧《赤壁》片段在纽约时代广场 8 块大屏幕上播出,在长达 45 分钟的时间里,京剧的独特魅力吸引了众多行人和游客驻足,甚至有许多人知道消息后专门前往观看。这次尝试为中国京剧做了一次成功的宣传。如果王府井大屏幕电视能够抓住自己的优势,尝试做一些与受众关注热点相关的广告,会使广场大屏幕电视发挥更大的作用。

四、行为广告

(一)概述

行为广告就是以行为艺术为基点,在行为中添加商业元素,把商业元素合理地杂糅在行为艺术中,把商品或者企业理念与行为艺术联姻,精心策划拍摄而成的广告片或者平面广告,让作品有情理之中意料之外的奇特效果。行为广告衍生于行为艺术,可以说是行为艺术的一个分支。

所谓行为艺术,也称行动艺术、身体艺术、表演艺术等,英文通常是 Performance Art,它是艺术家把现实本身作为艺术创造的媒介,并以一定的时间延续,在以艺术家自己的身体为基本材料的行为表演过程中,通过艺术家的自身身体的体验来达到一种人与物、人与环境的交流,同时经由这种交流传达出一些非视觉审美性的内涵。

(二)特点

作为一种新生事物,行为广告实现了对静态、有限的平面广告语言和物体语言的传达力的突破,它在大众层面的普及虽然尚在起步阶段,而且存在着一定的争议性,却日益受到大众的关注和认可。每一次行为广告都会引起在场的观众和新闻媒体的极大关注。这与行为艺术本身的特质有着密不可分的联系。

1. 具有身体艺术特征

艺术家在以自身为基本材料进行行为表演的过程中,通过身体的体验来达到一种人与物、人与环境的交流,同时经由这种交流传达出一些非视觉审美性的内涵,而因之生成的行为广告理所当然以"人"作为广告的主体和载体。这种"媒体"既不用购买时间,又不用购买空间,只要有个好的创意,然后再加上这个"新型媒介"——"人",就可以方便地操作,不限时间,不限地点,传播方便、有效,并且能够带来创意上的突破。

2. 具有开放、夸张的情感表演性特征

行为艺术是在开放的时空环境里——街头、广场等户外场所,将自己即时奔放的情感予以当众释放宣泄,既能消解传者与受者之间的心理距离,又能增强受者对艺术创作行为的认同感。比如,宋永红的行为艺术曾给人们带来很多社会和生活层面上的思考;798 艺术区的行为艺术前锋则用他们自己的表达方式表达了对社会公益的关注。

3. 具有规模大、参与人数多、涉及面广的社会行为特征,是很有"力量"的艺术形式

譬如,把成千上万的红伞挂在公园的树上,让游人漫步其中,那么观众也成为行为

艺术的一部分，这种行为艺术实际上已经具有了行为广告的形式。因为它不局限于艺术家个人的小天地，已经是参与到社会和经济生活中来的"广告人"。

正因为这些奇特的个性风格和行为创意，行为艺术才能为具备同样特质的广告产业所用，开创出一种新型的媒介传播方式。正如中国人民大学徐悲鸿艺术学院的童岩老师对行为艺术的评价："这会成为一种时髦的活动。它的表演性可以在很大程度上为各种传播所应用，它具有不可估量的媒介前途。"

（三）行为广告实施注意事项

随着中国营销战的不断升级以及传播的多元化，行为广告作为一种促销以及品牌营造的手段越来越被企业所重视，特别是针对青少年市场的产品。在这个讲求个性化的时代，个性化的消费与品牌认知对于细分市场的价值已经越来越清晰，因为个性化的诉求、执行及心智、感官影响，所涉及的品牌对于消费者的影响力是很大的。但是国内外行为广告由于个别行为案例的极端化，在营销层面一直备受争议，负面消息比较多，这就需要企业在利用行为广告营销时要从企业的大局出发，提高企业影响力的同时，保持企业美誉度，把握好火候，达到广告营销的目的。因此，需要对行为艺术进行全面的认知。

1. 品牌的对位性

行为艺术的针对对象比较年轻，并非所有的产品都可以采用行为广告，因为在这个过程中不仅仅需要参与者对产品熟知，还需要有一定的品牌忠诚度，以及这个品牌在市场过程中互动性的强弱度。

2. 行为艺术的引导性

行为艺术需要根植于中国本土文化的土壤中，因为具备一定的社会导向性，活动创意需要健康向上的思维定位，否则对品牌的美誉度会造成一定的破坏力，其损失无法估量。

3. 品牌与活动设计的契合性

行为艺术本身具有一些特殊化要求，特别是对于品牌自身与活动内容和创意设计需要高度契合，在这种状况下，行为广告即便是个性化程度比较高也不会影响到品牌及活动本身。

4. 活动的延续性

行为广告作为市场手段，也需要有一定的活动延续力，这种延续力就像打造品牌的过程一样需要一个漫长的过程，如果说行为艺术是一种好的形式，那么这种形式就要有合适的土壤长期加以培植，从而形成最终的市场行为，为品牌建设做出贡献。

五、智媒广告

（一）概述

在互联网的快速发展过程中，广告运作以及与消费者需求匹配将呈现个性化、精准化和智能化趋势。未来互联网发展和竞争的高地就是对于广域网络空间中的人与人、人与物、物与物实现其价值匹配与功能整合的高度智能化。随着人工智能、移动互联网、物联网等技术的进一步成熟，媒体的智能化进程也获得了源源不断的动力。新技术的发展推动媒体智能化发展的同时也推动着传媒业的重构，广告作为媒体生存的命脉所在，自然也会紧随其后，与新技术的结合实现新的转变与发展。

智能广告是指广告形态以实现信息与用户需求的智能匹配为核心，立足于体验经济和共享经济，驱动和促进广告行业在广告生产和广告投放上呈现内容个性化、生产智能化、广告传播泛在化、广告效果数据化等特点。

（二）特点

1. 广告受众选择与发放逐渐分众化、个性化

大众媒体环境下的广告是面向大众的，在数量和范围上实现突破，但广告信息的准确投放问题还没有解决。如今广告不再追求大众化而是逐渐分众化甚至是个性化。人脸识别技术可获取受众的年龄、性别以及其所在坐标位置等信息，再加上大数据、算法推荐等技术来筛选该受众适合的广告类型和广告呈现方式，从而有针对性地对其进行精准广告投放。这一系列的受众选择程序，在挖掘信息的深度和广度、提升信息和数据的准确性方面比问卷或访问这样的传统来源的信息来源有着无法比拟的独特优势。

根据受众的兴趣推荐适合的商品与品牌，根据其消费与阅读习惯选择发放适当的广告方式，以注意力时长来确定广告的长短和内容设计。优质全面的信息支持带来更加清晰的受众画像，智能移动终端的普及使得受众获得广告信息更加便利，确保信息发放到对应的个人，实现精准地投放广告。目前很多学者担心，广告策划和投放越来越个性化，营销传播模式向着整合营销发展的未来会使得广告业走向末路。其实在未来产品种类极大丰富的状况下，信息冗杂仍会使得广告成为产品资源配置的重要手段。但应用大数据、算法推荐等技术推送广告目前还存在一些问题。无论是通过受众问卷还是大数据都是在获取受众过去的兴趣与喜好信息来推测受众现在的购物需求，难免会与受众实际的购买需求和购买欲望有一定差距。

2. 价值认同成为广告传播目标

如何提高企业及其产品的品牌知名度，并以此提升受众的忠诚度和持续购买欲是广告的核心目标所在。各色产品和品牌不断涌现并参与竞争，作为广告业从业者，焦点不应仅仅放在简单的广告组织、制作和传播层面，更应着力于帮助广告客户真正成为市场品牌。

随着全球化的浪潮，中国也进入品牌时代。品牌其实是一种文化的认同，包含内外两个部分：对外展示品牌文化，使目标客户了解认同其品牌的精神内涵、个性与价值，而对内建立企业文化，是在企业内部形成共有的价值观、信念和系统的行为方式。对外展示品牌文化时强调品牌的核心价值观以吸引相同价值观的人来拥护该品牌，从而形成长久的品牌标签，利用粉丝经济来带动品牌发展不失为一个不错的选择。现如今以品牌文化吸引受众，以品牌精神提升客户忠诚度，并形成品牌信仰已经成为企业竞争的核心，广告从业者需要应对广告客户实际需求，认真思考如何更好地宣传企业品牌和企业文化。

3. 广告呈现方式发展为互动式、沉浸式

互联网泛在智能化和媒体智能化为广告的互动性提高提供了强大的支持，为广告受众发出自己声音提供了更多可能，在受众与广告发布者之间提供了更宽阔的沟通桥梁。近年来，"互动广告""计算广告""智能广告"受到社会的广泛关注，也成为学者们研究的热点。

新技术与广告的结合收到了不错的评价。如在广告呈现时使用 VR、AR 技术，其交互属性会使现实和虚拟的物理世界关联起来，人们以第一视角参与活动并通过多模态的信息以及由此被激发的想象力获得真实和愉悦的体验。VR/AR 技术在广告传播中充分发挥受众的主动性，强化受众对广告场景的代入感，使受众如身临其境。

另外，在媒体泛化的环境中，人们不断与各种不同的媒体接触，无时无刻地接触到广告信息，现如今的广告传播模式大多推行整合营销传播，在媒体宣传方面也讲究整合，那么受众也沉浸在这样一个传播环境中接收着环境中繁杂的广告信息。

4. 广告传播的时空界线逐渐模糊

有学者提出新时代将建立环境媒体广告模式，这种模式基于物联网体系架构一种最符合当前消费社会需求的运用。它能够消除与消费者和环境存在的物理距离，与人体和环境实现密切的结合，应该说，这种广告传播模式是当前和今后广告发展的一种创新方向和趋势，更能体现广告中的人文关怀。

无处不在的传感器打破时空界限，令广告无处不在。广告将不再受电梯、公交站等特定空间的限制，也不困于报纸发行区域或电视台影响区域等地域影响，而通过移动互联网和智能移动终端受众随时随地皆可接收到特定的广告信息。VR 技术的运用使得虚拟空间和现实空间的界线被打破，广告所打造的"虚拟世界"与生活空间相融合，成为虚拟现实的一部分，也化为我们世界的一部分。智媒时代中每时每刻都在进行的即时传送又使广告无时不在，任何瞬间都可以有广告，这种虚拟时间是依照人的主观性意识随时被激活的时间。在新智能传播技术和大数据的支持下，广告可保持永久即时性。

本章小结

随着互联网各种热点应用的出现，与之对应的各种互联网广告形式也不断涌现。从"眼球"到"粉丝"，从"桌面互联网"到"移动互联网"，这些广告形式契合了互联网形势的发展，很好地将运营商、广告主和互联网用户的利益结合起来，将媒体及应用价值转换为可供运营商持续发展的资金。本章详细介绍了桌面互联网、移动互联网和其他新媒体的各类型广告的概念、特点、现实发展情况和应用注意事项。

思考与练习

1. 查阅新浪公司和百度公司的年度财报，分析其收入与广告形式的关联。
2. 如何利用微信和微博各自的优势进行广告整合传播？
3. 微信订阅号和服务号有什么区别？分析如何利用微信公众号进行广告推广。

4. 选定某一路公交车对其车载移动电视广告效果进行评估。
5. 以"中国共产党形象宣传"为主题设计一广告。

参考文献

[1] 段淳林,张庆园.计算广告[M].北京:人民出版社,2019.

[2] 朱迪·斯特劳斯,雷蒙德·弗罗斯特.网络营销[M].第5版.时启亮,孙相云,刘芯愈,译。北京:中国人民大学出版社,2010.

[3] 陈刚.网络广告[M].北京:高等教育出版社,2010.

[4] 昝辉.网络营销实战密码:策略、技巧、案例[M].修订版.北京:电子工业出版社,2013.

第四章　网络与新媒体广告经营与盈利模式

> **学习目标**
> 1. 了解门户网站、搜索引擎等各类互联网产品的盈利模式。
> 2. 了解网络与新媒体广告代理的模式。
> 3. 了解大数据给网络广告带来的新思路。

相比传统媒体较为固定的广告代理模式,网络与新媒体的广告经营具有新特点,互联网公司无不探索自己独特的盈利模式,为受众提供产品的同时完成营销闭环。互联网特别是移动互联网技术日新月异,媒体形式复杂多样,以及受众注意力日趋分散的情况,这些都带动营销方式进行了革命性的创新。通过本章的学习,需要了解各类互联网平台下广告的经营和营销模式的差异,并对层出不穷的互联网新产品形成自己的思考。

第一节　互联网企业盈利模式

盈利模式是企业以顾客需求为导向,借助自身核心竞争力,在经营过程中充分利用自身资源使企业价值最大化的过程。企业盈利模式需要根据外界环境和内部战略进行调整和优化,不断修正且难以模仿的盈利模式将使企业实现企业利润和价值的最大化。我国互联网企业发展迅速,盈利模式也在不断更新。互联网时代技术变革加快,盈利模式不断推陈出新,每个互联网企业可能不止有一种盈利模式,而是几种盈利模式的有机组合。比如以往对"小米"的盈利模式研究多基于硬件制造商的角色,但"小米"通过独特的小米模式已转变为集制造商、电商、互联网服务供应商角色于一体的互联网公司。

盈利模式的重要性在于,盈利模式是企业生存和发展的基础,再好的产品和服务,没有合理的盈利模式就没有长久的生命力。早在1998年,中国互联网元年,搜狐、新浪、网易、腾讯这四大门户网站成立不久,而当时互联网刚进入中国,盈利模式还不清晰,受制于此,我国的互联网发展经历了瓶颈期。而20年后,在互联网时代"连接比拥有更重要"的共识下,作为信息产业浪尖的互联网,运营与盈利模式也逐渐清晰。当前,互联网的盈利模式大体可归于以下五类:

1. 广告盈利

广告是互联网企业最初的盈利模式。早在我国互联网行业发展初期,搜狐、新浪、网易、腾讯四大门户网站就开始通过售卖广告位获取利润。经过20多年的演进,网络广告形式越发多样。互联网广告相对于传统广告而言覆盖面更广、内容和方式更加丰富、用户定位愈加精准，投放效益更高。因此，网络广告投放在过去20年获得了持续增长。整体而言，我国网络广告的发展历程大致可分为四个阶段：

（1）起步期（1997—2000）：网络广告从无到有，逐渐具备了初步的形式如焦点图、通栏、弹窗等。

（2）调整期（2001—2002）：互联网泡沫的破裂使得网络广告市场规模增长率大幅下滑，迎来了网络广告的第一轮调整。

（3）跨越期（2003—2006）：网络经济的复苏、搜索引擎的高渗透率等互联网事件推动了网络广告的持续成长。

（4）猛进期（2007年至今）：信息产业持续发力，移动互联网技术普及，带来多元利好因素，汽车、快消等品类广告主对网络营销认可度增强，预算向线上逐步倾斜。小微、新锐广告主进入市场，不仅可填补大品牌投入放缓的市场份额，还支持起互联网广告市场的两位数增长，为实体经济复苏开启本土时代新路径。中国近十年网络广告市场规模增速如图4-1所示。

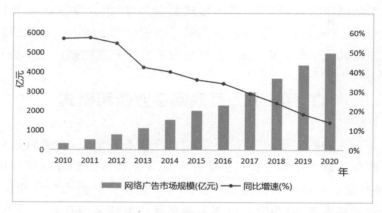

图4-1　中国近十年来网络广告市场规模与增速

2. 平台盈利

互联网平台作为第三方（卖家）和用户（买家）的桥梁，通过企业平台积累的用户资源吸引第三方入驻，平台起沟通作用，并在为第三方企业带来利润的同时通过流量分成，收取平台使用费、保证金、交易佣金，代理服务、增值服务收费等方式盈利。简言之，平台类网站的盈利模式主要是促成交易，向商家收取佣金。

这类平台主要包含导航门户网站、电商类、团购类、交友类、出行及货运服务网站，其盈利来源各有不同。门户网站（如360导航）主要依靠流量分成，电商类（如淘宝网）和团购类（如美团网）平台向商家收取佣金，交友类（如珍爱网）网站向会员收取会费，出行（如滴滴）及货运服务（如货拉拉）主要向司机收取抽成，直播平台（如虎牙直播）主要抽取平台上主播的粉丝打赏或者礼物。

3. 增值服务

互联网服务商先用免费的产品和服务吸引用户，增强用户黏性，获取稳定的市场份额和用户规模,然后在提供基本服务以外,通过增值服务或其他产品,给用户提供各类通过付费才可获得的个性化增值服务和虚拟物品消费服务,主要服务项目包括会员特权、网络虚拟形象、道具、个人空间装饰、个人交友服务等。如腾讯公司,通过微信和QQ使其成为人们生活中不可或缺的联系方式,然后进行游戏、道具、装扮、会员服务(如红钻、绿钻会员)等销售来盈利;如百度网盘为普通会员提供5G存储空间,付费开通超级会员后可扩展存储容量,并享有极速下载等特权。

2021年3月24日,腾讯公布2020年总收入为人民币4,820.64亿元,同比增长28%,其中增值服务(网络游戏,虎牙直播,音乐及视频付费服务)占据过半江山(55%),其收入构成如图4-2:

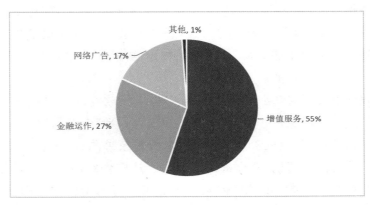

图4-2　腾讯2020年度总收入构成

4. 产品售卖

世界上最早的电子商务公司亚马逊,由杰夫·贝索斯(Jeff Bezos)创办于1995年;1999年由马云创办的阿里巴巴(1688)则是中国最早的电子商务公司。实物产品的售卖较为常见,比如京东的自营模式,京东采销人员向供应商采购商品,京东自建仓储和物流,通过售卖赚取中间差价利润。而网易严选则是选择供应商进行合作,商品从代工厂加工贴牌之后进入网易严选的平台销售。

而虚拟产品的售卖近年来呈加速发展趋势。如阿里云提供宽带、云存储等服务;百度地图(应用程序接口API)在其他程序的开发和应用中引入百度地图服务,如嘀嗒出行、首汽约车等移动出行平台使用百度地图的服务为网约车订单提供司乘双端同步展示司机位置、规划路线路况。

5. 付费服务

通过为顾客提供服务赚取利润的行业早已有之,如家政服务、家教、培训、导游、律师咨询等。进入互联网时代,服务的类型变得更加多元,并逐步出现了一批专业的付费服务网站,为用户提供各个层面的付费服务,如为企业提供大数据平台端的数据抓取和分析服务(八爪鱼),专业问卷调查平台为用户提供在线问卷调查(问卷星)等。

6. 金融运作

腾讯和阿里巴巴分别开发了微信支付和支付宝作为第三方支付入口，京东、百度、小米、美团等公司也在大力发展构建金融体系（包括商业支付、信贷和理财服务等），互联网金融依托平台原本的业务，引导用户，迅速培养起自身客户群体，构建起多元化的利润点。

第二节 新媒体时代广告的新特征

一、总量扩大，市场细化

据艾瑞网数据，2020年中国网络广告市场规模达4972亿元，同比增长13.85%。在持续保持高速发展之后，目前市场已进入成熟期，未来两年市场规模仍保持较高水平，但增速放缓。智能终端设备的普及、移动网民数量的增长、移动广告技术的发展和服务的提升是移动广告市场发展的动力所在。

随着网络媒体的发展，产品类型的增多，广告主投放经验的日趋丰富，尤其在新媒体平台，之前视"广告费浪费了一半，但是却不知道哪一半"为常态的广告主，现在已经更加关注投放领域的精准度、投放工具的智能性和投放效果的"可评估"化。通常互联网广告发布目标一般分为品牌营销、效果营销两大类。从广告对用户产生的影响看，品牌营销偏重于对用户认知的影响；效果营销偏重于对用户行为的影响。而现今很多企业在投放网络广告的时候，越来越倾向于与销售业绩，至少是与销售线索量直接或间接挂钩，而这对习惯了提供"点击量"的传统网络广告代理商来说，显然构成了巨大的挑战。

在产品进入"差异"时代的同时，消费也进入"细分"时代，在越来越错综复杂的网络媒体环境下，从众多的网络媒体中寻找适合企业发展的平台和工具的难度也越来越大，但这样的变化对网络广告代理商来说恰恰是巨大的机遇。

从一些典型的跨媒体整合方式来看，门户媒体常用于扩大品牌传播的覆盖规模；垂直媒体用于相对精准地定位目标兴趣群体；搜索媒体用于拦截处于品牌学习、产品筛选阶段的用户；新闻/资讯类媒体用于关联社会热点、形成软性营销；视频媒体可用于品牌教育、产品需求激发；社会化媒体常常扮演"四两拨千斤"的病毒性传播和口碑放大角色；如此等等。在营销过程中，品牌拥有者需要不断思考和总结，怎样的媒体组合最适合行业与自身特点。3G乃至4G网络的普及以及智能手机用户数量的剧增，使手机在日常生活中扮演的角色发生了巨大改变，从接电话发短信的通信设备发展成为新媒体的重要部分，广告主的注意力也随之转向移动互联网。

跨媒体情形下，媒体之间的界限逐渐模糊，所有的媒体都正在尝试改变：报纸积极开发网络版和推出手机报；电视媒体与手机合作，手机参与电视互动；平面媒体也开始转变；电子杂志应运而生。新兴媒体也在调整，出现了IPTV、公交电视、户外视频——媒体谋求转变的目标很明确，受众的视线在哪里，媒体的舞台就在哪里。

互联网企业并未因为自己已经占据信息时代的制高点而将自己的品牌建设手段局限在擅长的互联网领域。标榜着领先模式的互联网公司一边不断冲击电视媒体、抢夺电视的广告份额,一边又把重金砸向了传统电视广告:2014年春节联欢晚会前10分钟的黄金广告时段近乎被互联网企业垄断:微信支付、腾讯手机管家、手机百度、360手机卫士、小米、京东、苏宁、国美等竞相出场。其中,小米的春晚广告长达一分钟,以"我们的时代"为主题,让一群追逐梦想的年轻人成了主角。而大年三十当晚公布IPO的京东,春晚广告内容《为每一次喜悦》也打出"亲情牌",通过多个故事片段,强调网购给用户带来的用户体验,引发消费者的情感共鸣。腾讯则通过两个广告主推微信支付与手机管家。进军电商领域的苏宁则将"店里、网上都能购"作为宣传口号。在传统的酒类、保险类品牌淡出人们视线的同时,越来越重视自身品牌强化且实力日渐壮大的互联网公司成为新的主角,让春晚成了互联网行业的新战场。

2020年小微、新锐品牌广告主的广告投放增长了50%,高于成熟品牌五个百分点。年度增幅超过10%的广告主中,小微、新锐广告主占39%,成熟广告主则只有28%。这意味着小微、新锐广告主已成为支撑我国互联网广告市场的新生力量。

就各行业广告所占份额而言,2020年互联网广告中,食品饮料、母婴个护、交通出行等三大行业领跑市场,占比分别为25.4%、24.6%、11.7%。疫情推动人们对在线教育与医药健康的需求,因此,这两个行业的广告增幅最为显著。与此相反,金融保险与旅游/娱乐/休闲则分别表现出46.43%与28.65%的降幅。

二、新媒体特性带来新投放方式

网络与新媒体作为新兴的广告载体,与传统媒体相比,在信息的传递和受众互动等方面,展现出诸多不同于传统媒体的新特性。

1. 交互性和主动性的统一

与用户的交互性是网络媒体最大的特点。不同于传统媒体的信息单向传播以及受众的延时反馈,互联网使用户可以获取他们认为有用的信息,厂商也可以随时得到用户宝贵的反馈意见。用户在浏览网页时可以主动选择(而非被动接受)自己需要的各类产品或服务信息,并可通过点击广告对感兴趣的品牌或产品做进一步了解,特别是可借助电子商务平台进行多平台比价,对有疑惑的地方可随时通过各种即时通信软件等方式与售卖方直接交流,并可实现在线下单购买。在广告与用户的互动过程中,主动权更多地握在用户手里:愿意花时间和精力找到你的人,很可能就是你渴望已久的客户,这种方式比通过传统媒体大面积地播撒广告具有更高的精准度。另外不同地域的用户搜索同一关键词之后,各自都能得到差异化、本地化的搜索结果,因此可以说对于用户搜索所展示的都是与用户存在某种相关性的信息,不会浪费掉宝贵的用户搜索。另外,在与消费者实时沟通过程中,厂商也可获取用户的注册信息,并在互动交流中得到用户更多的反馈,并最终形成完整的客户资料。

2. 信息容量与传播范围的统一

对于传统媒体来说，时间和版面总是一种稀缺性的制约因素，电视广告多为15秒或30秒版本，有些广告时长甚至限制为5秒或7.5秒，而通过网络平台，广告主可以发布广告的完整版甚至拍摄花絮。网络上任何一个小小的广告位都可以加入链接，由广告主把公司以及公司的品牌、产品和服务等有必要向受众说明的详尽信息制作成网页放在链接中。因此在广告费用一定的情况下，广告主能够不加限制地增加广告信息量。这在传统媒体上几乎无法想象。

在2006年以后，还出现了信息流广告。传统展示广告是从平面媒体时代直接"移植"过来的，是一种"空间广告"，是"静态广告"，只能够进行平面化展示，因此位置是一种稀缺性资源，刊载了A广告，B广告必然要放弃；而信息流广告则是一种"时间广告"，是一种"流动广告"，是随着信息流逐步展示的，只要信息流不断，就有无限的广告位，因此时间是一种稀缺性资源，其广告容量理论上是无限的。另外，网络的传播范围也是其他媒体类型无法比拟的。无论是报刊还是广播电视，传统媒体都具有发布地域的限制，而唯独网络可以轻松突破此种限制，将信息传播范围扩大至全球。

3. 实时性与持久性的统一

相比于电视等传统媒体，网络媒体具有可随时更改信息的功能，广告主可以根据需要随时进行广告信息的改动，如调整产品价格、完善商品信息等，也可更换广告版本，将最新的产品信息传播给消费者；从信息的更新发布到呈现给用户之间的时间差可以短到忽略不计。另一方面，通过网络媒体，广告信息可以得到长期保存。一旦广告主建立网站并发布产品信息，就可以一直将信息保留，随时等待消费者访问查询。从而实现了实时性与持久性的统一，因此网络可被称为信息发布最为灵活的媒介。

4. 贴身性与可达性的统一

随着手机的普及率越来越高，手机与互联网的结合已经使其成为一个重要的大众传播媒介。手机在日常生活中扮演的角色发生了巨大改变，从以往只能进行通话和收发短信的通信工具，逐渐转变成通信与计算机技术相融合的产物，成为网络媒体的延伸与组成要素，并具备了媒体属性。手机媒体除了具有网络媒体的优势之外，还具有随身携带的特点，因此手机媒体真正跨越了地域和电脑终端的限制，能够做到与新闻同步，接受方式由静态向动态演变。受众的自主地位得到提高，也可以自主选择和发布信息，使得人际传播与大众传播完美结合。另外因其可随身携带的特性，手机至少可以做到一天12个小时的贴身沟通，这让迄今为止人类历史上出现过的任何媒体都望尘莫及。通过新媒体，碎片化的时间可被转化为营销时间。报刊广告容易被读者略过，电视广告的时效性太强又容易被错过，而手机广告信息在网络和终端正常的情况下可以直接到达每一个个体用户，而且手机存储、转发机制的消息服务和浏览类服务对时效性要求不强，进一步确保了这种可达性优势的延续。

5. 竞争性与用户体验的注重

互联网行业的发展迅速多变，新的产品和模式层出不穷，而互联网行业不具备传统媒体行业的行政性门槛,也很难建立起竞争对手难以复制的资源。互联网行业的激烈竞争的和丰富产品,使用户可能随时离开,当下最热门的产品也可能变成明日黄花。因此互联网广告媒体对于用户体验的注重是以往所有媒体形式都无法达到的。无论是多么热门的产品,都必须在注重用户体验的前提下,谨慎地进行广告的投放和形式创新。

6. 精准性与覆盖面的统一

互联网广告投放的一大特点在于其精准性。互联网精准广告定向技术是指网络服务商利用网络追踪技术(如 Cookies)搜集整理用户信息,并对用户按年龄、性别、职业、爱好、收入、地域等不同标准进行分类,记录储存用户对应的 IP 地址,依托于庞大的网民行为数据库,对网民几乎所有上网行为进行个性化的深度分析,按广告主需求锁定目标受众,然后利用网络广告配送技术,根据广告主的要求及商品、服务的性质,向不同类别的用户发送内容不同、"一对一"式的广告,并按照效果付费。用一句来概括,就是"在适合的时候对适合的人群推适合的广告"。相比以往广而告之,靠扩大覆盖面取胜的广告形式,定向广告体现的是"按需分配"特性,是一种更精确的网络营销模式。常见的数字广告定向有如下几种方式:

(1) 时间定向,按时间段投放并优化控制每个用户的浏览频次。
(2) 运营商定向,移动广告的投放,按移动、联通、电信三大运营商定向。
(3) 地域定向,依赖于对 IP 地址的识别,按 34 个省及直辖市进行广告的定向发布。
(4) 商圈定向,以某个点为中心的圆定向,在这个范围内的受众可收到广告信息。
(5) 终端定向,按主流手机品牌、操作系统、价格区间定向发布广告,如可针对苹果终端进行定向投放。
(6) 用户行为定向,整合 iOS/Android 两大应用市场,共 20 个受众行为分类定向。

7. 广告投放与软文的结合

互联网作为一个平台,可以通过内容创造、平台管理以及客户关系管理(CRM)等手段实现广告投放与软文的结合。内容创造是指广告主根据品牌和产品特点结合受众喜好,打造多样的内容产品,传递品牌信息并且与消费者进行最高效的社会化深度沟通。平台管理指管理企业/品牌在社会化媒体平台(微信、微博、论坛等)的声誉,借助专业广告公司强大的媒体关系完成有效的公关舆情管理。客户关系管理则是为品牌创建客户数据库,与线上数据打通,将销售线索内容直接转化为客户数据,为品牌提供精准的线上互动营销和线下营销。

8. 批量规模与专属沟通的统一

据中国互联网络信息中心《第 49 次中国互联网络发展状况统计报告》数据,截至 2021 年 12 月,我国网民规模达 10.32 亿,互联网普及率达 73.0%,手机网民规模达 10.29 亿,网民使用手机上网的比例达 99.7%。网民用手机使用大数据平台和社交网络,品牌将能够实现对海量客户的一对一沟通管理,而过去高高在上的企业品牌,并不适合充当这种近距离交流的角色。实际上,在现实的营销实践中,已经有不少品牌有意无意地走向"品牌人格化",特别是通过微博、微信等传播方式,如招商银行化身为妹子"小招",

顺丰快递化身为帅哥"小顺",易迅则自封"小易",在微博、微信领域为用户提供社交平台上的服务。尽管品牌人格化并非仅仅只是改个称呼这么简单,但是称呼的转变已经体现了品牌角色调整的自然需要——品牌要与用户建立持续关系、成为用户的朋友,人格化形象是更佳的选择,而不只是酷炫的符号。

第三节 门户网站的营销方式

一、综合性门户网站与垂直性门户网站

门户网站是指通向某类综合性互联网信息资源并提供有关信息服务的应用系统。按照其提供信息服务特点的不同,门户网站主要分为综合性门户网站和垂直性门户网站。前者如新浪、网易和搜狐等,主要提供新闻资讯、搜索引擎、网络邮箱、在线游戏、移动增值、解决方案等服务,占有较高的人气与整合营销优势;后者则专注于某一领域(或地域)如IT、财经、娱乐、体育、房产、汽车,在内容与服务方面更加专业、灵活和有深度,用户的黏性、精准度较高,在细分人群的规模效应和网络效应方面显现价值。

在互联网高速发展过程中,网络普及带来的有细分需求的人群规模也在不断扩大,为各种类型网站带来新的发展空间。综合性与垂直性两个类型的门户网站必将凭借自身不同的优势拓展各自的业务和生存空间,竞争也将愈演愈烈。

1. 垂直性门户网站的存在、发展及快速蔓延对综合性门户网站形成严重挑战

中国网民数量的激增,进一步导致了对IT、房地产、旅游、金融理财等行业的资讯、产品报价、互动需求人数的细分,成为支撑行业垂直网站高速发展的动力。从行业层面来看,垂直性门户网站以其深度内容建设优势、地区分站优势及其与相关行业厂商/经销商服务优势,赢得了众多客户的广泛认可,也成为行业发展的主要推动者。

2. 综合性门户网站趋于在垂直领域做更多的尝试

广大网民对网站的访问,对资讯、产品与服务等获取的习惯决定了两种类型网站的生存。当前大的综合性门户网站正趋向利用其品牌、用户以及平台优势,向垂直性门户过渡,开拓更加多元化的收入来源。如新浪与中国房产信息集团合资建立新浪乐居,其影响力目前已从一线城市扩张到二三线城市,同时也提高了新浪整个网站的知名度和用户威信度。新浪与中国房产信息集团合作对于房地产垂直门户的战略布局,充分展现了拆分融合大于整体的价值升华。

二、门户网站的盈利模式

盈利模式是指企业通过一系列业务流程创造价值,形成产品或服务流、资金流、信息流,并从客户处获取收益的商业系统,即企业获得收益的模式和渠道。门户网站作为商业型网站,需要在提供产品和服务的同时拥有合理而通畅的盈利模式。

网易、搜狐与新浪三大综合门户网站的收入来源主要集中在网络广告、在线游戏和

移动增值三大领域。当然,由于技术与品牌定位不同,其各自有自己的主打产品。如网易凭借其技术优势,一直走自主开发网络游戏之路,游戏业务在总营收中占较大比重;新浪网主打新闻牌赢得口碑,由此提高了网络广告的收入。

门户网站传统的营销与盈利模式包含展示广告、软文、数据库平台营销。其中的展示广告和软文是最接近于传统媒体广告发布的互联网广告形式。

展示广告指发布在网站页面上,随着网页展示给互联网用户的图片形式广告。一般按每千次展示计费或按展示时间计费。现在的展示广告可植入视频、微件[①]。并且可通过后台定向,只推送给进入广告主选择范围的一部分受众观看。

软文一般采取文字链接的形式,标题出现在网页相关区域,随着用户的观看和点击而产生广告效果,如新浪网主页的"商讯"和"资讯"频道。

数据库平台营销则更多出现在垂直性门户网站,或者综合性门户网站的二级频道,如房产频道可以鼓励用户在注册使用网站过程中,提交自己的姓名、联络方式等基本信息,以及收入水平、目标购房区域、目标购房户型、价格等需求信息。这些信息会传到后台数据库,由专职人员进行分类、管理和分析,建立用户数据库,结合房地产商要推广的项目,找到一些有相应购买需求的客户来团购。

在中国互联网营销的初期,门户网站首页代表着互联网营销的入口,能够吸引用户眼球的位置就是企业争夺的营销宝地,获得门户网站黄金资源成为数字营销的重要工作,售卖方式主要以卖广告发布位置为主。随着时间的推移,互联网营销进入高速发展期,用户的上网行为趋于理性,网络广告售卖方式也开始转变为按时段销售和大事件营销,以此来适应网民的习惯与需求;而随着社会化媒体的出现,以及智能手机和3G、4G网络带来的多屏化,网民的阅读习惯越来越趋向于碎片化,同时降低了广告的采购效率和增加了广告投放损耗。如何扩大覆盖用户的广度与增加深度成为考验互联网营销的新课题。近年来随着视频、电商企业媒体价值变现的强势凸显,搜索、门户网站倍感压力。与此同时,传统媒体的新闻客户端的数量发展迅速,在2015年其数量曾经达到231个。很多新兴网络公司也纷纷推出了聚合类新闻客户端,从用户喜好出发,依托"大数据"和"个性推荐"等技术优势,一经推出就发展迅猛,迅速实现了用户从无到有的转变,在市场占有率上与门户网站分庭抗礼。今日头条无疑是聚合类新闻客户端中知名度最高、用户最多的一个,依托技术手段,以其贴近用户需求心理的算法完成了信息的个性化推送,也帮助广告主获取了较好的回报。今日头条的迅速崛起,让传统门户网站感受到了威胁。

第四节　搜索引擎的营销方式

搜索引擎(Search Engine)是指根据一定的策略,运用特定的计算机程序从互联网

---

① 微件(Widge)指一小块可以在任意一个基于HTML的页面上执行的代码,它在网页上的表现形式可能是视频、地图、新闻、小游戏等。用户可以通过点击其中的动态内容进行互动,或进入主页。

上搜集信息,在对信息进行组织和处理后,为用户提供检索服务,将与用户检索相关的信息展示给用户的系统。最为知名的搜索引擎如百度,近年来360搜索和搜狗搜索也逐渐在国内搜索领域占据了一定的市场份额。

搜索引擎起步于20世纪末、互联网生产产品大大丰富的时代。受众开始参与信息生产和共享,网络信息爆炸,内容呈现几何级数增长。互联网用户越来越迫切需要在汪洋大海中捞到想要的那枚"针",于是搜索引擎就越来越成了网民的必备工具,它也越发吸引了海量的点击,在眼球经济的时代,搜索引擎的媒体特质也就凸显出来,它也亟须商业化运营。

搜索引擎如何变现吸金,这在搜索引擎起步的时候是一个大问题,制约了不少搜索引擎的进一步发展。比如2000年左右的雅虎、搜狐都曾经一手抓门户网站,一手抓搜索引擎,但是搜索引擎高度依赖技术,在没有营利模式的情况下,迫于市场的压力许多公司放弃搜索引擎或大大减少搜索引擎方面的投入,而专门做起了门户网站。门户网站的大量建成基本上成为第一代搜索引擎的终点。

在互联网从Web 1.0到Web 2.0的发展过程中,尤其是搜索引擎成为一个成熟稳定、吸引海量受众、并且用户黏性很高的产品时,如何使搜索引擎变现吸金这个问题就更加亟待解决。当然这时也有了解决的可能。正因为搜索引擎成为人们获取信息的主要途径,搜索引擎就具有了广告传播价值。跟随着互联网的发展,单纯的"搜索引擎"已经逐渐进化成为服务提供商、内容提供商,直到一个隐然成型的媒体平台出现。搜索引擎的主要盈利模式渐趋明朗,并在提供的服务和内容上呈日益多元的趋势。

进入2016年,第一季度中国网络广告市场规模达543.4亿元,其中搜索广告占比32.4%,继续在各种网络广告形式中保持领先。同年,中国搜索引擎用户规模达到6.02亿人,手机搜索用户5.75亿人。就发展现状而言,搜索服务在中国网民中有相当高的覆盖率,属于非常成熟的网络服务类型,目前PC端搜索流量保持稳定,可观的增长幅度主要是由于移动端流量的持续增长以及各核心企业移动端变现能力的逐步增强。以搜索产品为流量入口,多种互联网服务互联互通的生态体系已经形成,特别是快速发展的O2O消费,正在成为搜索引擎市场的创新价值挖掘点。

在全球范围内,搜索广告同样发展势头良好。根据互联网广告署(IAB)公布的美国数字广告统计报告显示,2014年美国数字广告花费创下新高,达到495亿美元,其中搜索领域仍然是吸费大户,搜索领域的数字广告开销超过50%,共计吸收了246亿美元数字广告费,其中,桌面搜索领域吸费能力仍然超过移动搜索。

从搜索引擎的市场发展来看,百度和谷歌的营销平台实际上都是一个精准广告投放平台。搜索引擎通过Cookies记录大量用户的搜索行为以及浏览历史,建立精准营销数据库。基于这样的数据库,搜索引擎能够根据分析用户的行为偏好以及消费和需求特征,针对不同类别的人群投放相应的广告,从而实现广告的精准投放。

在国内各大搜索服务提供商中,百度成为国内搜索领域的领军者。据中国互联网络信息中心的数据显示,2015年上半年使用过综合搜索引擎的用户中,百度搜索的品牌渗透率最高,为93.1％。百度也成为国内吸金最多的互联网巨头之一。百度的收益大多并非来自使用它的用户,而是来自其他网络公司和一些希望借搜索引擎推广自己产品的企业,即百度的"竞价排名";另外"百度联盟"也以其资源整合性的广告发布方式吸引了众多中小企业的青睐。

一、百度竞价排名与凤巢系统

百度需要面对的用户分为两种:用百度进行信息检索的一般网民和与百度有直接经济交易的商业客户。百度对一般网民免费提供信息检索服务,赚取网络点击率;对于商业客户,百度向其提供广告宣传的平台,完成经济利益的获取。

百度最早使用的营销方式是竞价排名。广告主在购买该项服务后,注册一定数量的关键词,按照付费最高者排名靠前的原则,购买了同一关键词的网站按不同的顺序进行排名,出现在用户相应的搜索结果中。百度在国内首创"竞价排名"的概念,并早在2001年就开始在国内市场上加以推广使用。百度作为全球最大的中文搜索引擎,每天有超过1亿人次访问量。如百度所称,竞价排名模式经过几年来的市场培育,已经成为中小企业最佳推广方式和营销利器。网络广告如果按点击计费则高达几元甚至几十元一次点击,而竞价排名系统如百度的每次访问最低可为0.30元。

除价格低廉外,与一般网络广告相比,搜索引擎用户需要输入关键词才能找到其想要的信息,这个过程是用户主动寻求信息的过程,因此更具有针对性,这些主动花时间寻找企业信息的用户也更可能是企业的目标消费群体。

搜索引擎可为用户提供本地化搜索结果,如在百度搜索栏搜索"大众汽车",则会在结果页面呈现出距离用户最近的4S店和优惠、试驾信息。因此,搜索引擎具有精准、按效果付费等其他网络广告难以具有的优势。

2009年,百度正式推出推广企业客户的搜索营销专业版,即此前受到业界广泛关注的"凤巢"推广系统。

新系统将为客户提供更多可管理的推广位置、更多可推广关键词的选择空间,提供包括投放地域时段设定、关键词推荐工具、预算设置、最低展现价格、创意轮显、IP排除和否定匹配在内的多项功能,另外还将提供更为详尽的统计报告和相关数据。通过这一全新平台,客户可以对百度搜索推广信息进行管理与优化,对推广效果进行科学评估。

竞价排名模式促进了搜索引擎的发展,与此同时,这种主要着眼于商业利润的服务模式也一直备受争议。一般认为,竞价排名模式存在以下问题。

1. 对用户而言,影响用户体验

竞价排名主要按照付费者出价高低为原则来进行排名,这不可避免地会对检索结果集合的排序产生影响,且将商业因素引入检索结果的组织过程中,很有可能使得原本相关度不高的网站信息排名靠前而使相关度高的网站靠后,在一定程度上违背信息传递的本来面目,让用户难以获得最需要的搜索结果。

2. 对广告主而言,虚假/恶意点击很难控制

由于竞价排名广告的广告主需要按点击付费,因此不得不为误点甚至是恶意点击付出成本。

二、百度联盟

互联网的信息爆炸,在让人们的视野异常宽阔的同时,广告主和媒体之间的信息不对称的情况也日趋严重,使网络广告投放变得困难。另外中小企业迫切需要参与网络营销,与此同时网络媒体的营销价值还存在巨大的挖掘空间,存在拥有忠实用户群体但往往不被广泛认知的长尾地带。这片"长尾"就催生了网络广告联盟的出现。根据艾瑞网的定义,网络广告联盟(Ad Networks)是指集合中小网络媒体资源组成联盟,通过联盟平台帮助广告主实现广告投放,并进行广告投放数据监测统计,广告主则按照网络广告的实际效果向联盟会员支付广告费用的网络广告组织投放形式。

网络广告联盟的优势在于,联合众多网站的力量,聚沙成塔,组成一个广阔的广告投放平台,让广告主可以根据自身的品牌定位,选取合适的投放策略完成投放,并帮助众多中小网站将访问流量转变为收入。自成立以来,网络广告联盟所具有的关键词的匹配技术、广告针对性、广告形式的多样化、成本低廉的高性价比和相对独立的投放监测系统,受到了诸多重量级广告主的重视和青睐,各大门户网站和中小网站站长也都热情参与,因而,网络广告联盟很快成为互联网行业的新热点。

网络广告联盟包括三个要素:广告主、网站主和广告联盟平台。

其中广告主通过网络广告联盟投放广告,并按照网络广告的效果(如暴露次数、销售额、引导数等)向网络广告联盟支付费用;网站主通过网络广告联盟平台发布广告,按照访问量和广告点击次数获取佣金,把网站流量变成收益;网络广告联盟是广告主和网站主之间的中介和平台,为联盟会员提供广告及第三方访问跟踪、实时报告、佣金结算等方面的服务,此外还包括网络营销的咨询、策划、广告投放、效果监测等广泛的增值服务。

网络广告联盟的商业模式就是把互联网上的各种媒体资源整合成一个"大网",并帮助客户"网"住他们想找的目标受众。网络广告联盟作为互联网各种营利模式中不可或缺的一种,是对网络媒体长尾流量的有效整合,以其高性价比为许多客户带来较高的投资回报率,因此一直是客户投放网络广告的主要选择之一,并得到越来越多广告主的认可,目前已经成为各方关注和投资的热点。进入中国以来,随着中国互联网的高速发展,联盟的数量和专业化程度取得突飞猛进的发展。

百度联盟于2001年推出,尽管当时强大的谷歌巨人在世界各地到处跑马圈地,所向披靡,然而,百度在强大对手面前一直稳坐中国搜索引擎的头把交椅,百度联盟自然是出身豪门,因此百度联盟是众多联盟中申请难度最大、把关最为严格的一个,它对网站alexa排名有严格要求,百度自身对网站的页面收录的数量也有很高的限制,而且在加入之前还要到站点上加入它们指定的搜索代码,以便他们可以得到一组完整的数据,包括

站点日均展现量和日均检索量等,因此能加入百度的站点一般都是人气高的佼佼者。虽然百度联盟的成员数量不及当时的谷歌 Adsense,但是这些成员绝大部分都是人气旺、美誉度高的网站,这些合作伙伴的影响力几乎覆盖所有中文网民,由此也能看出百度强势的媒体聚合效应。与此相对应的,是百度商业运营副总裁沈皓瑜在 2009 年百度联盟峰会上透露的一组数字:百度给联盟成员分成的金额,从 2002 年的 400 多万增加到 2008 年的 4.18 亿元,6 年的时间里上涨了 100 倍。

回顾百度在创业初期,为了聚集流量曾与大量网站合作,让其他网站把百度搜索框代码投放到其网页上,向其用户提供免费搜索功能。这实际上就是百度将搜索技术免费提供给这些网站使用,百度从中获得流量,而那些网站则不用自己开发搜索技术,而能够为用户提供顶级搜索服务。这种类似于网站之间交换链接的合作模式,正是百度联盟最初的合作模式——搜索联盟的雏形。

2007 年,百度 TV 正式上线。这是一种在百度广告联盟中尝试的视频广告业务。百度 TV 通过预置视频框的模式,在联盟网站上播放视频广告。百度 TV 作为视频广告的新形式,逐鹿网络市场,并赢得了诺基亚、微软、MOTO 等众多著名品牌广告商的投放。继开发百度 TV 之后,百度联盟宣布推出针对合作伙伴的产品"知道联盟",就是百度联盟的成员在自己网站上植入"知道搜索框",用户通过这些入口访问百度知道的相关页面、点击文字链推广产生收入后,合作伙伴获得分成。

同样在 2008 年,百度联盟推出 CPA 广告平台,广告主在与百度联盟的合作中可以选择"按效果付费",这一平台使得交易效果更易衡量,成本也更可控。

曾任百度联盟总经理的蔡虎总结道,百度联盟在发展历程中经历了三个阶段:第一个阶段是搜索联盟,把搜索入口植入合作伙伴的网页上面,既提升了成员网站或软件的用户体验,又直接助推了百度搜索市场份额的增长;第二个阶段则集中在通路建设上,除了细分网站和软件,还深度挖掘了网吧和电信等具有特殊媒体属性的通路,实现的是广告输出和流量媒体价值的转换,这个阶段,百度实现了从点到线再到面的媒体覆盖;第三个阶段,是从 2007 年起持续推进的深度融合,为合作伙伴提供帮助其成长的解决方案。

时至日前,百度联盟推广模式主要包含了以下产品线:

1. 搜索推广合作

网站主把百度搜索框代码投放到网页,在为用户提供相关搜索结果的同时,还能根据用户搜索的关键字显示最相关的百度推广内容,从而为网站主带来收入。如图 4-3 所示。

图 4-3　搜索推广合作

2. 网盟推广合作

根据网站页面的内容,将与主题最相关的百度推广投放到网站相应的页面,网站主通过用户的点击量从百度获得相应分成。如图4-4所示。

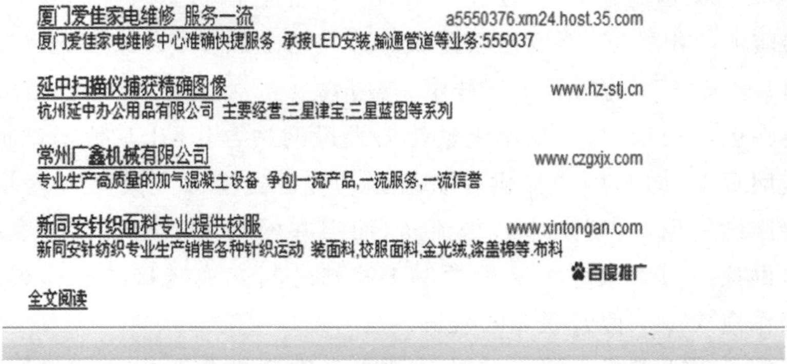

图 4-4 网盟推广合作

3. 新业务合作

各网站站长申请后,将产品代码投放在网站页面上,网站用户付费订购了产品或服务后网站即可分享百度带来的新业务合作分成收入。目前可以选择的付费方式包括CPM、CPA、CPL、CPS。

4. 知道内容合作

网站将"百度知道"相关代码投放在网页上,用户点击知道相关合作页面的广告文字链产生收入,合作伙伴因此获得百度分成。

5. 百度移动应用合作

2014年,百度联盟整合原"百度移动联盟"后全新上线,也预示着百度联盟已全面发力移动互联网广告业务。跟随移动端广告市场的发力,百度移动应用合作平台先后与墨迹天气、百姓网、驾考宝典、懒人听书等APP达成合作,完成移动APP布局。

作为国内最大也是最知名的广告联盟,百度联盟的优势表现如下:

(1)在客户选择上,百度依托强大的品牌优势,其选择的广告商都与百度联盟有着良好的互信关系,在结算上更加快捷,这些都有效保证了合作伙伴的收益。

对于网站主来说,百度作为中国本土最大的中文搜索引擎,付款更加方便快捷。另外加入百度联盟就有可能拿到知名客户的品牌广告,同时百度联盟推广合作拥有大量的高端品牌资源,如果这些资源在网站得到展现,也可以提高网站的品牌价值,提升其营销品位。

(2)对于广告主来说,百度是一个值得信赖的平台,对加盟网站严格把关,操作规范,服务到位,能有效控制作弊现象。

(3)百度可以基于IP实现地域定向投放。在大型门户网站做推广的客户常常是大品牌,更多的是品牌和形象推广。而在百度联盟推广合作可以按照用户来源,按地域匹配推广合作内容。在投放的时候,百度联盟应用了地域适配技术,根据浏览者的IP地址,将距离用户最近的服务信息及时提供给用户。用户可以随时获取就近的服务信息。这样既提升了用户体验,也提高了点击率,弥补了当前多数垂直网站对中小城市无法覆盖的问题。

(4)百度对于潜在需求的挖掘,也有自己的操作模式。百度通过对网站用户行为进行分析,自动将与用户使用习惯相关的广告在网站上优先投放,使网页内容和推广内容具有互补性。例如,一个对数码相机感兴趣的用户同时可能也会对存储设备以及彩色打印机等设备感兴趣,百度联盟推广合作将用户的这种潜在的对产品的需求挖掘出来,从而使网页的内容和推广内容组合得更有效率。

(5)对于最新布局的移动应用合作平台技术方面,百度联盟的特点在于其可依托百度,挖掘用户大数据,勾勒出移动端的受众画像,运用精准定向技术,保证移动推广内容的点击率。另外在展现形式上,百度联盟移动 APP 业务拥有横幅、互动、插屏和轮盘广告等创新形式,以此提升用户体验和互动率。

另外,包括搜索技术转让、付费搜索等重要的盈利模式,为百度带来了良好的经济收益。近年来,百度的主要盈利模式渐趋明朗,其所提供的服务和内容呈日益多元的趋势,百度以其复合式的盈利模式在中国搜索市场中奠定了霸主地位。

第五节 社交网站和视频网站的营销方式

一、社交网站的营销方式

社交网站是指旨在帮助人们建立社会性网络的互联网应用服务网站。国内较为著名的社交网站包括以人人网、开心网、微博、微信等为代表的一批新型网络媒体。自互联网进入 Web 2.0 时代以来,社交类网站飞速发展,并以其深入的沟通性和即时的交流性吸引了众多营销人的视线。

社交网站的发展也带来了民众媒体习惯的巨大改变。今天绝大多数 80 后、90 后们再没有充足的时间坐在电视机前,互联网和手机已紧密融入他们的生活。各种社交网站已成为人们互相联系的重要方式。这些媒体互动性强,人人可以自由撰写、分享、评论、转发内容,相互沟通交流。社交媒体时代也可以说是自媒体时代,每个人都是传播的介质,当人们把相当一部分时间分配给了社交媒体网站时,它就具备了营销的价值。

社交网站营销是随着网络社区化而兴起的营销方式,也就是利用社交网站的分享、转发、评论、私信功能,在"六维理论"的基础上实现的一种营销,让产品被更多的人所知道。通常的社交网站营销方式有:

1. 把产品或者品牌植入社交网站用户的交互媒介中(比如虚拟礼物)。
2. 建立产品和品牌的群组,在页面上分享产品的相关信息,包括产品介绍、使用感受、优惠活动以及实体店信息等,并建立用户交流互动的平台,借此让用户了解产品、接受产品和品牌的概念。

3. 利用数据挖掘，建立营销数据库。相关用户（如粉丝）的信息能够被分析，企业由此可知哪些用户是潜在的目标用户，他们有哪些特征，他们有什么需求可被挖掘。

4. 利用社交媒体分享的特点，利用"病毒"营销模式提高用户之间的分享频率，如微博常见的转发抽奖以及方案征集活动。

综合而言，社会化营销已经成为一种灵活、有效的营销方式，把社会化媒体只当作信息发布渠道的做法将成为过去，品牌与海量消费者的端对端个性化沟通互动已经进入值得探索和实践的阶段。社会化营销的精髓在于利用社会化的媒体和通信工具，在持续沟通的基础上建立品牌与消费者之间的关系，利用大数据来支持品牌的消费者洞察、沟通、销售和服务等策略，形成影响力优势。当然，在这个过程中需要在保护用户体验和进行广告营销之间找到一个平衡点。多而不当的信息骚扰一旦给用户带来负面情绪，只会使用户加速离开。在这一点上，众多社交产品已经开始探索，如微信5.0的公众账号被分为"服务号"和"订阅号"两类，企业可以通过"订阅号"实现"推送"类的资讯推送，并利用"服务号"进行"拉动"类型的服务和营销。微信对于订阅号的整合使得对于用户的打扰降低到最低程度。

尽管已经有了最初的探索，但如何利用社交网站平台构建完整的移动商业闭环，仍然是许多企业探索的热点。如微信推出"微信支付""扫一扫"等适用于各种移动场景的功能模块，都是为了争取尽快构建适应O2O闭环的营销应用环境。

这些变化顺应了社会化营销的发展趋势，有利于让品牌与消费者之间形成一种朋友和伙伴关系，而不再只是强调利益刺激和交易达成。由于社会化营销过程中参与者众多、复杂度高，必须依靠扎实的数据系统来支撑，而社交平台在这方面的功能还有待探索和构建。

跟随移动互联网的快速发展，在丰富灵活的移动场景中创造营销机会，正是社会化媒体的优势所在。由于人们已经习惯于在任何闲暇的碎片时间，掏出手机刷新微博和微信界面，其中有些贴近消费决策、O2O应用的典型场景，将首先成为移动营销中的竞争焦点。如何把社会化媒体上丰富的用户属性、行为数据，与企业的客户关系管理体系对接，正在成为越来越多的企业所关注的问题。随着开放数据接口的丰富，企业可以把微博、微信等社交平台上的数据与消费者管理系统（Social CRM）对接，实现更智能、迅捷的用户互动管理、服务管理、营销管理、会员管理、数据统计等功能，让社交媒体更有效地发挥营销功能。

二、视频网站的营销方式

2004年，中国第一家专业视频网站——乐视网上线，成为中国网络视频发展的起点。2005年上半年，土豆网、56网、PPTV、PPS等相继上线，构成了中国视频网站群体发展初期的主要成员。2005年也被称为中国视频网站元年，门户网站也依托其平台资源和用户优势，发力网络视频领域。搜狐、新浪、网易、凤凰网等均推出或强化视频频道，百度旗下奇艺网成立，并全面进军正版、高清、长视频网络视频领域。短短几年间，中国视频网站群体经历了从无到有、从小到大、从弱到强的发展历程,逐渐成为改变人们生活娱乐方式的一支重要力量。由于视频产品差异化不大,营利模式相似,所以"同质化"是视频网站共同存在的最大问题。现在各网站为了抢夺观众和广告市场,也开始展开了差异化的竞争,突出自己的优势个性。各视频网站纷纷发力自制内容,视频广告开启产品化进程,并借力精准营销完成升级。

2011年以后,伴随着移动互联网终端的普及,网络的提速以及流量资费的降低,更加贴合用户碎片化内容消费需求的短视频,凭借着短、快的内容传播优势,迅速获得了包括各大内容平台、粉丝以及资本等多方的支持与青睐。2011年快手APP诞生,随后秒拍上线并和微博合作成为其内嵌应用,2016年抖音、火山小视频纷纷上线,市场进入高速发展期。同时,视频(包括短视频)凭借其庞大的用户基础与灵活多变的形式,为广告主提供了更具吸引力与想象力的营销介质,视频类网站的火爆从其广告市场规模也可见一斑。2013年,中国在线视频广告市场规模达96.2亿元,同比增长46.8%;到2020视频广告收入规模约为904亿元,同比增幅65%,各广告品类中增长突出,而视频已取代搜索(585亿元)成为仅次于电商的广告品类。而其中短视频广告增长超过一倍(106%),远超长视频媒体25%的增幅。预计未来仍将保持快速增长。视频类网站主要的广告形式有:

1. 视频贴片广告

视频贴片广告是指在视频片头、片尾或插片播放的展示类广告,以及视频网站的背景广告等。作为最早出现的视频网站营销方式,视频贴片广告可看作电视广告在视频网站的延伸。而与电视广告不同的是,电视广告很难多次反复售卖,因为反复售卖意味着反复播出,会占用电视频道有限的播出时间,而互联网视频贴片广告则可多次销售。视频这种重复播放广告的能力根源于互联网的"长尾"特性,互联网的可保存、可选择特性使一部影视剧的生命周期几乎可以无限延长,而这一过程中观众群的属性又是相对稳定的,故而造就了营销生命周期的同步延展。

当然,视频网站可利用"频次控制"功能控制单个用户的收视次数,使用户收看的频次处于一定范围之内(如大于或等于三次,小于或等于五次),以在有效到达的基础上覆盖到更多受众。另外,视频网站可以对用户终端进行控制,同一则贴片广告可经广告主选择,定向推送至选定的客户端,如电脑端、iPhone端或iPad端。

视频贴片广告对内容的独特性要求较高,乐视网拥有最全最新的影视剧版权库。该网站走影视正版化之路,通过购买版权获得独家播放权或者首映权来吸引特定的受众群。乐视网独家内容覆盖热播影视剧的40%~50%,这对于习惯于跟大剧投放的广告主而言,自然是其广告投放的首选平台。

2. 微电影传播

品牌微电影就是微电影与品牌的结合,通过故事化、情节化的内容,用30秒~10分钟的长度,以电影的讲述手法展示品牌内涵。如国际品牌BMW、Prada、LV都曾以这种方式传播品牌形象。在中国,胡戈创作的微电影《七喜圣诞许愿篇》获得了新浪"2011首届微电影节"的最佳创意奖。微电影可以讲述品牌诉求,实现与消费者多层面、深层次的沟通,突破了电视时代的广告宣传告知的方式。微电影更接近于广告与艺术的结合,正如电影一般,通过对一个故事进行艺术性的表达,让观众体会和理解其中传递出的信息。它比传统方式传递的信息量更大,其传递的形式也更容易让观众接受。品牌广告主要用病毒视频传递认知,用微电影提升美誉度。具有高度分享性的微电影和病毒视频不再仅仅是一种趋势,而是已经渐渐成为营销者用以达成品牌与消费者之间持续化深度沟通的重要工具。

3. 大事件营销

影像的力量是巨大的,也是最生动最易让人理解接受的。一旦有较大事件发生,就会引起众多的关注,视频网站也常常适时推出重大事件的专题主页。而这些专题由于目标对象明确,并能在短期内吸引大众的关注,也常常受到广告主的青睐。诸如奥运会、世界杯、欧洲杯等相关报道,都可能成为视频网站绝佳的推广机会。2012年欧洲杯火热进行时,当观众打开PPTV观看赛事时,便会弹出一个充满泡沫的动感画面,随之吉列剃须刀抹去这些泡沫,开始呈现比赛。宝洁公司旗下的吉列剃须刀广告将目标人群精准定位为20到45岁男性——他们既是足球运动的支持者,也是剃须刀的消费者。此外,PPTV在营销欧洲杯自制节目方面也推出了"数字欧洲杯""挑战者""疯狂东欧"等多档自制内容为球迷营造出全天候的欧洲杯环境,成功地增加了用户黏着度,也推进了广告售卖。据统计,吉列投放30天,总曝光数近2.5亿次。如图4-5所示。

图 4-5　PPTV 的吉列剃须刀欧洲杯投放

在营销模式上,我们能够看出,网络视频企业具有典型的媒体属性,其营销模式并未脱离传统的电视思路。视频贴片广告仍是最重要的营销手段,而随着移动端流量的不断上涨以及商业化的深入,非广告流量变现方式(如应用中心、游戏中心等所带来的营收)在移动端营收中的占比将得到一定的提升。还有一部分来源于收费视频,而近来备受关注的大剧营销也走的是剧场冠名、广告植入的套路,此类形式在电视广告中已运用得相当广泛和成熟。当然,基于网络特性,网络视频平台亦会提供给广告主更多样的营销体验,如病毒式视频的推荐传播、基于大数据的受众洞察及内容定制,以及以视频为起点的跨越全平台多媒介的整合营销,另外还可按照客户需求开展企业空间合作、自制节目合作等,进行软性植入或者拍摄微电影。

未来视频媒体的发展将围绕"自制剧、独播版权、台网合作、跨屏营销"展开。内容仍然是各大视频网站的争夺焦点,自制剧则成为体现品牌差异化的核心要素。内容上大剧和直播剧将服务一般受众,保证网站的人气;此外,视频网站推出的自制内容将主要服务品牌和平台差异化的战略,目标观众为细分群体,以带动增量收视率。

4. 短视频平台的信息流广告

随着抖音、快手等短视频平台的上线和持续发力,原本拥有高门槛的视频制作变得极为容易。短视频门槛的降低带来了充足的内容生产者,为各平台源源不断地提供新鲜内容,也借此吸引住更广大的用户群体。短视频平台逐步成为"时间黑洞",抢占用户时间。至2020年,短视频平台所获取的用户时长份额接近20%,成为仅次于即时通信的第二大行业。短视频平台的超高速发展,也导致在广告市场的竞争中,短视频行业从流量和广告收入双向抢占移动互联网市场份额。

传统视频平台以视频贴片广告等形式强行插入的广告传播,很容易使用户产生反感,因为在用户预期获得一种内容形态时,被强行灌入了形态不同的广告,这给用户造成了很大的预期出入,从而导致厌恶感的产生。而相比于在看剧或综艺时出现的一个跳不过去的几十秒广告,用户在刷短视频时,出现一个与在看的短视频内容时长一致,内容形态也类似的广告内容显然更容易接受。因此,无论是信息流短视频广告,还是短视频自媒体的内容植入都更加适应用户的观看预期,也更容易为受众接受。

第六节 信息流广告——移动营销时代的新广告形式

移动营销(Mobile Marketing)指利用移动通信和互联网技术,通过移动终端(手机或平板电脑),直接向目标受众定向和精确地传递个性化即时信息,通过与消费者的信息传输和互动达到市场营销目标的行为。从市场规模上看,移动广告的整体市场增速远远高于网络广告市场增速。随着智能手机和平板电脑的普及,3G向4G的迈进,移动网络的访问量急剧增长,用户在智能手机和平板电脑平台上花费的时间也越来越多。但与传统互联网的产业链不同,移动互联网的产业链更加复杂,竞争也更加激烈。移动营销作为一种新的营销方式,日益受到广告主和手机媒体的重视,行业内竞争加剧。随着智能手机终端的不断普及和性能的不断提升,移动互联网在近两年得以快速发展。移动营销作为移动互联网中的重要细分行业之一,成为许多移动互联网企业盈利的重要来源,在面临着巨大挑战的同时也迎来了巨大的发展机遇。

一、移动营销新技术:信息流广告

信息流广告(News Feeds Ads)是原生广告的一种,最早于2006年由脸书推出;推特也在2011年正式将商业化内容插入其信息流中。Feed原意是指"喂养、向……提供"。在信息传播领域中,则指将特定的信息推送给有相关需要或兴趣的受众。具体而言,信息网站或客户端结合用户基本属性信息、过往操作习惯以及后台大数据进行分析,绘制出"用户画像",主要包括用户的人口统计学信息、地理位置、手机系统、长期兴趣和短期意图内容等,有针对性地并精准地将广告内容嵌入用户浏览的信息流之中。与其他类型的原生广告不同,信息流广告的插入方式是媒体系统根据后台具体推送规则强行推送给受众,但为了降低广告干扰,一般所推送的信息流广告都会附带"不感兴趣""屏蔽该广告"等用户可选择的屏蔽按键。通过这种广告推送方式,信息流广告可为用户量身定制不同的个性化信息,整理用户的碎片化时间,将广告信信息以最合适的时间干扰最小的方式呈现在用户正在浏览的信息、内容之间。同时,信息流广告可以大大减少广告主在广告预算中不必要的无效浪费,提高广告效果。

按照信息流广告的发展历程,可将其划分为四个阶段:

(1) 2006年至2011年的国外起源阶段,由脸书在2006年最早推出,随后几年,推特也开始试水信息流广告并将其作为正式产品投入商业运营中。

(2) 2012年至2015年的国内萌芽阶段,2012年新浪微博成为国内首家尝试推出信息流广告产品的公司,2014年今日头条APP在内容分发中引入信息流广告,2015年腾讯公司尝试将"品牌故事"信息流广告植入微信朋友圈信息中,三家公司成为国内信息流广告运营首批梯队。

(3) 2016年至2018年的爆发式增长阶段,这一阶段不少互联网厂商跟风加入信息流广告运营与发展行列,一点资讯、百度、UC头条、陌陌、360电脑端的信息流广告相继上线,此后信息流广告业务成为不少移动互联厂商营收增长的新引擎。

(4) 2019年之后的持续稳定发展阶段,除传统资讯及社交移动端信息流广告外,电脑端(浏览器、搜索工具、杀毒软件等)以及移动短视频平台的信息流广告也应运而生,信息流广告的商业化价值再一次得到凸显。目前,信息流广告已成为各大互联网企业每年广告营收的主要来源,且其本身也在不断进行更新迭代。

信息流广告主要的运作模式有以下五种:

(1) 基于社交网络的关系模式。这一模式主要是以微信朋友圈广告为代表,基于强社交关系,打造多维度、多层次的媒体矩阵。

(2) 基于阅读偏好的兴趣模式。这一模式主要以今日头条为主,主要是通过用户的阅读兴趣和偏好,推送相应的信息流广告。

(3) 基于用户搜索的推荐模式。这一模式主要是以百度为代表,采用"搜索+推荐"双引擎模式,再加上人工智能和大数据算法作为技术支撑。

(4) 基于地理位置的导流模式。这一模式主要以陌陌为代表,通过与地理位置信息结合,将信息流广告推送给附近的人,属于基于位置的服务(Location Based Services,LBS)的范畴。

(5) 基于社交+兴趣的混合模式。这一模式以新浪微博为代表,是一种基于粉丝经济的"社交+兴趣"双信息流模式。微博拥有全面详细的用户社交行为数据,这些数据包括用户状态、话题参与、互动与社交网络,可以对用户之间的社交关系及兴趣实时捕捉与挖掘,进行信息流广告的推送。

第一阵营由百度、字节跳动、腾讯控股组成,占据信息流广告市场70%的市场份额,这些互联网头部企业也占据了主要流量和用户时长,优势明显。

二、信息流广告的特征

(1)原生化广告形式,"润物细无声"。由于传统广告具有一定的侵入性,存在容易被用户排斥、厌烦的情况,相较而言,信息流广告则是自然融入日常接收的内容流中,在低打扰的使用情境下进行传播。同时,信息流广告还可依据用户特征与标签开展精准推送,一定程度上保持了推送内容与信息接收内容的高度相似性,进而大大降低了用户对传统广告突然跳出的厌恶感。信息流广告形式和信息之间的微妙位置旨在最大限度地减少用户对广告的规避,增加用户的参与度。事实上,有研究表明,相较于传统广告而言,读者对信息流广告的回应相对积极,由于这些广告的侵入性较小,并且能与周围的编辑内容相匹配,更容易做到"润物"细无声。

(2)精准标签化投放,科学监测传播效果。一方面,信息流广告基于常见的五类用户标签,即人口学标签(性别、年龄、地域、学历、职业等)、需求特征标签(短期需求、长期需求、周期性需求、潜在需求)、行为习惯标签(信息浏览行为、出行习惯、购物行为、游戏娱乐行为等)、兴趣偏好标签(饮食偏好、娱乐爱好、商业兴趣等)、设备标签(智能设备型号、设备运营商、设备品牌等)进行精准定向投放,提升目标受众到达率和广告观阅效果;另一方面,广告主与广告效果监测公司可分别采取第一方、第三方的广告效果监测体系,进行联合监控以监测目标用户与潜在用户的传播效果,通过智能化算法保证广告效果 数据的真实性、透明性。

(3)精细化运营,优化营销漏斗。基于数据挖掘技术,广告运营商一方面通过人群特征分析确定出潜在人群、目标人群和核心人群等三类受众,根据品牌特色精准匹配目标群体后进行广告投放;另一方面可计算互动量、曝光量、导流率等运营数据,密切监测投放效果并适当修正广告营运策略,以实现营销漏斗的优化,即科学反映广告目前的状态以及销售情况,实现从广告展现优化到点击优化,最后到转化优化的营销策略提升。信息流广告常采取品销合一的路径,即在提高品牌曝光度的同时,尽可能地实现点击率最大化转化。基于可针对营销漏斗的长期优化特点,信息流广告的运营模式也适用于大型、长期的广告投放与服务活动。

三、利用大数据提升原生广告投放精准度

互联网时代的广告投放对于广告与用户的匹配正在提出越来越高的要求,传统的人口统计学细分已经无法满足客户需求,而网络的互动性让用户在使用网络过程中不可避免地留下丰富痕迹。

那么如何找到真正需要广告的人呢?每个人在现实生活当中都是一个有个性、有体貌、有名称、有身份、有地位的存在体,人们可以通过这些特征去准确地进行识别。而在网络世界中也可以通过各种标签勾勒出与现实生活一一对应的虚拟用户,这样我们就可以在海量互联网信息中准确地找到目标对象。这就是所谓的用户画像(User

Profile)。如图 4-6 所示。

图 4-6　用标签勾勒用户画像

通过大量的标签来对每一个移动用户进行画像,利用大数据技术将其姓名、年龄、性别、生日、喜好、经历等用户属性以及移动设备等其他属性共同塑造出一个能够识别的虚拟用户,从而实现精准定位。

互联网迭代至今,大数据概念已经广为人知,在大数据技术背景下所勾勒出的用户画像已经能够越来越智能地表现用户个性,甚至通过大数据挖掘和机器学习算法还可以预测用户行为。例如,首先通过用户行为匹配,我们找到了 Jessica,发现她刚买了一瓶防晒霜、一顶太阳帽和一副太阳镜。

图 4-7　利用大数据技术进行移动广告精准投放(a)

然后,根据大数据挖掘和学习算法,我们预测出 Jessica 很有可能打算去旅游,给她推荐一款旅游 APP。如图 4-8 所示。

因此,用户画像对移动广告实现精准投放至关重要。积累的数据越多,机器学习与预测模型越成熟,移动广告投放就越精准。目前部分原生广告平台不但能够实现地域、设备类型、系统类型、网络类型等基础定向方式进行移动广告定向投放,也能够通过为移动 APP 设置的大量偏好标签来进一步提升广告匹配的精准度,还能够利用基于位置的服务触发、行为触发等触发动作来进行精准的移动广告定向。如表 4-1 所示。

表 4-1　用户精准定向方式

基础属性	地域、终端设备类型、系统类型、网络类型等
用户属性	年龄、性别等
行为属性	LBS、购物历史等
偏好属性	美妆、旅游、家居等

所以有网友惊呼,仿佛一夜间,网上突然出现了洞悉自己各种喜好的"知音",不厌其烦地向自己推荐那些"可能感兴趣的"商品。这种利用cookie信息等方式追踪人们的上网行为,分析大数据为不同类型人群贴上标签后,再通过实时竞价平台投放广告的方式,正逐步成为数字广告的"主角"。

如果说,以往投广告就是选媒体、定天数、报价格,那么,现在的互联网广告越来越像一门"技术活"。所谓实时竞价平台广告的逻辑是,通过对人们上网行为(包括电商购买行为数据、社交行为数据、搜索行为数据、网页浏览行为数据等)的大数据分析,按各个不同标签定义不同类型的人群,再将这些"虚拟人群"打包出售给广告主。售卖也不再需要面对面人工交易,而是直接在交易平台上同时竞价——类似于拍卖会,价高者得。而作为后台的实时竞价平台最大的长处就是通过大数据分析,实现精准投放。

案例 4-1

今日头条

今日头条是北京字节跳动公司开发的一款基于数据挖掘的信息推荐引擎产品,于2012年8月上线。今日头条本质上是一款新闻聚合类分发平台,其本身并没有新闻采编资质,不产生或较少产生原创内容,主要依靠技术,通过算法和个性化推荐,为用户匹配和推送感兴趣的资讯内容。

用户使用今日头条客户端,在各频道首页中浏览系统推送的新闻资讯时,在新闻资讯信息流中会呈一定频率接收到广告,这些广告通常以一则头条信息的形式出现,这就是今日头条的信息流广告,也是今日头条主要的广告形式。目前今日头条信息流广告形式主要分为图文和短视频两大类型,通常在三至五则新闻资讯后会出现一条信息流广告,而该类型广告的展示板块主要是"推荐""热点""当地""娱乐"等各垂直频道。

今日头条的信息流广告的背后是基于大数据的算法,通过爬虫技术整合抓取各媒介渠道的新闻资讯,后台机器再对用户的社交数据、行为记录、用户画像等进行分析,而后实现信息的个性化推送,一定程度上满足了用户的个性化信息需求。今日头条信息流广告的投放逻辑与其新闻资讯内容推荐的逻辑基本一致,均是基于挖掘用户数据,匹配用户画像,通过智能分发,最终实现个性化信息推荐。其背后是基于用户偏好和海量内容进行算法匹配的精准投放,可以帮助广告主大大提升目标受众的到达率和广告效果。

图 4-8 今日头条客户端界面及信息流广告

一、广告触发机制

今日头条用户打开客户端,进入主界面对内容进行下拉后,即会刷新触发信息流广告。系统通过分析处理用户属性、社交行为等相关数据以及相关的地理定位和时间定位,从广告内容库中筛选出与用户匹配的广告。在此过程中,机器会根据各广告的类别和特性预估判断该广告被用户点击的可能性。完成广告内容与用户的匹配后,紧接着将筛选过后的广告计划进行实时竞价排序和频次过滤,最终排序第一的广告将会得到推送投放,实现广告曝光。同一组广告计划在不同用户间也会有不同的创意展示,用户点击即可进入广告详情页或跳转至相关落地页,实现广告转化。

二、广告定向方式

今日头条针对用户对信息流广告进行投放把控,主要有三种维度:一是用户基础信息维度,二是用户的阅读环境维度,三是用户兴趣点维度,通过不同维度的定向,提高广告投放的精准度。具体而言,今日头条信息流广告在建立每一组广告计划时,在后台都遵循着同一个定向系统,定向系统的内容主要根据用户属性、兴趣偏好以及今日头条的技术能力等进行维度划分,主要包括以下几种:

用户属性:一般包括人口统计学上的性别、年龄、职业、教育水平、居住城市等,此项多数为必填定向内容。

位置定向:基于用户使用今日头条APP实时状态下的GPS,IP等判断用户所处地理位置,根据地理位置推送与其所处位置相关的广告内容。

设备系统：根据用户所使用移动设备操作系统，推送与其系统相匹配的广告内容。

APP定向：基于用户手机上已安装的APP情况，判断用户日常使用APP的习惯，定向推送广告。

短期意图：基于用户近期搜索的关键词，如"服装""家具"等含强力商业信息的词条，定向推送相关广告。

长期兴趣：根据用户长期关注、搜索的兴趣点关键词，如"运动""汽车""旅游"等，定向推送相关广告。

广告商根据自身推广需要，除了基本必填的定向维度内容外，可自定义选填各定向内容，并预充广告费用。因平台客户端广告投放给量金额采用分段式的方式，今日头条信息流广告的预算设置需要账户设置预算的日预算金额必须达到一定额度，才足以支撑信息流广告创意的投放运营。

三、广告特点

（一）内容原生，信息直观

今日头条信息流广告作为原生广告的一种，保留着内容原生的特点，呈一定频率穿插在资讯内容中，其外在形式与资讯基本一致，用户不易察觉其是广告还是资讯，其植入和呈现不会破坏页面本身的和谐，同时不会抢占用户的注意力而显得突兀，保持页面统一和谐是其一大特点。同时，今日头条信息流广告推送亦呈现信息直观的特点，已被用户接受。在生活节奏快、用户阅读习惯呈碎片化的时代，直观化的广告信息可以使用户快速阅读、更快理解广告内容，并进而提升传播效果。而且，一些有特色、充满能量的广告标题还具有教育、引导消费的作用，使得用户可以进一步了解产品形态和品牌文化，提升用户的直观体验。

（二）精准度高，可控性强

个性化推荐系统使得今日头条信息流广告能够实现精准推送。数据挖掘帮助今日头条获取用户数据信息，分析其兴趣爱好等，再通过用户画像对用户群体进行分类、贴标签，通过这些步骤，今日头条越来越了解用户，最后结合各类用户特点便可实现广告的精准推送了。通过精准推送，广告界过往"不知道浪费在哪的另一半广告费用"被大大减少并实现可控。推送的广告尽量减少了对用户的骚扰，价值提升的同时，后台实时监测和优化即时反馈的广告投放数据，能够及时洞察用户当下，当时行为的"实时数据"，根据对数据的处理和分析，广告商可及时对广告进行有效的更改和调整，合理预估和分配预算，从而优化广告投放的最终效果。

（三）跟踪热点，电商合作

今日头条平台中大多数信息流广告实际上是具有新媒体属性的"软文"广告，它们并不是对产品或服务的生硬宣传，而是结合当下热点话题的信息展示与推广，是一种易于被受众接受的广告作品。个性化广告一面推广了产品服务的信息，一方面也扩

> 充了用户的阅读范围。同时，从广告运营角度看，今日头条还打通了电商数据库，与京东、淘宝等电商达成战略合作，在其平台广告上开设了购物入口。用户浏览平台资讯时，后台根据算法，为用户推荐其在电商上有过浏览、关注、收藏等行为的商品广告，用户无需打开电商平台，通过点击信息流广告即可从今日头条直接跳转至具体商品的购买页面，完成在线下单支付的全部交易流程。通过这一系列操作，今日头条可以根据用户的消费行为等数据，得到更为精确的用户画像，进而可以为用户提供更为精准的广告信息；同时通过嵌入购物入口，今日头条简化了用户购买消费的流程，降低了用户操作成本，最终有效提升了广告转化率。虽然目前用户对通过今日头条信息流广告完成线上购买商品的操作还比较陌生，需要一定时间的适应，但今后该购买模式将会逐渐融入用户生活场景，受众、品牌与产品之间的闭环传播也将逐渐实现并成为常态。

第七节 新媒体时代广告代理的新动向

一、网络与新媒体广告代理模式

伴随着网络广告历程从无序到有序的发展，网络广告代理业同样经历了坎坷的发展过程，到目前为止，网络广告代理模式主要有以下三种，这三种代理模式在网络与新媒体广告代理行业发展的过程中都占有重要的地位，也各具优劣特点。

1. 网络媒体（网站）直接与广告客户接触承揽广告

在网络广告的起步阶段，还没有形成规范专业的网络广告代理公司，所以大多数网站都成立了广告部门专门为自己的网站承揽广告业务。特别是一些大型的网站，如新浪、搜狐、网易三家网站2000年广告收入总和占国内网络广告收入总和的80%左右，是网络广告的稀缺媒体资源，所以他们更乐于直接与广告客户接触。

网络媒体（网站）直接与广告客户接触承揽广告的优势如下：其一，网站更了解自身的内容和受众群体，可以给客户提供更有针对性的广告。其二，网站直接承揽广告，免去了代理费，广告客户可以得到更多的实惠。

其存在的劣势是：网站直接承揽广告客户，没有第三方的监督，其提供给客户的数据的可信度会大大降低；另外，网站直接承揽广告客户，很难像代理公司一样，站在客户的角度上，从整体行销层面上为客户提供专业的行销方案。

2. 传统的广告公司成立的网络广告（或互动行销）部门代理网络广告

随着网络广告的发展和网络媒体地位的提升，很多传统广告公司开始关注网络广告并设立了相应部门，最初在国内设有网络广告（或互动行销）部门的广告公司大多为国际知名4A公司，这些公司都有比较稳定的广告客户，并为客户提供整合营销层面的服务。随后有一些本土的大型广告公司成立了网络广告部门或单独投资成立专门的网络广告代理公司。

这种代理模式的优势在于：其一，代理公司积累了多年的传统广告作业经验，大多形成了一套系统的作业模式和思维模式，网络广告的运作可以借鉴这些经验和模式。其二，稳定、成熟的客户资源使这些公司不必为争取客户而奔忙，能够从容地在网络行销策略层面上投入更多的力量和思考，以达到更好的广告效果。

其存在的劣势是：相比网站和专业的网络广告公司，传统广告公司对于网络环境的了解程度和网络技术的应用水平稍显欠缺，另外，网络广告在传统广告公司的业务中占比不高，作业力量和经验积累相对不足。

3. 专业的网络广告公司代理网络广告

随着网络广告业走向专业化，专业的网络广告代理公司便应运而生。专业网络广告公司不仅拥有很强的技术力量，还有丰富的广告作业经验，更对网络广告行业发展有一定的洞察力和前瞻性。而目前国内拥有这样实力的专业网络广告公司大多是跨国公司或有国外背景，本土的专业网络广告公司正在发展中。

专业网络广告公司在媒介购买上存在以下巨大优势：

其一，网络广告与传统广告相比，对于技术的依赖性更强。相较于传统广告公司的网络广告部门，专业网络广告公司由于大多脱胎于互联网行业，因此有更强的技术力量，而且也更了解网络广告的特性和网络公司的作业模式，拥有自己的广告管理系统和技术平台，能为客户提供基于网络的广告策划、投放与监测等一系列的行销解决方案。

其二，与网站自己承揽网络广告相比，专业的网络广告代理公司面对的是各种类型的众多网站，通过对每个网站资料的横向比较，他们能更客观地分析判断每个网站的资源，进行科学的媒介选择，从而实现比较理想的广告效果。

其三，通过长期合作与各大媒体建立了良好的信任关系，能与中国各行业和领域的数字媒体展开合作，以整体购买量为基础谈判以争取最优的价格，并且能实现对媒体促销政策和媒体资源的灵活管理与运用。

因此，这些专业网络广告代理公司的出现是网络广告市场走向成熟的重要标志，也是推动网络广告市场发展的主要力量。

专业网络广告公司的具体业务内容主要包括以下几方面。

（1）网络平台的品牌推广策略制定。协助企业塑造自身及产品品牌形象，使广大消费者广泛认同，树立良好的企业和产品形象。

（2）创意制作。能帮助客户将网络技术与创意相结合，在互联网平台上建立用户的品牌体验，并对用户在客户品牌网站上的在线体验加以鼓励、维护和优化，让线上客户体验成为线下品牌的延伸。

（3）媒介计划和投放。帮助客户掌握网络营销信息、环境、用户、竞争对手，网站平台的变化，来创造、维护和优化整合的网络营销信息系统，提供媒介计划及广告投放策略。帮助客户探寻广告空间、投资赞助的机会。

我们将网站与网络广告公司进行对比分析可以看出，在网络广告的经营上，网站只能在自己站点为客户做到最好，为客户提供最优的价格、最好的服务；而网络广告公司具有庞大的合作站点网络,更为专业的网络广告解决方案,能给客户做全面的市场分析和广告代理,并提供最佳性价比的营销方案。在客户的竞争中,网络广告公司具备一定的优势。网络广告公司接触的网站越多,广告发布的范围越广,影响力越大。鉴于这样的行业分工,网站的广告销售同网络广告公司可以相互配合,促进行业的发展和专业化进程。网络广告公司集中协调和开发在线广告宣传解决方案,向基于网络的公司提供稳定的营业收入,使网站可以集中精力提高运营能力,提升整体效益;网络广告公司可以提供技术和媒体方面的专业知识,开发本地化的解决方案,帮助广告商和网络经营者释放出因特网在树立品牌、产品销售、建立与国内外客户的关系等方面的巨大能量。

自 1999 年国内的网络广告公司相继诞生,20 多年来其发展也已经小有规模。好耶广告网、盈科广告网、网盟等是国内成立较早而且较为成熟的网络广告公司。与早先进入国内的 doubleclick、24/7media 等国外网络广告公司相比,国内的网络广告公司的优势在于更加熟悉中国国情,并已经形成了颇具规模的中文站点网络。但在网络广告整合的解决方案提供上,在整体实力与规模上与世界各大网络广告代理商还有不小的差距,在全球范围的业务拓展能力有待提高。

另外,传统广告公司与网络广告公司之间也存在着竞争关系,传统行业广告公司涉足网络广告行业是必然趋势。早在中国互联网刚刚起步的 1999 年,国内网络广告行业规模已经接近 1 亿元,这个数字令所有的广告公司都怦然心动,传统广告公司涉足这个行业只是时间问题,而这一步的最终迈出与广告公司的意识、规模、客户、经验、环境等因素密切相关。传统广告公司开展网络广告业务的优势在于其拥有较为固定的客户群,同时在广告策划、创意和制作上有相对成熟的技术。但网络广告代理商所具备的广泛的站点网络,先进的网络广告代理方案却是传统广告公司所无法比拟的。即使纵观整个世界,在很长一段时间中,西方传统广告公司也很难同 Doubleclick、24/7media、BMCMedia 等专业网络广告公司竞争。相反,同他们展开广泛的合作,优势互补,慢慢地涉足这个新兴行业并不断成熟,最后在技术、设备、经营上达到相当的规模,才是应遵循的发展方向。

二、网络与新媒体广告代理服务服务商发展趋势

广告代理服务商,即代理从事营销策划、网络广告作品等网络促销工具的准备与制作的专业服务机构。与传统广告产业类似,网络广告产业的广告代理服务商主要分为提供全案策划的综合代理服务商和提供媒介购买服务的媒体代理服务商,另有一些小型创意工作室。全案策划服务于多行业的广告公司或是媒体集团。媒介购买公司可分为两类,即覆盖多行业进行广告投放的公司和专注某行业的公司。全案策划阵营里的集团或公司多通过收购或成立子公司渗透媒介购买阵营,进一步整合产业链。

近年来,中国广告代理市场表现出以下趋势:

其一,寡头策划,集中采购,分布投放,效果聚合,精准营销的趋势更加明显。

寡头策划,即网络广告的全案策划将更多地由阳狮、WPP 等广告集团所垄断;广告采购,将从分散采购发展到集中采购;广告投放,将从集中投放到分布投放,以实现更好

的精准营销;效果聚合、精准营销即广告投放通过相关的精准投放的技术,实现广告效果的最大化。

其二,网络广告代理市场资本运作将更加频繁,全案代理市场将被进一步垄断。

资本运作的结果将导致集团化的加速发展,形成阳狮、WPP、分众集团几大集团,一定程度上垄断了中国网络广告的媒介市场。

其三,专注于某一媒介细分市场的代理公司将不断涌现。

专注于某一媒介细分市场的代理公司,如针对游戏植入的代理公司或是网络视频的代理公司,将会出现更多。

其四,网络广告代理市场竞争将由比拼"媒介价格",转向比拼"媒介效果"。

广告主选择广告投放会越来越趋于理智,网络广告代理市场的竞争核心将由主要比拼"媒介价格",转向比拼"媒介效果"。该趋势对网络广告代理公司的要求更全、更高。单纯的广告代理、营销服务乃至渠道联合业务很难支撑一家公司在博弈中取得胜利,提供更有效的整合方案的公司将成为未来的王者。

其五,第三方网站监测及广告监测将会有力促进网络广告代理市场健康发展。

中国互联网发展出独立的第三方市场监测、受众测量平台,以及专业的数据采集与研究平台,将有助于业界从产业市场角度,客观、深度地把握市场发展情况、竞争格局以及发展趋势;从媒介角度测量受众基本特征、网上行为、消费行为、消费倾向等,可为投资融资、广告投放、企业市场推广计划的制订等提供客观的第三方决策支持。

由以上分析可见,当下国内网络广告代理市场的整体趋势呈现出两大阵营(全案策划和媒介购买)、两极分化(强者愈强)、专业细分(进入垂直市场)三大特点。

案例 4-2[①]

BMW 1 系沙漠怪圈事件营销

代理公司:华扬联众数字技术股份有限公司

客户:宝马汽车中国有限公司

图 4-9 BMW 1 系沙漠怪圈事件营销

---

① 案例来源:华扬联众 http://www.hylinkad.com/template/work_content.php? workID=21#

BMW 1 系为宝马公司设计制造的两厢轿车,于 2008 年夏登陆中国,售价为 27.3 万~44.5 万元。BMW1 系在同级车中处于相对较高的价位,另外其他非豪华品牌的两厢车(间接竞品)也面对同一消费群体传递"个性""激情"和"驾驭"等特点,因而使 BMW1 系很难在有限的预算条件下通过常规的广告投放而产生充足的传播量,因此打破传统的创新营销方式显得十分必要;同时也是传递 BMW 1 系品牌独特个性的得分点。

在碎片化的网络环境下如何创造舆论,如何利用用户进行自主二次传播,这些对项目的执行力提出了很高的要求。

华扬联众数字技术股份有限公司北京办公室于 2013 年策划了 BMW1 系沙漠怪圈事件营销。针对目标受众追求炫酷、新奇的心理特征,以沙漠惊现麦田圈为噱头制造悬疑事件营销,引发网民关注。视频拍摄角度选用了真实场景和真实的记者身份,加以剪辑组编,很好地凸显了麦田圈的悬疑。广告推广以系列视频的方式逐步推出,先期抛出悬念,引发关注和猜疑,后续揭秘:麦田圈源自 BMW1 系的后轮驱动和优秀的操控性能。在提高产品知名度的同时又强调了产品性能特点。此次推广也充分利用了视频的可见性和感染力,提升了悬念营销的感染力。

1. 策略与创意

(1) 创造事件:一群热情洋溢且充满创造力的年轻人开着三辆 BMW1 系在青海某沙漠中用车胎轨迹画出了"沙漠怪圈"。

(2) 话题营销:"中国惊现首个沙漠怪圈!"将沙漠怪圈作为神秘事件,分阶段发布视频和新闻素材,层层递进,引发网友的热议,同时通过社会化媒体引导并造势,在短时间内进行广泛传播。

(3) 品牌关联性:由沙漠怪圈这一神秘事件可以很容易地联想到是 UFO 所为,同时影射 BMW 1 系的产品。

(4) 产品特点突出:沙漠怪圈的事件既符合 BMW 1 系目标受众充满热情、充满活力的性格和愿意接受挑战、尝试新鲜事物的特性;同时可以很好地诠释 BMW 1 系产品的性能优势(具有后驱车、前后比重 50:50 等操控性能才可以很精确地画圈)。

2. 执行效果

微博平台上,4 个阶段的微博总共被转发超过 40 万次,共冲上新浪微博热门转发榜 3 次,并位列首位;被 20 多家新闻类媒体的微博官方账号自主转发;"沙漠怪圈"的关键词出现达到了 36 万次。在网络视频平台上,4 个视频总的播放量超过 1600 万次;论坛平台发布的 5 篇论坛帖,总浏览量超过 200 万次。百度的自然搜索量达到了 146 万次,谷歌的自然搜索量达到了 284 万次。

这次的"沙漠怪圈"事件营销行为,运用了多种媒体渠道联合发声,微博、论坛、公关软文、报纸、杂志等所有可以利用的媒体形式,同时也联合传统媒体配合营销行为,给接触到这次营销事件的受众留下了深刻的印象。这样一种特立独行的悬念营销方式,既考虑到 BMW 1 系目标消费者富有个性、具有活力,同时也喜欢探索未知事物,喜欢创新的特点;同时凸显了 BMW 1 系在操控性能上的优越。

本章小结

互联网技术的发展和产品的多样化,使得在互联网营利方式整体日趋明朗的前提下,网络与新媒体广告对于精准和效果的要求日益提升。本章分析了门户网站、搜索引擎、社交网站和视频网站的营销与盈利模式,介绍了大数据技术带来的精准营销趋向,并分析了移动技术给新媒体营销环节带来的改变。由此可见,以网络技术为基础,以受众行为为主导,网络经营模式正在不断走向多元,整个媒介生态将不断被重塑。

思考与练习

1. 门户网站如何以用户为核心完成广告发布?
2. 如何利用大数据提升广告发布的精准性?
3. 简述搜索引擎的营销模式。
4. 搜索引擎广告和电视广告各有特点,各有优势,在实际的广告投放中要怎么配合才能取得最佳效果?

参考文献

[1] 华扬数字营销研究院. 2013 中国数字营销行动报告[EB/OL]. [2014-04-01]. http://www.hylinkad.com/hdmr2013report.pdf.

[2] 华扬数字营销研究院. 2014 中国数字营销行动报告[EB/OL]. [2014-04-04]. http://www.hylinkad.com/template/activity_content.php?activityID=61.

[3] CNNIC. 第 97 期互联网发展信息与动态[EB/OL]. [2014-03-27]. http://www.cnnic.cn/gywm/zzkw/xxydt/201410/t20141030_50091.htm.

[4] 艾瑞网. 2014 年中国网络广告行业年度监测报告[EB/OL]. [2014-4-14]. https://report.iresearch.cn/report./201404/2138.shtml.

[5] 新浪互动营销. 蒙牛携手龙渊引领快速消费品营销"新浪"潮[EB/OL]. [2013-12-15]. http://emarketing.sina.com.cn/2014-04-01. http://www.iresearch.com.cn/Report/2130.html.

[6] 2015 央视广告中标额保密[EB/OL]. [2014-11-19]. http://www.bjnews.com.cn/finance/2014/11/19/342131.html.

[7] DCCI 互联网数据中心. Netguide2008 中国网络广告市场调查研究报告——格局与趋势[EB/OL]. [2008-1-21]. www.dcci.com.cn.

[8] 廖秉宜. 大数据时代移动营销的十大趋势[EB/OL]. [2015-5-19]. http://a.iresearch.cn/onm/20150519/250064.shtml.

[9] 李敏. 综合门户网站与垂直门户网站盈利模式比较——以三大综合门户网站与优秀垂直网站代表为例

[J].会计之友,2012(2).

[10] 龙丽双,朱剑飞."老门户"应加快孵化"新生体"——再论新媒体生存发展的经营之道[J].南方电视学刊,2012(6).

[11] 三泰一河.利用大数据提升原生广告精准投放[EB/OL].[2015-05-25].http://mt.sohu.com/20150525/n413704905.shtml.

[12] 熊昊.信息流广告的特征与发展趋势[J].青年记者,2020(18).

[13] 腾讯控股有限公司.2020年度财务报告[EB/OL].[2021-03-24].https://static.www.tencent.com/uploads/2021/03/24/935aa4e66aa7b9c0d8e8442ef1ae4e01.pdf.

[14] 庞银馨.基于TAM的今日头条信息流广告受众接受行为研究[D].厦门大学,2019.

[15] 李彪.信息流广告:发展缘起、基本模式及未来趋势[J].新闻与写作.2019(10).

[16] 国家市场监督管理总局.《2020中国互联网广告数据报告》正式发布[EB/OL].[2021-01-14].http://www.samr.gov.cn/ggjgs/sjdt/gzdt/202101/t20210114_325214.html.

[17] 中关村互动营销实验室.《2020中国互联网广告数据报告》正式发布[EB/OL].[2021-05-13].https://www.imz-lab.com/article.html?id=188.

第五章　网络与新媒体广告的策划与创意

> **学习目标**
>
> 1. 理解网络与新媒体广告战略策划与整体营销战略和品牌战略的关系，掌握在网络与新媒体传播平台下如何合理分配网络与新媒体广告预算，规划网络与新媒体广告的战略思想、战略目标和战略内容。
> 2. 综合运用目标市场策略、定位策略、诉求策略和表现策略，实现网络与新媒体广告策划与品牌传播目标。
> 3. 了解网络与新媒体环境下广告创意理念的变革特征，理解基于数字化平台进行网络与新媒体广告创意与表现的策略。
> 4. 掌握网络与新媒体广告文案的创作形式及创意原则，灵活运用各类媒介载体的传播特性，把握网络与新媒体受众心理接受规律，展开文案创意，实现有效诉求与沟通。

第一节　网络与新媒体广告的战略策划

在进行网络与新媒体广告战略策划之前，首先要明确战略和策略是两个相对而言的概念，企业的广告战略在一定历史时期内是具有相对稳定性的。而策略具有较大的灵活性，是指为实现战略任务而采取的手段，是战略的一部分。策略要服从于战略，并为达到战略目标服务，战略任务则必须通过策略来逐步完成，两者的关系反映全局与局部的关系。它们的区分是相对的，而在同一范围，两者间的区别又是确定的。

一、网络与新媒体广告战略策划概述

在这个网络与新媒体环境发展日益成熟的时代，广告产业也正经历着从传统媒体环境走向网络与新媒体环境的转变之路。伴随着现代电子、数字技术的发展，很多先进的传播技术被应用到传媒领域，从而赋予了大众传媒新的表现形式。广告信息的发布需要有适合信息自身特点的投放平台，所以网络与新媒体技术的出现，对广告行业的发展起了很大的推动作用。新媒介环境的产生、发展、成熟对广告战略提出了更高的要求。

（一）网络与新媒体环境与广告战略策划

网络与新媒体环境，是指在互联网之后发展起来并建立在网络数字技术基础之上的渐成体系的新兴媒体环境。其特点是融合了多种传播技术手段，使信息传播可以在更加多元化的方式下实现。

首先，网络与新媒体环境的"新"体现在它的传播方式上，它打破了以往大众传播中

目标不确定的缺点,能准确地将要传播的信息"交付给"目标受众;其次,网络与新媒体环境的"新"体现在它的传播渠道上,它不像传统媒体那样可独自发挥作用,而是把新兴技术与原有技术进行各种巧妙的组合,其信息传播的速度、数量、质量乃至信息传播的模式等均发生了巨大变化;再次,网络与新媒体环境的"新"还体现在它的服务功能上,现代社会向着需求个别化、多样化发展,而网络与新媒体环境正是更加细分化地适应社会的多样化需求,极大地丰富了人们的选择余地。

这一前提给广告战略策划提供了更大的空间和平台,也带来了更多的挑战。网络与新媒体环境下的广告战略策划,更需深入评估分析企业和品牌所处的客观环境,对整个广告活动的指导思想、目的、原则等进行宏观运筹与谋划。

(二)网络与新媒体广告战略策划的特征

无论是在网络与新媒体还是传统媒体条件下,广告战略策划都具有以下基本特征:

1. 广告战略对广告活动的指导性和方向性

广告战略是企业广告策划的核心。广告战略一旦确定,就对广告策划、广告创意、广告作品设计、制作具有指导意义。广告战略还规定了整个广告活动发展的方向,战略是实现广告目标的核心机制,直接制约其他一切因素在特定的目标条件下如何去做。

2. 广告战略的科学性和创造性

广告宣传成功的关键是要有一个科学性、创造性的广告战略,这也是整个市场战略获得成功的关键。广告战略不是市场营销战略的简单翻版,而是在市场营销战略指导下,对其进行创造性的发展。它的形成是一个创造性的过程,它会因市场条件和营销目的的不同而不同,是一个具体的、可执行的广告战略。

3. 广告战略的全面性和长期性

广告战略并不是一时心血来潮突发奇想的权宜之计,而是在周密的市场调研的基础之上,从企业的发展全局出发,为企业的长期发展考虑,审时度势地精心谋划制定出来的,它与一般性的策略的不同之处就在于它具有鲜明的全局性和长期性的特征。

4. 广告战略的抗衡性和协调性

广告战略作为市场竞争的一种谋略,通常是依据某一具体的营销目标,某一特定的竞争形势或某一特定的竞争对手而制定的。所以,必须考虑到与竞争对手在市场上的抗争与制衡的问题。在考虑竞争、抗衡问题的同时还要从长远的发展角度、全局的高度协调好广告战略与各个社会环境因素、传播环境因素的关系,协调好全局与局部的关系、战略与战术的关系等。

(三)网络与新媒体广告战略策划的程序

网络与新媒体广告战略策划程序一般包括四个方面。

1. 确定广告战略思想

广告战略思想是广告活动的指南,开展网络与新媒体广告活动首先要解决"为什么做广告"的问题。"为什么"包含两层含义:一是对开展网络与新媒体广告活动意义的认识,要弄清网络与新媒体广告活动对企业的整个经营会产生什么影响;二是对网络与新媒体广告预期达到的效果要心中有数。要解决"为什么"的问题，其关键所在是网络与新媒体广告战略策划中要有明确的战略思想。

可供选择的战略思想常见的有以下几种。

（1）积极进取的观念。持积极进取观念的广告战略策划者对广告的作用十分重视，在思想和行为上是积极进取的，战略目标是扩张型的，战略姿态是进攻型的，对市场环境的变化反应敏捷，期望通过有效的网络与新媒体广告策划主动争取市场领导者地位或进行新产品推广和市场开拓。

（2）高效集中的观念。持高效集中观念的广告战略策划者很重视广告的近期效益，在网络与新媒体广告战略策划中强调"集中优势兵力，打歼灭战"，以集中的广告投资和大规模的广告宣传，在某一个市场或某一时间内形成绝对的广告竞争优势，以求短期内集中奏效。

（3）长期渗透的观念。持长期渗透观念的广告战略策划者特别重视广告的长期效应，在网络与新媒体广告战略中强调"持之以恒，潜移默化，逐步渗透"。

（4）稳健持重的观念。具有稳健持重观念的广告战略策划者对广告的作用也比较重视，但在思想和行为上却比较谨慎，一般不轻易改变自己的战略方针，主要以维持企业的现有市场地位和既得利益为主要目标，很少有进一步扩张的要求。

（5）消极保守的观念。持消极保守观念的广告战略策划者对广告的战略作用不是很重视，在思想和行为上比较消极被动，广告活动的主要目标在于推销产品。

以上的五种观念都产生于一定的客观条件，同时又与特定的客观条件相适应。广告战略策划者应当根据网络与新媒体广告活动所处的客观条件确立与之相适应的广告战略观点，这样才能使广告战略具有正确的指导思想。

2. 调查分析环境

企业的环境因素对广告战略的制定有着关键性的影响作用。广告策划者要想制定一个能引导企业的广告活动走向成功的网络与新媒体广告战略，就必须全面调查和分析企业的环境因素，包括内部环境和外部环境。内部环境指企业自身的规模、产品、资金、人员、经营发展战略、营销战略等方面的情况。外部环境指了解和分析与本行业有关的经济、生产、市场、技术、竞争对手和有关政策等因素，尤其要把握在现有市场中可以使用的网络与新媒体技术条件。

3. 确定目标任务

在调查和分析环境的基础之上，企业可以确定围绕网络与新媒体广告策划活动的基本目标和任务。任何一个广告活动，只有确定其基本目标和任务之后，才能有效地制订战略规划。网络与新媒体广告活动的目标和任务往往取决于营销目标和任务的设定。

4. 制定战略内容

基本目标和任务确定后，就要着手制定网络与新媒体广告战略的内容。广告战略内容一方面包括一些指导性的政策，以引导广告活动实现其目标；另一方面是制定职能战略，职能战略主要包括市场、产品、广告媒体、广告表现、广告实施等一些特殊领域内的战略。

随着越来越多的企业由交易性营销（Transactional Marketing）转向关系营销（Relationship Marketing），企业与顾客以及其他利益相关者建立、保持并巩固长远关系变得日趋重要。这种关系营销发挥作用的有效途径和有力保障便是整合营销传播。整合营销传播把企业营销和传播过程统一起来，融合了所有营销传播组合的要素，形成一种贯穿组织的整合性力量。媒体的分众化是整合传播的现实需求，而网络与新媒体平台给整合传播提供了实现的可能。图 5-1 展示了整合营销传播的策划流程。

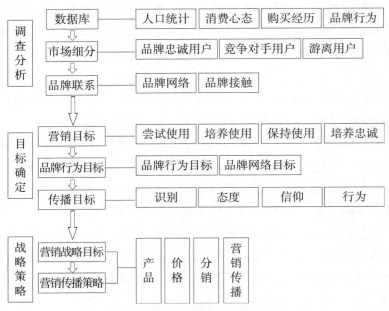

图 5-1　整合营销传播策划流程

这个模式使广告战略策划融入整个营销传播策划过程中，与各个要素紧密结合在一起，使得所有营销形式转变为传播，所有传播形式转变为营销。网络与新媒体条件下的整合营销传播使企业和广告公司以新的角度和观念面对空前广阔的领域。

二、网络与新媒体广告战略目标

在网络与新媒体广告策划过程中，对广告活动所要达成的目标的策划，是确立广告战略策划的中心环节。网络与新媒体广告战略目标应围绕网络与新媒体广告活动所要达到的预期目标策划。作为广告活动的总体要求，广告目标规定着广告活动的总任务，决定着广告活动的行动和发展方向。

（一）网络与新媒体广告战略目标的分类

从不同的角度、用不同的标准对广告战略目标进行划分，可以有众多不同的广告战略目标。

按不同的内容，网络与新媒体广告战略目标可以划分为产品推广目标、市场拓展目标、销售增长目标、企业形象目标。

按不同阶段,网络与新媒体广告战略目标可以分为创牌目标、保牌目标、竞争广告目标。

按广告效果,网络与新媒体广告战略目标可分为广告促销效果目标和广告传播效果目标。

按重要程度,网络与新媒体广告战略目标可分为主要目标和次要目标。

按不同层次,网络与新媒体广告战略目标可分为总目标和分目标。

(二) 网络与新媒体广告战略目标的制定

通过系统分析企业的内部环境和外部环境,重点把握所处的网络与新媒体环境和可利用的网络与新媒体条件,制定出明确的网络与新媒体广告战略目标,并通过广告活动实践,借助一种或多种网络与新媒体或整合使用新旧媒体,达成该战略目标。常制定的目标有以下几种。

(1) 以提高产品的占有率为目标:介绍新产品的质量、性能、用途和好处,促使新产品进入目标市场。

(2) 以扩大产品的销售量、延长产品的生命周期为目标:介绍老产品或改进后的产品所具有的新用途或改进后的好处。

(3) 以扩大产品的市场占有率为目标:增加产品的销售量,突出产品的质量和特殊好处,激发消费者直接购买的欲求,提高销售增长率。

(4) 以维持原有利润水平为目标:保持原销售数量,稳定老客户的购买额度,吸引网络与新媒体受众和潜在客户。

(5) 以支持人员推销为目标:用网络与新媒体广告开路,形成推销人员未到而产品名称和企业名称早已引起消费者注意的态势,节省一定的推销费用。

(6) 以树立品牌形象和企业形象为目标:提高产品知名度和信任度。

(7) 以扩大销售区域为目标:开辟新市场或吸引新客户。

(8) 以增进与经销商的关系为目标。

(9) 以抢占同类产品在市场上销售的制高点为目标:提高与同类产品竞争的抗衡能力或压倒同类产品。

(10) 以延长产品购买时间或使用季节为目标。

(11) 以消除令人不满的印象为目标:通过网络与新媒体平台解答消费者提出的问题,排除消费者的疑惑和消费前的种种障碍。

(12) 以为消费者提供售后服务、建立商业信誉为目标。

(13) 以提高社会对企业的信任度为目标:建立友谊,沟通感情。

(14) 以调动员工的积极性为目标:增强员工对企业的自豪感和责任心。

(15) 以维护企业的长期利益为目标。

制定网络与新媒体广告战略目标要从企业的具体情况出发,选择切实可行的战略目标,战略目标虽具有一定的稳定性,但不能一成不变,尤其是在瞬息万变的网络与新媒体环境下,要根据实际情况做出调适。

广告战略目标的确定在许多情况下很可能不止一种,而是具有多元或多重目标。在这种情况下,必须分清层次。应该明确哪些是总目标,哪些是分目标;哪些是外部目标,哪些是内部目标;哪些是主要目标,哪些是次要目标;哪些是近期目标,哪些是长远目标。在选择和确定网络与新媒体广告战略时,应抓住总目标突出主要目标,兼顾分目标和次要目标,并努力协调好外部目标与内部目标、近期目标和长远目标之间的关系,使企业内部目标的落实为外部目标的实现创造条件,使近期目标的落实为长远目标的实现创造条件。

三、网络与新媒体广告战略设计

战略思想的确立是网络与新媒体广告战略策划的基础,广告目标的制定是网络与新媒体广告战略策划的核心,对内外环境进行分析是网络与新媒体广告策划的前提,而广告战略设计则是网络与新媒体广告战略策划的关键。广告战略设计就是设计众多广告战略方案,并从中选择最能体现广告主战略思想,符合网络与新媒体广告策划实际,适应企业市场营销需要的广告战略方案。

(一) 网络与新媒体环境下的广告创作战略

网络与新媒体广告创作涉及战略、策略、创意和制作等诸多环节,是网络与新媒体广告运作中至关重要的一环,也是充分体现网络与新媒体广告创造性和挑战性的一环。网络与新媒体广告的创作过程充满着变化和刺激,体现理性与激情,网络与新媒体广告创作战略则为广告创作提供了协调统一的指导。

网络与新媒体广告创作战略是广告战略和目标在广告创作领域的具体体现和运用,与其他广告战略一样构成总体设计的一部分。

1. 战略任务

网络与新媒体广告要达到最终目标,必须通过影响消费群体观念和行为来实现,要影响消费群体的观念和行为又主要凭借广告作品,而成功的网络与新媒体广告作品则来自广告创作过程的巨大努力。网络与新媒体广告创作就是将恰当的广告信息要素以有效的形式形成广告作品,并借由网络与新媒体平台传达给消费群体的过程。广告信息要素包括主题、创意、文字、图形、色彩、画面、音响等诸多方面,网络与新媒体广告信息要素依托互联网、移动终端、数字技术等不同的载体,全方位地呈现广告战略决策。广告创作战略长期从总体上指导广告作品对消费群体观念和行为的影响。

2. 基本原则:预期信息与可接收信息可靠的一致性

网络与新媒体广告主发布广告的目的就是向其消费群体传递其有意图的广告信息。这种广告主力图传递的广告信息就是预期信息。广告创作就是要将这种预期信息经过合理有效的选择、组合表现出来以形成网络与新媒体广告作品。消费群体通过广告作品接收到的信息就是接收信息,接收信息的多少和程度决定了广告的效果和影响。成功的网络与新媒体广告创作,无论采取什么方式,总能够将广告的预期信息巧妙而且强烈地传递给消费群体,并对其观念和行为产生重大影响。因此,网络与新媒体广告创作的基本原则就是预期信息和接收信息达到可靠的一致性。这里的"可靠"是指广告作品传递预期信息的方式具有很强的说服力和可信度;"一致"是指预期信息和接收信息的完全符合,广告不能有偏差地传递信息,消费群体也不会有偏差地接收信息。因为广告作品的缘故而带来的任何信息偏差会对整个广告活动产生难以估计的消极影响。

3. 对广告创作进行整体性和方向性规划战略定位

网络与新媒体广告创作战略对具体的创作策略和过程从总体上进行指导,主要体现在对创作的战略定位上。网络与新媒体广告创作战略定位是指对广告创作进行的整体性和方向性规划,以指导具体的广告创作过程,从而在总体上达到一致的理想效果。

网络与新媒体广告创作的战略定位从影响广告创作的诸多因素中选择对产品或品牌具有核心意义的要素或组合进行区分。这些要素包括创作风格、主题与题材、广告信息、顾客需求等方面。

战略定位保证了网络与新媒体广告创作总体上的特征性与一致性,有利于塑造品牌和强化对消费群体的影响。需要注意的是,战略定位的指导方向并不是绝对的,由于特殊情况的需要而进行的不同导向的策略性网络与新媒体广告创作并不违背总体定位。网络与新媒体广告创作的战略定位选择取决于企业的经营战略和竞争情况,网络与新媒体广告创作的战略定位应随着企业经营竞争的不同状况进行调整。

(二) 网络与新媒体环境下的消费群体广告战略

消费群体广告战略是网络与新媒体广告策划的战略和目标在消费群体领域的具体体现,为随后其他广告策略的实施和运用提供方向性和原则性的指导。要达到促进销售的基本目的,网络与新媒体广告要将恰当的信息通过最有效的渠道传递到恰当的对象,并最终通过影响消费者的观念和行为来逐步实现。消费群体广告战略设计正是要在总体上明确网络与新媒体广告策划所应面对的消费群体和努力方向。我们通过以下的具体内容来具体理解。

1. 战略任务:通过对消费群体的战略决策影响其观念和行为,促进最终销售

网络与新媒体广告和传统广告在本质上一样,同是营销手段和信息传播工具,网络与新媒体广告活动和广告策划最终都是要实现传达特定信息和有效地促进销售的目标。作为消费群体领域的广告战略,成功与否在于能否针对消费群体采取有效战略达成该目标。因此,消费群体广告战略的基本任务,就是制定对消费群体的战略决策,明确要传达的特定信息,影响其观念和行为,促进最终销售。明确了战略任务,就知道网络与新媒体环境下对于消费群体战略的所有努力的取向。

2. 基本原则:对消费群体有条件地发挥最大有效影响

当我们考虑战略细节,权衡取舍时必须有一个可以参照的基本原则,并以此来指导对战略内容的设计。对消费群体有条件的最大影响就是消费群体广告战略的基本原则。广告是商业活动,需要有代价和回报地利用经济资源。所谓"有条件"是指针对消费群体影响的范围和程度要受到当前条件的限制,包括现有网络与新媒体资源、企业经营方针和营销战略策略等。"最大",就是要充分利用网络与新媒体广告的经济资源产生最

大的影响。"有效",就是这种影响必须是符合消费群体广告战略的目的和任务,符合营销战略和任务,对网络与新媒体广告主和消费群体双方来说都是满意的。

3. 战略概况:特征群与基本点

我们不可能将大量的资源耗费在毫无针对性的消费群体上,因此,广告需要面对有某种共同特征的或大或小的消费群体,这些群体具有多种多样的特征,但总有一些是网络与新媒体广告活动所能利用的。因此,制定消费群体战略首要的内容是分析消费群体的概况,即"特征群"和"基本点"。

"特征群"是指网络与新媒体广告活动中具有概括性和战略性共同特征的群体,是网络与新媒体广告所需面对的消费群体在战略上的概括。概括性是指对群体的描述是定性的,是对消费群体的总结。战略性是指对这种描述是有战略意图的,为随后的策略实行提供方向性的指导。网络与新媒体广告活动的特征群战略性和概括性的共同特征就是"基本点"。基本点为消费群体广告战略提供了努力的中心和焦点。例如,可口可乐针对网络与新媒体开展的广告活动延续一贯的特征群,可概括为"热爱生命和享受生活的人",基本点为"生命与生活";百事可乐网络与新媒体广告活动的特征群可概括为"希望和充满年轻活力的人",基本点为"年轻活力"。特征群和基本点的差异,使得两者的网络与新媒体广告活动从总体上会呈现不同的风格和方向。

特征群和基本点与广告策略中目标市场策略的细分市场和基本特征不同。特征群和基本点着重战略性、长期性、方向性和抗衡性,是所有广告活动和广告策略在消费群体方面共同围绕的中心;细分市场和基本特征则是针对广告活动的特定化和具体化的衡量,强调为其他广告策略提供明确的依据和标准。特征群和基本点在相当长时期内保持不变,除非营销广告战略发生重大转变;细分市场和基本特征则可以随着某一广告活动和运动的目的而改变。例如,我们可以把百事可乐网络与新媒体广告活动的细分市场和基本特征表述为"15～35岁左右,追求时尚与先锋、年轻活力的人",或者出于特定活动的需要表述为"18～25岁左右,喜爱体育运动的在校大学生"。

4. 针对观念和行为的努力方向

网络与新媒体广告对销售和品牌的作用是通过影响和改变消费群体的观念和行为来实现的,因此,要从战略上明确网络与新媒体广告活动在观念和行为两方面的努力方向。

从长远看,网络与新媒体广告活动对消费群体观念和行为的影响包括:创造观念和诱发吸引,培养观念和鼓励购买,维持观念和持续购买,转变观念和重塑习惯。通过以上四个方面,消费群体广告战略从总体上为网络与新媒体广告活动提供了针对消费观念和行为的努力方向。网络与新媒体广告策划者可以为广告策略的开展和实施选择适合产品或服务现阶段营销状况的组合。针对观念和行为的努力方向为整体广告活动提供了统一协调的聚合力,使得网络与新媒体广告活动和广告策略能够朝着一致的方向多样化发展。

5. 消费群体的战略组合

在明确了消费群体广告战略的努力方向之后,消费群体广告战略还需确定实现这些努力的战略组合,包括扩大型群体战略、集中型群体战略、强化型群体战略、开发型群体战略和转变型群体战略等。

扩大型群体战略和集中型群体战略都是针对消费群体范围而言。扩大型群体战略是指网络与新媒体广告活动的作用在于逐步扩大消费群体的战略,集中型战略则是指网络与新媒体广告活动的作用集中于特定的消费群体的战略。

强化型群体战略和开发型群体战略则是针对消费群体的深度挖掘。强化型群体战略是指网络与新媒体广告活动的作用在于强化特定消费群体观念和行为的战略,开发型群体战略是指网络与新媒体广告活动的作用在于开发原有消费群体的战略。

与其他战略不同,转变型群体战略是指网络与新媒体广告活动的作用在于转变消费群体的观念甚至原有消费群体观念的战略。

网络与新媒体广告主和广告策划者可以根据需要选择合适的消费群体广告战略组合来实现有效的努力。例如,面对拥有巨大潜在数量的消费群体,意在争取市场领导地位的产品或服务可以通过扩大型与强化型战略相结合的广告战略,在扩大市场份额的同时强化市场势力,以此巩固其市场地位;凭借某一新技术或新产品开辟市场的企业,则可以利用集中型和扩大型相结合的战略方式,在小范围市场争夺成功后转向大范围领域;重新进入市场的旧企业或品牌,可以选择转变型或扩大型战略方式,先改变消费群体对其固有的印象,再逐步扩大市场影响。

(三)网络与新媒体环境下的广告媒体战略

媒体是广告信息传递的渠道,是广告作品的载体,是广告主和广告策划者控制广告投入的有效工具。在网络与新媒体环境下,广告媒体战略是广告战略和目标在网络与新媒体领域的具体运用和体现,是媒体策略和计划的总体概论和指导。

1. 战略任务:通过对网络与新媒体的战略决策影响网络与新媒体广告与受众的接触

广告作用的发挥有赖于三方面的直接配合:合适的目标群体、优秀的广告作品以及有效的媒体接触。其中媒体作用的发挥对于广告活动具有更为关键的意义。网络与新媒体有着与传统媒体不同的传播模式,以新的方式承担着沟通广告与受众、承载与传递信息的功能。作为广告职能战略之一的广告媒体战略,其应承担的基本战略任务就是通过对网络与新媒体的战略决策影响网络与新媒体广告与受众的接触。

2. 基本原则:高效率和高效益的信息传递与受众接触

网络与新媒体的日益壮大和成熟发展给网络与新媒体广告主和广告策划者带来了众多的选择和组合的机会,一方面为网络与新媒体广告信息的传递和受众接触提供了高效率的可能,另一方面也为广告费用的有效使用带来更多的困难和挑战。在竞争日益激烈的今天,企业必须考虑网络与新媒体广告活动的商业代价和收益,媒体费用占据了广告费用的主要份额,网络与新媒体平台的多元化也给广告投放费用带来巨大的弹性空间,因此,作为媒体策划和计划的整体指导,广告媒体战略必须以高效率和高效益为原则来衡量。"高效率"是指媒体策略和计划要考虑所采用的网络与新媒体及其组合形式能否高效地将广告信息传递给目标受众;"高效益"是指在这种网络与新媒体或网络与新媒体组合带来高效率的基础上,能否以较低的费用达到较好的效果。

3. 广告媒体的战略组合

在网络与新媒体广告策划中,广告媒体战略组合主要包括扩张型媒体战略、稳固型媒体战略、收缩型媒体战略、持续型媒体战略以及间歇型媒体战略等。

按照整体广告活动利用媒体资源的规模状况,可以分为扩张型媒体战略、稳固型媒体战略和收缩型媒体战略。扩张型媒体战略是指整体广告活动利用媒体资源呈扩张趋势的战略。这种扩张趋势包括组合的扩大、投放频次的增多、媒体品质的提升和费用的增长等多种形式。稳固型媒体战略是指保持整体广告活动利用媒体资源的比例相对固定的战略。媒体组合、投放、媒体品质和费用都相对固定,没有战略上的变动。收缩型媒体战略是指整体广告活动利用的媒体资源呈缩减趋势的战略,表现为媒体组合、投放、媒体品质和费用的逐步减少。这三种媒体战略及变动取决于广告主的经营决策和营销战略。当网络与新媒体广告主扩大经营和加大营销力度时,很可能引起扩大型媒体战略决策;反之,亦然。

按照整体广告活动利用媒体资源的时间发布,可以分为持续型媒体战略和间歇型媒体战略。持续型媒体战略指整体广告活动对网络与新媒体资源的利用保持相对稳定和连续的战略。广告受众可以在长期内持续接收到来自网络与新媒体的广告信息。间歇型媒体战略是指整体广告活动对网络与新媒体资源的利用呈现间歇状态的战略。这种间歇状态的出现主要来自网络与新媒体广告主经营活动的战略决策的变化。

(四)可供选择的广告战略

广告战略按照不同的标准划分还有多种类型,在网络与新媒体广告策划中制定广告战略时,可从以下广告战略类型中进行选择和组合。

1. 总体战略和职能战略

从整体与局部的关系来看,广告战略分为总体战略和职能战略。

总体战略,就是网络与新媒体广告活动整体的全局性的战略。它主要说明网络与新媒体广告活动的方向。因此,总体战略的基本内容是战略范围、资源部署以及有关全局性的方针和原则。

职能战略,主要是指消费群体、产品、广告媒体、广告创作、广告实施等一些特殊领域内制定的战略。

2. 守势战略、攻势战略、分析战略和被动型战略

从网络与新媒体广告活动本身的目标和任务与环境提供的机会和可能受到的威胁相适应的关系来看,广告战略分为守势战略、攻势战略、分析战略、被动型战略等。

守势战略,处于比较稳定环境中的企业多采用此战略,也称防御战略。企业为了维护自己的市场地位,经常运用不间断的网络与新媒体广告来维持产品知名度和市场占

有率。广告在这里不仅是为了推销产品,还要维持和巩固市场地位。

攻势战略,采取该战略的企业正好与采取守势战略的企业相反,他们希望保持动荡不定的变化环境,并借此寻找开辟新产品、新市场的机会。

分析战略,这是一种介于守势战略和攻势战略之间的战略,采取这种战略的企业,既想保持传统的产品和原有顾客,又想开辟新产品、新市场,因此采用稳定与相应变动相结合的较灵活的政策。对于这类企业,在网络与新媒体广告策划中要注意企业现有利益与期望利益、长远利益与短期利益的结合。

被动型战略,一个失败的企业往往会对环境的变化反应迟钝,无法做出正确的判断,采取正确的措施,处于被动的状态。对于这类企业,在网络与新媒体广告策划中不要急功近利,要针对问题的原因循序渐进地采取解决方法,使企业逐步适应市场环境的变化,再寻求发展。

3. 发展战略、稳定的发展战略或保持现状战略、紧缩或转向型战略、放弃战略

从产品市场增长与市场份额变换之间的关系来看,广告战略可采取发展战略、稳定的发展战略或保持现状战略、紧缩或转向型战略、放弃战略等。企业应根据产品的市场定位来调配本身的资源,对处于不同市场地位的产品采取不同的投资发展战略。

发展战略,对于名牌产品采用发展战略最为合适;对于仍处于风险状态的产品,如果其有希望转变为名牌产品,亦应采用这种战略。这种战略就是给这些产品增加投资,提高产品质量,扩大市场销售量和本企业产品的市场份额,还应该放弃一些短期的利润而求得长期有利的地位和长期稳定的利润收入。网络与新媒体广告宣传要紧紧配合这种战略需要,为创建名牌服务。因此,发展战略也称为名牌战略。

稳定地发展或保持现状战略,在市场销售已经达到最高水平的盈利产品,不大可能再有较大的扩大,但要维持本身已占有的市场份额;不必再进行新的投资,还可收回大量的资金以支持其他方面的发展。因此,在网络与新媒体广告策划中对这类产品以维持其市场占有率为目标,采取稳定地发展或保持现状战略。

紧缩或转向型战略,对一个处于风险状态又未能转向名牌的产品,或一些原处于盈利状态而开始转向滞销的产品来说,应采取紧缩或转向型的战略。对这种产品不能增加投资,而应该撤退或进行产品的更新换代,或转向别的新产品。

放弃战略,对处于严重滞销状态的产品,最干脆的方法就是放弃这种产品。因此,对于这种产品也就没必要进行任何形式的广告宣传,而应采取放弃战略。

4. 普遍型战略

从战略的普遍适用性来说,可采取普遍型战略,包括区别型战略、薄利多销型战略、重点战略等。所谓普遍型战略,是指各种企业都可以普遍采用的一种战略。

区别型战略,使本企业所提供的产品或服务区别于别的企业。也就是说,本企业所提供的产品或服务的质量、设计、用途或其他方面要有自己的显著特点。只有这样,才能维持和扩大自己的市场,取得最大的利润。

薄利多销型战略,适当降低产品的价格来实现大量销售的目的,从而获取相对更大

的利润。

重点型战略,把自己的产品或服务重点放在某一地区或某些特殊的顾客方面。

四、网络与新媒体广告预算策划

网络与新媒体广告预算策划是在一定时期内,广告策划者为实现企业的战略目标,而对广告主投入网络与新媒体广告活动所需经费总额及其使用范围、分配方法的策划。如何合理而科学地确定网络与新媒体广告投资方向,控制投资数量,使网络与新媒体广告投资能够获取所期望的经济效益和社会效益,是网络与新媒体广告预算的主要研究课题。

（一）广告预算策划的作用和分类

1. 广告预算的作用

广告预算是以经费的方式说明在一定时期内广告活动的策划方案,在广告战略策划中具有以下作用。

（1）规划经费使用

广告预算的主要目的就是有计划地使用广告经费,使广告经费得到合理有效的使用。网络与新媒体广告预算要明确说明网络与新媒体广告经费的使用范围、项目、数额及经济指标,这对合理有效地使用广告经费具有指导性的作用。

（2）提高广告效益

广告预算可对广告活动的各个环节进行财务安排,提高广告活动各个环节的工作效率。同时,广告预算可增强广告人员的责任心,避免出现经费运作中的不良现象。

（3）评价广告效果

广告预算为广告效果的测评提供了经济指标。网络与新媒体广告预算的目的是为了达到相应的广告效果,较多的广告经费投入就必然要求获得较好的广告效果。同时网络与新媒体广告预算的策划又要求根据广告战略目标、要求提供相应的广告费用。

（4）控制广告规模

广告预算为广告活动的规模提供控制手段。广告活动的规模必然要受到广告费用的制约。就网络与新媒体广告而言,广告投放的时间与空间、广告的设计与制作、网络与新媒体的选择与使用等,都要受到广告预算的控制。通过广告预算,广告主或广告公司可以对网络与新媒体广告活动进行管理和控制,从而保证网络与新媒体广告目标和企业营销目标的协调一致,使网络与新媒体广告活动按计划开展。

2. 广告预算的分类

从不同的角度划分广告预算费用,有不同的广告预算类别。

（1）按广告预算的使用者划分

按广告费用的使用者分类可分为自营广告费与他营广告费。自营广告费是企业为自行开展的广告活动或在自有媒介上发布广告所需支付的广告费用。他营广告费是广告主委托其他机构开展广告活动或在非自有媒介上发布广告所需支付的广告费用。

对于传统企业来说,可将网络与新媒体广告预算交由企业内的相关部门进行规划、运作与实施,也可将该部分费用和业务交由专业的网络与新媒体广告代理公司;对于网络与新媒体运营企业来说,如电子商务网站、网络游戏运营商、移动 APP 开发商等,可以将广告及其相关增值业务自行运营,也可委托广告公司代理运作。

(2)按广告预算的使用方式划分

按广告费用的使用方式可分为固定广告费和变动广告费。固定广告费是指企业按照固定的广告费用预算或固定的额度支付的广告费用。固定广告费通常用于广告人员的行政开支和管理费用,其支出相对稳定。变动广告费是指企业在广告费用预算之外额外支出的广告费用和没有支出计划而支出的广告费用。变动广告费是因广告实施量的大小而起变化的费用,在使用时要注意变动广告费的投入与广告目标效益的联系。

(3)按广告预算的用途方式划分

按广告费用的用途可分为直接广告费和间接广告费。直接广告费是指直接用于广告活动的设计制作费用和媒体传播所需要的费用。间接广告费是指广告部门用于行政管理的费用。在广告费用的管理上,要尽量减少间接广告费的比例,增加直接广告费的比例,在网络与新媒体广告预算策划中就要尽可能将较大比重的费用用于网络与新媒体广告的设计、制作及投放中。

(二)网络与新媒体广告预算的内容与步骤

网络与新媒体广告预算策划是将广告预算的切入点和重心放置在对网络与新媒体的使用上,合理规划和有效配置预算,实现网络与新媒体广告预期的战略目标。

1. 网络与新媒体广告预算的内容

网络与新媒体广告预算的内容包括网络与新媒体广告活动中所需要的各种费用,具体来说,有以下几个方面。

(1)网络与新媒体广告调查、策划费。包括进行网络与新媒体广告活动所需开展的市场调研费用,购买各类资料和情报等的费用,进行整体策划的费用。

(2)网络与新媒体广告设计、制作费。包括各种类型的网络与新媒体广告的照相、翻印、录音、录像、文字编辑、网页设计、后期制作等费用。

(3)网络与新媒体广告投放、发布费。在各类网络与新媒体载具中植入、投放、发布所需的费用。

(4)网络与新媒体广告行政管理费。广告人员的行政费用,包括工资、办公、出差和管理费用等。

(5)网络与新媒体广告机动费。指在网络与新媒体广告预算中为应付网络与新媒体广告活动中的临时需要而预留的费用。

2. 网络与新媒体广告预算的步骤

网络与新媒体广告预算的步骤包括以下几方面。

(1)调查研究阶段

在编制网络与新媒体广告预算之前必须调查企业所处的市场环境和社会环境,调查企业自身情况和竞争对手情况,尤其要对实施广告策划活动区域的网络与新媒体投放与受众接触情况进行调查,这是网络与新媒体广告预算制定的前提。

(2)综合分析阶段

在进行了全面的调查后,要结合企业的网络与新媒体广告战略目标和调查情况进行综合分析研究,进而确定网络与新媒体广告预算的总额、目标和原则。

(3)拟订方案阶段

根据已确定的网络与新媒体广告预算总额、目标与原则,拟订广告预算的分配方案。网络与新媒体广告预算方案的选择涉及许多部门和许多因素。因此,要集思广益,尽可能设计出切实可行的方案。如果有多种方案,就要通过反复分析与比较,从多种方案中确定费用相对小而收益相对大的方案。

(4)落实方案阶段

将最后确定下来的预算方案具体化。它包括:广告经费各项目的明细表及责任分担;广告预算按网络与新媒体类别的项目预算分配;网络与新媒体广告计划细目的实施和预算总额之间的协调等。方案的落实是网络与新媒体广告预算实现的保证。

(三)网络与新媒体广告的付费模式

了解当前网络与新媒体广告的主要付费模式,是为了更好地进行网络与新媒体广告预算策划。由于网络与新媒体广告与传统广告有很大的不同,因此,它的付费模式也与传统的广告存在着极大的差别。一般来说,网络与新媒体广告付费模式有以下几种。

1. 每千人印象成本(Cost Per Thousand Impressions 或 Cost Per Mill,CPM)

它是以广告图形(即有广告画面的页面)在计算机上每显示 1000 次的收费模式。按访问人次收费指的是广告投放过程中,听到或者看到某广告的每一人平均分担到多少广告成本,传统媒介多采用这种计价方式。CPM 是按照网络与新媒体广告的显示次数收费而非按照浏览的时间收费。至于 CPM 究竟是多少,要根据网络与新媒体载具的热门程度(即浏览人数)划分价格等级,采取固定费率。如图 5-2 所示。

广告名称	格式	展示形式	容量/时间	效果说明	Android/iOS CPM
网幅广告图片	GIF/JPG/PNG	图片/HTML5动画	≤30K	轮播投放;网幅尺寸适应不同的手机尺寸;点击跳转至客户指定界面或链接	18元/1000次
插屏/全屏广告	GIF/JPG/PNG	图片	≤50k	页面切换时弹出广告;点击跳转至客户指定界面或链接	28元/1000次

图 5-2 某移动互联网广告 2016 年刊例价格示例

按照每千人次访问收费,从理论上来说比较科学,既保证了广告主的利益,使其付出的广告费用和网络与新媒体浏览的人数成正比,可以保证广告主的支出和浏览人数直接挂钩;又可以促使商业网络与新媒体尽力提高自己的知名度,吸引更多的客户和浏览关注者。一般说来,网站广告、移动媒体广告比较喜欢使用这种收费模式。CPM 只要求发生"目击"(印象或展露)就产生广告付费。它是目前诸多类型网络与新媒体的主要收费方式。

虽然在理论上CPM比较科学,但是按流量计费的模式也存在诸多弊端。由于流量是按照网络与新媒体广告被显示的次数来进行统计的,作弊十分简单,只需让一台计算机不停地载入,或编写一个小程序删除Cookies或换代理服务器来载入页面。另外,大的网站流量是比较大,但这只是针对全体而言。对个体来说,情形则不一样,因为不同的网站有不同的客户。因此,要进行广告轰炸,也许小网站是最佳的选择;但如希望更多不同类型的人看到,应选择大的网站。一般说来,进行新产品的促销适用CPM模式。

2. 每千人点击成本(Cost Per Click;Cost Per Thousand Click-Through,CPC)

它是以广告图形被点击并链接到相关网址或详细内容1000次为基准的网络与新媒体广告收费模式。它只是CPM的一个变种,与CPM付费模式基本一致,但这种方式能比CPM方式更好地反映受众是否真正对网络与新媒体广告内容感兴趣。同时,网络与新媒体企业要更加努力提高自身的知名度和点击率。尽管CPC模式的费用要比CPM的费用高很多,广告主还是比较愿意使用这一计费方式,因为广告主能看到具体的结果。但经营网络与新媒体的企业认为,虽然浏览者没有点击广告,但他们已经看到了广告,应该也有广告效果,不付费是不合理的,他们觉得不公平。有些网络与新媒体企业不愿意使用这样的计费模式。CPC模式的问题在于无法控制网站的作弊,尽管广告主规定了点击率,网站仍可利用不停地删除(或修改)Cookies及换代理服务器等方法来作弊。应用这种方式时应注意CPC的不足。当然,要使网站的访问量增加和点击广告的次数上升,采用CPC模式是比较好的选择。

3. 每网页浏览数成本(Cost of Page View,CPV)

它是CPM的一种变种。所谓Page View是指"网页的阅览数",进入一个网站之后,用户很可能要浏览阅读好几层网页的内容,每看一张网页,就算一次Page View,如果看了10张网页,那就算10次Page View。现在,美国的网络广告业早已改用网页浏览数作为网络广告计价的标准,而非按照人次。企业要购买网络广告时,千万不要被该网站的巨量点击率弄昏了头脑,应先看看网站的具体的网页浏览数是多少,然后再决定要购买多少个Page View。万一网络广告刊登的时段到了,而Page View还未达到广告主的购买量,广告主还可以明确要求网站补足,理所当然地延长广告刊登的时间,一点也不用担心在购买网络广告上被蒙骗。

4. 每行动成本(Cost Per Action,CPA)

CPA付费模式是指按广告投放的实际效果,即按回应的有效问卷或订单来计费,而不限广告投放量。广告主为规避广告费用风险,只有当网络与新媒体用户点击网络广告或手机广告、链接到广告主网页后,进行有效的回答和购买才付给广告站点费用。因此,CPA付费模式对于网络与新媒体企业而言有一定的风险,但若广告投放成功,其收益也比CPM的计价方式要大得多。而广告活动的主动权掌握在广告主手中,使用CPA模式,不仅仅是在做广告,其实也是在为产品寻找代理商,对双方都要求很高。这种方式目前使用较少,部分网络调查、网络游戏、移动APP广告会采取此收费模式,它要求目标消费者的点击产生购买行为才付费。这种模式使网络与新媒体企业不易进行舞弊。

5. 每回应成本（Cost Per Response，CPR）

以浏览者的每一次回应计费。这种广告付费模式充分体现了网络与新媒体广告"及时、互动、准确"的特点，根据实际浏览者的答复来计费。但是，这种属于辅助销售的广告计费模式，对于那些实际只要亮出品牌名字就至少达到50%要求的广告，很多的网络与新媒体企业都会拒绝，因为那样做的结果是得到广告费的机会比CPA还要少且不易作弊。一般的网络与新媒体企业是不会做这种赔本的生意的。

6. 每购买成本（Cost Per Purchase，CPP）

广告主为规避广告费用风险，只在目标消费者接触或点击网络与新媒体广告并进行在线交易后，才按销售数额付给约定的网络与新媒体广告费用。无论是CPA还是CPP，广告主都要求发生目标消费者的"点击"，甚至进一步形成购买，才能付费。这种模式能从根本上杜绝作弊现象的发生，按照实际发生的购买数量来付费比较客观。

7. 包月方式

目前国内很多网络与新媒体是按照每个月固定费用的模式来收费的，这对广告主和网络与新媒体企业都不太公平，无法保障广告主的利益。虽然国际上一般通用的网络广告收费模式是CPM（每千人印象成本）和CPC（每千人点击成本），但在我国，很长时间内的网络与新媒体广告和传统广告一样，都以媒体为主，媒体居主动、垄断和领导地位，媒体有权决定收费方式，买方处于被动的地位。采用包月模式，不管网络与新媒体广告效果如何，访问量多少，一律每个月固定缴费，这种方式使用起来比较简单易行，深受媒体方面的青睐，因为一旦签约，媒体的效益就能确定，而不必管广告是否有效。

8. 按业绩付费（Pay For Performance，PFP）

近年来，网络与新媒体广告呈爆炸性增长，经营模式的转变意味着盈利将成为网络与新媒体广告发布商关心的首要问题，网络与新媒体企业不讲效益和大笔花钱的历史已成为过去。网络与新媒体广告的一大特点就是以业绩为基础，如果网络与新媒体广告不能促使浏览者采取任何实质性的购买行动，广告主就不可能营利，也就不可能给网络与新媒体企业投入更多，而媒体也就得不到发展的机会。可以肯定，基于业绩（点击次数、销售业绩、导航情况）的定价计费模式将得到广泛的采用。

虽然基于业绩的广告收费模式（CPA、CPC、CPP、PFP等）受到广告主的广泛欢迎，但并不意味着CPM模式已经过时。因为，从营销的角度来看，增加消费者的"印象"始终是广告主的重要营销目标之一，CPM仍有存在的必要。

9. 以搜集潜在客户名单多少来收费（Cost Per Leads，CPL）

收集用户的电子邮箱地址和用户的名称并提供给广告主换取费用。实际使用时必须注意网络与新媒体用户的隐私问题，应在征得网络与新媒体用户同意的前提下，网站向广告主提供每个潜在顾客的名字，企业据此付费，按名字多少来付钱，使用其地址进行广告宣传，这样才能不导致用户的产生反感。

10. 每次销售成本（Cost Per Sales，CPS）

以广告主实际每次的销售产品数量来计算广告费用，网络与新媒体根据产品的销售情况按比例来提取相应的佣金。它和 CPL 一样都是广告主进行特殊营销时需要的一些特别计费方式。

总之,相比而言,CPM 和包月方式对网站有利,而 CPA、CPC、CPR、CPP 和 PFP 则对广告主有利。目前比较流行的计价方式是 CPM 和 CPC,最为流行的则为 CPM。我们应该认识到网络与新媒体广告本身有其自身的发展规律,广告主要想利用好网络与新媒体来宣传自己的产品和服务,除了要求自身的产品过硬和有一定的知名度外,还要求网络与新媒体具备相应数量的媒体受众和一定的广告价值。那么,在目标市场决策后挑选不同内容的网络与新媒体,进而考察其历史流量和浏览者进行估算,这样就可以概算出网络与新媒体广告在一定期限内的大致价格。在这个价格的基础上,根据不同产品的生命周期阶段和相应的企业整体经营计划,来进行网络与新媒体广告的投放和网络与新媒体广告的活动计划,分别计算 CPC、CPM、CPA 等。只有这样才能使企业的广告活动既经济又有效。

(四) 网络与新媒体广告预算的分配

1. 影响网络与新媒体广告预算分配的因素

(1) 产品因素

大多数产品在市场上都要经过引入期、成长期、成熟期和衰退期四个阶段,处于不同阶段的同一产品,其广告预算有很大的差别。企业要在市场上推出一种新的产品,广告预算无疑要多投入,以使产品被广大客户所接受。当产品进入成熟期,广告预算的费用则应稳定在一定的水平上,以保持产品的畅销状态。而一旦产品进入衰退期,广告费用将大幅削减,以节省费用。

(2) 销售量与利润率因素

为了增加销售量,往往会采取增加网络与新媒体广告投入的方式。一般情况下,网络与新媒体广告费增加了,企业的销售量和利润也相应增加和提高。反之,如果增加网络与新媒体广告投入,销售量和利润上不去,那么肯定要挫伤企业的积极性而减少网络与新媒体广告投入,削减网络与新媒体广告预算。因此,网络与新媒体广告产品的销售量与利润因素也是影响网络与新媒体广告预算的一个方面。

(3) 竞争对手因素

网络与新媒体广告是企业进行市场竞争的一个手段,网络与新媒体广告预算也因而受到竞争对手的影响。竞争对手之间进行网络与新媒体领域的市场竞争,往往以网络与新媒体广告宣传的形式表现出来,在一定程度上,网络与新媒体广告的竞争就变为网络与新媒体广告预算的竞争。即如竞争对手增加少量的网络与新媒体广告预算,企业为与其抗衡,也会迅速做出反应。

(4) 企业实力因素

网络与新媒体广告预算的高低,受企业的财力状况、技术水平、生产能力和人员素质的影响。企业规模大、实力强、产量高、资金雄厚,当然可以把网络与新媒体广告预算相对地制定得规模宏大。反之,如果企业的资金、产品规模都比较小,则在编制网络与新媒体广告预算时，应量力而行，不可盲目求大。

（5）消费者因素

消费者是市场的主体，也是网络与新媒体广告宣传的受众，消费者的行为不仅影响市场的走向，也影响网络与新媒体广告预算的制定。当消费者对网络与新媒体宣传的某种商品反应较为冷淡时，企业应该加大广告宣传的力度，刺激消费，使消费者逐渐认识该商品；当广告商品已被消费者认同，在消费者心目中有较高的地位时，企业可以适当控制或减少广告预算的规模，以节省费用。

（6）媒体因素

不同的新媒体有不同的广告受众、不同的广告效果和不同的价格。以网络广告为例，一般来说，网上搜索引擎广告的费用最高，其次是按网页内容定位的广告，再就是主要门户类平台的主页网幅广告。电子邮件类广告费用相对较低；而网络视频类广告覆盖范围的大小、收视率的高低、网络电子报刊及图书这些媒体的权威性不同，其广告的价格费用也有明显的差别。因此，在制定网络与新媒体广告预算时，必然要考虑不同的媒体因素的影响。

2. 网络与新媒体广告预算的分配方法

网络与新媒体广告预算方法着重解决了企业对网络与新媒体广告活动所需经费总量的投入问题，但尚未完成广告费用预算的全部工作，接下来要考虑的是如何使用这些经费。

（1）重点产品分配法

重点产品分配法是将企业所经营的所有产品进行分类，凡可以一起做网络与新媒体广告的产品归为一类，然后确定重点类网络与新媒体广告产品，即主打产品。在进行网络与新媒体广告预算分配时，首先保障主打产品对网络与新媒体广告经费的需要，以主打产品的点带动整个产品的面的一种预算分配方法。

选择投放受众：□白领 □公务员 □商务精英 □大学生	
城市地区： （一类定向）	□ 全国 □ 四川省 □广州 □杭州 □南京 □重庆 □成都
投放时间（时）： （一类定向）	□ 周一至周日 （全天）早上7点-晚上24点，每天广告上限1000元，广告费用合理分配至早7点至晚上24点，一天广告费用消耗完，广告将自动下线；
投放平台：	□全部 □Android□IOS
手机网络： （二类定向）	□全部 □2G □3G □Wifi
媒体分类： （一类定向）	□全部 □工具□游戏 □阅读 □娱乐□商旅□财经 □汽车 □女性（母婴服饰时尚）□新闻□生活□体育□新闻
投放类型：	□CPM □CPC
日预算：	
广告创意	
创意来源：	□点媒创意 □客户提供
创意形式：	□图片 □GIF动画
创意交互形式：	□网站交互□拨打电话□下载应用
网站交互功能： （仅限网站交互）	□在线报名 □拨打电话□相关链接跳转(如微博、官网) □图片轮播□视频播放□在线留言□产品展示 □活动介绍

图 5-3 网络与新媒体广告投放示例

（2）重点对象分配法

在企业财力有限的情况下，避免将广告经费平均分配，盲目开展网络与新媒体广告活动，而是将广告目标受众进行细分，在细分的基础上选择重点广告对象，瞄准重点对象使用他们所能接触到的多种网络与新媒体工具进行全方位接触，将网络与新媒体整合利用。

（3）重点媒体分配法

这种分配方法是按照网络与新媒体类型的不同来分配广告预算，以整合多种网络与新媒体平台，进行立体传播。受产品与网络与新媒体的相容性、网络与新媒体的使用价格、受众对网络与新媒体的接受程度、企业网络与新媒体广告经费总额等因素的影响，在广告经费分配的实战过程中，要注意突出重点，合理整合。

（4）重点区域分配法

这里所说的区域是指网络与新媒体广告信息的传播区域，而不是广告产品的销售区域。网络与新媒体广告经费在进行地区分配时，要根据各个地区对商品的现实需求和潜在需求、细分市场和目标市场的分布以及市场竞争状况等因素进行合理分配。

（5）重点时间分配法

重点时间分配法就是按照网络与新媒体广告活动开展的时间来有计划、有重点地分配广告经费。一般有两种情况：一是按网络与新媒体广告活动期限长短进行分配，有长期性广告预算分配和短期性广告预算分配，还有年度广告预算分配、季度广告预算分配和月度广告预算分配；二是按网络与新媒体广告信息传播时机进行分配。

（6）重点活动分配法

如果企业在规划期内要举行若干次网络与新媒体广告宣传活动，则活动要有重点和非重点之分。对于重点网络与新媒体广告活动，在广告预算经费的安排上要特别予以保障，而对于持续进行的网络与新媒体广告活动，在广告预算的安排上，也要根据不同阶段、不同时期、不同区域的情况有重点地统筹分配。

第二节　网络与新媒体广告的策略策划

网络与新媒体广告策略的核心内容包括目标市场策略、定位策略、诉求策略和表现策略。以下将分别阐述。

一、网络与新媒体广告目标市场策略

随着消费市场的成熟分化，广告主的媒体观发生了巨大变化。针对媒介格局的变化，广告主改变了以往单一、粗放式的媒介投放战略，开始寻求媒体使用差异化战略，倾向于综合使用多种媒体，并且积极开发网络与新媒体。目前，对网络与新媒体的开发与创新，已经进入一个服务深耕阶段。

新媒介环境下的广告需要的不是在整个社会大范围的传播，而是找准目标受众，有

针对性地投放，吸引他们的关注，也就是从"广而告之"到"准而告之"。吸引目标受众的关注之所以有价值是因为如果受众不关注，那么不论广告主投放多少广告都是无效的。而作为广告主来说，可能更希望接触到相关信息的人是关注该信息的人。

网络与新媒体广告，是指在电子化、信息化、网络化环境下开展的广告活动，它是以现代广告传播和营销理论为基础，利用高科技，最大限度地满足企业和用户的需求，以达到传播信息、实现沟通、开拓市场、提高盈利的目标。网络与新媒体广告是整体营销与广告战略的一个组成部分，是企业的一种传播沟通手段。

对于目标市场策略，网络与新媒体主要采用集中性目标市场策略、个性化目标市场策略、无差异性目标市场策略和差异性目标市场策略。这四种目标市场策略各有利弊。企业选择目标市场时，应考虑自身的各种因素和条件，如企业规模和原料供应、产品类似性、市场类似性、产品寿命周期、竞争的目标市场等。选择适合本企业的目标市场策略是一项复杂的工作。

（一）集中性目标市场策略

集中性目标市场策略，是指企业集中力量进入某一细分市场，针对该细分市场设计一套营销组合策略，实行专业化生产和经营，以获取较高的市场占有率。集中性市场策略就是在细分后的市场上，选择两个或几个细分市场作为目标市场，实行专业化生产和销售，在个别或少数市场上发挥优势，提高市场占有率。采用这种策略，企业对目标市场应有较深的了解，这适于中小型企业。这种策略有利于企业深入了解特定细分市场的需求，提供有针对性的服务；有利于企业在所选目标市场上巩固地位、提高信誉度；有利于实行专业化经营，降低成本。只要目标市场选择适当，企业就可在这个领域形成核心竞争力，获得较好的经济效益。

（二）个性化目标市场策略

网络与新媒体技术的发展，使得市场能细分到每个消费者，定制产品的制造成本也日益降低。互联网极强的互动性和一对一独特的交流方式，使得在互联网上进行个性化营销比其他任何媒体上都容易。个性化目标市场策略，是指企业将每个网上消费者都看作一个单独的目标市场，根据每个消费者的需求，安排一套个性化的广告策略，以吸引更多的消费者。实施这种策略对企业来说有相当的挑战性，实施的前提是：每个网上消费者的需求都有较大的差异，而且他们有着强烈的满足个性化需求的愿望；具有同种个性化需求的消费者有着一定的规模；企业具备开展个性化广告的条件；个性化广告对交换双方而言都符合经济效益的要求。可以说，个性化目标市场营销是差异性目标市场营销的极致，是市场细分的极限化。

（三）无差异性目标市场策略

无差异性目标市场策略，就是企业把整个市场作为自己的目标市场，只考虑市场需求的共性，不考虑其差异性，运用一种产品、一种价格、一种广告传播方法，吸引尽可能多的消费者。采用无差异性目标市场策略，产品在内在质量和外在形态上必须具有独特的风格，才能得到多数消费者的认可，从而保持相对的稳定性。这种策略的优点是产品单一，容易保证质量，能大批量生产，降低生产和销售成本。但如果同类企业也采用这种策略,必然形成激烈的竞争。无差异性目标市场策略在网络与新媒体营销中的体现是,企业将整个网络市场作为一个目标市场,面对所有的市场只推出一种产品并只实施一套营销组合策略,通过无差异性的大规模营销,以吸引更多的消费者。实施这种战略的前提是,即使消费者的需求有差别,他们也有足够的相似性被作为一个同质的目标市场来对待。所以,它只重视消费者需求的相似性,而忽略消费者需求的差异性。无差异性营销的理论基础是成本的经济性。生产单一产品,可减少生产和储运成本;无差异性的广告宣传和其他促销活动可节省促销费用;不进行市场细分,可减少企业在市场调研、产品开发、制订各种营销组合方案等方面的营销投入。这种策略对于需求广泛、市场同质性高、能大量生产大量销售的产品较合适。

（四）差异性目标市场策略

差异性目标市场策略,就是把整个市场细分为若干个子市场,并针对不同的子市场,设计不同的产品,制定不同的营销策略,满足不同的消费需求。这种营销策略的优点是:小批量、多品种、生产机动灵活、针对性强,可更好地满足消费者的需求,由此促进产品销售。日用消费品大多采取这种营销方式。另外,由于企业是在多个细分市场上经营,因此在一定程度上可减少经营风险;一旦企业在几个细分市场上获得成功,有助于提高企业的形象和提高市场占有率。这种营销策略的不足之处在于:一是增加了营销成本。产品品种多会增加管理和存货成本;企业针对不同的细分市场制订独立的营销计划,会增加在市场调研、促销和渠道管理等方面的营销成本。二是使企业的资源配置不能有效集中,顾此失彼,甚至会在内部出现彼此争夺资源的现象,使拳头产品难以形成优势。对此,企业在采用这种营销策略时,要权衡利弊,即分析、比较增加销售额所带来的利益与由此增加的营销成本之间的关系,进行科学的决策。

二、网络与新媒体广告定位策略

借助网络与新媒体舞台,网络与新媒体广告凭借其独特的传播优势,日益成为企业普遍采用的一种促销手段。然而,网络与新媒体广告的传播效果却不容乐观,网络与新媒体广告策划定位不准确是造成这种现象的主要原因。由于网络与新媒体广告具有非强迫性传达信息特点,因此,网络与新媒体广告策划人员要善于使用网络与新媒体广告的定位策略以增强信息传播的质量和效率。

（一）网络与新媒体广告定位的作用

所谓广告定位是指广告主通过广告活动,使企业或品牌在消费者心目中确定位置的一种方法,广告定位属于心理接受范畴的概念,也就是把产品定位在企业未来潜在顾客的心中。广告主与广告公司根据社会既定群体对某种产品属性的重视程度,把自己的广告产品定位到某一市场位置,使其在特定的时间、地点,对某一阶层的目标消费者出售,以便在与其他厂家的产品竞争中处于优势。

1. 有利于树立良好企业形象而实现快速成长

企业形象是企业根据自身实际所开展的企业经营意识、企业行为表现和企业外观特征的综合。正确的广告定位能够使企业借助各类网络与新媒体平台,加快品牌传播,树立良好的企业形象,从而使消费者对企业产生信任和好感,促进商品销售。

2. 有利于企业商品的识别

消费者在购买行为产生之前,往往需要此类产品的信息,更需要不同品牌的同类产品信息。网络与新媒体由于具有时间和空间的非限制性和信息查询的便捷性特点,往往使消费者迷失在信息的海洋中。而正确的广告定位往往能为消费者提供本品牌的特有性质和功能的信息,有利于实现商品的识别。

3. 有利于企业实现定向传播和精准营销

网络与新媒体广告精准营销的主要形式除了传统的"搜索引擎广告"和"分类广告",还有一些新的形式,如,分众广告、富媒体广告、手机广告、博客广告、微信广告、数字户外广告、数字电视广告等,它们分别在不同的平台上演绎着精彩的内容。广告定位有利于市场细分,针对特定消费者群体的需求和兴趣,策划和创作相应的广告作品,借助正确的广告形式有效地影响目标公众,实现定向传播和精准营销。

(二)网络与新媒体广告定位策略

1. 市场定位策略

市场定位策略是依据市场细分原则,找出符合产品特性的基本顾客类型,确定目标公众。所谓市场细分,就是策划者通过市场调研,依据消费者的需要与欲望、购买行为和购买习惯等方面的明显差异性,把某种产品的市场整体划分为若干个消费群体。受众需求的日益细分使得网络与新媒体要承担起提供更细分更专业的信息的责任。

网络与新媒体广告作为一种有别于传统广告的新型传播形式,要突出其以消费为导向、个性化的特点,在广告的定位上注意了解受众的特点,瞄准受众的需求,寻找市场细分后的目标客户群,有针对性地传递信息,做到覆盖范围与目标消费者分布相吻合。

例如,作为较早尝试网络广告投放的传统企业养生堂公司,其网络与新媒体广告的市场定位策略值得借鉴。针对"朵而"的主题活动——"在你最美的时候遇见谁"征文活动,养生堂在网络投放上选择了女性网民点击率较高的娱乐频道、娱乐新闻;而针对"清嘴"的消费者大多为25岁以下的年轻人,养生堂在网络媒体上选择了FM365、QQ等深受年轻人喜爱的网站,收到了良好的投放效果。摩托罗拉在为其新款手机v70投放网络与新媒体广告时,将其目标受众定位于年龄为25~34岁的人群,受过良好教育,多分布于北京、上海、广州等一级市场,从事与艺术和时尚相关的行业,注重个人形象和时尚动向,追求个性,中等收入水平但处于事业的成长期,具有一定的消费能力和良好的消费形态,有能力营造良好的生活品质。

2. 产品定位策略

企业的产品具有多方面特性,拥有许多优势,网络广告由于受带宽的限制,其承载的信息量有限。如果企图详尽宣传产品的各个方面,由于目标过多,往往会弱化宣传主题,降低宣传效果。因此,需要运用产品品质定位策略,一个广告只针对一个品牌、一定范围内的消费者群,并找出产品诸多性能中符合目标公众要求和产品形象的主要特征,通过简洁、明确、感人的视觉形象表现出来,使主题强化,以达到有效传播的目的。例如,宝洁公司润妍洗发水在投放网络与新媒体广告时,其产品的定位重点是:这是一个适合东方人用的品牌,有中草药倍黑成分。广告创意采用一个具有东方风韵的黑发少女来演绎东方黑发的魅力,通过Flash技术,飘落的树叶(润妍的标志)、飘扬的黑发和少女的明眸将"尽洗铅华,崇尚自然真我的东方纯美"的产品理念表现得淋漓尽致。产品在国内著名生活服务类网站投放的单日点击率最高达到了35.97%,达到了比较理想的广告效果。

3. 观念定位策略

所谓观念定位策略,就是在广告策划过程中,根据公众接受的心理,确定主题观念所采用的一种策略。根据诉求方式的不同,观念定位策略可分为正向定位策略和逆向定位策略。

(1) 正向定位策略

即在广告中突出商品在同类商品中的优越性。在广告作品中,找出目标公众的关心点,设计出相应有感召力的宣传词,充分展示商品的优势形象,从而产生良好的宣传效果。例如,东风本田新款CRV在上海举办的国际汽车展亮相时,为配合宣传,在投放网络与新媒体广告时将其理念定位诉诸"精于心,悍于形"的宣传语中,从而突出了其与一般越野车相比外观精致,充满美式SUV的感受的特点。

(2) 逆向定位策略

针对现代人所特有的逆反心理而采用的宣传方式。逆反心理是公众在外界信息刺激下,有意识地摆脱习惯思维的轨迹,而向相反的思维方式进行探索的一种心理取向。根据这种效应,可以策划"正话反说"的宣传作品,达到以退为进的目的。在这里,一些传统广告的成功经验值得网络广告借鉴:如美国阿维斯公司强调"我们是老二,我们要进一步努力";七喜汽水的广告语是"七喜非可乐";理查逊·麦瑞尔公司明知自己的产品不是"康得"和"Dristan"的对手,因而,为自己的感冒药Nyquil定位为"夜间感冒药",有意告诉消费者:Nyquil不是白昼感冒药,而是一种在晚上服用的新药品,从而取得了成功。

面对蓬勃发展的网络与新媒体经济,任何一种商品的畅销都会很快导致大量企业挤占同一市场,商品之间的差异变得越来越小。企业要在这种市场条件下生存和发展,不仅要突出商品自身的特点,更要利用有效的营销工具和促销手段,走到消费者的前面,去引导消费和"创造"消费。网络与新媒体广告定位策略的灵活运用,可以避免设计上的盲目性,规定设计的方向性,使网络与新媒体广告切实成为企业的营销利器。

三、网络与新媒体广告诉求策略

广告诉求是商品广告宣传中所要强调的内容,也称之为"卖点",在网络与新媒体广告策划的大框架中,广告诉求策略是框架中的一项核心内容,体现了整个广告的宣传策略,其往往是广告成败关键之所在。倘若广告诉求选定得当,会对消费者产生强烈的吸引力,激发起消费欲望,从而促使其实施购买商品的行为。

网络与新媒体广告要达到有效诉求的目的,必须具备三个条件:正确的诉求对象、正确的诉求重点和正确的诉求方法。

(一)网络与新媒体广告的诉求对象策略

1. 网络与新媒体广告的诉求对象不是所有消费者

正如并非所有的消费者都是某种产品的消费者和潜在消费者,网络与新媒体广告的诉求对象也不是所有接触到的广告受众,而是一群特定的受众,即通过网络与新媒体平台接触到产品或受到产品广告影响的目标消费群体。我们把通过各种网络与新媒体接触到某一广告的人称为某一网络与新媒体广告的受众,而把借助网络与新媒体工具将某一广告信息传播所针对的那部分消费者称为网络与新媒体广告的诉求对象。

在新媒体选择和组合得当的广告活动中,各类载具所覆盖的受众与广告的诉求对象应该完全重合;或者诉求对象完全包含在广告受众之中,受众的数量稍大于诉求对象的数量。

2. 制约网络与新媒体广告诉求对象决策的因素

网络与新媒体广告诉求对象应该是网络与新媒体广告主产品的目标消费群体、产品定位所针对的消费者,而且是购买决策的实际做出者。

(1)诉求对象由产品的目标消费群体和产品定位决定

在网络与新媒体广告策划中,诉求对象决策应该在目标市场策略和产品定位策略已经确定之后进行,根据目标消费群体和产品定位而作出。因为目标市场策略已经直接明了网络与新媒体广告要针对哪些细分市场的消费者进行,而产品定位策略也再次申明了产品指向哪些消费者。

(2)根据产品的实际购买者决定网络与新媒体广告最终的诉求对象

消费者根据在购买行为中所担任的角色不同,可划分为:发起者、决策者、影响者、购买者和使用者。如儿童消费群体,他们是很多产品的实际使用者,广告中的代言人、卖场销售人员,乃至父母的亲朋好友都可能承担影响者的角色,但这些产品最终的购买者和决策者却由其父母担任,因此儿童产品的广告应该致力于运用网络与新媒体平台去接触他们的父母,并将父母作为网络与新媒体广告的诉求对象。

(二)网络与新媒体广告的诉求重点策略

1. 网络与新媒体广告不能传达所有的信息

关于企业和产品的信息非常丰富,但是并不是所有的信息都需要通过网络与新媒体广告来传达,网络与新媒体广告也不能传达所有的信息,原因如下。

(1)网络与新媒体广告活动的时间和范围是有限的,每一次网络与新媒体广告活动都有其特定的目标,不能希望通过一次网络与新媒体广告活动就达到企业所有的广告目的。

(2)网络与新媒体广告传播的时间和空间也是有限的,在有限的时间和空间中不能容纳过多的广告信息。

(3)受网络与新媒体载具自身传播形式和互动效果的影响,若传播形式是近似于传统媒体那样的单向传播,与受众不能形成很好的直接互动,那么受众对网络与新媒体广告的关注时间和记忆程度也是有限的,在很短的时间内,受众不能对过多的信息产生深刻的印象。

(4) 产品的目标消费群体有其特定的需求,他们感兴趣的是与他们的需求有关的信息和主动通过网络与新媒体平台搜寻的信息,而不是所有的广告信息。

因此,网络与新媒体广告所要传播的不是所有关于企业、产品或服务的信息,而只是其中的一部分,而且在网络与新媒体广告中,对不同信息也各有侧重。我们将所有关于企业和产品的信息称为广告信息的来源,将所有通过某一网络与新媒体广告传达的信息称为网络与新媒体广告信息,而将在网络与新媒体广告中向诉求对象重点传达的信息称为网络与新媒体广告的诉求重点。

2. 制约网络与新媒体广告诉求重点策略的因素

(1) 网络与新媒体广告目标

网络与新媒体广告的诉求重点首先应该由广告目标来决定。如果开展网络与新媒体广告活动是为了扩大品牌的知名度,那么广告应该重点向消费者传达关于品牌名称的信息;如果网络与新媒体广告的目的是扩大产品的市场占有率,那么广告的诉求重点应该是关于购买者利益的承诺;如果网络与新媒体广告的目的是短期的促销,那么广告应该重点向消费者传达与即时购买者的特别利益有关的信息。

(2) 产品定位

产品定位的目的是树立产品在消费者心目中独有的位置,因此,网络与新媒体广告的诉求应该围绕这个目的来进行,应该传达那些有助于消费者将本产品与竞争产品相区别的信息,也就是关于本产品的独有优势的信息。

(3) 诉求对象的需求

网络与新媒体广告的诉求重点不应该是对于企业和产品最重要的信息,而应该是直接针对诉求对象的需求,诉求对象最为关心、最能够引起他们的注意和兴趣的信息,因为企业认为重要的信息,在消费者看来并不一定非常重要。因此,诉求重点策略的决策应该在对消费者的需求有明确把握的基础上进行。

(三) 网络与新媒体广告的诉求方法策略

1. 说服的概念

从本质上讲,广告是一种以说服为目的的信息传播活动,广告诉求策略也就是广告的说服策略。所谓说服,是通过给予接受者一定的诉求,引导其态度和行为趋向于说服者预定的方向,它作用于接受者的情感、认知、行为倾向性三个层面。其中认知是情感和行为改变的基础,而行为变化则因认知和情感的变化而产生。

网络与新媒体广告诉求是依托各类新媒介,作用于受众的认知和情感层面而使受众的行为发生变化,因此作用于认知层面的理性诉求和作用于情感层面的感性诉求就成为网络与新媒体广告诉求两种最为基本的策略,在此基础上,又产生了同时作用于受众的认知和情感的情理结合诉求策略。

2. 理性诉求策略

这种诉求策略就是诉诸目标消费者的理性,以逻辑性的方式进行诉求,即通过对消费者意识理性层面的劝服而达到广告传播目标。这一诉求方式,一般都以真实、准确和必需的产品与企业信息为主要内容,让受众在经过认知、推理和判断之后,做出购买的决定,而不是单纯地刺激受众的情感,以唤起受众对产品或企业的认同。由于人们大多是在理智的支配下从事各种活动,人们在购买商品时,面对众多的商品,需要一番了解、鉴别、选择和思考。特别是购买大件、贵重的商品时,更要经过认真思考、斟酌,才能决定是否购买,所以理性诉求广告采用"晓之以理"的途径,说服消费者相信产品,促使购买行为的发生。在广告诉求中进行理性传达,往往向受众传达彼此具有很强逻辑关系的信息,利用判断推理来加强广告的说服力。

理性诉求策略注重向消费者提供较为全面的产品信息,特别是对一些新产品、新服务,如高档耐用品、工业品、各种无形服务等,消费者了解的信息比较少,因此可以采用这种诉求策略,让消费者经过深思熟虑后决定是否购买。而对于市场知名度较高的产品,过于细致的信息和文字反而会令人厌烦。

理性诉求广告具有说明文、议论文或叙述文的文体特征,这些文体,适合于传达复杂的广告信息,在人们需要做出理性的购买选择时,提供实际帮助和资料支持。这类广告语言严谨准确、平实简洁、环环相扣、层层递进,逻辑性强,不需要过多的修饰,却能引导消费者思维,起到广告传播的效果。

表 5-1　理性诉求策略的目的、功能、特征

目的	改变消费者态度,建立品牌知名度,形成产品独特的形象
功能	产品功能
	解决消费者问题
	带给消费者利益
	产品间差异化
特性	广告强调物性化
	放大产品的功能
	通过利益诱导说服
	直接表达,强调购买产品的逻辑

3. 感性诉求策略

感性诉求策略又称情感诉求策略,即通过对消费者情感层面的劝服来达到广告传播目标。通常以影响消费者的情感和情绪诉求为主,引起消费者的兴趣,启发联想,刺激购买行为的发生。人是有感情的,在广告诉求中,采用"动之以情"的途径,消费者往往会受到暗示而动情,受情绪的影响和支配而采取行动。广告作品中的情感表现,固然可以被视为一种表现方法,但更应视为一种创作原则、一种创作理念。随着经济的发展和人们生活水平的不断提高,人们的消费模式正在发生转变,由满足基本生存需求向满足情

感需求转变。消费者已不再只是单纯追求商品数量和质量方面的满足,而是在追求质量的同时更多地从商品的形象出发,根据个人的好恶和心理要求去挑选商品。如果在广告创意中,定位准确,情感攻势渗透得当,就可能制作出观念新颖、人情味浓郁、体现现代文明价值的广告作品,成为赢得消费者的最佳选择,从而使消费者对产品或企业建立起一种好感,使消费者乐于接受该产品或服务。一般日常用品,如化妆品、食品、服装以及涉及旅游、安全等方面的产品,在购买时选择范围比较大,易受消费者情绪的影响,因而适合采用情感诉求策略。

由于情感诉求策略注重情感、情绪与企业、产品、服务的联系,所以运用在网络与新媒体广告上,那些营造生活情景、表现生活片段的广告往往容易成功。值得注意的是,情感广告中蕴涵的感情应该真实、深切,情感的表达要自然、含蓄,避免虚情假意和生硬不自然。否则会适得其反,引起消费者的反感,进而影响消费者对广告中产品(服务)及企业的印象。

情感诉求广告一般并不对产品特性、外观或企业形象进行直接描述,而是让产品或企业成为某种情感环境中的重要道具。语言简洁凝练、生动形象,或华丽流畅甜美,或生活化、口语化。语气或强烈而煽情,或轻柔含蓄,通过环境烘托、情景描述来间接地唤起消费者的各种情感,体现出散文、诗歌的文体特征。

表 5-2　感性诉求策略的目的、功能、特性

目的	建立品牌形象,建立长久的消费者关系
功能	引导消费者产生强烈的感情
	建立强劲的品牌形象
特性	广告人性化
	人员接触
	温馨的感觉
	软性打动

4. 情理结合诉求策略

情理结合诉求策略,是通过对目标消费者意识层面中情感与理性的共同作用,进行广告传播。由于情感诉求与理性诉求各有优势又各有劣势,对于广告来说,最美妙的效果是促进情感和理性的融合。既刺激消费者的情感获得认同,又尽可能多地传达产品信息。既"动之以情",又"晓之以理"。情理结合诉求方式的前提是产品的特性、功能与情感内容有合理的联系。情理结合诉求策略,既刺激消费者的情感,又能尽可能多地传递关于产品的信息,效果明显而突出。在文体方面,既呈现出散文、诗歌的文体特征,也呈现出说明文、论说文的文体特征,其语言也因需要不同而显现不同的风格:当需要突出情感要素时,使用煽情手法,语言形象生动,充满抒情意味;当需要突出理性要素时,就要使用准确平实的语言,但必须协调情感诉求与理性诉求之间的语言差异,使文案风格达到统一,一气呵成。

四、网络与新媒体广告表现策略

广告表现,就是借助各种手段将广告的构思创意转化为广告作品的过程,即按照广告的整体策略,为广告信息寻找有说服力的表达方式,为广告发布提供成型的广告作品的过程。而广告表现策略,就是包含在广告的整体策略中的、关于广告信息的有效传达的指导性方针。

网络与新媒体环境下,传统意义上的告知性、由单一媒介形式发布的广告,其传播力日显薄弱。在数字技术日新月异的今天,各种新兴的媒介形式如雨后春笋般涌现出来,网络与新媒体平台融合了图像、文字、声音、视频、交互等多种传播手段,极大地丰富了视觉传达的表现方式和范围。与此同时,整合营销传播理念的提出,为广告能够有效整合各种表现元素,用一个统一的声音对品牌进行全方位的传播提供了理论支持。

（一）网络与新媒体环境下广告表现的变革

广告表现是对广告创意的实现,是创意的一种物化形式,直接关系到消费者对广告商品及品牌的好恶。由于网络与新媒体环境下传播模式的变迁及受众接受、处理信息的心理和方式的变革,广告表现无论从思维观念、形式调性、内容结构、文体语言上来说都较传统广告表现有了很大不同。

1. 广告表现思维观念的变化:更加强调精准、互动

数字时代下,指导广告表现的思维观念发生了很大变革。传统广告表现强调 ROI(Relevance,Oinality,Impact)原则,即相关性、原创性、震撼性原则,而数字时代的广告表现除了强调 ROI 原则,更加强调在此基础上的精准性、互动性原则。精准性意味着广告要根据目标消费者的需求和喜好来表现广告诉求,而精准营销并实现高传播效果的实质在于一对一的个性化匹配。一些网络游戏的嵌入式广告就很好地利用了精准传播,再如微信广告中的一对一推送等。

互动性成为广告表现的又一利器。相对于传统的"推送"式广告,数字时代的互动性广告更讲究"拉动",即把受众拉进广告中来,借此实现完整的广告表现,如网络互动广告、微博、微信广告等。传统媒体也努力通过跨媒体的形式实现广告的互动表现,如丰田汽车的杂志公益广告,读者用手机扫描二维码就会发现广告中路面上的人不见了,由此提醒人们开车勿看手机。该广告有效地吸引了受众的注意并激发了受众的参与,在有趣的互动中,广告主题也不言自现。

2. 广告表现形式调性的变化:风格多元化,时尚性、游戏性凸显

传统广告受制于技术限制,其表现空间有限,而网络与新媒体技术的发展则给广告表现注入了蓬勃生机和源源不断的创意源泉。从表现形式来讲,传统广告多为平面化、静态化的展示,这种被动的强制展示容易引发消费者的逆反心理,使传播效果呈负增长。而网络与新媒体时代的广告表现则利用动态化、立体化、综合化的展示来主动吸引消费者,让生硬的单向传播转变为心灵的双向沟通。

有了网络与新媒体技术的驱动,广告表现风格和调性较以往有了极大丰富。广告

表现更加新颖,凸显出时尚化、游戏化的特性,怪诞、奇幻等超现实主义风格的植入使得广告表现更具张力。虽然广告表现元素没变,但元素的组合空间却大大提升了。传统广告表现中,图片、声音、文字等带给受众的多是视觉和听觉的感受;网络与新媒体广告则利用这些元素,在技术的驱动下,超越时空、虚拟现实,带给受众视觉、听觉、嗅觉、味觉、触觉五感体验。广告本身意图被极大弱化,表现内容更加隐蔽。消费者的积极参与,也让这种娱乐性、游戏性强的广告全面渗透现实,成为人们日常生活方式的一部分。

3. 广告表现内容结构的变化:走向"协同",创意传播呈现一体化

网络与新媒体环境下,企业需要在与受众的互动中产生创意,在产生创意的过程中实施传播,广告创意与表现不再将受众排除在外,广告表现的结果最终是企业与受众协同创意的结果。不仅如此,广告创意与传播、营销与传播都一体化了,创意的过程既是传播的过程也是营销的过程。

因此,在这一原则指导下的广告表现内容和结构也发生了变革,广告表现不仅需要考虑文体、图案安排和内容如何有效融合,还要研究消费者的特性,广告内容必须是消费者易于和乐于接受的,能够反映他们的生活状态和价值取向,传播结构的安排要遵循他们的思维逻辑。所谓"大众智慧""众包"的概念即是如此,广告在表现过程中,需要激发大众的"点子风暴",发挥群体智慧,让受众成为广告表现的另一主体,主动参与到广告表现中来,成为营销传播的一分子。

4. 广告表现文体语言的变化:更加个性化、自由化,自我价值凸显

广告语言是广告表现的重要组成部分,承担着表现主题、明确诉求、烘托氛围及与消费者沟通的作用。网络与新媒体时代,广告文体语言开始突破传统框架的束缚,变得更加个性化、自由化、互动化,并且可以在传播过程中引发受众的模仿创造,广告语言中自我价值的彰显变得尤为突出。

"凡客体""淘宝体""陈欧体"等一个个以"体"冠名的流行语让人目不暇接,一种契合数字网络与新媒体语境的广告语言应运而生,在网上大量繁殖扩散。这些广告语言实际上承担着"沟通元"的作用。沟通元除了承担创意概念所包含的指向品牌信息、文化基因和创新观念等价值要素,同时还要包含直接指向表现的"创意框",以此引导生活者有效参与。因此,创造出契合消费者利益点,引爆传播流的广告语言异常重要。"陈欧体"简洁、直白,以创始人陈欧自白的形式,依托梦想为载体,唱出一批人的心声,随即迅速引起网友的跟风模仿再创造,聚美优品也以低廉的广告运作取得了良好的传播效果和高额的市场回馈。

(二)网络与新媒体广告表现的内容及特征

1. 网络与新媒体广告表现的主要内容

在网络与新媒体广告表现策略决策之前完成的广告诉求重点策略的决策,已经为未来的广告作品规定了所要传达的主要信息,但这些信息是直观的、生硬的,为了使它们更容易为受众所接受,网络与新媒体广告策划者需要为它们寻找一些恰当的"包装"。因此,网络与新媒体广告策划中广告表现包括以下三个主要内容和阶段:

广告信息的第一层包装就是网络与新媒体广告主题,即广告信息所要传达的是什么样的核心思想,这里的核心思想,并不是说广告信息一定要传达观念性的内容,而是应该使网络与新媒体广告受众通过恰当的广告主题,对广告信息要说什么有直观的、深刻的印象。

广告信息的第二层包装就是网络与新媒体广告创意,它决定广告能否以对受众最有吸引力的方式传达已经被广告主题包装过的广告信息,因此直接关系到网络与新媒体广告的成败。

广告信息的第三层包装就是直接负载它们的物质载体,它决定广告信息最终是通过什么材质、以什么样的规格展现在网络与新媒体广告受众面前。

2. 网络与新媒体广告表现的特征

(1) 网络与新媒体广告表现的目的

网络与新媒体广告表现的目的,就是为广告信息寻找最有说服力的表达方式并通过网络与新媒体工具将广告信息有效地传达给受众,对他们产生预期的诉求效果,因此网络与新媒体广告表现的目的和出发点是具体而明确的。

(2) 网络与新媒体广告表现的对象

网络与新媒体广告表现的对象就是广告创意,而对于广告信息,又有真实(科学、实事求是地传达信息)、准确(没有夸大、歪曲、片面)和公正的要求。

(3) 网络与新媒体广告表现的符号

网络与新媒体类型的丰富性、在承载和传达信息功能上的多元性,给广告表现带来了前所未有的广阔空间。综合来看,网络与新媒体广告表现可以运用两大符号系统——语言符号和非语言符号。网络与新媒体广告表现对语言符号的成功运用,体现在优秀的网络与新媒体广告文案之中,而对非语言符号的运用,则体现在网络与新媒体广告作品与广告信息完全符合且对受众产生巨大吸引力的图案、音像、视频和互动效果中。虽然在使用的符号上,网络与新媒体广告表现与其他信息的传达并没有什么不同,但是网络与新媒体广告表现对这些符号的运用必须有创造性的编码,这种创造性突出表现在网络与新媒体广告创意中。

(4) 成功的网络与新媒体广告表现的必备要素

① 醒目、鲜明:在这个传播过度的时代,即使是本身非常具有吸引力的信息,也很容易被其他"包装"得更为醒目的信息所淹没。因此,醒目和鲜明是对成功网络与新媒体广告表现的首要要求。

② 简洁、易懂:网络与新媒体广告受众每天通过各种媒介接触到大量的信息,对信息的有效注意时间非常有限,因此,网络与新媒体广告信息就必须简洁、易懂。

③ 统一、均衡:在一次网络与新媒体广告活动中,通过所有新媒介传达的广告信息应该协调一致,以使受众产生统一的、完整的印象,因此作为广告信息"包装"的网络与新媒体广告表现应该力求统一、均衡。

④ 创新、变化:受众对比较新奇和刺激的信息往往是有浓厚的兴趣和比较深刻的印

象,因此,具有创新性和富于变化,是对网络与新媒体广告表现的基本要求。

(三)网络与新媒体广告表现策略

下面将重点以网络与新媒体互动广告、社交媒体广告、数字户外广告为例,阐述网络与新媒体广告的表现策略。

1. 网络与新媒体互动广告表现策略

网络与新媒体的出现和数字技术的高速发展,带来了互动广告的新变革,而每次变革必将会为广告业注入新鲜血液,更多新的形式将被广泛应用。需要指出的是,互动广告并非是互联网技术出现后才有的新型广告,只是在网络与新媒体出现后,得到了迅速发展。

网络与新媒体环境下的互动广告主要包括以下形式:网络广告(如关键字广告、网站广告、博客广告等)、移动媒体广告、交互电视广告及其他数字形式互动广告(如二维码广告、互动投影广告、触控技术广告、镜面广告、虚拟现实技术广告、空间感应技术广告等)。

进入网络与新媒体时代,广告的媒介、受众等都有了不同程度的发展,广告表现也必然要进行策略上的调整。要注重加强广告的创意性和体验性,吸引受众主动参与。常见的互动广告表现策略主要有以下几种。

(1)提供利益式互动表现策略

在互动广告活动中,广告主可以通过设置"奖励",比如免费赠品、折扣等,来吸引消费者主动参与互动,从而获得"奖励"。从心理学的角度来看,行动源于需要而发于诱因,互动要有驱策力。"奖励"诱因是目标受众对广告与营销活动产生行动的原动力。在网络上,用户"点击广告"其实是消耗成本,需要以"奖励"作为回报,否则,互动难以实现。在微博上,最常见的就是有奖转发的广告。

(2)制造悬念式互动表现策略

提出问题、摆出困难,来吸引消费者参与互动,以获得解答。这种表现策略主要是利用人们对事物的控制欲望和知晓欲望。对于年轻的网民来说,这种策略能够诱发其猎奇心理,驱使其寻求问题的答案,使其从不自觉的被动状态变成自觉的主动状态,最终达到互动的效果。为引人注意,问题的设置应注意:或是人们在生活中遇到的难题,或是故意与事实违背……正面问、错问、激问皆可。使用与满足是广告互动传播的主要驱动力。如果广告内容能够满足受传者的信息欲求,解决存在的问题,为其排忧解难,受传者就很可能向传播者主动传递信息。此类表现策略可从生活经验入手进行思考,对客户需求和产品优势进行深入调查,找到两者的契合点,然后把这个点转化成问题。

(3)游戏式互动表现策略

游戏式互动表现策略即以娱乐为诱因,以互动游戏为载体,在受众参与的过程中传播广告信息,从而达到潜移默化诉求的广告效果。网络互动、自主的传播特性,使受众可以只"点击"他们感兴趣的广告,这要求网络与新媒体广告更加具有服务性或娱乐性,或者两者兼备，只有这样，才能增强网络与新媒体广告的黏合力和吸引力。按照广告内容和游戏的融合程度，游戏互动表现策略分成以下两个层面。

第一个层面，在网站提供的免费游戏的开头、中间、结尾，或者游戏的四周发布广告。品牌（产品）特性与游戏内容无明显关联。广告成为"免费游戏"的"附带条件"，由于受众比较投入，对广告的注意值较高。

第二个层面，品牌（产品）信息嵌入游戏环境当中，网民参与互动游戏，可产生更强的说服效果。可以特别定制，也可以改编已有游戏。如"可伶可俐"护肤品把油脂比喻成虫子，把产品比喻为快枪，通过游戏（枪打虫子）来吸引网民，突出产品功效。互动性、趣味性的游戏，使网民不仅从网页上简单获得产品信息，还能在游戏和游戏后出现的动画中加深对产品的印象。

又例如，麦当劳把数字媒体的娱乐功能与品牌符号的传播、品牌性格的体验、终端营销的开展有机整合在一起。麦当劳在瑞典各市区安装了互动广告看板，参与者只要用自己的移动终端登录麦当劳游戏网站，先选好自己喜爱的麦当劳小点心，然后就可以在街头和广告看板玩挡球小游戏。麦当劳的广告看板就是参与者的游戏屏幕，他们通过自己的手机控制挡板，只要让球在看板上维持30秒不掉落，就可以免费获得自己选择的麦当劳小点心。游戏用户在游戏过程中主动接触了麦当劳游戏网站这一广告载具，体会到了麦当劳"快乐、率性"的品牌调性，并促成了在麦当劳终端的消费行为。

（4）体验式互动表现策略

体验式互动表现策略指通过利用虚拟现实等技术，引导网民参与使用品牌（产品或服务），以预先获得消费体验，对该品牌（产品或服务）产生了解、认同和共鸣，从而达成广告目的。在网络与新媒体广告中，这种"感受"是多感官立体式和即时的，并通常具有娱乐性。

网上免费的、带有趣味性的"使用"，自然会引发互动效应。比如某一面粉在广告中引导网民体验使用面粉做馅饼的感觉，网民利用鼠标控制每一个环节，既有趣又切合主题。体验策略要让消费者体会到品牌或商品的优良品质，享受附加的心理价值；另外，体验模式要有多种选择，以满足消费者的自主性和娱乐化需求。

2. 社交媒体广告表现策略

新的广告表现形式持续不断地出现，比如互动型病毒视频、微电影、Minisite、App等，这表明，未来社交媒体广告表现不会受到投放平台、技术等因素的限制。相反，它借着社交媒体强大的优势抓住新技术所提供的各种可能，以更多新颖、有趣的方式呈现在消费者面前。

相对于"传统"互联网广告来说，社交媒体广告在应用中的表现即使是同样类型的广告，比如文字、图片、视频等，也会比传统互联网广告更凸显个性化和精准性。从国内网络广告的发展现状来看，有许多品牌商或营销人员并未对社交媒体广告有正确的认识。这导致我们日常接触到的大多数所谓的社交广告还不能算完全意义上的社交媒体广告。例如,某些广告主仅仅只是将广告生硬地投放在社交媒体上,定位不变、表现策略也不变,只是简单地将媒介换成了社交媒体,这样的社交媒体广告并不会给品牌或企业带来好的传播作用,难以达到社交媒体广告的实际效果。

事实上,社交媒体广告表现要注重两大关键点——广告内容和用户体验。广告内容的设定和用户体验的考量必须融合社交媒体的平台价值和用户属性,尝试用更有意思的形式去表现社交媒体广告,让广告的交互性变得更强、社交场景更丰富。这样制定出来的表现策略才有可能创造出真正意义的社交媒体广告。

除了最普遍的网幅广告之外,互动视频广告、插播式/弹出式广告,用户分享/自创、微电影、品牌主页、信息流广告等,是到目前为止品牌商与服务商最常用来表现社交媒体广告的几大表现形式。

(1)原生广告表现策略

原生广告也称赞助内容广告。基于年龄、地理位置、兴趣爱好等用户数据的原生广告是社交媒体上出现的一种新型广告。以一种更能融入网站环境本身的形态置入其中,不会干扰用户的广告,用户是否要点开观看广告内容,皆取决于用户的选择。

社交媒体使互联网广告不再僵硬、直白地出现在用户面前。一个关键字、一个链接、一张图片或是一部短片,都可以是一则广告。原生广告是一种从网站和 APP 用户体验出发的营利模式,由广告内容所驱动,并整合了网站和 APP 本身的可视化设计。这种原生于网站的广告不会在边边角角上生存,也不会干扰到用户。它们存在于内容信息流中,如果做得好的话,它们还会因为这样的品牌内容形式——推广的视频、被赞助的内容、相关的优惠券及受赞助的文章发表,而为网站的用户体验带来新的价值。

(2)广告与社交应用或社交工具的创新结合策略

广告与社交应用或社交工具的创新结合,使内容分享更方便,互动更活跃。2013 年 3 月 1 日电商网站聚美优品为了迎接其三周年庆,从 2012 年年底就开始了结合微博和微信的抢红包活动,如图 5-4 所示,用户用微信扫描微博上的活动二维码即可一键关注聚美优品的微信账号,参与活动,品牌与用户之间能够快速而亲密地进行互动。

图 5-4 聚美优品三周年庆抢红包活动

新型社交媒体广告在实践应用中的出色表现，或许正是要告诉我们技术的发展永远都是社交媒体广告创意表现的有力支撑。广告表现策略中新技术的应用将成为创新黑马，同时，技术的发展以其独特的方式为广告表现策略提供了一系列双向沟通和测量的可能性。新形态的社交媒体广告还在继续诞生。

（3）增强互动体验的表现策略

以往技术的落后很大程度上制约了网络与新媒体广告的表现力，如今技术的发展开始让体验更佳的社交媒体广告成为可能。新产品上市想要一鸣惊人，就得利用创意的黏性吸引人们持续关注。

如雀巢在其新款咖啡上市的推广上，成功地在脸书平台上用数字技术拼接制作了一款能实时反映咖啡豆消耗情况的互动广告界面，画面中，满满的咖啡豆配了一句简单的文案"Our cover photo was turned into a display!"除此之外什么都没有，到底咖啡豆背后有什么呢？广告故意营造的神秘感，可吊起受众的好奇心。雀巢宣称他们将一瓶新款咖啡藏在咖啡豆里面，希望粉丝互相邀约为他们点"赞"，越多粉丝点"赞"，咖啡豆减少得越快，直到最后新款咖啡的神秘面纱终于被粉丝齐力揭开。广告互动过程中，高度的交互性、可操作性以及可控制性使得受众感受到对信息的驾驭能力，而社交时代的集体参与体验可以让他们产生更大的互动热情。

3. 数字户外广告表现策略

广告表现过程所担负的首要任务，就是为实现广告创意寻找最具有表现力和感染力的视觉和听觉语言（符号），并由这些元素营造创意所要求的意境。不同广告媒介的传播特点决定了媒体表现力的不同，因此，必须结合具体的媒体特点和传播方式展开思维，有效地实现广告表现策略的要求和目标。

（1）公共空间互动表现策略

① 以人为本的互动表现

城市就是一个大型社区，在这个大社区里有属于社区文化特色的宣传方式和媒介。数字户外媒体与日常生活中的人们接触频繁，就要注意以人为本的互动。

例如，情景互动式广告，这类广告的表现方式具象化，表现力比一般户外平面广告大、感染力强。把以户外平面广告为主的情景互动式广告与户外数字技术结合，形成数字户外情景互动广告，依托数字技术，在与参与者的互动中形成的广告情景以其立体的互动体验和新奇的创意设计取悦每一个参与者，可最大限度地满足受众的人本化互动体验和充满质感的视听享受。

广告主对城市生活细节的把握会创造广告价值，城市公共空间就是受众群体生活、工作的场所，利用数字户外媒体制作数字化情景互动广告，以最贴近生活的环境和广告内容为产品宣传制造最佳的契合点。广告表现通过迎合人们日常生活行为而营造一种人本化、生活化的情景，创造一种与投放的广告之间的互动体验，并在受众体验生活化、人文化的细节中，把广告所要传达的产品信息或者品牌知识传达给受众。

② 艺术技术化的互动表现

技术与艺术是两个截然不同的概念："技术"是透析世界的工具，理性的代表；艺术是感悟世界的触角，感性的极致。技术改变了户外媒介的形态和媒介格局，互联网是数字户外媒体的基础技术支持。客户只要将编辑后的广告内容输入后台服务器，经过短时间的数据处理，即可在全市所有视频终端实施播出，真正实现广告投放、品牌推广的一分钟全城启动，不但节约成本，也可大大提高传播效率。

例如，中国电信推出的"中国电信传媒楼宇视频"，利用了中国电信网络，围绕中高端消费人群的工作及生活轨迹，在全国不同地市中高端消费人群经常光顾的政务楼宇、商务写字楼、三星级以上酒店、银政机构等场所广泛安装、搭建起了强大的楼宇网络视频平台。据了解，依托互联网这一优势平台，通过先进的联网集约播控系统进行统一管理、实时反馈，能实现"联网播放，同步展现"，客户可通过总部的 LED 联网监控中心实现视频的远程联播上画、定时开关屏、调整屏幕亮度、开启或关闭声音、远程控制重启、输出信号加密及解密控制，并且实现字幕信息的远程实时滚动。同时用户也可以查看分布于全国各地的 LED 广告播放情况，为客户节省时间，实现精准传播。所依托的高新技术还包括边缘融合高清图像处理核心技术、虚拟现实技术、影像动作识别非接触式交互技术、3D 技术，以及一些国内广告公司开发的"Intersee"边缘融合高清图形系统、"VRMIX"互动投影、"EyeCatch"捕捉眼互动系统等。

这些技术在国外虚拟领域、互动投影及视频领域都是前沿科技，被广泛运用于户外互动数字广告的传播活动中。在国内，这些高新技术的应用目前多限于某些国际大品牌的大型推广活动中，并没有大规模实现应用，因此在国内户外广告市场中，广告艺术技术化表现的全面应用将成为未来技术发展趋势。

③ 技术艺术化的互动表现

人们无论做什么，都非常注重互动、体验和分享。以高科技技术为载体，表达艺术的同时可满足受众互动、体验和分享的需求，这样的户外广告活动将成为受众视、听、感官的享受。加之，户外广告独具的天然传播优势，更有利于达到这样的传播效果。利用这些高科技技术，可以实现多通道、高层次、非接触的人机交互式传播效果。

例如，法国麦当劳的户外互动广告"Come as you are"。在巴黎拉德芳斯区市中心，法国麦当劳打造的户外互动广告装置，分别以数字海报和传统户外海报两种兼具时代感的方式展开。人们被邀请拍照留念，同时，在装置的一侧，被拍下的照片会瞬间融入数字海报，以视频滚动的形式，不断变化交替着。而另一侧，所拍的照片随即被打印出来，每隔 15 分钟，人工更换传统张贴式海报中的任何部分，脸孔、服装，甚至动作等，形成一幅不断变化的大型海报展示。

（2）三维立体化表现策略

简单来说，3D 投影就是基于计算机图形绘制学中的平行投影及透视投影两种原理，将三维图像显示在二维的平面或者物体上，这种三维图像包括静止的图像以及动态的影像。

① 3D Mapping 投影表现

3D Mapping 投影,也叫作 3D 立体幕墙投影、建筑投影、建筑立体投影等。可分为建筑外巨幅墙面投影以及建筑内巨幅墙面投影两种类型。是近年来最酷最热门的数字户外广告形式之一,也是裸眼 3D 投影技术的表现形式之一。

3D Mapping 投影的特点表现为:无论是室内还是室外投影,展示的画面都非常巨大,内容新颖,科技感十足。幕墙投影采用的是大型工程投影系统,还可以使用激光效果。为了更好地表现主题,建筑外幕墙投影较多设计成立体感十足、画面炫酷的动感影像,由多台投影设备同时使用,配合灯光、视频、动画制作等,在建筑外墙或立体背景上,投射出具有高度真实感、立体感的超炫三维影像。墙面投影能通过不同的故事背景及独具创意设计和构思的内容迎合多变的户外投影场地结构,使之完美统一,从而凸显品牌的创新思维和品牌创意表现能力。

从 21 世纪初期开始,各种基于 3D 投影技术的应用开始在数字化广告传播中孕育并发展。在人群川流不息的户外环境中用极为震撼的视觉影像来高调地展示品牌、产品的核心卖点或品牌形象,利用人群口碑传播和网络的病毒式传播最大限度地实现广告的传播效果,树立产品的品牌形象。目前,3D Mapping 投影多用于游戏、奢侈品牌、汽车、电子数码产品等行业产品或品牌推广的展示活动中,开创了线上线下整合联动的营销新思路。

例如诺基亚、三星、耐克、宝马、现代以及大型游戏等知名品牌都已经在世界各地的城市代表建筑外墙上尝试使用过 3D Mapping 投影。国内外视频网站 YouTube、优酷、土豆网等高频的点击率以及推特、脸书、微博的高频转载和评论都足以证明这种户外广告表现方式的传播效果。

② 3D 全息投影表现

20 世纪末期,"全息"的概念开始被业界及学术界不同程度地探索研究。它的本意是指在真实的世界中呈现一个三维的虚拟空间。而真正的"全息成像技术"目前还处于研发阶段,并没有实际投入应用。我们现在所能看到的 3D 全息投影的应用,只是一种"伪全息"技术——全息投影。全息投影本质上是利用光学原理,通过空气或者特殊的立体镜片形成的立体影像。全息投影需要通过投影设备将不同角度的影像投影至 MP 全息投影膜上,使观众看不到不属于自身角度的其他图像,从而实现 360°立体影像投影。观众在无须佩戴眼镜的情况下就可以看到立体的影像,并且从任何角度观看影像的不同侧面都不会失真。

目前,全息投影在博物馆展品展示中的应用较多。另外还适用于产品展览,如汽车、服装发布会、舞台互动、户外广告互动等。尽管目前全息投影的应用已经开始逐渐显示出优势,但总体来说,因其成本高昂及技术上仍需优化完善,广泛使用这一技术尚需时日。

③ 3D 虚拟互动投影表现

互动投影系统是采用先进的计算机视觉技术和投影显示技术来营造一种奇幻动感的交互体验,可以在参与者身边产生各种特效影像,让参与者进入一种虚实融合、亦真亦幻的虚拟互动体验之中。具体应用包括地面互动投影、户外投影互动墙、虚拟翻书、互动吧台、互动多媒体投影沙盘、声控投影等。

耐克的日本户外互动投影,是利用一双耐克鞋与系统相连,只要参与者拿起鞋子并将其"玩弄"出不同形状,与装置相连的建筑投影影像则会产生不同形状的变化并伴有音效发生。参与者把鞋子玩得形状越多,影像的变化也越多,整体看上去就像这只鞋子真的撼动了一排房子一样。户外3D虚拟互动投影经人机互动之后产生的效果更加真实和震撼,从而很好地传达了耐克的广告主题和品牌诉求。

互动投影墙,因为外形上看似镶嵌在墙体内,像一面墙一样,故而得名。目前,多在地铁出入口过道、公交地铁候车区、城市地下通道等环境中应用。互动投影墙包括与人体接触式与非接触式两种。顾名思义,接触式就是参与者需要身体碰触才能产生互动的效果;非接触式,就是当人一旦走近,互动墙会自动与之互动,这样突然出现的互动表现一般会更加吸引人关注和参与,并主动与之互动,产生更强的互动效果。

第三节　网络与新媒体广告的创意

创意是广告的灵魂,但创意必须依附于实体才能展示其魅力。创意的价值贯穿于品牌推广活动的始终,其价值的体现依赖于各个环节的有效执行、承接,就好比木桶理论,其中任何一个环节出现短板,都将影响创意价值的最大化。网络与新媒体环境下,广告创意必须与最新科技相结合,把技术因素加入广告传播中,以提升创意的价值。

数字时代,受众对于媒介的选择性显著增强,这使得创意比以往任何时候都更具挑战性。新时期的广告人要尽可能地让受众参与到广告传播中来,通过营造体验去倾听、探寻消费者的需求,尽可能地借助新的传播技术,发挥媒体优势,以促进广告创意的升级。网络与新媒体的发展为广告传播提供了全新的创意视角。数字技术的应用为广告实现精准、定向传播,拉近品牌与消费者的距离,并为其参与到广告传播中来提供了无限的可能。

一、网络与新媒体环境下广告创意理念的变革特征

媒体的变革为广告传播提供了更多的机会,也带来了更大的挑战,传统的创意理论也发生着巨大的变革,呈现以下特征。

(一)以创意整合营销,实现广告创意从小到大的转变

网络为整合营销传播(Integrated Marketing Communication)的实施提供了一个良好的平台。除了发布网络广告外,广告主还可以在网络上进行公关宣传、事件营销,建立在线商城等,使广告、公关宣传、直接营销等营销传播要素能够同时在网络平台上展开。网络与新媒体广告以平台化的方式进行整合营销,综合了多种营销手段。广告创意正从广告作品的范畴向广告业运作模式的范畴转变。这一从小到大的转变关系到广告业的升级转型。

在传统的广告运作流程中,创意环节一直处于流程的后段。但在网络与新媒体时代,创意人要在第一时间参与到广告创作中,通过前期的市场调研,从消费者的需求出发,为广告主的新产品开发出谋划策。之后,参与整合营销策略的确定、广告创意案及媒

体案的制定等。

在整合营销传播的背景下，广告人需要从消费者的需求出发，发展出一个与企业核心战略及品牌核心内涵一致的核心创意，用这个核心创意来统领广告、公共宣传、销售促进等所有的沟通方式。针对不同的传播类型，广告人要依据媒介形态和受众特点进行核心创意的延展，以一致的声音，传递一致的商品信息和品牌形象，实现与消费者的双向沟通。广告创意正在逐步打破传统的线性模式，当前广告公司的创意重心已开始从简单的对产品信息进行包装和美化，全面升级为对广告活动进行宏观的、全局的策略性引导。如何制定大的创意框架，如何能够吸引目标消费者的目光并使其参与其中，如何能够对相关创意内容做出正确的引导和规范……诸如此类的创意规划，是当前所有广告创意人工作的重点。

（二）创意"以受众为中心"，增强互动性与参与度

传统广告中，创意内容往往先由广告人制定好，然后再通过视听语言去吸引消费者并告知相关产品/品牌信息，消费者是单纯的观/听众。在这种广告信息传播模式下，消费者的行为被称为"AIDMA"模式。简言之，评价广告能否达到传播效果，完全取决于广告的表现力能否吸引受众的目光（Attention），进而使其产生购买兴趣（Interest），下定购买决心（Desire），铭记该产品（Memory），并最终完成购买行动（Action）。这种广告模式适用于传统的大众传播环境，较之于创意，广告信息发布媒介似乎对广告起着决定性作用。

网络与新媒体环境下，传播技术的发展对传统广告创意产生了颠覆性的影响，大量不断变化的信息与资讯采集的便利性，让所有的广告都面临兴趣与关注度危机。随着网络与新媒体的发展，传统的"大众"已经逐渐消解，取而代之的是分众和小众。当前，已经没有任何一种媒体能够通过自己强势的声音向所有的消费者灌输信息，更不可能由此指导消费者的需求和取向。针对以互联网为代表的网络与新媒体消费者生活观念的变化，日本电通广告公司提出了一种全新的消费者行为分析模型——"AISAS"模式。与传统的"AIDMA"模式不同，含有网络特质的"AISAS"模式，即注意（Attention），兴趣（Interest），搜索（Search），行动（Action）和分享（Share）。

在上述模式中，两个具备网络特质的"S"——搜索（Search）和分享（Share）的出现，充分显示了互联网时代搜索和分享在消费者购买行为中的作用，体现了互联网对于人们消费行为和生活方式的影响。在网络与新媒体环境下，如果继续依赖传统媒体，向消费者进行单向、强势的信息灌输，势必与这个时代消费者的购买行为不相适应，并最终影响到广告的传播效果。

新的传播技术赋予了广告传播更加丰富的内涵。数字技术催生了新型的网络互动媒体，如何能够吸引受众利用新的传播技术参与到广告活动中来，充分发挥网络与新媒体的互动优势，成为广告人开展创意的又一议题。当前，网络平台的开放性使得全社会的每一个成员都有了发布信息的可能。对于广告人来说，以往的创意只是创意人员在做，而现在随着互联网以及新技术的普及，"人人都是创意人"的广告理念得以充分显现。

任何人都可以通过互联网参与产品/品牌信息的制定，与广告主共同创意，一起完

成对品牌的塑造。同时,草根文化的兴起,使得广大受众的话语权得到充分肯定,个人欲望得到真实表达,消费者与品牌的联结也更为牢靠。在网络与新媒体环境下,广告创意的前提是对消费者角色的清醒认识:消费者已经由广告活动纯粹的旁观者变为积极的参与者。

(三)创意更注重广告信息的可搜索性、可参与性与可标签化

1. 可搜索性

数字技术赋予了消费者几乎无所不能的搜寻信息的能力,因此广告人需格外注重信息的可搜索性。

首先,具体说来,广告创意者要提供有关产品/品牌的全面信息。这与传统广告创意注重简化信息,寻找"特点"的做法相矛盾:传统的大众媒体由于时段/版面的限制,通常无法容纳"大量而全面的广告信息";然而在数字媒体(如互联网)中,超链接以及无限搜索技术的应用,使得媒体不仅能够发布丰富而全面的广告信息,并且无须为此付出额外成本。同时,丰富而全面的广告信息,也为消费者的有效搜索提供了可能。

其次,广告创意者还要对产品/品牌信息进行优化。从搜索的角度讲,信息要想被检索到就需满足共性,即拥有可供搜索的关键词;同时还需满足个性,即不会淹灭在相关或不相关的搜索结果中。对于商品来说,品牌名称,一个既可作为搜索关键词又具产品个性的代号,正是可搜索性的重要载体。由此可见,在网络与新媒体时代,品牌名称承担着极其重要的责任。

最后,广告创意者还需对搜索场合进行优化。传统的大众媒体时代,广告的投放选择仅仅依靠对受众人群进行优化分析,即媒体的收视率或收视人群分析;而网络与新媒体的数字技术则提供了这样一种可能,即根据受众所关注的网页内容,有选择性地定向发布相关广告。

2. 可参与性

网络与新媒体时代,以互动为代表的 Web 2.0 技术让"以消费者为中心"的口号从单纯的营销理念转变成了可以实际操控的现实。对此,优秀的广告创意者应该通过富有创意的构思来搭建一个媒体平台,利用独具特色的具体参与形式,让消费者参与到品牌的建设中来(与品牌进行互动,即人机互动);另外,消费者在对相关产品/品牌进行讨论、分享心得的同时,也能够形成相关社区(即人际互动)。

在韩国的街头,有一块有趣的户外广告牌,在没有人参与的情况下,这块广告牌就是一幅正在施虐儿童的画面,但当有用户上前观看时,自身的影像会被投射到广告牌上,通过路人不同的动作与造型,就可改变广告画面的意境:即通过路人的互动参与,实现并传递阻止虐待儿童行为的重要性。

需要指出的是,理想的消费者互动参与平台,应该是根据品牌个性而搭建的具有独特个性的平台。不是所有品牌都适合做消费者参与式广告,也并非所有的品牌都适合用消费者自制视频分享。所以,如何能够有效地找到消费者与品牌/产品的相关点,进而搭建媒体平台,在消费者的参与方式上推陈出新,以提高参与的相关性、互动性和乐趣,

成为网络与新媒体时代广告创意人所关注的焦点。

图5-5 韩国街头阻止虐待儿童公益广告

3. 可标签化

网络与新媒体时代，每个人身上都可以贴各类标签，由于标签具有非排他性，这意味着人们可以在不同的网络社区拥有不同的标签识别（identity）。对于SNS社区来说，标签既可以是个人观点的总结，也可以是发布信息的手段，而且还可以成为某种类别的标识（如共同的兴趣、职业等），它的应用非常灵活。同时，标签的对象既可以是文本、照片，也可以是音频、视频、网站……标签的社会化意义，正是在于通过其自身的反向查找功能，能够同时形成多个临时的"多媒体"信息集合。

虽然标签也可作为搜索的关键字，然而它却与搜索机制不同，标签是一种更为主动的分类、概括、交流，即分享的过程。因此，衡量一个创意的优劣就必须考虑：第一，消费者能否很容易被归纳总结并贴上合适的标签；第二，消费者可能会贴在这个创意作品（或创意平台）上的标签，是否符合想要的品牌内涵或产品属性的内容；第三，消费者是否愿意被贴上标签;第四,这样的标签有没有可交流、可分享性。

2015年1月25日,腾讯正式推出微信朋友圈广告,宝马中国、可口可乐、Vivo智能手机三个品牌的广告分别出现在不同用户的朋友圈中,引发全民刷广告的风潮。对于广告主来说,朋友圈广告将提供更多维度的详细广告投放效果分析,帮助广告主实现更好的投放效果。为保证达到更好的用户体验和给用户带来价值,朋友圈广告采用了更加智能的技术,每个用户被基于用户画像而分配广告内容,广告投放策略智能化。微信会对用户行为进行分析,为用户设置标签和关键词,针对不同的用户会在不同的时间推出不同内容的广告。除此之外,和普通的朋友圈消息一样,微信广告也由文字、图片等构成,好友可以进行点赞、评论。如果用户对广告不感兴趣,还可以点击右上角进行屏蔽。事实上,可标签化,就意味着广告信息能够被多级传播的可能,即分享的可能。在传统的大众媒体时代,这一条例就已经存在:当受众对某一信息产生兴趣,且该信息能用一两个词概括(标签)的时候,这条信息便会流传开来,即传统的口碑传播。在网络与新媒体时代,以Web 2.0为代表的数字化传播技术,使得标签这一古老的宣传手段能够释放出无限的传播潜能。

二、网络与新媒体广告的创意形态

数字技术的快速进步在带动互联网高速发展的同时,也带动了户外媒体、数字电视、移动通信等新的传播技术的蓬勃发展,这使得传统的信息传播方式发生了革命性的变化,广告业的运营进入一个新的时代。在网络与新媒体环境下,广告创意在不同领域呈现不同的形态。

(一)互联网广告创意

随着Web 2.0技术的发展,互联网广告在经历了网幅广告、视频广告、互动广告等形式之后,当前已发展到精准行为定向传播的新阶段。所谓精准(行为)定向广告,是指互联网服务商利用网络追踪技术(如Cookies)搜集用户信息,并对用户按性别、年龄、地域、爱好、职业、收入等不同标准进行分类,记录并保存用户对应的IP地址,分析受众

图5-6 微信朋友圈广告

的消费行为,选择创意广告传播内容,然后利用网络广告配送技术,依据广告主的要求及产品/服务的性质,向不同类别的用户定向发送内容不同、"一对一"式的广告。较之以往广而告之的传统广告形式,定向广告体现的是"准而告之"的特性,是一种更精准的广告传播模式。

网络与新媒体时代,新的传播技术使得受众"浮出水面"。广告人通过建立富有创意的信息发布平台,可以使受众的属性特征通过博客、微博,以及RSS等方式反映出来。

相对于传统门户时代,当前的广告人拥有了更多的机会去了解受众的兴趣和偏好,理论上也获得了更多通过准确的方式向准确的人传送准确的信息的精准营销机会。

未来的互联网广告创意作为吸引受众的利器,将会从告知走向互动,从单一走向交互,从面向大众走向面向小众。

(二) 移动媒体广告创意

数字时代的移动媒体广告,是指依靠移动技术的发展而出现的一种新的广告形式,主要以手机和各类移动终端为载体,具体形式有短信广告、彩铃广告、彩信广告、手机网站类广告等。

作为一种新兴媒体,手机集多媒体、移动性、随身性、交互性、即时反馈等特色于一身,是一种比较理想的广告发布媒体。过去,手机广告形式通常都是短信,进入 4G 时代,手机已经不再仅仅是传统的移动通信工具,新的传播技术以及各种智能终端的兴起,预示着手机将发展为集合通信、视频娱乐、互联网应用等功能于一体的多媒体掌上终端。更快速的数据传输能力,更长久的电池续航能力,更大、更清晰的屏幕使得手机不仅能够同时完成各种业务,而且极大地提高了其作为广告发布媒介的创意表现力。根据手机广告业发达国家(日本、美国、英国、韩国等)的经验,广告人可以依据广告内容、广告诉求以及目标受众的不同特征创意出合适的广告表现形式,以达到最佳的广告传播效果。文字型广告、图片型广告、音频型广告、视频类广告、互动式广告等,均可以在 4G 时代的手机广告中得到实现。

例如,飞拓无限公司就曾为乐百氏"脉动"品牌做过成功的手机互动营销。2010 年,飞拓无限公司帮助乐百氏开发手机互动游戏,并搭建"脉动"短信反馈平台;乐百氏则在脉动饮料的瓶子上打印促销信息,提供互动奖品。这样,消费者每次发送饮料瓶上的号码便能参与互动游戏,同时闯关之后还能获取奖励。据说,有玩家为了能持续闯关竟买走了 800 瓶脉动。这一策划成功地将典型的促销方案与手机互动广告相结合,既避免了垃圾短信对消费者的影响,又能使消费者从中获得实惠,从而取得了很好的效果。

(三) 数字电视广告创意

数字电视从技术特征上讲,是指电视节目的采集、制作、编辑、播出、传输和接收的全过程都采用数字技术。数字电视拥有高清的电视画面、优质的音响效果,同时还具有抗干扰等功能,因此画面稳定,扩展功能多,可增加点播、上网等功能。

数字化之后的电视信号极大地减少了其所占用的网络带宽资源,使线路的传输能力由原来的几十套扩展为几百套,这使得其能够为受众提供内容更丰富的电视后节目。同时,数字电视还可以开设增值服务,提供更多更细的专业频道供受众选择。进入数字时代,一方面,比之传统模拟信号时代的电视受众拥有了更多的自主选择权,可以随意点播自己喜欢的节目,不再像以前那样只能被动接受;另一方面,由于具备存储功能,数字电视能够像计算机一样进行文字录入、上网浏览、收发邮件、信息咨询、远程教学、股票交易等。数字电视改变了文字、图像等信息的生产、传播、交换和消费方式,使信息传播从单向单一模式向双向多元化的模式转变,并彻底改变了传统电视由传播者发布信息、受众被动接收的模式。新的传播技术赋予了受众更多的选择权,这也为广告细分受众、定向发布创造了条件。

(四) 户外网络与新媒体广告创意

户外网络与新媒体广告在今天已经不算是最新型的传播媒体了,但是其销售业绩以及创新性却依旧走在各大传播媒体最前端。

优秀的户外媒体广告不外乎具有以下特点:第一,户外网络与新媒体广告强调的是广告与"周围环境"的关系,其创意也要从广告信息的具体传播环境出发,充分利用空间和环境中的要素来实现创意,营造特有的视觉传播效果。第二,在户外网络与新媒体广告自身的创意领域里,包含两个层面上的创意,一方面是媒介运用上的创新,比如制造新的媒介形式、发掘出新的媒介空间或者对传统媒体进行创造性使用等;另一方面是在具体某类媒体上的作品内容表现创新。第三,户外网络与新媒体广告创意具有无限的发挥空间,在受众视觉注意力、环境载体和产品信息的契合处,用户都可以发现创意的耀眼光芒。第四,与传统户外媒体广告相比,网络与新媒体广告大大节省了媒体的投放成本,更注重广告的内容、创意的本质,使得广告恢复并增加了对于本质的正确定位。

事实上,传统户外广告需要创新求变的紧迫性并不是来自新型媒体出现所带来的竞争,而是来自广告主和消费者身上的需求与思维逻辑的结构性变化。广告主需要的是满足消费者需要、激发消费行为、在消费者内心树立其品牌形象、标新立异的广告,在信息饱和的情况下,能够第一时间使受众眼前一亮、深刻存储在脑海之中、促使消费者再传播的广告;而消费者则需要更贴近生活、人性化的广告。

网络与新媒体虽未能完全取缔传统户外媒体,但就城市现状而言,有着传统户外广告无法企及的传播效果。走入繁华的城市商业区,户外 LED 大屏幕以与众不同的传播介质、丰富的色彩和生动的创意表现力,塑造了其独特而时尚的媒介价值。设置于城市时尚地段的彩屏 LED 广告,不仅摆脱了传统户外广告静止、单一的表现形式,而且利用网络技术还可以实现对于特定的区域、时间、场所的定制化广告传播,从而能够大大增强其影响力和接触率。在户外做有创意的广告,加之日新月异的科技手段的运用,可以使平静的街道化为缤纷的剧场。以数字技术、互动体验、创意为依托的户外网络与新媒体广告,具有巨大的发展空间。

(五) 互动类网络与新媒体广告创意

随着网络与新媒体技术的发展,建立在计算机视觉和虚拟现实等技术基础上的互动广告也不再仅仅局限于传统媒体与受众的情景式互动,而更多的是考虑如何让受众融入广告本身的情节和环境当中,充分调动视觉、听觉等感官乃至产生思维和情感的共鸣,达到更好的传播效果。因此,在网络与新媒体环境下,互动广告的创意要求广告创作者利用数字技术,通过一定的场景或情节设计,使广告中的产品更真切地呈现在受众面前,与不同的受众产生不同的独特的互动和联系,从而使受众获得独一无二的参与感。

互动广告创意突出的特点是将创意的空间和主动权下放到受众手中,而这种创意性直接体现在"互动"环节上。广告人员在进行创意构思的过程中,首先就要营造一个角色互动的环境,要从广告接收者的角度出发,使广告成为连接传受双方的桥梁,通过广告本身与受众沟通,使受众对广告中的场景、元素和情感产生共鸣,从而加强受众对产品的好感和印象。

互动广告的创意表现要注意以下几个原则:第一,发挥网络与新媒体的互动性,为受众提供不同的互动模式;第二,以实用的免费资源吸引受众参与;第三,互动内容贴近受众日常生活,淡化商业营销色彩;第四,追求创意与技术的完美融合。

例如,肯德基为了推广新品"被蛋卷",在众多城市的地铁站推出了一则互动广告,受众可以利用 LED 大屏触控技术,现场模仿早餐新品"被蛋卷"的制作过程。该广告是建立在计算机视觉和虚拟现实等技术基础之上的,并采用了红外感应 Airscan 装置,在不影响 LED 显示屏整体外观的情况下,具备抗光干扰,及时捕捉触摸者的一举一动等优良特性。它使得普通视频广告可以根据人体动作而产生相应变化,从而增强了互动体验的现场感和参与过程的游戏感。应该说,肯德基的这则互动广告是创意与技术的完美融合,缺了技术,则流于传统,缺了创意,则过于平庸,无法吸引受众的注意。

三、网络与新媒体广告创意策略

创意是一种战术性的指导思想,其成功与否直接关系着广告经营的成功与否。进入网络与新媒体时代,广告经历了媒介、受众、信息、诉求等一系列的变化,作为广告的灵魂,广告创意也必然要经历从内到外的策略调整。虽然广告创意可包容的范围比较宽泛,但具体来说,其所面向的关键内容只有两个:创意广告内容和创新广告媒体。因此可以沿着这个思路阐述网络与新媒体时代广告创意的应对策略。

(一)从追求关注到构建体验,实现内容与消费者需求的有效结合

网络与新媒体时代,广告诉求日益呈现出"圈子文化"的特征,即每个圈子的成立,是以消费者共同的兴趣偏好、生活态度、价值观念为基础聚合成群。传统媒体时代,广告传播的创意思路通常是:先以市场调研的数据为参照设置一个广告主题,然后围绕这个主题创意广告活动,编织品牌故事,重金聘请明星代言,或者营造"轰动"事件,最后再打出一个漂亮的广告口号,以创意的精彩度来吸引广告受众的眼球与兴趣,从而实现影响消费者心智的目的。在这种传播模式中,广告受众处于观看者的位置,虽然也会有短暂的参与和互动,但从本质上讲仍是一种自上而下的传播。

全新的网络与新媒体技术手段赋予了当下的广告创意更多的内涵。Web 2.0 技术所带来的充分互动的传播环境,为广告创意者构建一个消费者虚拟体验空间提供了可能。数字时代的广告创意应该以直观的界面以及真实可参与的体验去打动消费者,优秀的互动广告不再需要运用文字去解释。例如,雷克萨斯 IS 汽车的广告创意团队在美国交通拥挤的底特律市创作了一个互动全息图(Hologram)。消费者只要途经该市任一雷克萨斯体验店,便能透过玻璃窗外的触屏对新车进行操控。消费者可以对三维虚拟

的雷克萨斯 IS 汽车做全息式的观看（拉近、旋转、改变颜色），使新车状况一目了然。丰田雅力士的创意团队也把体验式广告做到了极致，他们把雅力士的互动展示与赛车游戏结合起来，透过通栏广告，使任何两个在同一时间登录雅力士页面的网民，都可以直接驾驶雅力士新车进行 PK，在风驰电掣中感受赛车的快感。

Web 2.0 时代，通行的"营造氛围"的广告创意策略必然要让位于"请消费者入瓮"，即让广大的消费者成为广告创意的元素，使其身临其境于广告传播的全过程，并成为广告的主角、明星代言人和意见领袖。所以，Web 2.0 时代广告创意变革的重心应该为：从"营造氛围，以吸引消费者关注"转向"编织体验，与消费者共舞"。

（二）从广而告之到准而告之，创意更具吸引力的内容

传统媒体时代，广告的成功主要依赖于其所选择媒体的传播力，凭借着大众媒体的狂轰滥炸，即使一个毫无创意的广告也能迅速为广大受众所熟知。然而，在网络与新媒体时代，面对着日益丰富的信息发布渠道，广大的受众拥有了更多的媒介选择；传统的大众媒体再也不可能依靠一己之力，而把缺乏创意的广告强推给消费者。在多屏化、碎片化的网络与新媒体环境下，要有效地捕捉到信息和消费者的需求，据此创意出富有吸引力的广告内容，并以精准的方式投放给潜在消费者。

Web 2.0 技术的应用，为广告人发挥想象、创造具有吸引力的内容提供了无限的可能。以播放受众自制视频节目而备受关注的 YouTube，拥有大批忠实粉丝，每天会有数百万的固定网民登录该网，上传或播放相关视频。这说明传统的视频节目并没有失去生命力，只要能够充分发挥广大受众的智慧，就能利用互联网创意并传播具有特色的内容。像 YouTube 这样，建立用户自发上传内容的视频网站，正逐步孕育一个全新的广告世界。在这里，广告人通过设立视频平台，可以与受众共同创建富有吸引力的内容；同时，适时地发布一些有关产品/品牌的话题与消费者互动，这不仅能够使广大受众主动地了解相关产品/品牌的信息，也能够使其积极地参与到广告传播中来。

网络与新媒体时代，有关传统媒体的巨额投放计划和创意方式正在被边缘化，广告主已不再会为传统媒体投放、策划和创意押上千万元的预算。精明的广告人正通过创意具有吸引力的内容，并利用新的传播方式来吸引消费者，与其互动，共同创造网上热点和共鸣。

（三）从强迫推送到诉诸文化，用受众的沟通方式进行沟通

当前，在网络与新媒体环境下，受众的生活方式、消费方式、信息接收方式都发生了巨大的变化，强迫推送已经无法继续适应新的传播环境，而品牌文化渗透与双向互动沟通成为主流。

传统的"强推式"广告日渐消逝，取而代之的是"互动式"软广告，即依靠某种理念、文化的力量，以一种润物细无声的方式影响潜在消费者。正如菲利普·科勒所言："一流企业卖文化，二流企业卖品牌，三流企业卖产品。"在生产力高速发展，产品极大丰富，供应远远大于需求的时代，"文化"再次成为广告创意的焦点。

(四)创新广告表现形式,加强视觉冲击力

对于广告来说,创意是永恒的主题。网络与新媒体技术的发展,给予了广告创意更加丰富的表现手段。一般而言,广告创意吸引人、广告表现突出,都会达到较好的广告效果。对此,必须不断尝试新的广告形式,创新广告表达方式,以加强广告的视觉冲击力。

数字化时代,打开互联网,Web站点广告、横幅广告、按钮广告等各种各样的广告信息铺天盖地。为了增加受众对广告的关注度,可以运用一些出人意料的广告形式来增加受众的点击率。

例如,新浪网站推出一种关于MP3下载的弹出式广告,它以计算机提示窗口的形式出现,采用十分惊人的广告语——"警告!你的硬盘没有新的MP3。"这种警戒符号多出现于计算机运行错误提示等情况下,突然看到这样一个窗口,很多网民往往会紧张一下,然后习惯性地去点击"是(Y)",就像平时遇到电脑问题一样。紧接着,受众便会发现自己"上当了",因为点击后的链接进入了一个音乐下载网站,它是新浪MP3下载网站的广告。这种网络广告表现形式或许会有欺骗之嫌,但广告主却成功地达到了传播效果:网民都注意到了这则广告。虽然我们并不提倡这种广告形式,但是可以借鉴它的创意思想——想别人所未想,做别人所未做,跳出原来广告创意的老框架,寻求新鲜的广告表现方式。

此外,富媒体广告开始步入广告人的视野。含有2D及3D技术的视频(Video)、音频(Audio)、超文本链接(HTML)、矢量动画(Flash)、动态文本链接(DHTML)等全媒体表现方式的广告,不仅能有效提高广告的互动性,还能为广告人提供广阔的创意空间。

(五)创意媒介选择

完美的广告创意还需要有准确的媒介选择,只有这样才能确保体验能够释放于消费者。因此,如何选择媒介是有效实施体验的关键步骤。

当前,消费者处于一个信息爆炸的社会,电视、网络、手机,以及户外的一些建筑、街道等都在传递着相关信息。网络与新媒体时代是一个媒介泛化,一切皆为媒介的时代。新的传播环境,促使新时期的广告人在创意好广告内容的同时,还需要有效地选择媒介,丰富广告的发布渠道。

对于广告人来说,任何与消费者相关的接触点:产品、服务、流言、抱怨、口碑以及不断发放的每一条新闻等,都是广告传播的渠道,肩负着传达广告主产品/品牌信息的重任。所以,网络与新媒体时代,除了传统的报纸、杂志、广播和电视四大媒体,新兴的网络媒体、手机媒体和人员推广外,所有能够展示品牌信息的窗口都可以作为广告传播的载具。

众所周知,互联网给予我们的是平等、创新和差异化的选择模式,而品牌是消费者整体体验的总和,要把广告主的品牌形象永久植根于消费者心中,形成一对一的伙伴关系,就必须有能力去开发与消费者接触的每一个点与面,实现品牌体验的终极目的——与消费者形成良好的互动。

案例 5-1

红牛赞助《最强大脑》北京公交站台"找茬"广告

广告需要创意,广告需要互动。然而知易行难,一旦真金白银地投放,广告人往往又回到原始的轨迹上了——"logo 再大点,产品再大点。"而 2015 年 1 月红牛的一则公交站广告证明了:和受众互动起来,没那么难。

图 5-7 红牛北京公交站"找碴儿"广告

这则广告是红牛为其赞助的热播电视栏目《最强大脑》量身定做的。画面是北京国贸附近的一则广告原图,采用日常耳熟能详的"大家来找碴儿"的形式呈现。媒介的选择也是煞费一番苦心——公交站台。候车的时间是漫长而枯燥的,而"找碴儿"广告的出现为消费者的碎片时间找到了一个出口。广告一出街,便激发了一波路边找茬热。

网友脑洞大开,积极互动。线下引发关注还远远不够。内容足够有吸引力,投放当天便在微博上引发了热议。

图 5-8 红牛官方海报及媒体关注

> 随后,红牛官方微博也发布了海报——"看似不可能,只是因为没有尝试",把自己的态度和立场坚定地亮明。在更高的层面,也契合了红牛"你的能量,超乎你想象"鼓励突破自我极限的价值观。
>
> 网络上掀起轩然大波的"找茬"海报很快引起了媒体和行业的关注,广告人和媒体纷纷转发这一广告事件,让史上最难"找茬"广告人尽皆知。
>
> 案例点评:
>
> 对于红牛来说,这是一个三赢局面——红牛自身在这次传播战役中不仅把logo展示了上亿次,其自身的品牌理念也得到了深度诠释;"最强大脑超乎想象"又让红牛与其电视栏目合作伙伴《最强大脑》绑定得更紧;最重要的是,一个广告没有引发消费者的反感,反而让枯燥的等车过程变得更加有趣。消费者踊跃投票,使得这次传播好评如潮。
>
> 优秀的创意一般内容简单,但往往能够形成一个"黑洞",把画面之外的事物不断吸引进去,成为创意的一部分。例如本案例中的媒介、观看创意的人、参与其中的人等,他们让创意的"雪球"越滚越大。从这个角度上说,红牛又一次超乎想象。

第四节 网络与新媒体广告的文案创意

广告以其创造性思维打破了传统和新兴媒体的界限,不论广告从业者以何种形态传递思想,广告语言都是广告作品的核心内容。虽然不断推陈出新的媒介手段能够为广告的传播提供日益新鲜的载体和途径,但是如绝大多数广告仍然需要借助语言的表达方式来宣传商业产品或公益意识,不论语言的成分在一则广告中占有多少比例,语言的复杂性和灵活性决定了它依然是广告作品中相当可靠和稳固的组成部分,语言在广告传播中的作用可谓举足轻重。作为广告创作的表现环节,广告文案的创意是将动态抽象的创意思维与静态特指的产品特质相结合的结果,包括了从初步的想法逐步过渡到完整的创意概念这一系列转化和创新活动的实现过程。

一、网络与新媒体时代广告文案的主流特征

网络与新媒体时代以不可阻挡之势到来,同时给传统媒体的广告和营销带来了极大的冲击。相比于传统媒体,网络与新媒体最大的革新就是传播方式由传播者对受众的广而告之变成了受众自发地点击和定制。在这个基础之上,传统而粗暴的广告文案,已经不可能再赢得优质受众们的点击和青睐。从根本上来说,网络与新媒体广告文案变革的根本起源于网络与新媒体对人们生活方式的深刻影响,当人们的生活方式发生改变之后,人们获取信息的渠道及相应的传受方式也必然随之同步变化。在这样一个全新的时代,网上购物、网上聊天、网上阅读等不再是时尚,而是不可或缺的生活方式;写日记写信、交友访客逐渐被博客、朋友圈、E-mail、QQ留言、空间等所取代;看书、看电

影、看新闻由连接互联网的电脑或是手机即可全部实现。

从书籍—电脑—移动终端的生活方式变化，也给受众的阅读习惯带来了革命性的改变。而对应的阅读特征，也相应决定了网络与新媒体时代广告文案写作的主流基调。

目前在网络与新媒体平台上，最流行的优秀文案一般是短标题文案，而其内容大多以图片为主。即便有文字信息，也会尽量放到图片当中传递。此外，大量的"标题党"已经成为一种流行甚至规范，进而产生了种种形态各异的"党"，微信、微博上的"养生党"和"鸡汤党"，其实都是依靠标题来吸引人气。例如"白醋让你年轻10岁，你造吗""两头大蒜让你活一百岁""好老公十大准则""一万元如何变成一百万元"等标题，以噱头博得眼球，却可以达到很好的点击效果。"养生党"和"鸡汤党"们的共同特征代表了网络与新媒体时代广告文案的写作通式，"标题为大，读图为主"成为网络与新媒体时代广告文案传播的主流特征。

除此之外，与传统媒体广告文案相比，网络与新媒体广告文案还具有信息容量大、呈现风格多样化、搜索储存便利、互动性强、受众定位精准等传播特征。

二、网络与新媒体平台下广告文案的主要形式

网络与新媒体广告文案，大致可以分为如下两类。

（一）产品营销类

产品营销广告类似于传统媒体上的硬性广告，通过直观简短的介绍或宣传，为其宣传的产品造势。此类广告大致上沿袭了传统媒体广告文案的特征，所以其播发渠道实际上和传统广告类似，采用广播的形式，通过各类网络与新媒体平台，把信息强行推送到用户面前。在当前，产品营销类广告多存在于各类应用弹窗等渠道中。企业的官方微博、微信公众号等所发布的有关产品或服务信息的硬广告，以及在自媒体平台上开展的促销、集赞抽奖、微博（信）竞猜、转发有奖、互动讨论、投票等活动都属于此类。相较于电视和广播等传统媒介，网络与新媒体的推送更具有针对性，可以通过大数据等技术应用帮助广告更精准地送达优质受众的终端。所以这一类广告的本质依然和传统媒介中的产品类广告一脉相承，相比传统产品营销类广告文案，网络与新媒体的广告文案针对性更强，沟通传播气息更加浓厚。

（二）推荐软文类

该类广告文案和硬广告有较大的不同，是脱胎于网络与新媒体平台下自媒体传播的广告形式。这些被互联网媒体催生的自媒体俗称为"大号"。其内容多为各类感悟语录、心灵鸡汤、幽默段子、知识百科、热点事件、热门话题、天气节日、食物养生、美容瘦身、星座运势等的相关信息，以具有趣味性和可读性的内容吸引用户主动转发分享。大号的经营方式非常灵活，可以自由选择他们的合作方，播发推荐类型的软性广告。

相对于产品营销类广告，大号的推荐文案更需要注意含蓄地表达。对于一个大号而言，其核心生命力基本上是它的粉丝量及受关注程度，倘若在运作过程中由于广告的生硬植入等造成了负面影响，进而导致粉丝的流失就得不偿失了。因此推荐软文通常倾向于选择不明显的植入，这样的植入一般有三种形式：一是以游记、个人体验等较为优美的文本，对合作方的店铺或品牌进行介绍；二是通过口碑推荐等生活指南的方式合作来引导消费；三是和合作方联合开展有奖参与活动，通过合作方提供的实体或虚拟奖励，吸引粉丝参与的同时达到植入和宣传的效果。大号们不仅需要通过广告的植入完成盈利，还必须更加注意对粉丝关系的维护，时不时分享一些无关广告的有趣内容，实际上是对自媒体的持续营销，并且借此维护和粉丝的关系。

三、网络与新媒体广告文案的创意原则

网络与新媒体广告文案的创作与表达，应遵循以下原则。

1. 注意广告文案的娱乐性

在网络与新媒体时代，必须抛弃硬广告的创作思维。网络与新媒体广告文案的创作，不能再像原来那样先想一个标题，然后副标题，接着正文、口号等，最后再生硬地推给受众。广告的形式必须软，必须具有娱乐精神，将所要传达的信息巧妙地融合在受众所感兴趣的信息中。

要把广告写成受众喜闻乐见的"段子"，有趣、好玩是第一位。把品牌信息、产品信息糅合在有趣的段子中，这才是网络与新媒体时代的广告人需要具备的能力。必须更加熟悉受众的语言风格、喜好爱好，最大限度地降低受众对广告的反感。甚至一些优秀的广告，受众明知是广告，但读起来却津津有味。文案创作的核心是让受众觉得"有趣"，充分调动起受众转发分享的欲望，使品牌理念随之深入受众内心。

2. 借助热点话题增强传播效果

热点事件和新闻话题都是极易引起转发的内容，因此，在创作广告文案时，应将所要传达的信息与当下热点紧密结合。密切关注并深入解析热点事件，结合自身品牌、广告与营销目标，将其加入大众话题讨论中。借助热点事件，能使广告传播效果以几何级数增长。选择热点话题时，需要考虑到"时效性"和"相关性"。时效性即文案创作的及时性，网络上的热点内容生命周期大多很短，必须及时把握住稍纵即逝的热点，在最短的时间内创作出广告；相关性指广告文案的创作需要考虑热点事件和自身品牌的调性、产品信息是否相关，如果无法做到相关却牵强附会，效果必然大打折扣，甚至还会起到反作用。

3. 切忌虚假与造谣

网络与新媒体时代带来信息的大爆炸，在繁杂的信息中抓住目标受众的眼球不是一件容易的事。广告为了吸引眼球适当地出位是可以理解的，但是，在进行文案创作时，必须有底线，切忌虚假和造谣。借助便捷发达的搜索引擎，谎言很快就会被拆穿，靠虚假谋求关注无异于饮鸩止渴。

"天猫内裤门"可作为例证：天猫在微博上发布了一条关于双十一数据的微博"内裤

销售200万条,连接起来有3000公里长",微博发出不久,就遭到"江宁公安在线"等微博的质疑,怀疑其数据准确性,最后天猫不得不通过自嘲来解决危机。

比虚假更恶劣的是造谣,曾经靠造谣红极一时的"秦火火",终究受到了法律的惩处。造谣或许会吸引受众一时的关注,但当谣言破灭时,也是品牌被消费者唾弃之时。在创作广告文案时,一定不能触碰这条红线。

新型冠状病毒肺炎疫情期间,口罩成为紧缺商品,会员制电商平台海豚家利用口罩难求的局面,通过吸引消费者下载其电商平台,注册购买口罩,然后进行"砍单",获取会员和会员费。供应商断货后,海豚家依然继续声称有口罩销售,并借此收取大量的会员费,加上口罩货源解释不清,海豚家的各种官方回应未能打消用户的疑问,消费者纷纷质疑海豚家趁疫情进行"口罩营销"、虚假宣传、诱导消费者下载APP、诱导消费者购买会员和虚假发货。2020年2月8日,霍尔果斯海豚家科技有限公司因口罩"砍单"行为被吊销营业执照。

正如习近平总书记在党的新闻舆论工作座谈会上所提出的"广告宣传也要讲导向"。网络与新媒体广告文案的创作者应树立正确的职业理想,遵守职业操守,勇于承担社会责任;增强社会主义核心价值观,取舍职业道德与职业精神,追求广告信息传播真实性,服务社会。

网络与新媒体的发达,使广告传播进入了一个内容飞速生产、又飞速被消费的时代,巨量的碎片信息不断被制造。在这样的背景下,必须时刻保持开放的心态,不断学习新事物,不断修正广告文案创作的方法,遵循广告文案创作的基本原则,只有这样才能在信息的洪流中,为品牌创造更大的价值。

四、网络与新媒体广告创作技法

如何写一个网络与新媒体思维的文案呢?以下从七个方面解读。

(一)分解产品属性

图 5-9 分解产品属性　　　　　　　　图 5-10 小米手机广告文案

互联网初创公司无不把产品分割成一个个独立属性进行宣传。如图5-9、5-10所示,小米先是给我们普及了CPU、GPU等知识,到了小米4,竟然开始给我们普及材料学知识——"小米4,奥体304不锈钢,8次CNC冲压成型"。

为什么网络与新媒体文案需要分解产品属性?因为这有助于弥补广告产品与大品牌相比的劣势。

消费者选购产品时有两种模式——低认知模式(不花什么精力去思考)和高认知模式(花费很多精力去了解和思考)。大部分时间,消费者处于"低认知模式",他们懒得详细了解并比较产品,更多的是简单地通过与产品本身无关的外部因素来判断——"这个大品牌,不会坑我,就买这个!""这个德国产的,质量肯定比国产好,就买这个!"在这种情况下,小品牌是打不过大品牌的,因为消费者直接通过"品牌"来推测产品质量,而不是详细比较产品本身。

应该让消费者进行获得"高认知模式",让他们花费很多时间精力来比较产品本身,而不是简单地通过品牌和产地来判断。而"分解产品属性"就是一个很好的方法,可以让消费者由产生一个"模糊的大概印象"到能"精确地了解"。

这就是为什么大品牌的广告往往强调一个整体的印象("再一次,改变一切""极致设计"等),而小品牌往往会详细地分解产品属性,让消费者进入"高认知模式"。

(二)指出利益:从对方出发

文案仅仅进行"分解产品属性"还不够,还需要把利益点说出来——这样的属性具体可以给对方带来什么。

图 5-11　转租房间广告

比如图5-11转租房间广告,右边的说出了具体的"利益",显得更加吸引人。

销售员往往详细地介绍了产品,但是顾客却抱怨说:"你说的这些特点都不错,可是对我来说有什么用呢?"如果想写出好文案,就需要转变思维——不是"向对方描述一个产品",而是"告诉对方这个产品对他有什么用"!

（三）定位到使用情景

图 5-12　定位到使用情景

当被要求描述一款产品，大部分人首先想到的是："这是一个 XX。"（定位到产品属性）

有些人还会想到——"这是一款专门为 XX 人群设计的产品！"（定位到人群）

其实还有第三种——"这是一款可以帮你做 XX 的产品。"（定位到使用情景）

实际上，针对网络与新媒体产品的特点（品类复杂、人群分散），广告应该更多地把产品定位到使用情景——用户需要用我的产品完成什么任务？

如果描述"这是一款智能无线路由器！"（产品类别）用户可能不知道在说什么，但是如果广告说"你可以在上班时用手机控制家里路由器自动下片"（使用情境），用户可能就会心动。所以，最重要的并不是"我是谁"，而是"我的消费者用我来做什么"？

（四）找到正确的竞争对手

消费者总是喜欢拿不同的产品进行比较，因此，写文案时，需要明确：我想让消费者拿我的产品跟什么对比？我的竞争对手到底是谁？

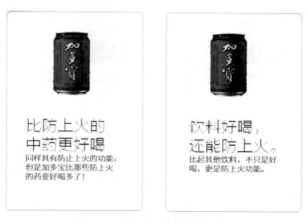

图 5-13　找到正确的竞争对手

比如图 5-13 中，上述两种加多宝凉茶的文案，前一种是跟预防上火的中药比，虽然更加突出了"防上火"功能，但是让人觉得"是药三分毒"，可能不敢喝；后者跟饮料比，增加了"防上火"功能，给人的感觉是"不再为喝不健康饮料而有负罪感"了。

无数的行业创新产品都涉及这样的竞争对手比较:

在线教育的竞争对手其实并不是线下培训,因为对那些肯花时间和金钱参加培训的人来说,在线教育显然满足不了其对质量的要求;它的竞争对手其实是书籍、是网络论坛,因为它的客户是因为没钱没时间而无法参加培训,以至于不得不看书自学的人。

太阳能的竞争对手最初并不是火电,因为对于性能稳定的火电来说,太阳能太不靠谱了;它的竞争对手是"没有电"——太阳能最初在美国失败,但是却在非洲首先实现商业化,对美国人来说,太阳能太不稳定了,但对没有电网的一些非洲国家来说,自建太阳能发电器总比没有电用要好。

凡客抗皱衬衫的竞争对手其实并不是价值几千块的商务衬衫(像它宣传的那样),因为肯用这些商务衬衫的人瞧不起凡客;它更可能的竞争对手是T恤和POLO,因为它的消费者是那些因为害怕挤地铁把衬衫挤皱而不得不穿T恤的人。

第一代iPhone真正的竞争对手并不是诺基亚手机,因为比起诺基亚手机,它续航不行、通话质量不行;它真正的竞争对手是《华尔街日报》、游戏机、视频播放器。在当时的主流观点下,作为一款手机,它有无数缺点;但比起其他视频播放器、报纸等,它却好多了,还有打电话功能。

所以,构思好文案、好宣传,要先找到产品真正的竞争对手。

(五)视觉感

文案必须写得让读者看到后就能联想到具体的形象,比如图5-14文案,如果只说该款手机"夜拍能力强",很多人没有直观的感觉;但是如果说"可以拍星星",就立马让人回忆起了"看到璀璨星空想拍但拍不成"的感觉。

图 5-14 视觉感

优秀的文案能让人联想到具体的情景或者回忆,但是太多文案写得抽象、模糊、复杂、假大空,让人不知所云:

教育课程广告:"我们追求卓越,创造精品,帮你与时俱进,共创未来!"

MP3广告:"纤细灵动,有容乃大!"

芝麻糊广告:"传承制造经典!"

男生求婚:"我们一定会幸福生活,白头到老!"
政治演讲:"我希望追求平等,减少种族歧视!"
面试者:"我有责任感、使命感、一丝不苟、吃苦耐劳!"
如果同样的意思,加入"视觉感"的描述,效果就显著不同:
教育课程广告:"我们提供最新的知识,以帮你应对变化的世界。"
MP3 广告:"把 1000 首歌装到口袋里!"
芝麻糊广告:"小时候妈妈的味道。"
男生求婚:"我想在我们老的时候,仍然能牵手在夕阳的余晖下漫步海滩。"
政治演讲:"我梦想有一天,在佐治亚的红山上,昔日奴隶的儿子将能够和昔日奴隶主的儿子坐在一起,共叙兄弟情谊。"
面试者:"我为了 1% 的细节通宵达旦,在让我满意之前决不放弃最后一点改进。"
为什么视觉感这么重要?

因为形象化的想象是受众最基本的需求之一,人们天生不喜欢抽象的东西。所以古代几乎所有的抽象理念都被形象化——因为"正义慈悲"太抽象,所以直接创造一个形象化人格化的神出来;因为下雨过程太抽象,所以虚构出"雷公电母"。心理学中有"鲜活性效应",是指受众更加容易受一个事件的鲜活性(是否有视觉感)影响,而不是这个事件本身的意义。所以,写文案,一定要有"视觉感"。

(六) 附着力——建立联系

作为小公司,可能会发布全新的创新产品。但是消费者不喜欢陌生感,从而经常不买账。这时候就应该为文案建立"附着力"——将信息附在一个消费者熟知的物品上。

图 5-15 附着力

图 5-16 iPhone 发布广告文案

比如图 5-15,假设用户完全不了解电视机顶盒,它宣传"自由遥控",用户可能没什么概念;但是如果说"让电视 1 秒变电脑",用户就明白了——原来是可以像电脑一样自由操控电视啊!

一个让人陌生的东西是难以流行的。为了让全新的产品或者概念流行,就需要把它同一个大家熟知的东西联系起来。

比如图 5-16:乔布斯发布第一代 iPhone 时,并没有直接推出 iPhone 的讲解功能,而是说要发布 3 个产品:1 个电话、1 个大屏幕 iPod、1 个上网设备,这 3 个产品都是大家熟悉的。然后乔布斯才说,实际上我们只发布一个产品,它具备上面3个产品的功能,那就是——iPhone。

为什么"附着力"这么重要?要回答这个问题,我们需要分析人的记忆模式。人的大脑记忆就像高坡上的一条条河流,新记忆就像一滴水,这滴水如果滴到土地上,就会立刻蒸发;如果能够滴到河流里,就能与河水融为一体,到达大海。同样,如果新知识无法同旧知识建立联系,人很快就会忘记它;如果和旧有的熟悉的东西建立了联系,人就容易记住它。所以,文案需要提高"附着力",让它和旧有的东西联系起来,甚至就连电话发明者贝尔当年申请的电话专利,名字都叫"一种新型电报改良技术"。

(七)提供"导火索"

文案的目的是为了改变别人的行为,如果仅仅让别人"心动",但是没有付出最后的"行动",可能会让文案功亏一篑。最好的办法就是提供一个显著的"导火索",让用户想都不用想就知道现在应该怎么做。

图 5-17　提供"导火索"

比如图5-17,假设这是在微信主页发的文章,为了让用户关注该微信主页,肯定是右边的文案更有效——它让用户想都不想就知道现在该怎么做。

心理学家还做过这样一个实验:在透明玻璃门的冰箱内放满食物,结果很多人去偷食物;但是给这个冰箱上个锁,再把锁的钥匙放在锁旁边,结果几乎没有人去偷食物了。因为偷食物这件事由"想都不用想就知道怎么做"变成了"需要想想才知道怎么做",就显著降低了别人做这件事的欲望。

所以,永远不要低估"伸手党"的"懒惰程度",必要时要在文案中明确告诉别人:现在你应该怎么做。

本章小结

网络与新媒体广告战略策划要服务于整体营销战略和品牌战略,着眼于网络与新媒体传播平台的开发和应用,合理分配网络与新媒体广告预算,规划网络与新媒体广告战略思想、战略目标和战略内容。网络与新媒体广告策划重点围绕网络与新媒体传播思维模式,综合运用目标市场策略、定位策略、诉求策略和表现策略,实现网络与新媒体广告策划与品牌传播目标。网络与新媒体环境下广告创意理念发生了重大的变革,不同领域、不同载体的网络与新媒体广告有着不同的创意形态,基于数字化平台的网络与新媒体广告创意策略更加注重互动和体验上的创新。

思考与练习

1. 试分析小米手机的新媒体广告战略。
2. 选择特定品牌,制定一份网络与新媒体广告推广策划案。
3. 红牛"找茬"广告体现了新媒体广告创意的哪些特性?分析其创意策略。
4. 依据网络与新媒体广告文案创意原则和创作技法,尝试撰写一则房地产微信广告文案。

参考文献

[1] 丁邦清.广告策划与创意[M].北京:高等教育出版社,2011.
[2] 舒咏平.新媒体广告[M].第2版.北京:高等教育出版社,2016.
[3] 许正林.新媒体新营销与广告新理念[M].上海:上海交通大学出版社,2010.
[4] 尹韵公.中国新媒体发展报告(2014)[M].北京:社会科学文献出版社,2014.
[5] 陈勤,等.全媒体创意策划攻略[M].北京:中央编译出版社,2011.
[6] 唐·舒尔茨,海蒂·舒尔茨.整合营销传播:创造企业价值的五大关键步骤[M].王茁,顾洁,译.北京:人民邮电出版社,2005.
[7] 戴维·阿克.管理品牌资产[M].吴进操,常小虹.北京:机械工业出版社,2019.
[8] 艾·里斯,杰克·特劳特.定位:争夺用户心智的战争[M].邓德隆,火华强,译.北京:机械工业出版社,2021.
[9] 芭芭拉·明托.金字塔原理[M].汪洱,高愉,译.海口:南海出版社,2019.
[10] 劳拉·里斯.视觉锤:视觉时代的定位之道[M].王刚,译.北京:机械工业出版社,2021.
[11] 马尔科姆·格拉德威尔.引爆点如何引发流行[M].钱清,覃爱冬,译.北京:中信出版社,2020.
[12] 乔纳·伯杰.疯传让你的产品、思想、行为像病毒一样入侵[M].刘生敏,廖建桥,译.北京:电子工业出版社,2014.
[13] 华杉,华楠.超级符号就是超级创意[M].南京:江苏凤凰文艺出版社,2019.

第六章　网络与新媒体广告设计与制作

> **学习目标**
> 1. 掌握网络与新媒体广告设计的定位、创意以及艺术表现形式。
> 2. 全面了解网络与新媒体广告的应用领域及未来发展趋势。
> 3. 熟悉网络与新媒体广告的制作流程。

在网络新媒介环境下,广告设计的视觉语言由以往形态上的平面化、静态化,向动态化、交互性、综合化方向转变。利用尖端技术来呈现设计概念,并创造出互动的、能可持续发展的、与时代及世界相对应的新形象,进而推动新的视觉文化及审美。人们在信息社会中对于设计的态度已不再满足于知悉其基本功能、属性和信息,而是希望其能够日新月异,更加个性化,更加关注自我心理层面、情感层面的需求,同时也创造一个新的视觉体验时代。本章将详细介绍网络与新媒体广告的设计与制作。

第一节　网络与新媒体广告的设计

新媒体形式的不断涌现,使我们面临一个多元化的传播时代,在这个充满随机性与不确定性的激烈竞争环境中,单靠建立品牌形象,已远远不能满足产品销售的目的,而通过产品体验所带来的心理上的感觉占据越来越重要的比重。现在优秀的广告都是整合的、互动的和创新媒体的,广告必须具备跨媒体的能力,在整合传播的作用下使产品信息以最简单、最易于接受的方式,多触点、全方位地传递给消费者,激发所有人对所有人的传播。科技给了我们无限的可能,但真正起决定作用的,还是我们的大脑,好创意加上前瞻性的媒体应用能得到更好的效果。在这个讲究创意的时代,只有更美好、更生动、更互动的广告才会更吸引人,更能穿透大众的心灵。

一、网络与新媒体广告的设计方法

(一) 定位策略研究

第一,品牌定位。广告设计的品牌定位是指在广告中着重突出品牌形象和文化内涵,不仅要有效地传达企业的经营理念,还要引导消费者认识企业文化,对品牌产生信任和依赖,使品牌在消费者心中占据不可替代的位置。在全球经济一体化的商品竞争中,广告肩负着向消费者传递信息的重任,但广告不是漫无边际的说辞,而是强化品牌独有的特征,这是广告品牌定位战略的重点。

第二,产品定位。现代商品社会产品日趋同质化,广告设计首先要对市场中的同类产品进行市场调研,通过对比分析,找出产品的不同之处,挖掘产品的独特个性,然后进行产品的广告设计和推广。著名创意大师詹姆斯·韦伯·杨曾说:"在每种产品和消费者之间都有各自相关的特性,这种相关联的特性就可能导致创意。"只有与众不同、独具特色的产品定位才能揭示产品的本质,满足不同消费者的需求。

第三,消费者定位。新媒体广告不同于传统广告意义上的广而告之,而是强调特定的目标受众。消费者定位就是要从消费者的需求和心理出发进行广告设计,根据消费者心理和行为的不同,确定最佳的广告创意点,通过视觉化的设计,以特殊的感染力与消费者产生情感共鸣,实现最符合消费者需求的广告作品。艾·里斯和杰克·特劳特提出的"定位"理论,其关注的重点不在于产品,而在于洞悉消费者的内心想法,满足消费者的需求。

(二) 创意策略研究

1. 故事性创意

人人都爱听故事,作为微型剧的广告不仅要有美轮美奂的视觉效果,更要富于情感,以磁铁般的吸引力,带动人们亲身体验,在体验中获得信息,在寓教于乐中启发思考,引发共鸣。消费者的洞察力是找到好故事的源泉,广告要想打动人心必须从"心"入手,用既定的情节或生活片段将品牌与消费者联系起来,使消费者融入故事情节中,而不仅仅只是媒体前的看客。要讲好故事,首先,要确定自己品牌的定位与特性,让故事根据行业背景充满激情。其次,就是要明白,大众对一个品牌的期望并不仅限于功能的需求,要懂得用情感打动消费者,以相关性、原创性、表达力及影响力得到投资回报(Return On Investment,ROI)。在充满理性的广告世界里,把那些听起来刺耳的理性诉求,转变成受众可以接受的感性诉求,利用质朴而强烈的情感力量,使广告脱颖而出,扎根于人们的脑海中。

2. 娱乐性创意

娱乐性广告可以通过以下几种方式进行:第一种是把品牌或产品信息嵌入娱乐活动中,如果活动的内容或主题与产品信息产生联系,就能有效地引起消费者对产品的联想。第二种是把产品或相关信息作为道具或工具置入游戏中,把产品作为游戏的一部分,通过反复使用,加深消费者的记忆和认知。第三种是在活动中展示产品,通过虚拟空间的体验,提高产品信息的直接表现性。高度的参与、幽默的表达、虚拟的体验和立体化的交流,可减少受众对传统广告的反感和抵触情绪,使他们自然愉悦地接受广告信息。

3. 形象化创意

基于形象化、感性化的商业广告更注重情绪和感受的传达而非信息和语言的传递。中国传统美学讲究以形写神,有生命力的广告同样如此,广告创意应学会以形象化的手法表达内容,打开想象的大门,从表象、意象、联想中获取创作素材,打破束缚思想的枷锁,突破从众的思维定式,从产品或品牌本身出发,探寻消费者的意念与品牌的连接点,并将之巧妙地结合。优秀的广告,应使人们在视觉或情感上以形象化的方式牢牢地记住品牌或产品,而非语言,能用画面表现的就不要再用语言来解释,语言应赋予广告画面以外额外的意义。

(三) 表现策略研究

1. 新奇与多变的形态

在这个资讯无边的世界里，人们变得更具好奇心，更富想象力，更加喜新厌旧。随着消费者求新求变欲望的不断增强，传统广告一成不变的造型，在媒体间简单移植创意的做法已越来越难以奏效。广告一定要创新思维，玩新花样，做到常变常新。突破常规是广告的一个重要表现手段，广告设计往往需要通过新颖的构思和强烈的视觉冲击力吸引受众关注的目光，视觉冲击力越强，受关注的程度也就越高，记忆也就越深刻。数字化时代，广告以媒体为先导，以技术为支撑，我们可以结合广告本身的主题或内容采用一些特殊的表现方式来创造瞬间的吸引力。比如，静态与动态的结合，打破单一的表现形式；夸大比例和尺寸可增加视觉冲击力；异化的造型可突出主体；或以极富新鲜感的平面与立体结合的方式来增强广告画面的层次和趣味等。

2. 影像与声音的融合

在视听语言中，影像和声音既相互独立，又相互依存。影像通过构图、色彩、基调等表现元素来渲染所要表达的意境，通过改变景别、景深、摄影机的运动方式来增强镜头的表现力。而声音主要由语言、音乐、音响三部分组成。声音就像影像的血脉，令其愈加鲜活与有力量。声音既补充了品牌形象，又创造了听觉标识，人们可以不去看却很难不去听，在还未意识到自己的耳膜正在接受它的刺激时，就已经开始潜移默化地接受它了。声音与画面呈现出三种状态：排斥、互补、整合，既相互对立又相互补充，从而在竞争中达到整合。声音与画面的艺术表现手法很多，从声画关系上看，有声画同步、声画分立、声画对位、无声的运用等。影像与声音的融合，通过数字技术充分调动观众的视觉、听觉，甚至是嗅觉和触觉，刺激全身的感官进行一种联觉活动，引发生理和心理上的认同，在广告屏幕以外形成一个气场，使画内与画外空间的界限变得模糊，让观众感同身受，化被动接受为主动参与。把品牌信息融入影音中，还必须注意图像、声音与产品或品牌内容的协调性，这样才能发挥出品牌认知的作用。

3. 巧妙利用环境

环境因素是广告不可忽视的资源之一，不仅包括人们目视范围内一切有形的实体环境，还包括媒体周围的位置、空间、角度、自然环境等非实体因素。加拿大著名的传播学家麦克卢汉曾说："任何技术都逐渐创造出一个全新的人的环境，环境并非是消极的包装用品而是积极的作用过程。"广告与环境结合，可以是正面的，也可以是负面的，对环境的利用若缺乏创意，只会干扰视觉、污染环境，环境的美感与人性的洞察是主导广告成功的关键因素。首先，广告应为环境而创意。现在，媒体概念已经发生了很大变化，其渗透作用已经扩展到了周边环境，任何环境都可以当作媒体。因此，从某种意义上来说环境也是媒体。在广告的创作过程中，思考方式也应做出调整，创意人员首先应对媒体的空间特征给予充分的考虑，把媒体放在前端，先分析媒体本身有什么可以挖掘的特性，再考虑用什么样的表现方式。把环境因素引入设计中，用最适合的表现方式，使环境成为广告的一部分，借助互动技术不断突破各种限制，使广告变得更自由，在高度的融合中传达品牌信息。其次,环境作为一个特殊的载体,与消费者的生活走得很近,广告在利用环境的同时,应更多地考虑与受众的互动,将消费者置于互动的环境中,使其产生一种娱乐感与满足感。

(四)传播策略研究

1. 媒体的组合运用

广告的有效传播在于质量而不在于数量,最关键的因素在于媒体的策划与组合。媒体的组合传播就是使产品信息以最简单、最容易接受的方式,多次、重复、全方位地到达目标消费者心中,以最低的媒体预算达到最大化的投资回报。有研究表明,以多种方式走入消费者视野的产品,更能激起消费者的购买欲。对于广告传播而言,媒体的组合运用不仅可以充分发挥各种媒体的优势与特点,拓宽广告信息覆盖面,弥补单一媒体覆盖面有限的缺陷,还可以提升品牌知名度,使广告信息的传达更有效。

媒体组合策略可以采用视觉媒体与听觉媒体的组合,采用瞬间媒体或长效媒体的组合,以及大众媒体与促销媒体的组合,从而增加广告的曝光率和影响力。从广告运作的整体流程来看,广告媒体组合期望以最少的广告预算得到最高的经济效益,是根据广告主的产品市场目标、市场策略及广告的媒体策略,再把各种各样的媒体进行选择及搭配运用,实现投资回报最大化。新技术的发展极大地拓展了媒体的选择范围,在这样一个日趋多元化的时代,广告的媒体运用不能仅仅停留于传统媒体上,拥有动态画面和数字化立体声视频的新媒体更容易吸引目标受众的关注,多种媒体间互动与组合运用能为品牌带来更高效的传播效果。

2. 全方位交互体验

全方位的交互体验,就是要充分调动消费者的视觉、听觉、触觉和嗅觉等感觉器官,与产品进行互动,在体验中获得信息,与品牌建立一种有机的关系。交互体验,重要的是要让消费者体验到品牌给他们带来的与众不同的感觉,从内心建立起品牌的形象,形成新的品牌联想,这实际上也体现了广告从产品到品牌,再到消费者的一个迁移过程。

二、网络与新媒体广告的艺术表现手法

(一)直接展示法

直接展示法是新媒体广告一种最常见的表现手法。它将产品或主题直接如实地展示在广告版面上,充分运用摄影或绘画等技巧的写实表现能力。细致刻画和着力渲染产品的质感、形态和功能用途,将产品精美的质地引人入胜地呈现出来,给人以逼真的现实感,使消费者对所宣传的产品产生一种亲切感和信任感。这种手法由于直接将产品推向消费者面前,所以要十分注意画面上产品的组合和展示角度,应着力突出产品的平拍和产品本身最容易打动人心的部位,运用色光和背景进行烘托,使产品置身于一个具有感染力的空间,这样才能增加广告画面的视觉冲击力。

(二)突出特征法

突出特征法也是新媒体广告经常运用的表现手法,有着不可忽略的表现价值。在

新媒体广告表现中,那些应着力加以突出和渲染的产品特征,一般由富于个性的产品形象、与众不同的特殊能力、厂商的企业标识和产品的商标等要素来决定。运用各种方式抓住和强调产品或主题本身与众不同的特点,并把它们鲜明地表现出来,将这些特征置于新媒体广告画面的主要视觉部位或加以烘托处理,使观众在接触言辞画面的瞬间即很快感受到,对其产生注意和发生视觉兴趣,达到刺激购买欲望的促销目的。

（三）对比衬托法

对比是一种趋向于对立冲突的艺术美中最突出的表现手法。它把作品中所描绘的事物的性质和特点放在鲜明的对照和直接对比中来表现,借彼显此,互比互衬,从对比所呈现的差别中,达到集中、简洁、曲折变化的表现。这种手法更鲜明地强调或提示产品的性能和特点,给消费者以深刻的感受。作为一种常见的且行之有效的表现手法,可以说,一切艺术都受惠于对比表现手法。对比手法的运用,不仅使广告主题加强了表现力度,还饱含情趣,扩大了广告作品的感染力。成功地运用对比手法,能使貌似平凡的画面处理隐含着丰富的意味,多层次和有深度地展示广告的主题。

（四）合理夸张法

借助想象,对新媒体广告作品中所宣传的对象的品质或特性的某个方面进行相当明显的过分夸大,以加深或扩大对这些特征的认识。文学家高尔基指出:"夸张是创作的基本原则。"这种手法能更鲜明地强调或揭示事物的本质,加强作品的艺术效果。夸张是一般中求新奇变化,虚构可把对象的特点和个性中美的方面进行夸大,赋予人们一种新奇与变化的情趣。按其表现的特征,夸张可以分为形态夸张和精神夸张两种类型,前者为表象性的处理品,后者则为含蓄型的情态处理品。夸张手法的运用,使产品的特征鲜明、突出、动人。

（五）以小见大法

在新媒体广告设计中对立体形象进行强调、取舍、浓缩,以独到的创意抓住一点或一个局部加以集中描写或延伸放大,以更充分地表达主题思想。这种艺术处理以一点观全面、以小见大、从不全到全的表现手法,给设计者带来了很大的灵活性和无限的表现力,同时为接受者提供了广阔的想象空间,获得生动的情趣和丰富的联想。以小见大中的"小",是广告画面描写的焦点和视觉兴趣中心,它既是广告创意的浓缩和生发,也是设计者匠心独具的安排,因而它已不是一般意义上的"小",而是小中寓大、以小胜大的高度提炼的产物,是对简洁的刻意追求。

（六）运用联想法

在审美的过程中通过丰富的联想,能突破时空的界限,扩大艺术想象的容量,加深画面的意境。通过联想,人们在审美对象上看到自己或与自己有关的经验,美感往往显得特别强烈,从而使审美对象与审美者融合为一体,在产生联想的过程中引发美感共鸣,其感情的强度是激烈的、丰富的。

（七）幽默风趣法

幽默风趣法是指新媒体广告作品中巧妙地再现喜剧性特征,抓住生活现象中局部性的东西,通过人们的性格、外貌和举止的某些可笑的特征表现出来。幽默的表现手法,往往运用风趣的情节,巧妙安排,把某种需要肯定的事物,无限延伸到漫画的程度,创造一种充满情趣、引人发笑而又耐人寻味的幽默意境。幽默的矛盾冲突可以达到出乎意料,又在情理之中的艺术效果,引起观赏者会心的微笑,以别具一格的方式,发挥艺术感染力。

（八）借用比喻法

比喻法是指在新媒体广告设计过程中选择两个互不相干,而在某些方面又有些相似性的事物,"以此物喻彼物",比喻的事物与主题没有直接关系,但是在某一点上与主题的某些特征有相似之处,因而可以借题发挥,进行延伸转化,获得"婉转曲达"的艺术效果。与其他艺术表现手法相比,比喻手法比较含蓄隐伏,有时难以一目了然,但一旦领会其意,便产生意味无尽之感。

（九）以情托物法

艺术有传达感情的特征,审美就是主体与美的对象不断交流感情产生共鸣的过程。"感人心者,莫先于情"这句话已表明了感情因素在艺术创造中的作用,在表现手法上侧重选择具有感情倾向的内容,以美好的感情来烘托主题,真实而生动地反映这种审美感情,就能获得以情动人、发挥艺术感染人的力量。

（十）悬念安排法

在表现手法上故弄玄虚,布下疑阵,使人乍看新媒体广告画面不解题意,从而会猜疑和产生紧张的心理状态,在心理上掀起层层波澜,产生夸张的效果,驱动受众的好奇心,积极思维联想,产生进一步探明广告题意之所在的强烈愿望,然后通过广告标题或正文把广告主题点明出来,使悬念得以解除,给人留下难忘的心理感受。悬念安排有相当高的艺术价值,它能加深矛盾冲突,吸引受众的兴趣和注意力,造成一种强烈的感受,产生引人入胜的艺术效果。

（十一）偶像效应法

在现实生活中,人们都有自己崇拜、仰慕或效仿的对象,而且有一种想尽可能地向他靠近的心里欲求,从而获得心理上的满足。偶像效应法正是针对人们的这种心理特点,抓住人们对名人偶像仰慕的心理,选择观众心目中崇拜的偶像把产品信息传达给观众。由于名人偶像有很强的心理感召力,故借助名人偶像的陪衬,可以大大提高产品的形象,树立品牌的可信度,产生不言而喻的说服力,诱发消费者对广告中名人偶像所赞誉的产品的注意,激发起购买欲望。偶像的选择可以是气质不凡的娱乐明星,也可以是世界知名的体坛健将,其他的还可以选择政界要人、社会名流、艺术大师、战争英雄、俊男美女等。偶像的选择要与广告的产品在品格上相吻合,不然会给人牵强附会之感,使人在心理上予以拒绝,这样就达不到预期的目的。

（十二）谐趣模仿法

这是一种创意的引喻手法,别有意味地采用以新换旧的借名方式,把世间一般大众所熟悉的艺术形象或社会名流作为谐趣的对象,使名画名人产生谐趣感,给消费者一种崭新奇特的视觉印象和轻松愉快的趣味性,以其异常性、神秘感提高广告的诉求效果。这种表现手法将新媒体广告的说服力,寓于一种近乎漫画式的诙谐情趣中,令人过目不忘,回味无穷。

(十三)神奇迷幻法

运用畸形的夸张,以无限的想象构织出神话与童话般的画面,在亦真亦幻的情景中再现现实,造成与现实生活的某种距离,这种充满浓郁浪漫主义、写意多于写实的表现手法,以突然出现的神奇的视觉感受,给人一种特殊的美感,可满足人们喜好奇异多变的审美情趣的要求。在这种表现手法中艺术想象很重要,从创意构想开始直到设计结束,想象都在活跃地进行。想象的突出特征,是它的创造性,创造性的想象是新的意蕴挖掘的开始,是新的意象浮现的展示。它的基本趋向是对联想所唤起的经验进行改造,最终构成带有审美者独特创造的新形象,产生震撼人心的力量。

(十四)连续系列法

通过连续系列画面,形成一个完整的视觉印象,使通过画面和文字传达的广告信息十分清晰、突出、有力。新媒体广告画面本身有生动的直观形象,多次反复地不断积累,能加深消费者对产品或劳务的印象,获得好的宣传效果,对扩大销售、树立品牌、刺激购买欲、加强竞争力有很大的作用。作为设计构成的基础,对视觉心理的把握是十分重要的,从视觉心理来说,人们厌弃单调划一的形式,追求多样变化,连续系列的表现手法符合"寓多样于统一之中"这一形式美的基本法则,使人们于"同"中见"异",于统一中求变化,形成既多样又统一,既对比又和谐的艺术效果,可增强艺术感染力。

第二节 网络与新媒体广告制作

网络与新媒体广告的形式很多,例如微电影广告、网幅广告、搜索引擎广告、行为艺术广告等,由于篇幅原因在这里我们只列举应用比较广泛的 Flash 广告、微电影广告和在今后有巨大发展前景的三维动画微电影广告三种形式的制作流程,其他广告形式就不再一一赘述。

一、Flash 广告的制作流程

1. 前期筹备

(1)研究文学剧本;(2)导演阐述;(3)画面分镜头台本;(4)角色造型和背景风格设计;(5)前期录音;(6)样片;(7)摄影实验。

2. 中期制作

(1)导演向摄制组讲解分镜头;(2)动画绘制;(3)背景绘制;(4)镜头描线上色;(5)镜头画面校对。

3. 后期合成输出

(1)样片剪辑;(2)后期录音;(3)双片鉴定和混合录音;(4)底片剪接;(5)校正拷贝和标准拷贝。

> 案例 6-1

Flash 广告制作案例

《哇哇学校》是一部儿童公益 Flash 广告宣传片,这里我们就以《哇哇学校》Flash 广告为例,来看看 Flash 广告的制作流程。

1. 总体设计阶段

(1) 策划:动画制作公司、发行商以及相关产品的开发商,共同策划应该开发什么样的动画片,预测此种动画片有没有市场,研究动画片的开发周期、资金的筹措等多个问题。

(2) 文字剧本:开发计划订立以后,就要创作合适的文字剧本,一般这个任务由编剧完成。可以自己创作剧本,也可借鉴、改编他人的作品。

2. 设计制作阶段

(1) 角色造型设定:要求动画家创作出片中的人物造型。如图 6-1、6-2、6-3 所示。

图 6-1 《哇哇学校》人物造型设定 1

图 6-2 《哇哇学校》人物造型设定 2

图 6-3 《哇哇学校》人物造型设定 3

（2）场景设计：场景设计侧重于人物所处的环境，是高山还是平原上，屋内还是屋外，哪个国家，哪个地区，都要一次性将动画片中提到的场景设计出来。如图：6-4、6-5、6-6、6-7 所示。

图 6-4 《哇哇学校》场景设计图 1

图 6-5 《哇哇学校》场景设计图 2

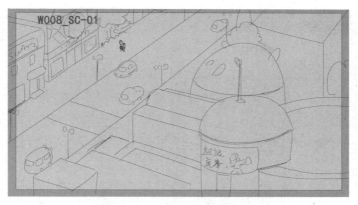

图 6-6 《哇哇学校》场景设计图 3

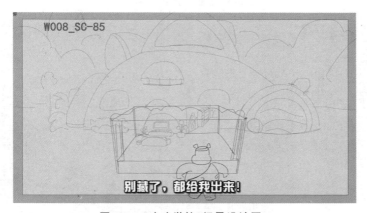

图 6-7 《哇哇学校》场景设计图 4

（3）画面分镜头：这个过程也是非常重要的，它的目的就是生产作业图。作业图比较详细，上面既要体现出镜头之间蒙太奇的衔接关系，还要指明人物的位置、动作、表情等信息，还要标明各个阶段需要运用的镜头号码、背景号码、时间长度、机位运动等。如图 6-8、6-9、6-10 所示。

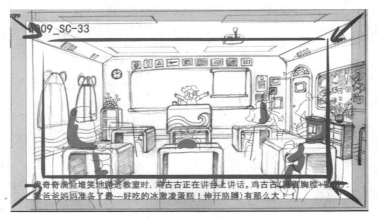

图 6-8 《哇哇学校》分镜头 1

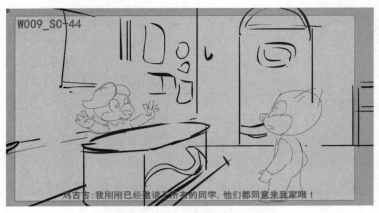

图 6-9 《哇哇学校》分镜头 2

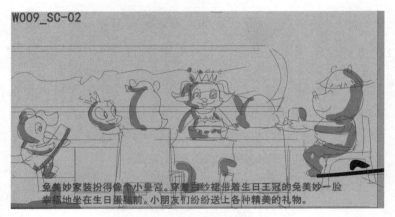

图 6-10 《哇哇学校》分镜头 3

（4）分镜头设计稿：动画的每一帧基本上都是由上下两部分组成。下部分是背景，上部分是角色。背景和角色制作分别由两组工作人员来完成，分镜头设计稿是这两部分工作的纽带。如图 6-11、6-12 所示。

图 6-11 《哇哇学校》分镜头 1

图 6-12　《哇哇学校》分镜头 2

3. 具体创作阶段

（1）绘制背景：背景是根据分镜头设计稿中的背景部分绘制成的彩色画稿。如图 6-13、6-14、6-15 所示。

图 6-13　《哇哇学校》背景彩色画稿 1

图 6-14　《哇哇学校》背景彩色画稿 2

图 6-15 《哇哇学校》背景彩色画稿 3

(2) 原画:镜头中的人物或动物、道具要交给原画师,原画师将这些人物、动物等角色的每一个动作的关键瞬间画面绘制出来,如图 6-16 所示。

图 6-16 《哇哇学校》成片效果

(3) 动画中间画:动画师是原画师的助手,他的任务是使角色的动作连贯。原画师的原画表现的只是角色的关键动作,因此角色的动作是不连贯的。在这些关键动作之间要将角色的中间动作插入补齐,这就是动画中间画。

(4) 做监:也就是进行质量把关。生产一部动画片有诸多的工序,如果某一道工序没有达到相应的要求,肯定会影响以后的生产工作。因此,在每个阶段都应有一个负责质量把关的人。

(5) 描线:影印描线是将动画纸上的线条影印在赛璐珞上,如果某些线条是彩色的,还需要手工插上色线。

(6) 定色与着色:描好线的赛璐珞片要交予上色部门,先定好颜色,在每个部位写上颜色代表号码,再涂上颜色。如图 6-17、6-18 所示。

图 6-17　《哇哇学校》成片效果 1

图 6-18　《哇哇学校》成片效果 2

（7）总检：将准备好的彩色背景与上色的赛璐珞片叠加在一起，检查有无错误。比如某一张赛璐珞上人物的某一个部位是否忘记上色，画面是否干净等。

4．拍摄制作阶段

（1）摄影与冲印：摄影师将不同层的上色赛璐珞片叠加好，进行每个画面的拍摄，拍好的底片要送到冲印公司冲印。

（2）剪接与套片：将冲印过的拷贝剪接成一套标准的版本，此时可称它为"套片"。如图 6-19、图 6-20 所示。

图 6-19 《哇哇学校》成片效果 1

图 6-20 《哇哇学校》成片效果 2

（3）配音、配乐与音效：一部影片的声音效果是非常重要的。可以请一些观众熟悉的明星来配音。好的配乐可以给影片增色不少。

（4）试映与发行：试片就是请各大传播媒体、文化圈、娱乐圈、评论圈的人士来欣赏与评价。评价高当然好，不过最重要的是要得到广大观众的认可。

二、微电影广告制作流程

网络微电影广告制作是根据广告设计要求，制作出可供网络传播的广告作品。由于网络微电影广告融合了视觉媒介、听觉媒介等多种媒体，广告作品通常具有生动性、戏剧性和故事性，而且充满人情味。因此故事情节的完整呈现、高质量的画面感与高质量的音效感就显得尤为重要。同时网络微电影广告由于其传播媒介的特殊性决定了其制作过程较其他形式的广告更为复杂，采用的技术手段相比其他形式的广告也更加复杂。制作过程一般分为以下 3 个阶段。

1. 筹备阶段

(1) 建立创作团队,如制片、美工、服装、灯光、摄影摄像、电力、音乐、剪辑、特技、二维及三维制作、配音及合成等相关工作,明确人员分工。

(2) 完成分镜脚本,根据脚本选择场景、布置场景、布置灯光营造气氛,选择参加的演员。

(3) 各种器材、道具及技术条件的准备。

(4) 制作拍摄方案和日程表(包含具体的可以选择的方案)。

2. 拍摄阶段

(1) 在拍摄时要尽量抓住与脚本吻合的最具表现力和感染力的镜头,其间要注意摄影摄像技巧与用光技巧,注意景别的变化,以便创作出层次丰富的视频画面。

(2) 对脚本中所需的关键镜头应多次拍摄甚至拍摄多种实现方案,以便在后期处理时可有多种选择,达到最佳效果。

(3) 根据拍摄场景,组织好镜头的拍摄顺序,即不一定要按脚本镜头顺序来拍摄,其目的在于提高工作效率。

3. 后期制作阶段

(1) 根据脚本及客户的意见进行粗剪、看片、精剪等系列工作,挑选最理想的视觉画面进行剪切与特效合成,广告片画面部分的工作到此完成。

(2) 根据脚本及视频画面进行配音、配乐及编配文字。在这里要强调的是配乐问题。若配乐是原创,则广告片将拥有与画面完美结合的独一无二的音乐,但成本较高;若配乐是从现有音乐中挑选的,则成本较低,但其他的广告片也可能会用到该音乐,缺乏独特性。

案例 6-2

微电影广告制作案例

在这里我们以康龙休闲鞋的微电影广告为例,来讲解一下微电影广告制作的流程。微电影主要讲述的是一个跳伞男孩从天而降,不小心降落在了一片丛林里,并且落在了一只恐龙身上,在他惊扰了恐龙并试图逃跑的时候,脚上的一双康龙休闲鞋引起了恐龙的注意,这只可爱的恐龙把男孩从树上冲撞下来并把鞋子穿在自己的脚上开心地跑了,在一处风景秀美的地方跷腿休息,男孩跟踪之后偷偷潜伏试图把鞋子偷回来……广告以幽默、拟人、轻松的方式表达了康龙休闲鞋舒适休闲的特点。在制作方面也采取了实拍和三维动画结合的方式,具体步骤如下。

1. 构思剧本。前期沟通策划,剧本写作,9分钟大概两三千字的剧本就可以了。

2. 分镜头脚本的写作。此步骤的目的是为了后期拍摄和剪辑更加有条理,尽量细化,将同场景的镜头分出来,后期拍摄更加省时省力。

3. 确定拍摄设备。最简单的至少需要一台摄像机,想制作更精致点的可以用单反+镜头群来拍摄,能够拍出更具有电影感的画面;还可以加上灯光、收音器、轻型滑轨、稳定器、小摇臂等，甚至可以用轨道车、摇臂、航拍器等。

4. 组建剧组。如果有由策划、编剧、导演、摄像师、化妆师、司机、剪辑师组成的专业队伍当然最好，否则至少要保障导演、摄像师、剪辑师这三个最重要的成员。演员方面，好的演员比好的后期制作更重要，除了主角外，可以多拉亲戚朋友来当群众演员，当然，随机在拍摄现场"抓壮丁"也行，不过会有些难度。

5. 寻找拍摄场地。根据剧本确定场地，既可以是在公园、公司、大街上，也可以在自家大院拍，不过类似商场等场所是需要提前沟通的。如图6-21至图6-27，康龙休闲鞋广告场景。

图 6-21　康龙休闲鞋广告场景1

图 6-22　康龙休闲鞋广告场景2

图 6-23　康龙休闲鞋广告场景3

图 6-24　康龙休闲鞋广告场景4

图 6-25　康龙休闲鞋广告场景5

图 6-26　康龙休闲鞋广告场景 6　　　　　图 6-27　康龙休闲鞋广告场景 7

6. 提前排练台词。根据分镜头脚本分场景拍摄以及进行对白、独白、音响效果录制。
7. 三维制作恐龙部分。请参见三维动画案例。如图 6-28。

图 6-28　康龙休闲鞋广告三维合成

8. 后期剪辑制作。根据前期的脚本和后期导演的灵感进行初剪、精剪，还需要对画面进行色调和特效处理，以及配音、配乐、配字幕，制作片头、片尾。如图 6-29 至图 6-36 所示，康龙休闲鞋广告成片欣赏。

图 6-29　康龙休闲鞋广告成片欣赏 1　　　　　图 6-30　康龙休闲鞋广告成片欣赏 2

图 6-31　康龙休闲鞋广告成片欣赏 3

图 6-32　康龙休闲鞋广告成片欣赏 4

图 6-33　康龙休闲鞋广告成片欣赏 5

图 6-34　康龙休闲鞋广告成片欣赏 6

图 6-35　康龙休闲鞋广告成片欣赏 7

图 6-36　康龙休闲鞋广告成片欣赏 8

三、三维动画微广告制作流程

以三维动画为主的微短片越来越受到广告主的青睐，三维是一个能够反映真实世界的概念，所以三维能做到拟真度非常高的动画。与二维不同的是，因为三维能反映真实世界的场景,所以要设计的东西就会非常繁多和复杂。三维动画起初也需要一个故事原稿,原画师大致画出可供参考的二维角色和场景,然后通过三维软件创建模型,建立好摄像机,为每个需要做动画的物体做动画;动画做好了后,就可以选择合适的材质,打上灯光,然后渲染输出;最后到后期软件中组接渲染出来的分散镜头,做特效等,使之成为连贯的完整的片子。下面就以"肯德基"系列动画片为例,来了解一下三维动画微短片的制作流程。

案例 6-3

三维动画微广告制作案例

1. 前期规划

(1) 文学剧本是动画片的基础,要求将文字表述视觉化,即剧本所描述的内容可以用画面来表现,不具备视觉特点的描述(如抽象的心理描述等)是禁止的。动画片的文学剧本形式多样,如神话、科幻、民间故事等形式,要求内容健康、积极向上、思路清晰、逻辑合理。分镜头剧本,是把文字进一步视觉化的重要一步,是导演根据文学剧本进行的再创作,体现导演的创作设想和艺术风格。分镜头剧本的结构:图画+文字,表达的内容包括镜头的类别和运动、构图和光影、运动方式和时间、音乐与音效等。其中每个图画代表一个镜头,文字用于说明如镜头长度、人物台词及动作等内容。如图 6-37、图 6-38、图 6-39 所示。

图 6-37 "肯德基"分镜头剧本 1

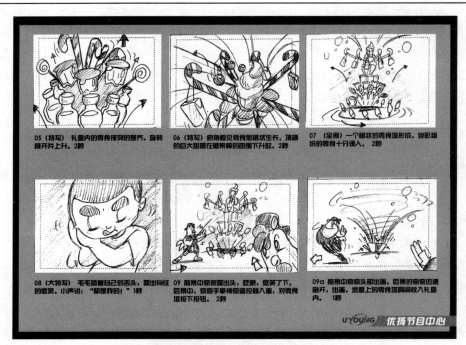

图6-38 "肯德基"分镜头剧本2

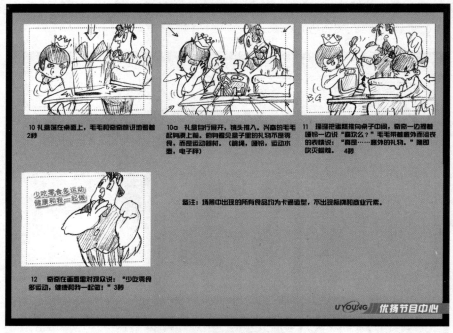

图6-39 "肯德基"分镜头剧本3

（2）造型设计，包括人物造型、动物造型、器物造型等设计。设计内容包括角色的外形设计与动作设计。造型设计的要求比较严格，包括标准造型、转面图、结构图、比例图、道具服装分解图等，通过角色的典型动作设计（如几幅带有情绪的角色动作体现角色的性格和典型动作),并且附以文字说明来实现。造型可适当夸张、要突出角色特征,运动合乎规律。如图 6-40 至图 6-45 所示。

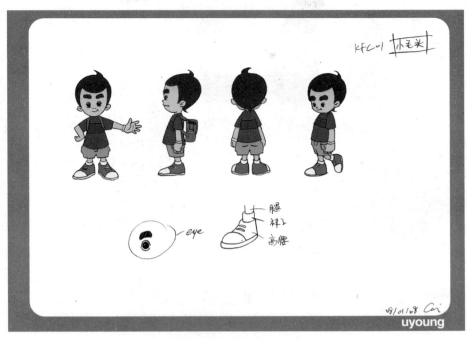

图 6-40 "肯德基"造型设计 1

图 6-41 "肯德基"造型设计 2

图 6-42 "肯德基"造型设计 3

图 6-43 "肯德基"造型设计 3

图 6-44 "肯德基"造型设计 4

图 6-45 "肯德基"造型设计 5

（3）场景设计，是整个动画片中景物和环境的来源，比较严谨的场景设计包括平面图、结构分解图、色彩气氛图等的设计。

2. 中期制作

（1）3D粗模——在三维软件中由建模人员制作出故事的场景、角色、道具的粗略模型，为故事板（Layout）做准备。如图6-46至图6-49所示。

图6-46 "肯德基"角色3D模型1　　　　　图6-47 "肯德基"角色3D模型2

图6-48 "肯德基"角色3D模型3　　　　　图6-49 "肯德基"角色3D模型4

（2）3D故事板——用3D粗模根据剧本和分镜故事板制作出3D故事板。其中包括软件中摄像机机位摆放安排、基本动画、镜头时间定制等内容。

（3）3D角色模型\3D场景\道具模型——根据概念设计以及客户、监制、导演等相关人员的综合意见，在三维软件中进行模型的精确制作，是最终动画成片中的全部"演员"。

（4）贴图材质——根据概念设计以及客户、监制、导演等相关人员的综合意见，对3D模型"化妆",进行色彩、纹理、质感等的设定工作,是动画制作流程中必不可少的重要环节。

(5) 骨骼蒙皮——根据故事情节分析,对3D中需要动画表演的模型(主要为角色)进行动画前的一些变形、动作驱动等相关设置,为动画师做好预备工作,提供动画解决方案。

(6) 分镜动画——参考剧本、分镜故事板,动画师会根据故事板的镜头和时间,给角色或其他需要活动的对象制作出每个镜头的表演动画。

(7) 灯光——根据前期概念设计的风格定位,由灯光师照亮动画场景、细致地描绘、精细调节材质,把握每个镜头的渲染气氛。

3. 后期合成

(1) 影视类三维动画的后期合成,主要是将之前所做的动画片段、声音等素材,按照分镜头剧本的设计,使用非线性编辑软件编辑,最终生成动画影视文件。如图6-50至图6-55所示。

图6-50 "肯德基"合成样片1

图6-51 "肯德基"合成样片2

图6-52 "肯德基"合成样片3

图6-53 "肯德基"合成样片4

图 6-54 "肯德基"合成样片 5

图 6-55 "肯德基"合成样片 6

（2）三维动画的制作是以多媒体计算机为工具，综合文学、美工美学、动力学、电影艺术等多学科技术的产物。实际操作中要求多人合作，大胆创新，不断完善，紧密结合社会现实，反映人们的需求，倡导正义与和谐。

网络与新媒体广告的形式很多，艺术表现手法也不尽相同，例如微电影广告、网幅广告、Flash 广告、搜索引擎广告、行为艺术广告等，在这里我们只列举三种新媒体广告的表现形式和制作流程供学习和参考，除此之外，还要注意在设计和制作工作开始之前对宣传对象作出准确的定位和创意是不可或缺的重要步骤。

四、信息流广告设计制作流程

信息流广告是指位于诸如微博、微信、抖音、头条、知乎、火山、A 站、B 站、各类直播 APP 等媒介平台上的，各类社交媒体用户的好友动态、资讯媒体、视听媒体的内容流中，以系列文字、系列图文、系列图形图像、系列微视频、系列直播画面等形式呈现出来的广告形态。移动互联网时代到来后，手机等智能终端成为受众接受信息的主要平台，随时随地均可从手机上各类 APP 的资讯传播中获取信息，获取信息的时长虽显著增长，但被分散为碎片化，短平快的信息获取方式成为多数人的选择，因此大面积置放广告的用户体验越来越差，而信息流广告凭借投放精准、形式多样等优点，成为了移动互联网时代比较流行的广告形式。

信息流广告设计制作流程需要四个环节，分别为目标用户的需求分析、广告内容制作、广告投放、优化等。目标用户的需求分析，需要清楚几个问题，分别为目标客户有哪方面的痛点，才需要购买对应的产品和服务，目标客户因为什么会关注本产品服务，在什么样的场景下目标客户会想要应用本产品服务、目标客户面对问题时会将本产品服务放在解决问题的第几序列的选择上、采用什么样的角色发声目标客户更容易接受、目标客户的人群画像是什么。不仅仅是围绕自己的产品属性，主观性的决定广告方式，而是站在用户的角度，对这些问题进行深入分析，不断思考充分调研，针对不同广告受众打造不同场景打动用户，或以相关利益刺激用户关注购买自己的产品，才能够有效实现广告受众转化为产品受众。

广告内容制作是指围绕广告目标在目标用户基础上，结合平台的信息流广告传播特性进行广告内容的生产，包含文字图片微视频等形态内容的创作。对于以图片为主要形态的信息流广告而言，通常有大图和三小图两种样式，根据投放渠道的不同，具体的图片规格也有所不同，展现的位置也有所差异。按照一般规律，三小图的样式展现点击率更高，所有广告主往往会选择效果更好的三小图。在进行相关内容生产时，需要注意与标题相一致，使展现效果最大化。而具体的图片信息以及文案信息，要结合目标客户信息接收习惯进行设计。对于以微视频为主要形态的信息流广告而言，在拍摄之前，广告代理商需要在线上或线下与广告主充分沟通，了解广告主的基本需求，主要包括广告公司要求的、广告产品名称、材料等，广告代理商的视频制作团队将衡量广告主、用户的需求特点和视频拍摄难度，为视频拍摄确定方向。结合目前的移动端资讯平台传播特质和广告主的特质，创作广告拍摄稿本与分镜头稿本，以广告代言人或素人出镜，结合品牌或产品的特性，通过专业拍摄设备或简易设备拍摄，剪辑与滤镜技术结合，最终制作出一组或几组不同风格的微视频广告，时长限制在 15 秒到 3 分钟，供资讯平台不同类型运营账号投放。

广告投放对于以图片为主要形态的信息流广告而言，就需要考虑如何进行落地页设计，一般来说要广告主的广告目的，针对性的设计落地页转化方式。一般来说引导用户点击下载对应 APP，以游戏类为主，引导用户参加活动，在广告法许可范围内留下个人信息等。对服务类产品则，引导用户进行线上咨询，实现用户转化，产生购买行为。同时，为了吸引用户兴趣，保证用户的访问时长，降低跳出率，在进行落地页设计时，要注重内容的逻辑性，在开头进行痛点描述，引发用户共鸣；提出可能造成的困扰或引发的后果，激起用户担忧焦虑的情绪，然后再提出产品提供的解决方法，满足用户需求；为了打消用户的顾虑,还要进行品牌背书,增强信任;与竞品进行比较,做出风险评估,排除疑虑;最后通过第三方评价,利用共性心理,促进用户转化。最后,在落地页设计中还要根据页面适当设计转化按钮,方便用户转化,但不能超过2个,以免引起用户的负面情绪。现在的各个图文为主的资讯类APP中,后台基本相差无几,都有全面的内容主体分类设置,只需要根据之前的用户画像,进行设置,筛选客户,将信息展现给自己的目标客户即可,通常主要从年龄、性别、兴趣爱好、信息获取习惯、手机系统特征等方面进行相关精准投放。

  对于以微视频为主要形态的信息流广告而言,在移动端资讯平台内部,微视频投放主要由平台的内容运营人员负责,其直接与广告商实时沟通,将根据广告的日交付量和KPI(关键绩效指标)消耗情况与客户进行协商,以确定下一个投放交付计划。一般来说,因为微视频制作成本低周期短,平台会代理很多广告主的产品。运营优化事业部负责人在创建具体广告投放任务时,会根据内容运营人员的不同特点,将运营成员划分为不同的广告产品团队,在代理广告平台统一建立广告任务。微视频广告任务的建立涵盖多个板块,主要包括确定广告产品名称、设置广告产品下载链接的投放位置、下载方式、选择投放人群包的投放时间、标记过滤人群和设备、设置单个广告的投标价和广告总价、建立广告监控链接、选择广告视频和封面、设置广告标签和广告语。最终完成了广告产品的搭建,其中投放位置由广告主设定,主要包括头条、抖音、火山、西瓜等APP。任务确立后,运营方会根据投放时间投放效果,对同一广告群的不同组合的广告进行调整,比如开启或关闭一个广告,保证每个广告享有相同的曝光率,并随时对测试效果不佳的广告进行处理。最后,广告会以横屏或竖屏的形式出现在各大媒体平台的界面,供受众浏览和评价。在受众观看和互动的过程中,代理平台会生成一系列数据,这些数据营优化器调整广告的重要参考和依据。

  优化工作,无论是以图片为主要形态的信息流广告,还是以微视频为主要形态的信息流广告而言都是非常重要的,均需要参照KPI(关键绩效指标)达成度进行。与传统广告不同,基于大数据平台和智能推送技术,信息流广告让运营优化者和客户能够即时关注KPI变化,为双方及时调整投放策略提供了可能。具体参考指标主要包括广告转化率、点击率、保留率、下载安装率、到达率、跳出率、转化成本、投资回报率等。以上指标主要是以一定时间段内视频广告的显示量、点击转化量和消耗量来计算的,数据结果能够直接客观地反映出每一条广告的投放效果。通常在广告任务建立阶段,资讯平台运营者会将同一广告产品的视频、封面、产品标签、放在不同的群组和时间,形成对比,找出最佳的广告任务,增加投入,减少效果不佳的广告任务投入。其中,广告主会对代理商投放的广告总量进行限制,代理商会根据投放平台的规定和广告主的要求按天划分总量,并根据投放平台的规定和广告投放的具体情况进行调整。在信息流广告实践中,无论是资讯平台自身的广告运营,还是平台推出的头部自媒体账号的自主运营,均没有完全正确的方法,只有通过大量的收集真实的用户数据,根据数据反馈,不断进行调整,才能够使广告传播效果得到不断完善。具体来说,通过对资讯平台运营者及第三方提供的数据及信息的分析,对广告投放乃至向前的目标客户,内容生产提出修改建议,然后进一步完善用户画像,优化广告媒介策略,优化广告设计制作投放及数据采集的各个环节,才能真正的提高信息流广告的传播效果。

以下是信息流广告制作的案例展示。

案例 6-4

手绘教程自媒体推广研究

该案例从 0 到 1 搭建自媒体账号 Pumpkin 南小瓜,以简笔画教程为传播内容,并以小红书平台为主进行实践性运营,运营时间为五个月左右,期间共发布 128 篇笔记,粉丝量达到 1.3 万,获赞与收藏量达到 7.4 万。

1. 账号传播内容确定

对于从 0 到 1 的自媒体账号,在运营前期,由于平台曝光与推送量较少,无法确认原创简笔画教程内容是否能够获得大多数受众喜爱,且进行确认原创内容接受度需要花费大量的时间和数据,经考虑众多因素,该设计案例依托已有的动画形象来制作简笔画教程内容,如裸熊、汤姆猫、老鼠杰瑞和泰菲、多啦 A 梦……

2. 内容制作与效果设计

内容制作与效果设计采用原创与临摹二创结合的方式。简笔画教程所使用的背景采用仿纸质背景,用纸质纹理还原现实中的纸张;勾线和上色均使用仿铅笔效果刷,呈现出用实际作画的效果,给人一种简单易学的印象;同时绘画内容简单易懂,从侧面降低了受众的门槛,使没有板绘工具的受众看到之后也会产生想要尝试的想法。为了内容展示起来更加美观,后期运营会对线稿进行上色处理,并添加光束特效,将其作为首图展示在每个作品封面。在简笔画绘画步骤分解上,借助于通俗易懂的几何体帮助粉丝理解每个步骤,用最简化的线条层层深入,必要会附上文字说明,同时针对每一篇笔记的内容进行文案撰写,文案和内容的完美结合能够提高内容的讨论度与浏览量,从而获得更多的曝光。

3. 笔记内容垂直更新与创作

对于内容进行垂直更新并进行相应的内容制作,不仅有利于平台进行识别,获得来自官方平台的流量扶持,让内容获得更多的推荐,而且可以被该类内容的潜在受众看到,进而使得内容曝光的获得最大化。

4. 运营数据反馈与复盘

在自媒体运营初期,最好的助手就是各大平台创作中心所提供的数据分析服务。运营初期,主要通过查看账号笔记数据反馈和其他优秀简笔画教程类自媒体的内容反馈数据(作品点赞量,收藏量,评论)来进行摸索受众的喜好和兴趣点,包括受众喜欢的内容风格与形式,受众的需求以及痛点,能够给受众带来什么样的价值等。根据这些数据更好地进行内容优化,针对粉丝的兴趣和偏好进行内容制作与效果设计。

5. 作品展示

图 6-56

案例 6-5

中国古代花鸟名画赏析

该案例以简笔画的趣味形式,制作科普系列微视频,贴合当前传播情境下的信息获取习惯,创新了国画科普新方式。以微信公众号平台为范例,在运营和推广期间,共发布原创推文 27 篇,收到较好的传播效果。

1. 创作现状

我国花鸟画的历史悠久,底蕴深厚。由于科普方式相对晦涩、知识汲取门槛较高,我国古代花鸟画的传承与发展面临困境。近年来,互联网飞速发展,微视频自身短、平、快的特点,催生了新的知识科普形式——微视频科普。

2. 灵感来源

为了使花鸟名画科普微视频，更为生动、有趣，贴合现代人信息接收偏好。案例从漫画《父与子》中汲取灵感，创作出了简笔画人物"芝芝"，赋予她穿越进花鸟画中，并与花鸟对话的超能力。从二者一来一往的对话中，展开对花鸟画作知识的科普。

图 6-57

3. 画作选取与 Q 版人物设计

创作过程中，选取的花鸟画作兼具画面美感和社会代表性，与画作相对应的 Q 版人物形象，既要与画作中本身形象贴合，又要符合现代人的审美，凸显人物"萌"的特点。

图 6-58 《苍鹰图》

在齐白石画作——《苍鹰图》的 Q 版人物设计中,为了使苍鹰形象贴合年轻人的审美,第一版设计的是一只雏鹰,整体偏圆形,显得憨态可掬。但由于羽毛线条过硬,像蛋壳破碎的边缘,苍鹰特点并不鲜明,更像一只小鸡。在最终版设计中,让黑白边界线条更加柔和,眼神也更像原作,可爱又不失锐利。

图 6-59

4. 文案创作

微视频的文案创作部分,凸显内容通俗易懂、诙谐幽默、言简意赅的特点。通过拟人的手法,让主人公芝芝与花鸟进行对话,将知识自然地融入其中。采用这种形式,推进情节发展,不仅可以展现花鸟的形象特征,还可以向观众传达作品的的创作信息(作者、创造背景、技法...),观众沉浸感更强,容易产生情感共鸣,增强视频的用户粘性。

图 6-60

5. 后期运营投放

微视频制作完成后的推广阶段,选择微信公众号平台为主要推广平台,考虑到两点原因:第一,微信公众号平台本身的功能多元化,支持文字、图片、视频多种形式。第二,微信公众号平台是在微信用户群体基础上搭建,用户群体广泛,关注度高,可以通过个人社交网络扩散,形成裂变传播。微信公众号平台在运营的几个月内,采用图文和视频交叉的方式,进行科普内容的发布,吸引了一定量粉丝,推文阅读量相对稳定。

本章小结

网络与新媒体为信息传播提供了广阔的空间,也为广告设计与制作带来全面的更新和突破。本章简要介绍了新媒体广告的设计原则和要求,详细介绍了新媒体广告设计的定位、创意、表现策略,以及艺术表现形式,并简要介绍了部分新媒体广告的制作流程。

思考与练习

1. 试结合实例分析,淘宝网和天猫商城门户网站广告设计定位的区别。
2. 新媒体广告与传统广告相比优势劣势分别在哪里。
3. 试结合实例,简述如何做好一个产品的定位。
4. 试结合实例,简述如何做好新媒体广告设计的创意。
5. 试分析"德芙"系列微电影广告的艺术表现形式。
6. 试分析"益达"系列微电影广告的定位、创意,并简述其与"曼妥思"系列微电影广告的区别。
7. 试分析"聚美优品"门户网站的广告设计定位、创意,并简述其艺术表现形式。
8. 结合实例,试述网幅广告的制作流程。

参考文献

[1] 沃纳·赛佛林,小詹姆斯·坦卡德.传播理论——起源、方法与应用[M].郭镇之,等译.北京:华夏出版社,2000.
[2] 赵建国.划时代的文化载体——试论多媒体的文化意义[J].现代传播,2000(2):1-6.
[3] 钟玉琢.让世界更精彩[N].计算机世界,2000.
[4] 王可.数字动画艺术与设计[M].长沙:湖南美术出版社,2010.
[5] 王诗文,等.影视广告创作基础[M].合肥:合肥工业大学出版社,2009.

第七章 网络与新媒体广告发布与测评

学习目标

1. 熟悉网络与新媒体广告的发布方式与规范。
2. 掌握网络与新媒体广告的评测原则与特点。
3. 掌握网络与新媒体广告的测评数据获取及内容指标等。

网络与新媒体广告之所以能够获得市场的青睐就在于其发布的多样性与传播效果的可控性。通过本章学习将比较系统地掌握网络与新媒体广告的发布方式与规范、发布流程,以及广告传播效果的评测原则、特点、评测数据获取、评测内容及指标等。

网络与新媒体广告设计、开发、制作的过程从系统工程的角度来看,基本可以说是一个系统化的流程。在设计、开发、制作等一系列工作完成之后,我们就自然而然地要考虑投放的问题。所谓投放主要是网络与新媒体广告的发布,以及对投放之后所产生的广告传播效果的评估,也即网络与新媒体广告效果的测评。网络与新媒体广告不同于传统广告形式,在投放及效果测评过程中,传统广告所涉及的媒介的选择在此需要更为审慎,而且其发布方式更加丰富、效果的测评也将更为复杂多样。网络与新媒体广告测评区别于传统广告的新的特点,为其带来管理复杂化的同时也将更大地拓展网络与新媒体广告的发展空间,进而繁荣广告世界。

第一节 网络与新媒体广告的发布

广告设计制作完成后,其广告主体内容是通过媒体发布得以实现,广告的效果亦是发布之后才可以进行测评的。对于网络与新媒体广告来说,亦是如此。

一、网络与新媒体广告的发布方式

广告主如何通过网络发布企业的广告?网络发布广告的渠道和形式众多,各有长短,企业应根据自身情况及网络与新媒体广告的目标,选择网络与新媒体广告发布的渠道及方式。目前,一般有以下13种方式,企业可以根据自身的需求从中选择。

(一)主页发布方式

建立自己的主页,对于大公司来说,是一种必然的趋势,这不但是企业形象的树立,也是宣传产品的良好平台。实际上,在网络上做广告,归根到底要设立公司自己的主页。其他的网络与新媒体广告形式,无论是黄页、工业名录、免费的互联网服务广告,还是网络报纸、新闻组,都是提供了一种快速链接至公司主页的形式,所以说,在网络上做广告,建立公司的 Web 主页是最根本的。建立主页是公司在网络进行广告宣传的主要形式。按照今后的发展趋势,一个公司的主页地址也会像公司的地址、名称、标志、电话、传真一样,是独有的,是公司的标识,将成为公司的无形资产。

（二）商业网站发布方式

目前,可以投放广告的商业网站主要是指以营利为主要目的的大型综合门户网站,包括门户网站和专业网站两大类,其中最具代表性的如国外的 AOL、谷歌、雅虎、脸书、YouTube 等,国内的腾讯、百度、新浪、搜狐、网易、新浪、淘宝、天猫、优酷、土豆等。由于这些商业网站无论从信息量上,还是从信息的发布速度上都大大超过企业主页,成为人们阅读新闻、搜索信息的主要选择,因此投放广告的效果较好。在商业网站的首页上投放广告价格高、效果好,在其他页面投放价格可能低但效果却可能比较一般,因此,要综合考虑各种因素以决定如何有效地投放广告。

（三）专类销售网发布方式

这是一种专类产品直接在网络上进行销售的方式。现在有越来越多这样的网络出现,著名的如 Automobile Buyer's Network、AutoBytel 等。

以 Automobile Buyer's Network 为例,消费者只要在一张表中填上自己所需汽车的类型、价位、制造者、型号等信息,然后轻轻按一下搜索(Search)键,计算机屏幕上就可以马上出现满足消费者所需要的汽车的各种细节,当然还包括关于何处可以购买到此种汽车的信息。

另外,消费者考虑购买汽车时,很有可能首先通过此类网络进行查询,所以,对于汽车代理商和销售商来说,这是一种很有效的网络广告方式。汽车商只要在网络注册,那么他所销售的汽车的细节就进入了网络的数据库中,也就有可能被消费者查询到。

与汽车销售网类似,其他类别产品的代理商和销售商也可以连入相应的销售网络,从而无需付出太大的代价就可以将公司的产品及时地呈现在世界各地的用户面前。

（四）电子邮件列表发布方式

在网络中到处都充满了商机,就像传统广告中的邮寄广告一样,网络世界中另外一种广告发布形式正在被更多的商家所利用,即电子邮件广告。传统的邮寄广告是广告主把印制或书写的信息,包括商品目录、货物说明书、商品价目表、展销会请柬、征订单、明信片、招贴画、传单等,直接通过邮政系统寄达选定的对象的一种传播方式。电子邮件广告是广告主将广告信息以电子邮件的方式发送给有关的网络用户。

网络还有一种可供使用的资源,就是电子邮件列表。电子邮件列表非常流行,在网络上有数十万个邮件列表,或超过这个数字,因为没有人知道确切的数字。如果要使用电子邮件列表的话,可以有两种选择。

一种是建立自己的邮件列表服务器。邮件列表服务器可以生成相当于大宗邮件的电子邮件。假定一个公司在一个有 3000 名客户的地区新建了一个办事处,现在想把这个消息发送给这些客户,就可以使用电子邮件列表:向自己的电子邮件列表服务器发送一个消息,服务器就会把这一消息和该地区 3000 名客户的 3000 个电子邮件地址混合在一起并发出 3000 个地址相互独立的电子邮件消息,这样不仅比邮局投递快捷省力,而且无需邮票。

另一种方式是租借其他公司的电子邮件列表。利用电子邮件列表需要先收集足够多的电子邮件地址,这往往要花费很多时间和精力,一种越来越普及的获得电子邮件地址的捷径是从其他公司租借电子邮件列表。这种列表是最常用的商业广告列表,可以使发送的电子邮件相当于传统广告中的直接邮寄广告。有的公司提供的电子邮件列表常常是那些自愿加入的、想要接收特定主题的电子邮件广告的人。如果能租借到这样的电子邮件列表,就可以向目标客户发送电子邮件广告,而不用担心会激怒他人,并且所花费的费用要比采用普通邮寄广告方式廉价得多。

邮件列表向我们提供了一种新的广告形式,弥补了站点网幅广告信息量有限、对用户点击依赖程度高的弱点,也许会带来网络与新媒体广告发展的新机遇。

(五)黄页发布方式

在网络上有一些专门的用于查询检索服务的网络服务商的站点如雅虎、谷歌、百度等。这些站点就如同电话黄页一样,按类别划分便于用户进行站点的查询。在其页面上,都会留出一定的位置给企业做广告。比如在 Excite 上,用户在 search 一栏中填入关键字"auto mobile",Excite 页面的中上部就会出现某汽车公司的广告图标。在这些页面上做广告的优点在于:①针对性强,在查询的过程中都是以关键字区分的,所以广告的针对性较强;②醒目,广告处于页面的明显处,比较容易被正在查询相关问题的用户所注意,容易成为用户浏览的首选。

(六)企业名录发布方式

一些网络服务提供者(ISP)或政府机构会将一些企业信息融入他们的主页中。如我国香港商业发展委员会的主页中就融有汽车代理商、汽车配件商的名录。只要用户感兴趣,就可以直接通过链接,进入相应行业代理商(或者配件商)的主页上。

(七)网络报纸杂志发布方式

在网络日益发展的今天,新闻界也不落人后,一些世界著名的报纸和杂志,如美国的《华尔街日报》《商业周刊》,国内的如《人民日报》《文汇报》《中国日报》等,纷纷将触角网站伸向了网络,在网络上建立自己的网络主页。而更有一些新兴的报纸与杂志,干脆脱离了传统的"纸"的媒体,完完全全地成为一种"网络报纸或杂志",反响非常好,每天访问的人数不断上升。由此可见,随着计算机的普及与网络的发展,网络报纸与杂志将如同纸质的报纸与杂志一般,成为人们必不可少的生活伴侣。对于注重广告宣传的公司,在这些网络杂志或报纸上做广告也是一个较好的选择。

(八)友情链接发布方式

采用友情链接的方式发布网络与新媒体广告,需要对网站的访问量、在搜索引擎中的排名位置、相互之间信息的补充程度、链接的位置、链接的具体形式等方面加以关注,这些都是在建立友情链接时需考虑的事情。

1. 向谁发函

确定你需要与哪些访问量大的网站建立链接，一个有效的办法就是在搜索引擎中查找网站，然后浏览结果列表前面的网站，这些就是你所需要的，选择与你的主题相似或互补的网站。如果你希望链接的网站有着很好的排名位置，也就意味着，他们选择对象是非常苛刻的，实际上，他们想要建立友情链接的网站是他们认为有用的站点，大有"不要给我们打电话，我们会给你去电话"的味道，所以不要总是不厌其烦地要求，除非你能提供大量免费的、有价值的资讯。

2. 发出邀请函

首先，礼貌地开头，尽可能地找到对方网站管理员的名字，并与其联系。比如可以称赞他的网站提出的某个观点，以此来引起对方的注意力。如下这种开头方式是要回避的，"请参观我的网站，地址为 http://www.yoursite.com，如果你给我一个链接，我也将给你一个链接"，这样开头对方可能不会去访问。其次，告诉对方你已经有一个链接指向他们的网站，并且给出那个网页的统一资源定位符（Uniform Resource Locator，URL），不一定用你的网站首页建立友情链接，任何一个子网页都可以（这要看对方网站提供友情链接的形式），用户可从你的子网页"跳到"你的首页。再次，告诉对方你的网站提供什么产品或服务，你已经浏览过他们的网站，并知道他们的网站访问者对什么感兴趣，与他们建立链接的理由就是你的网站与他们的网站有着相同或相近的主题，也就是说，可以提供其他有价值的信息给他们的访问者。

3. 选择对方网站

如果你为了增加网站访问量而敞开你的大门，与任意网站建立友情链接，这样不会给你带来任何的好处。建立友情链接不仅仅是为了增加访问量，还应对你的网站内容起补充作用，以便更好地服务你的用户，如果你链接了大量低水平的网站，用户也许将不会再来了。

4. 信守承诺

互惠链接一个基本的原则就是诚实。事实上，网站管理员很少有时间来查看已建立互惠链接的网站，他们信任其他的网站管理员，所以，不要把其他网站的链接随意地删除，维护他人利益的同时，也保护了自己。

（九）即时通信发布方式

即时通信在我国的发展十分迅速，我国九成网民上网之后首先是打开即时通信应用。即时通信服务使人与人之间的互动更为频繁和紧密，使服务对用户的吸引不只存在于内容更在于关系，用户一个人的转移成本变成了一群人的转移成本，具有较高黏性的即时通信服务发展前景广阔。

（十）网络社区发布方式

中国的 Web 2.0 市场经过几年的发展，成为互联网媒体盈利的主要集中区域，网络社区是 Web 2.0 的主要应用。网络社区是指包括 BBS/论坛、贴吧、公告栏、群组讨论、在线聊天、交友、个人空间等形式在内的网上交流空间，同一主题的网络社区集中了具有共同兴趣的访问者。网络社区就是社区网络化、信息化，是一个以成熟社区为内容的大型规模性局域网，涉及综合信息服务功能需求，同时与所在的信息平台在电子商务领域进行全面合作。

网络社区不仅能够使用户获取信息，还可以成为用户情感的寄托，其发展势头迅猛，在网络社区中悄然兴起的"人人网""开心网"等新型的SNS社交网站的发展更是势不可当，成为网络媒体营利手段中的生力军。虽然社交网站用户使用率下降，但社交已发展成为各种互联网应用的基本元素，如网络购物、游戏、视频等服务纷纷引入社交元素以促进其发展。

随着互联网普及率的提高和网民对于网络应用的深入，越来越多的互联网用户将现实生活中的人际关系延伸到网络中。各类社交网站因需而起，在竞争中快速发展，病毒式营销、口碑相传的推广方式推动了中国社交网站用户规模的迅速扩大。通过内容黏着、互动应用和人际关系在网络上的维护与拓展，社交网站正在发挥平台化、工具化的作用，逐步成为广大网民休闲娱乐、获取资讯、传播信息的重要渠道。因此，网络社区尤其是基于LBS的SNS社区更是广告投放的绝佳领地，能够真正实现小众且有针对性的广告传播。

（十一）企业微博、微信公众号和APP发布方式

在社交媒体日益多样化的今天，网络与新媒体广告也可以直接发布在企业官方微博以及微信公众号上，这不仅是一种企业形象的展示途径，也是宣传产品的良好方式。虽然在公司官网上发布广告，是一种和消费者直接进行沟通的方便、快捷、成本较低的方式，但大部分公司的官网访问量过少，因此，该种方式的广告效果差异很大。如今，随着移动互联网的发展，一些公司开发了自己的APP或者在微信上建立了自己的公众平台。APP和公众账号是与消费者联络的最直接的平台，而微信公众号更是可以与粉丝建立更为紧密的类私人关系并提供直接的服务，因此，借助恰当的形式将广告置于其中，效果较佳。

（十二）手机Wap网络发布方式

目前，智能手机得到普遍使用，Wap网络服务日益便捷，以手机为终端的移动互联网环境已经形成，这已成为网络与新媒体广告新兴起的发布领地。

2000年6月19日，《人民日报》（网络版）日文版、英文版imode手机网站在日本正式开通，成为国内第一家实现手机上网向订户发送短消息的网站。中国移动互联网整体行业保持强劲发展态势，移动终端的特性进一步体现，行业内应用发展呈现新的特点。其中，交流沟通类应用依然是手机的主流应用，在所有应用中的用户规模和使用率均为第一位，但用户主要集中在手机即时通信上，微博、微信、社交网站、论坛等应用的使用率均有所下降；休闲类娱乐应用发展迅速，手机游戏、手机视频和手机音乐等应用的用户规模大幅上升，增长态势良好；手机电子商务类应用渗透率虽然相对较低，但领域内所有应用的使用率全部呈快速增长态势。第49次互联网发展状况统计报告显示，10.32亿网民中10.28亿是手机网民，占网民总数的99.7%，由此可见移动互联网是互联

网广告的重要发展领域,在 Wap 网络中手机游戏、手机视频、手机音乐、微博、微信、社交网站、论坛商务等均为网络与新媒体广告投放的新阵地。

(十三)新媒体广告发布方式

新媒体户外广告的种类较多,目前尚无明确划分种类的方式。

1. 电子菜谱广告

电子菜谱广告是指利用平板电脑可视听化效果,充分结合当今餐饮酒店行业的发展趋势,将广告以图片、文字、视频、互动的形式植入平板电脑内置电子菜谱当中的一种新型广告模式。与其他广告平台相比,它十分注重广告的品牌效果,因其定位精准,受众人群年轻时尚、集中、消费能力强,广告效果好。作为载体的平板电脑具有时尚性,可触摸,画面色彩绚丽,动态效果,具视频、音频、娱乐信息充分结合的特点。具体广告形式有贴图、内页底图、撕页、注脚、视频贴片、栏目冠名、频道冠名等,形式多样,效果显著。

2. 网络名片广告

网络名片是指加载在新闻页面上的浮动广告,它通过关键词匹配可以快速实现全网覆盖,是传播效果最好的新媒体广告形式之一。与其他网络广告相比,它十分注重广告的品牌效果,通过精准的关键词匹配,使新闻内容、广告,以及软文推广达到高度一致。网络名片关键词是按年销售的,因此好的新闻关键词也是不可多得的网络资源。

3. 公交广告

公交车与乘客具有流动性,因而公交车广告具有动态流动性这一显著特性。公交车内聚集的人群是公交车广告宣传的重要对象,它具有较强的广告冲击力和其他媒体不可替代的广告受众率。

4. 楼宇广告

平面广告能够以最低的成本最精准地到达目标消费者,而楼宇广告媒体的出现,势必将会在国内掀起新一轮的"圈楼运动"。凡居住在高层时尚住宅楼的用户,只要每天上下楼梯或电梯,楼梯或电梯旁边的平面广告就会闯入他们的视线,具有其他媒体所不可能具有的广告阅读的强制性。

5. 兼具性广告

兼具性广告展示的形式多种,具有文字和色彩兼备功能,展示的内容从产品商标、品名、实物照片、色彩、企业意图到文化、经济、风俗、信仰、规范,无所不包。

6. 健身房广告

这类广告更加针对高消费人群。人们健身时需要耐心,所以在健身的时候,将会寻找分散自己注意力的目标。这个地点发布的广告将会受到关注,给人带来深刻的感受。

7. 终端机广告

现在的高档楼宇小区、写字楼、商场、地铁都摆放一指通自助终端机,上中下三个显示屏,中间的功能区是便民服务加购物,上下两个屏幕都是广告播放,优点是所在地点的人流量大,广告受关注度高。

二、网络与新媒体广告发布的误区

（一）只考虑购买网站的首页

广告主投放网络与新媒体广告的最终目的或者是为了扩大产品的市场知名度，或者是为了增加销售量和销售额，为公司赢得利益。每种产品，只有找准市场，定位准确，才能在激烈的竞争中立于不败之地。那么在投放网络与新媒体广告时也应该将网络与新媒体广告投放到适合公司产品的相应页面上。

但目前的情况是，由于各网站一般都将网站首页的广告价格定得比较高，这样在客观上误导了对网络媒体缺乏深入认识的广告主，使他们误认为网站首页的广告效果要比其他页面好。虽然网站首页的访问量一般都比较高，能产生大量的页面浏览量，但是由于网站首页的访问人群存在主题不明确、目的性不强的特点，在客观上造成广告缺乏针对性，导致广告的效果不理想，同时也造成资金的浪费，最终可能使广告主对网络与新媒体广告失去信心，放弃对网络与新媒体广告的投放。

一般说来，首页广告的点击率永远是最低的，选择内容与自己业务密切相关的分类页面投放广告则能够过滤掉那些对企业缺乏商业价值的访问者，不必为无效的广告显示付钱。

（二）仅以页面浏览量为站点选择主要衡量标准

目前在我国，比较知名的门户网站有腾讯、新浪、网易、搜狐等，比较著名的专业性站点有联众游戏等，它们之间的区别不仅仅表现在内容上，也表现在它们所吸引的用户人数、用户类别和用户特征上。所以，广告主在选择网站的时候，应该首先考虑网站及网站访问者的特点是否与自己的产品和活动相符合，其次才应该是该站点的访问量。只有在选择好适合自己产品和活动的站点后，该站点的访问量才有可能成为有用的浏览量。这一观点在历次的 CNNIC 发布的《中国互联网络发展状况统计报告》中均得到了验证。

（三）广告投放的量越大，广告效果就一定越好

如何用最少的广告费换取销售的大幅增长，是所有广告主在进行广告投放时优先考虑的问题。由于目前网络与新媒体广告的平均费用较传统媒体而言还是比较低的，所以在广告投放上，很多时候，广告主相信在某个页面上投放的广告量越大，所得到的广告效果就一定越好。

目前我国的网络与新媒体广告主要按照CPM（每千人成本）来计算价格。广告的效果是随着广告投放量的增加而不断上升的，但是这种上升并不是直线性变化的，它是有一定阶段性的。显而易见，开始时，广告的效果是随着广告投放量的上升而不断上升，但是当广告投放达到一定数量时，广告的效果可能就不会再有很大的变化。因此在某个固定的浏览量很大的网站上投入大量的广告，可能会很快地达到所需要的浏览量，但是仔细考虑这些广告受众，我们会发现最终换来的只是大量的重复受众，这并不是广告主的目的，他们需要的是覆盖不同的受众人群。所以，在广告的投放上需要有一个投放数量的考虑，并不是在浏览量最大的站点上投放最大的量，就一定可以达到广告主的目的。

三、网络与新媒体广告发布规范管理

当前网络与新媒体广告中存在的一系列问题：有些网站发布虚假广告，欺骗消费者；有的网站发布法律、法规禁止或限制发布的商品或服务的广告；有些特殊商品广告发布前未经有关部门审查，内容存在着严重的问题；一些网站在广告经营中存在着不正当竞争行为；信息流广告带来信息骚扰与信息茧房效应等。

我国现行的《中华人民共和国广告法》1994年10月27日第八届全国人民代表大会常务委员会第十次会议通过，2015年4月24日第十二届全国人民代表大会常务委员会第十四次会议修订。在原有广告法当中没有关于互联网广告的章节，2015年的《中华人民共和国广告法》规范互联网广告，对互联网广告有了规定，如：互联网广告应一键关停，未经同意不能发送电子邮件广告。互联网的广告形态很多，技术比较复杂。互联网是新兴事物，不应该基于传统方式的理念，不能拘泥于传统，理念一定要新，具体问题在广告法这样一部法律里不可能规定得很细，还需要专门出台一个互联网广告管理办法。

2018年10月26日根据第十三届全国人民代表大会常务委员会第六次会议《关于修改〈中华人民共和国野生动物保护法〉等十五部法律的决定》进行再次修正，2021年4月29日第十三届全国人民代表大会常务委员会第二十八次会议修改《中华人民共和国道路交通安全法》等八部法律。以上修订主要集中在广告语违禁词方面的规定，有关网络广告的条款没有较大改变。现行相关法律、法规对网络与新媒体广告没有详尽的规定，这是造成网络与新媒体广告行业混乱的根本原因，要把网络与新媒体广告发布监管落到实处，就必须把网络与新媒体广告纳入法律的控制范围内。

《中华人民共和国广告法》已由中华人民共和国第十二届全国人民代表大会常务委员会第十四次会议于2015年4月24日修订通过，2015年9月1日起施行，其中涉及网络广告的规定有以下几条。

《中华人民共和国广告法》新增规定，利用互联网发布广告，未显著标明关闭标志，确保一键关闭的，将处五千元以上三万元以下的罚款。新广告法明确，任何单位或者个人未经当事人同意或者请求，不得向其住宅、交通工具等发送广告，也不得以电子信息方式向其发送广告。在互联网页面以弹出等形式发布的广告，应显著标明关闭标志，确保一键关闭。违者将被处五千元以上三万元以下罚款。新法明确，广告不得含有虚假或者引人误解的内容，不得欺骗、误导消费者。禁止在大众传播媒介或公共场所等发布烟草广告；禁止利用其他商品或服务的广告、公益广告，宣传烟草制品名称、商标等内容。

第十四条　广告应当具有可识别性，能够使消费者辨明其为广告。大众传播媒介不得以新闻报道形式变相发布广告。通过大众传播媒介发布的广告应当显著标明"广告"，与其他非广告信息相区别，不得使消费者产生误解。

第四十条　在针对未成年人的大众传播媒介上不得发布医疗、药品、保健食品、医疗器械、化妆品、酒类、美容广告，以及不利于未成年人身心健康的网络游戏广告。

第四十三条　任何单位或者个人未经当事人同意或者请求，不得向其住宅、交通工

具等发送广告,也不得以电子信息方式向其发送广告。以电子信息方式发送广告的,应当明示发送者的真实身份和联系方式,并向接收者提供拒绝继续接收的方式。

第四十四条 利用互联网从事广告活动,适用本法的各项规定。利用互联网发布、发送广告,不得影响用户正常使用网络。在互联网页面以弹出等形式发布的广告,应当显著标明关闭标志,确保一键关闭。

第四十五条 公共场所的管理者或者电信业务经营者、互联网信息服务提供者对其明知或者应知的利用其场所或者信息传输、发布平台发送、发布违法广告的,应当予以制止。

除了国家层面的《中华人民共和国广告法》,国家工商行政管理总局制定了《互联网广告管理暂行办法》是为规范互联网广告活动,保护消费者的合法权益,促进互联网广告业的健康发展,维护公平竞争的市场经济秩序。由国家工商行政管理总局局务会议审议通过,自2016年9月1日起施行。主要条款如下:

第一条 为了规范互联网广告活动,保护消费者的合法权益,促进互联网广告业的健康发展,维护公平竞争的市场经济秩序,根据《中华人民共和国广告法》(以下简称广告法)等法律、行政法规,制定本办法。

第二条 利用互联网从事广告活动,适用广告法和本办法的规定。

第三条 本办法所称互联网广告,是指通过网站、网页、互联网应用程序等互联网媒介,以文字、图片、音频、视频或者其他形式,直接或者间接地推销商品或者服务的商业广告。

前款所称互联网广告包括:(一)推销商品或者服务的含有链接的文字、图片或者视频等形式的广告;(二)推销商品或者服务的电子邮件广告;(三)推销商品或者服务的付费搜索广告;(四)推销商品或者服务的商业性展示中的广告,法律、法规和规章规定经营者应当向消费者提供的信息的展示依照其规定;(五)其他通过互联网媒介推销商品或者服务的商业广告。

第四条 鼓励和支持广告行业组织依照法律、法规、规章和章程的规定,制定行业规范,加强行业自律,促进行业发展,引导会员依法从事互联网广告活动,推动互联网广告行业诚信建设。

第五条 法律、行政法规规定禁止生产、销售的商品或者提供的服务,以及禁止发布广告的商品或者服务,任何单位或者个人不得在互联网上设计、制作、代理、发布广告。禁止利用互联网发布处方药和烟草的广告。

第六条 医疗、药品、特殊医学用途配方食品、医疗器械、农药、兽药、保健食品广告等法律、行政法规规定须经广告审查机关进行审查的特殊商品或者服务的广告,未经审查,不得发布。

第七条 互联网广告应当具有可识别性,显著标明"广告",使消费者能够辨明其为广告。付费搜索广告应当与自然搜索结果明显区分。

第八条　利用互联网发布、发送广告，不得影响用户正常使用网络。在互联网页面以弹出等形式发布的广告，应当显著标明关闭标志，确保一键关闭。不得以欺骗方式诱使用户点击广告内容。未经允许，不得在用户发送的电子邮件中附加广告或者广告链接。

第九条　互联网广告主、广告经营者、广告发布者之间在互联网广告活动中应当依法订立书面合同。

第十条　互联网广告主应当对广告内容的真实性负责。广告主发布互联网广告需具备的主体身份、行政许可、引证内容等证明文件，应当真实、合法、有效。广告主可以通过自设网站或者拥有合法使用权的互联网媒介自行发布广告，也可以委托互联网广告经营者、广告发布者发布广告。互联网广告主委托互联网广告经营者、广告发布者发布广告，修改广告内容时，应当以书面形式或者其他可以被确认的方式通知为其提供服务的互联网广告经营者、广告发布者。

第十一条　为广告主或者广告经营者推送或者展示互联网广告，并能够核对广告内容、决定广告发布的自然人、法人或者其他组织，是互联网广告的发布者。

第十二条　互联网广告发布者、广告经营者应当按照国家有关规定建立、健全互联网广告业务的承接登记、审核、档案管理制度；审核查验并登记广告主的名称、地址和有效联系方式等主体身份信息，建立登记档案并定期核实更新。互联网广告发布者、广告经营者应当查验有关证明文件，核对广告内容，对内容不符或者证明文件不全的广告，不得设计、制作、代理、发布。互联网广告发布者、广告经营者应当配备熟悉广告法规的广告审查人员；有条件的还应当设立专门机构，负责互联网广告的审查。

第十三条　互联网广告可以以程序化购买广告的方式，通过广告需求方平台、媒介方平台以及广告信息交换平台等所提供的信息整合、数据分析等服务进行有针对性的发布。通过程序化购买广告方式发布的互联网广告，广告需求方平台经营者应当清晰标明广告来源。

第十四条　广告需求方平台是指整合广告主需求，为广告主提供发布服务的广告主服务平台。广告需求方平台的经营者是互联网广告发布者、广告经营者。媒介方平台是指整合媒介方资源，为媒介所有者或者管理者提供程序化的广告分配和筛选的媒介服务平台。广告信息交换平台是提供数据交换、分析匹配、交易结算等服务的数据处理平台。

第十五条　广告需求方平台经营者、媒介方平台经营者、广告信息交换平台经营者以及媒介方平台的成员，在订立互联网广告合同时，应当查验合同相对方的主体身份证明文件、真实名称、地址和有效联系方式等信息，建立登记档案并定期核实更新。媒介方平台经营者、广告信息交换平台经营者以及媒介方平台成员，对其明知或者应知的违法广告，应当采取删除、屏蔽、断开链接等技术措施和管理措施，予以制止。

第十六条　互联网广告活动中不得有下列行为：（一）提供或者利用应用程序、硬件等对他人正当经营的广告采取拦截、过滤、覆盖、快进等限制措施；（二）利用网络通路、网络设备、应用程序等破坏正常广告数据传输,篡改或者遮挡他人正当经营的广告,擅自加载广告;(三)利用虚假的统计数据、传播效果或者互联网媒介价值,诱导错误报价,谋取不正当利益或者损害他人利益。

第十七条 未参与互联网广告经营活动,仅为互联网广告提供信息服务的互联网信息服务提供者,对其明知或者应知利用其信息服务发布违法广告的,应当予以制止。

第十八条 对互联网广告违法行为实施行政处罚,由广告发布者所在地工商行政管理部门管辖。广告发布者所在地工商行政管理部门管辖异地广告主、广告经营者有困难的,可以将广告主、广告经营者的违法情况移交广告主、广告经营者所在地工商行政管理部门处理。广告主所在地、广告经营者所在地工商行政管理部门先行发现违法线索或者收到投诉、举报的,也可以进行管辖。对广告主自行发布的违法广告实施行政处罚,由广告主所在地工商行政管理部门管辖。

第十九条 工商行政管理部门在查处违法广告时,可以行使下列职权:(一)对涉嫌从事违法广告活动的场所实施现场检查;(二)询问涉嫌违法的有关当事人,对有关单位或者个人进行调查;(三)要求涉嫌违法当事人限期提供有关证明文件;(四)查阅、复制与涉嫌违法广告有关的合同、票据、账簿、广告作品和互联网广告后台数据,采用截屏、页面另存、拍照等方法确认互联网广告内容;(五)责令暂停发布可能造成严重后果的涉嫌违法广告。工商行政管理部门依法行使前款规定的职权时,当事人应当协助、配合,不得拒绝、阻挠或者隐瞒真实情况。

第二十条 工商行政管理部门对互联网广告的技术监测记录资料,可以作为对违法的互联网广告实施行政处罚或者采取行政措施的电子数据证据。

第二十一条 违反本办法第五条第一款规定,利用互联网广告推销禁止生产、销售的产品或者提供的服务,或者禁止发布广告的商品或者服务的,依照广告法第五十七条第五项的规定予以处罚;违反第二款的规定,利用互联网发布处方药、烟草广告的,依照广告法第五十七条第二项、第四项的规定予以处罚。

第二十二条 违反本办法第六条规定,未经审查发布广告的,依照广告法第五十八条第一款第十四项的规定予以处罚。

第二十三条 互联网广告违反本办法第七条规定,不具有可识别性的,依照广告法第五十九条第三款的规定予以处罚。

第二十四条 违反本办法第八条第一款规定,利用互联网发布广告,未显著标明关闭标志并确保一键关闭的,依照广告法第六十三条第二款的规定进行处罚;违反第二款、第三款规定,以欺骗方式诱使用户点击广告内容的,或者未经允许,在用户发送的电子邮件中附加广告或者广告链接的,责令改正,处一万元以上三万元以下的罚款。

第二十五条 违反本办法第十二条第一款、第二款规定,互联网广告发布者、广告经营者未按照国家有关规定建立、健全广告业务管理制度的,或者未对广告内容进行核对的,依照广告法第六十一条第一款的规定予以处罚。

第二十六条 有下列情形之一的,责令改正,处一万元以上三万元以下的罚款:(一)

广告需求方平台经营者违反本办法第十三条第二款规定,通过程序化购买方式发布的广告未标明来源的;(二)媒介方平台经营者、广告信息交换平台经营者以及媒介方平台成员,违反本办法第十五条第一款、第二款规定,未履行相关义务的。

第二十七条 违反本办法第十七条规定,互联网信息服务提供者明知或者应知互联网广告活动违法不予制止的,依照广告法第六十四条规定予以处罚。

第二十八条 工商行政管理部门依照广告法和本办法规定所做出的行政处罚决定,应当通过企业信用信息公示系统依法向社会公示。

《互联网广告管理暂行办法》对互联网广告概念的外延进行了描述,"本办法规定的互联网广告,是指通过网站、网页、互联网应用程序等互联网媒介,以文字、图片、音频、视频或者其他形式,直接或者间接地推销商品或者服务的商业广告",包括以推销商品或者服务为目的的,含有链接的文字、图片或者视频等形式的广告、电子邮件广告、付费搜索广告、商业性展示中的广告,以及其他通过互联网媒介发布的商业广告等。《互联网广告管理暂行办法》要求,互联网广告应当具有可识别性,显著标明"广告",使消费者能够辨明其为广告。付费搜索广告应当与自然搜索结果明显区分。互联网广告的广告主对广告内容的真实性负责,广告发布者、广告经营者按照《中华人民共和国广告法》的规定履行查验证明文件、核对广告内容的义务。对互联网广告违法行为,《互联网广告管理暂行办法》规定了以广告发布者所在地管辖为主,广告主所在地、广告经营者所在地管辖为辅的管辖原则。互联网广告违法行为一般由广告发布者所在地管辖;如果广告主所在地、广告经营者所在地工商、市场监管部门,先行发现违法线索或者收到投诉、举报的,也可以进行管辖。广告主自行发布广告的,由广告主所在地管辖。《互联网广告管理暂行办法》还规定了互联网广告程序化购买经营模式中,各方参与主体的义务与责任,互联网广告活动的行为规范,工商、市场监管部门在查处互联网广告违法行为时可以行使的职权,以及实施违法行为的法律责任等。

同时,各省市也在进行相关网络广告管理方面的探索。自 2001 年 5 月 1 日起在北京市正式颁布实施的《北京市网络广告管理暂行办法》中部分条款的相关规定详尽地说明了网络与新媒体广告发布的有关注意事项,为网络与新媒体广告发布的规范管理提供了指导。

第三条 互联网信息服务提供者发布网络广告,应当遵守《广告法》《条例》和其他有关法律、法规、规章以及本办法的规定。

第五条 本市行政区域内经营性互联网信息服务提供者为他人设计、制作、发布网络广告的应当到北京市工商行政管理局申请办理广告经营登记,取得《广告经营许可证》后到原注册登记机关办理企业法人经营范围的变更登记。非经营性互联网信息服务提供者不得为他人设计、制作、发布网络广告。在网站发布自己的商品和服务的广告,其广告所推销商品或提供服务应当符合本企业经营范围。

第八条 已取得《广告经营许可证》的广告经营单位和发布单位经营网络广告的,

应根据上述规定办理备案登记和网站域名的注册登记。取得网络广告经营资格的互联网信息服务提供者，应当在其网站备案栏中注明《广告经营许可证》号码。

第九条　经营性互联网信息服务提供者设计、制作、发布网络广告应当依据法律、行政法规查验广告主有关证明文件，核实网络广告内容。对内容不实或者证明文件不全的网络广告，不得设计、制作和发布。

第十条　经营性互联网信息服务提供者发布网络广告，应将制作完成并经过审查的网络广告上传至"网络广告管理中心"，同时附加网站注册得到的电子标识、企业所属审查员的代码，以及广告发布点的计划。"网络广告管理中心"将根据广告发布计划将该网络广告发送至目标网站，并于计划执行完毕后，将该广告的相关资料自动返还给提交广告的网站。

对于已具有集中发布网络广告性质的网站或"网站联盟"性质的网络广告运作联合体，其广告发布部分的数据库应与"网络广告管理中心"实现联网。

第十一条　经营性互联网信息服务提供者应将发布的网络广告及相关资料保存留档一年，并不得隐匿、更改，在广告监督管理机关依法检查时予以提供。

第十二条　经营性互联网信息服务提供者的网络广告收入应当单独立账，并使用广告业专用发票。

第十三条　互联网信息服务提供者不得在网站上发布下列商品或服务的广告：

（一）烟草；

（二）性生活用品；

（三）法律、行政法规规定禁止生产、销售的商品或者提供的服务，以及禁止发布广告的商品或者服务。

第十四条　互联网信息服务提供者在网站上发布药品、医疗器械、农药、兽药、医疗、种籽、种畜等商品的广告，以及法律、法规规定应当进行审查的其他广告，必须在发布前取得有关行政主管部门的审查批准文件，并严格按照审查批准文件的内容发布广告；审查批准文号应当列为广告内容同时发布。

第十五条　互联网信息服务提供者在网站上发布出国留学咨询、社会办学、经营性文艺演出、专利技术、职业中介等广告，应当按照有关法律、法规、规章规定取得相关证明文件并按照出证的内容发布广告。

第十六条　互联网信息服务提供者应当将发布的广告与其他信息相区别，不得以新闻报道形式发布广告。

第十七条　本市各级工商行政管理机关广告监督管理部门应将网络广告列入重点广告监测范围，建立监测登记汇总制度。发现违法广告及时下载取证，保证网络广告监测及时到位。

无论是对网络与新媒体广告发布的管理，还是对网络与新媒体广告的管理，甚至对网络的管理都涉及法律、社会、技术等诸多因素。有关网络与新媒体广告的法律法规的不断制定在一定程度上为有效管理提供了依据，为网络与新媒体广告的健康发展提供了法律保障,然而能否真正促进其迅猛而又长足发展的关键还在于对这些法律法规的具体实施和落实。

第二节　网络与新媒体广告的效果测评

网络与新媒体广告由于其交互直接、反馈及时、覆盖面广、无时空差异、针对性强、便于统计、费用低廉等优势越来越被广告主所看好,除上述优点外,网络与新媒体广告不同于传统媒体的一个特有优势便是其效果的可测评性。

一、网络与新媒体广告效果测评及其意义

网络与新媒体广告的效果包含两方面的含义:一方面是网络与新媒体广告活动的效果,另一方面是网络与新媒体广告本身的效果。本书所探讨的仅限于网络与新媒体广告效果的第一方面的含义,是指网络与新媒体广告作品通过网络媒体刊登后所产生的作用和影响,或者说目标受众对广告宣传的结果性反应。

网络与新媒体广告效果同传统广告效果一样具有复合性,包括传播效果、经济效果、社会效果。而网络与新媒体广告效果的测评就是利用一定的指标、方法和技术对网络与新媒体广告效果进行综合衡量和评定的活动,相应地,网络与新媒体广告效果的测评也应该包括传播效果测评、经济效果测评和社会效果测评。

由于网络与新媒体广告是建立在计算机、通信等多种网络技术和媒体技术之上的,所以在效果测评方面显示了传统广告所无法比拟的优势和特点。

网络媒体的交互性使得网络受众在观看完广告后可以直接提交个人意见,广告主可以在很短的时间内得到反馈信息,然后就可以迅速对广告效果进行测评。广告主可以利用网络上的统计软件方便准确地统计出具体数据,而且网络与新媒体广告受众在回答问题时可以不受调查人员的主观影响,这样就将网络与新媒体广告效果的测评结果的客观性与准确性大大提高。互联网是一个全天候开放的全球化网络系统,网络与新媒体广告的受众数量是无限大的,因此网络与新媒体广告效果调查能在网络大范围内展开,参与调查的目标群体的样本数量能够得到保证。网络与新媒体广告效果测评在很大程度上依靠技术手段进行,与传统广告测评相比,耗费的人力、物力比较少,相应的广告成本就比较低。

与传统广告相比,网络与新媒体广告的效果测评虽然具有众多优势,但是目前在测评的具体实施上还存在困难,这主要体现在以下方面:传统广告的受众是被动地接受广告信息,广告主可以有目的地选择广告受众,并且在效果测评过程中明确统计数据来源的样本,而网络与新媒体广告受众在接受信息时具有自主性,这就使得网络与新媒体广告主在选择广告受众时完全没有主动权,在对广告进行测评时所需要的数据来源的样本很不确定。在传统广告中,只有对广告的浏览,而没有对广告的点击之类的反馈,而网络与新媒体广告除了对广告的浏览,还有相当一部分转化为对它的点击,而点击行为是

要受到诸如网民的心理过程等多方面未知因素的影响，这样就增加了其效果测评的难度。受传统广告影响所产生的购买行为一般是在现实购物场所实现的，而受网络与新媒体广告影响所产生的购买行为除了一部分在网络实现购买的容易进行统计之外，目前主要的购买行为还是通过线下购买实现的，这样就难以统计网络与新媒体广告所产生的销售数据。

尽管网络与新媒体广告的效果测评存在以上诸多困难，但是我们并不能回避这项活动，因为网络与新媒体广告效果测评是网络与新媒体广告活动的重要环节。广告一旦投放到网络媒体，广告主最关心的是广告所产生的效果，那么自然会对网络与新媒体广告刊登一段时间后的效果进行测评。这个测评结果是衡量广告活动成功与否的唯一标准，也是广告主实施广告策略的基本依据。网络与新媒体广告效果的测评，不仅能对企业前期的广告做出客观的评价，而且对企业今后的广告活动，也能起到有效的指导，它对于提高企业的广告效益，具有十分重要的意义。

二、网络与新媒体广告效果测评的原则

任何测评必须遵循一定的原则，这些原则是贯穿整个过程的指导思想，所以是非常有必要而且必须是明确的。同样，网络与新媒体广告的效果测评也要遵循特定的原则。

（一）相关性原则

相关性原则要求网络与新媒体广告的效果测评的内容必须与广告主所追求的目的相关，DAGMAR(Defining Advertising Goals for Measured Advertising Results)方法是这一原则的很好体现。举例说来，倘若广告的目的在于推出新产品或改进原有产品，那么广告测评的内容应针对广告受众对品牌的印象；若广告的目的在于在已有市场上扩大销售，则应将测评的内容重点放在受众的购买行为上。

（二）有效性原则

测评工作必须达到测定广告效果的目的，要以具体的、科学的数据而非虚假的数据来测评广告的效果。所以，那些掺入了很多水分的高点击率等统计数据用于网络与新媒体广告的效果测评中是没有任何意义的，是无效的。这就要求采用多种测评方法，多方面综合考察，使对网络与新媒体广告效果进行测评得出的结论更加有效。

三、网络与新媒体广告效果测评的特点

实践中，传统媒体的广告效果测评往往并未引起广告主的真正注意，所以大量的广告预算在媒体的自吹自擂中淹没掉了。所谓的广告测评也是以沟通效果和销售效果的调查研究为主，一般是通过邀请部分消费者和专家座谈评价，或调查视听率、发行量，或统计销售业绩分析销售效果等进行测评。在实施过程中，由于时间性不强、主观性影响、技术操作的误差、样本量过小等原因，广告效果测评结果往往与真实情况相距甚远。

计算机本身的数字编码能力、网络的资讯空间，为测评网络与新媒体广告传播效果提供了现实的基础，与传统广告测评相比，网络与新媒体广告的效果测评的特点就越发明显地表现出来了。

（一）及时性

网络媒体和受众之间的沟通交流远远快于传统媒体，网络与新媒体广告受众访问广告所在站点时，能够在线提交表单或发送电子邮件，广告主能够在很短的时间内（通常只有几分钟，最多不超过一两个小时）收到信息，并根据大多数客户的要求和建议做出积极反馈。网络与新媒体广告效果测评相对而言既迅速又直观，广告主可以随时了解广告被关心的程度、广告的传播效果、社会效果，甚至广告的经济效果等。

（二）可靠性

由于受众或访问者在回答问卷时，一般是自主进行的，具有舒适、安静的环境以及不受调查者的影响，回答问题变得从容、自信，可以认真思考，从而大大提高了回答问题的质量，增强了网络与新媒体广告效果测评的可靠性。

（三）易统计性

方便统计是网络与新媒体广告效果测评的又一特点。不论是采用何种指标计量（如 Hit、Click Through、CPM、CPC 等），只要使用适当的软件工具，都很容易统计出具体、准确的数据。这是传统媒体广告效果测评所无法比拟的。传统媒体广告效果测评无论是广播电视、还是报纸杂志，都只能通过问卷、调查或专家测评得出一个粗略的统计数字，诸如选择调查对象不当（如选择的调查对象不具有典型性）、专家意见偏差等原因而造成的测评数据失真的情况比较多，从而造成对广告主及广告发布者的误导。而网络从一开始就是一个技术型的网络，它的技术优势使得传统媒体无法望其项背，它的全数字化从一开始就表明了统计数字的准确性更有保障。

（四）自愿性

自愿性是伴随网络技术特点而来的。网络与新媒体广告本身就具有自愿性特点，这种特点使得一向讨厌传统广告的人们对它网开一面，甚至产生了友好的感觉。因为传统媒体（如电视广告）不管观众能否接受或是喜欢与否，一味地强行把广告推送，受众只能被动接受这些信息，几乎没有选择的权力。而网络与新媒体广告则能使受众充分享有主动选择的权力，可以按需查看。网络与新媒体广告本身的自愿性带来了网络与新媒体广告效果测评的自愿性，如效果测评的调查表完全由网络用户自愿填写，没有任何压力和强迫行为。

（五）高技术性

网络与新媒体广告效果测评比以往任何时候都更加依赖科学技术的进步和发展。因为，网络本身就是高科技的产物，是信息时代的特征。美国的网络评级公司 Media Metrix 首先进入客户终端 Web 受众领域，它招募家庭用户在电脑上安装追踪软件，然后每月将磁盘寄给公司，这说明 Media Metrix 公司的测评方法依赖于追踪软件的技术含量。而另外一家美国网络评级公司 Relevant Knowledge 从 Media Metrix 借鉴了测量方法，并且把它的方法发扬光大，它摒弃了等待用户将磁盘寄给公司的方法，而是直接从用户的电脑通过互联网收集追踪数据。可以说，Relevant Knowledge 公司能直接从用户的电脑中收集追踪数据,这是技术的胜利。可见,不管网络上的评级公司采取什么样的测量方法,都必须通过一种手段去实现,而这种手段就是科学技术。

(六)广泛性

网络是一个开放的全球化网络系统,它的受众是无限多的,它的时间是全天候的。对于一则网络与新媒体广告来说,它可以被世界任何一个国家的消费者观看,并受其影响,甚至产生购买行为;从网络与新媒体广告效果测评来说,测评的范围也同样是全球的受众,从全球的受众那里获得好的建议。因此,相对于传统的媒体广告效果测评来说,网络与新媒体广告效果测评具有极其广泛的调查目标群体,网络与新媒体广告效果测评的正确性与准确性得以空前提高。

(七)经济性

与其他传统广告媒体相比较,网络与新媒体广告效果测评投入的成本最为低廉,这也是网络与新媒体广告效果测评的特殊优势之一。任何企业、团体在投入广告时都要首先考虑成本,或者更确切地说是首先考虑单位成本的效果。单位成本的效果越大,就越值得做;反之,就不值得做。网络与新媒体广告效果测评以其针对性强、效果好、费用低而著称于世。对传统广告的测评,掺杂了太多的人为因素,而网络与新媒体广告测评更多借助了技术优势,"一次投入,终身受益",网络与新媒体广告效果测评的这一特点大大增加了网络与新媒体广告较之传统广告的先进性和竞争力。

四、网络与新媒体广告效果测评数据的获取

在测评网络与新媒体广告效果之前,首先要获取测评所需的统计数据,这是测评工作得以进行的前提。目前网络与新媒体广告效果测评主要通过以下两种方式来获取数据。

(一)ISP 或 ICP 获取

网络服务提供商(Internet Service Provider,ISP)或网络内容提供商(Internet Content Provider,ICP)是通过使用访问统计软件获得测评数据。使用一些专门的软件可随时监测网民对网络与新媒体广告的反应情况,并能进行分析、生成相应报表,广告主可以随时了解相关的信息。目前权威的网络与新媒体广告监测公司 Double Click 和 Netgraphy 就是用一定的统计软件来获得广告曝光、点击次数以及网民的个人情况的一些数据。在美国比较流行的 AdIndex 软件可以跟踪网民对产品品牌印象变化的情况,同时广告主非常希望网络与新媒体广告在网站上刊登广告时具有针对性,这就需要获得每个网民的 IP 地址和消费习惯,Cookie 技术为此提供了实现的可能。Cookie 技术可以区别不同地址甚至同一地址不同网民的信息,以此来为广告主提供不同类型的统计报表。这种方式是目前普遍采用的,但是它也存在很大的作弊危险。

(二)第三方机构获取

广告效果测评特别强调公正性,所以最好委托第三方机构独立进行监测来获取测评数据。传统媒体广告在这方面已经形成一套行之有效的审计认证制度,并且也有专

门的机构从事这一工作,如美国的盖洛普、中国的央视—索福瑞等。第三方独立于 ISP 或 ICP 之外,因此在客观性上有所提高,减少了作弊的可能,增强了统计数据的可信度。国外像 Media Metrix、Alexa、Netvalue 等著名的网络调查公司,利用对网民的随机抽样,来测评网络与新媒体广告行为,获得效果测评数据。

目前网络与新媒体广告效果测评的标准和体系还很不完善,随着各界人士对这个问题的关注程度的提高,不久网络与新媒体广告的效果测评体系就会确立,而且测评技术和测评方法会有很大的进步,那时网络与新媒体广告的效果测评将会更加客观、准确。

五、网络与新媒体广告效果测评的内容及指标

网络与新媒体广告效果测评独有的技术优势,有效地克服了传统媒体的诸多不足,让广告主明确知道广告的影响范围,明确选择目标受众,缩短了互动的时空距离,也为缩减广告预算提供了可能性。借用管理上的"事前控制、事中控制、事后控制"原理,我们可以将网络与新媒体广告效果测评分为"事前测评、事中测评、事后测评"。

(一) 事前测评——明明白白广告消费

对传统广告而言,也有一些专门人员在广告发布前,对广告的内容、形式、创意进行沟通效果的测评,这种测评的目的在于收集消费者对广告作品的反应,以便在广告发布前进行修正。网络与新媒体广告在给广告主展示广告价值定位时,就通过多种指标,近乎全方位地预测了广告效果,更准确地说,最初的广告预算方案就已经让广告主明确知晓了可能的广告传播效果。因此,本书所指的网络与新媒体广告事前测评指标,就是指网络与新媒体广告价值定位展示时常用的指标。

网络与新媒体广告的事前测评中主要参考同类同情境广告投放的千次广告成本(Cost per Thousand Impressions,CPM)、本点击成本(Cost per Click,CPC)、每行动成本(Cost per Action,CPA)三种计价方式的基本价格,从而初步预测评投放效果,进而决定如何投放。

总的来说,CPM 和包月方式对网站有利,而 CPC、CPA 则对广告主有利,通用的计价方式是 CPM 和 CPC,最为流行的则为 CPM。

(二) 事中测评——清清楚楚广告进展

广告放到网站上之后,并不意味着可以万事大吉了,还要对广告的效果进行实时监测、动态跟踪,及时掌握第一手信息,根据监测结果来判断是否达到了预期效果以及未来的改进方向。例如,我们可以将某个广告每天的点击率在坐标轴上连成线,研究每个创意衰竭的时间,为设定更换广告创意间隔提供依据。网络与新媒体广告效果的事中测评主要是指借助信息技术,在发布网络与新媒体广告的同时,动态监测网络与新媒体广告的效果。

Nielsen//Net Ratings 是 Nielsen Media Research 和 AC NielseneRatings.com 通过战略合作成立的公司,是唯一提供全方位互联网用户行为信息服务的公司,它从全世界将近 90000 个固定样本收集实时数据,这些用户广泛地代表了最大的互联网行业媒体研

究样本。Nielsen//Net Ratings 的标志广告监测重点在于跟踪并报告用户与网络与新媒体广告之间的交互行为,标志广告是互联网络基本的广告媒体。

Nielsen//Net Ratings 的用户行为跟踪软件主要用于传送最精确、最有用的信息,与其他方法相比,有几个方面的优点。

第一,最精确。Nielsen//Net Ratings 的 JAVA 代理体系意味着"坐在数据流上",使得收集各种网络行为无障碍。基于 JAVA 的软件也意味着不必考虑平台(PC,Mac,UNIX)的差异,用同样的方法收集同样的资料,可确保记录行为的一致性。第二,可监测更全面的信息。广告主和营销人员正寻找比页面浏览和独立用户统计更多的信息,Nielsen//Net Ratings 的用户跟踪技术有独特的能力,可以自动测量标志广告浏览和点击(Banner Track)、电子商务行为(Commerce Track)、缓存页面浏览(Cache Track)以及网页下载时间,这样可以全面观察用户和网络的交互行为。第三,方便友好地跟踪。任何调查的关键在于尽可能不要让被调查者反感,以便取得无偏见的调查结果。一旦样本设置完成,Net Ratings Insight 只需最小的干预,实时行为资料上载设计在系统和用户资源上,负担也最小——用户系统上没有历史文件,也不需要寄回软盘。第四,安全可靠的跟踪。所有被调查者的行为资料都自动预先加密传输以确保被调查者的绝对安全。第五,对新平台容易快速携带。新的网络接入设备逐渐流行起来,也需要跟踪用户行为资料,对于那些不使用 JAVA 的每种设备都开发新的软件将是一件很麻烦的事情,Nielsen//Net Ratings 的 JAVA 结构可以方便移植到便携上网设备上入网络电视、机顶盒以及其他允许使用 JAVA 的平台上。

Cookie 是由网站服务器发出的特有文件,由浏览器自动储存在用户的硬盘上。这种文件的数据不受任何限制,可以是时间/日期标记、IP 地址或用户 ID 等。一旦浏览器接收了 Cookie,只要浏览器向服务器发出访问某个网页的请求,浏览器都会在请求时将 Cookie 包含进去。浏览器只给原先发来 Cookie 的服务器发去 Cookie,这样网站就不可能看到其他网站的 Cookie,也不可能从其他网站请求 Cookie。Cookie 文件上有签名,所以网站可跟踪用户访问的次数及访问网站的路径。这种信息可用来获取用户行为数据,为网站和广告主起草营销方案,跟踪用户在某个网站的采购行为,或定制用户在这个网站的体验提供了依据。

Cookie 技术在使用过程中可能会受到用户或第三方的反对。Cookie 是存在用户的硬盘上,如果改变其内容对用户有利的话,那么大多数用户都会这么做。另外,第三方网站也可能会篡改竞争对手的 Cookie 内容,或为了掌握用户的行为特征、购买特征而读取用户存储的数据,侵犯用户的隐私权。虽然这种技术涉及安全、保密等问题,但这种定制营销方法具有很大价值。如果与用户注册时所提供的数据结合起来,就可以使广告主掌握关于用户年龄、性别、职业、购买偏好等的信息。这种技术对广告主无疑具有很大的吸引力。

(三)事后测评——了如指掌广告结果

网络与新媒体广告发布后,会引起不同程度的产品销售量和品牌知名度的提高,对这一系列效果的测评即为事后测评。

从传统广告来看，在甲、乙、丙三家报纸上同时置放了分类广告，怎么知道哪家的效果好，哪家的不好呢？媒体自己说的发行量不可信，读者定位也虚得很，但可以通过一定的标识，来进行广告效果的监测。比如，如果消费者打电话来，你可以"顺便"问一下对方是从哪里看到广告的。又如，对于传统来函，可以事先在甲、乙、丙的广告中，把联系地址稍加一两个既不影响准确投递、又可区分开来自何处的简单标识，来进行区别，这样客户的信一来，就能知道这是来自哪家报纸的读者。

尽管网络与新媒体广告有准确计量的优势，但如果广告同时出现在若干个站点上，即使可以通过事前测评知道哪个站点的价格较为优惠，通过事中监测了解潜在客户身在何方，但依然无法监测哪个站点带来的最终影响效果更好、哪个站点的受众更符合目标定位，这时事后测评就该发挥功效了。如同在邮寄地址中加标识一样，可以在编写指向链接的 URL 标签时，稍微增加一点东西。

举例说，如果站点网址为：www.xyz.com，在 A 站点的广告链接，可以写成 http://www.xyz.com？a，在 B 站点的广告链接，可以写成 http://www.xyz.com？b，依此类推。如果对方是 X 站点，也可以写成 http://www.xyz.com？x，等等。然后，需要在网络找一个免费的计数器，放到相关的网页上。各网页设定一个单独的 id 名，然后，就可以在特定的网页上，随时查看访问数量及准确来源，是 A 站、B 站还是 X 站。

页眉广告是网络与新媒体广告的一种基本形式，也是一种比较昂贵的形式。虽说目前的价格比传统媒体便宜，但对很多中小企业来说，也不是能轻易尝试的。那么，对于通过分类广告站、BBS 甚至留言板等免费工具做网络与新媒体广告的营销者来说，该如何监测广告效果呢？这里同样有一种简便可行的办法：在编写电子邮件的指向链接时，可以使网民在点击链接、弹出发回的新邮件窗口时，自动填好"主题"一栏。比如，假如要留的地址是：webmaster@xyz.com，你在 A、B、C 等若干站点放了分类广告。对 A 站点，可以写成：mail to：webmaster@xyz.com，subject＝a 分类广告（主题词根据需要随意定），对 B 站点，可以写成：mail to：webmaster@xyz.com，subject＝b 分类广告，依此类推。这样，等统计一定时期的回函时，可以统计一下"主题"为"a 分类广告""b 分类广告"的回函数量，就能准确分析不同站点的反馈数量，以及网民的个人特征了。

事后测评是对网民看到广告后的反应的定量分析，和对传统广告的销售效果测评有相通的地方，但一旦借助了网络这一数字时代的利器，它就变得更加具有可操作性，从结果上来看，也更加准确了。

（四）测评具体应用

在传统广告效果测评中，使用最多的方法就是 DAGMAR 方法，这在网络与新媒体广告的效果测评中同样适用，只不过在这里是通过网络与新媒体广告中的特定指标和方法来体现的。根据使用测评指标的情况可以将测评方法大体分为两大类。

单一指标测评法：顾名思义，单一指标测评法是指当广告主明确广告的目标后，应该采取适当的单个指标来对网络与新媒体广告效果进行测评的方法。当广告主所追求的广告目的是提升和强化品牌形象时，只需要选择那些与此相关的指标来衡量，如广告曝光次数、广告点击次数与点击率、网页阅读次数等;当广告主所追求的广告目的是追求实际收入时,只需要选取转化次数与转化率、广告收入、广告支出等相关指标进行测评。

综合指标测评法:所谓综合指标测评法就是在对广告效果进行测评时所使用的不是简单的某个指标,而是利用一定的方法,在考虑几个指标的基础上对网络与新媒体广告效果进行综合衡量的方法。

下面介绍两种综合指标测评方法,其测评结果从不同方面反映了网络与新媒体广告的效果。

传播效能测评法:是指随着网络与新媒体广告的刊登,其广告宣传对象的信息也在不断传播,从而产生了对品牌形象和产品销售潜力的影响,这种影响侧重于长期的综合的效果。而传播效能测评法就是在网络与新媒体广告刊登后的一段时间内,对网络与新媒体广告所产生的效果的不同层面赋予权重,以判别不同广告所产生效果之间的差异。这种方法实际上是对不同广告形式、不同投放媒体,或者不同刊登周期等情况下的广告效果进行比较,而不仅仅反映某次广告刊登所产生的效果。

耦合转化贡献率测评法:广告主在以往网络与新媒体广告的经验基础之上,会产生一个购买次数与点击次数之间的经验比例数值,根据这个比例即可估算广告在网站刊登时,一定的点击次数所产生的购买转化次数,而该网站上的广告的最终转化次数可能与这个估计值并不完全吻合,由此产生了实际转化次数相对于预期转化次数的变化率,我们称之为该网络与新媒体广告与该网站的耦合转化贡献率。

下面以一个实例来说明传播效能测评法和耦合转化贡献率测评法两种方法的应用。

案例 7-1

传播效能测评法和耦合转化贡献率测评法应用案例

某通信制造商在 A、B 两家网站上刊登了某通信产品的广告,刊登周期为 1 个月,广告刊登结束后,A、B 两家网站向该制造商提供了网络与新媒体广告在其网站上的被点击次数,分别为 5102 和 3051 次。同时,网站协助制造商对网民的行动进行了跟踪调查,分别得到由于受网络与新媒体广告影响而产生的购买次数分别为 102 和 124。在使用这两种方法进行计算之前,需要说明的是:根据一般的统计数字,每 100 次点击可形成 2 次实际购买。

那么按照两种方法进行测评的情况如何呢?

先来看一下传播效能测评法。根据上面所提到的统计数据,每 100 次点击可以形成 2 次购买,那么可以将实际购买的权重设为 1.00,每次点击的权重设为 0.02,由此可以计算网络与新媒体广告在 A、B 两家网站刊登所产生的传播效能。

网络与新媒体广告在 A 网站上所产生的传播效能为:$102 \times 1.00 + 5102 \times 0.02 = 204.04$

网络与新媒体广告在 B 网站上所产生的传播效能为：124×1.00+3051×0.02=185.02

再来看一下耦合转化贡献率法。根据统计数据，每 100 次点击可形成 2 次实际购买，那么按照这一经验预测，网络与新媒体广告在 B 网站产生 3051 次的点击，应该有 61 次购买，而实际的购买是 124 次，由此实际转化相对于预期转化发生了变化，其变化的幅度就是该网络与新媒体广告与网站 B 的耦合转化贡献率。

下面具体来计算该网络与新媒体广告与这两个网站的耦合转化贡献率。

该网络与新媒体广告与网站 A 的耦合转化贡献率为：102/5102×0.02×100%=99.96%

该网络与新媒体广告与网站 B 的耦合转化贡献率为：124/3051×0.02×100%=203.21%

从中可以看出，该电信制造商的广告在 A 网站刊登获得的实际转化远远不及在 B 网站刊登所取得的实际转化，但是它的传播效能较高，对品牌形象的提升以及促进今后的产品销售都有非常重要的意义。而网络与新媒体广告在 B 网站刊登，其耦合转化贡献率较高，在短期内取得了很好的销售效果，但是对品牌形象的提升以及今后的销售影响力不是很大。所以，该电信制造商如果刊登网络与新媒体广告的目的侧重于追求品牌形象的提升和长期的销售影响时，应该选择在网站 A 刊登广告的策略；如果所追求的目的是促进产品的销售，提高实际收入时，则更适宜采取在网站 B 刊登广告的策略。这里需要说明的是，点击次数与转化次数之间的比值关系是至关重要的，即使评价相同的广告，由于这一比值数据的选取不同，也可能出现截然相反的测评结果。所以，需要在大量统计资料分析的前提下，对点击次数与实际购买次数之间的比例有一个相对准确的统计结果的基础上来决定这一数值。

最后需要指出的是，上面两种网络与新媒体广告的效果测评方法所得出的结论好像存在矛盾，其实并非如此。一个网络与新媒体广告在绝大多数情况下不可能在多种效果上都达到最优，只是在某一个或某几个方面的效果达到最优，所以在进行广告测评时，一方面不要片面地以某个方面或某些方面的效果来对网络与新媒体广告的效果下定论，而应该将所有方面的效果加以综合考虑；另一方面应该将测评的方面与广告的目的结合起来，只要测评的结果有利于广告目的，就可以说网络与新媒体广告是有效的，所以要提醒广告主，在刊登网络与新媒体广告之前，一定要先明确广告的目的，选择适合自己目的的网站来刊登广告，切不可盲目。

第三节　手机广告效果测评

一个媒体要想良性发展，必须有一个有效的评估体系，手机广告也不例外。通常来说，媒体广告效果的体现主要在说服的广度和深度这两个层面。说服的广度主要指投放的广告能够有多大的曝光量,广告能够到达多少个一般受众,到达多少个目标受众;而说服的深度主要指广告说服被接受的程度,一般通过了解受众对广告的记忆、理解和偏好情况,以及最终产生一定的购买行动来评价。而从评价的角度来看又基本上是两个角度,一是企业角度,也就是广告主对广告效果进行评估;二是媒体角度,媒体评估自身的广告传播价值,以便与同类媒体进行竞争,夺取广告资源时,能够证明自己的传播能力更强。为了两者兼顾,下面从四个方面进行分析:媒介层次、受众层次、广告设计开发制作层次、商品方层次。

一、手机广告媒介层次的评价指标体系

广告媒介是广告活动中的重要组成部分,广告媒介的选取和利用在很大程度上决定着广告的成功与否。企业在选择广告媒介时,需要根据其产品的特点制定相应的广告媒介策略,才能使用最经济、有效的方法,在最适当的时间和地点,将产品的特色及魅力传播给广大消费者。在传媒日益丰富的今天,广告主如何充分地认识各种媒体的特点,在广告费用有限的前提下,配合整合传播策略,实行各种媒体的优势组合,合理运用不同的传播媒介,使信息传播的有效性达到最佳,是目前企业进行广告媒体选择时亟须解决而又难以解决的问题。为此,我们引入层次分析法基本原理,建立分析模型,对上述问题进行探讨,试图给企业决策提供一种数字化的科学工具。

手机广告效果媒介层次的评测可以分为七个指标衡量:形态、内容、表现力、发布位置、发布时间、发布频率、发布通道。

1. 媒体形态层面

手机媒体是新的技术支撑体系下出现的新载体表现形态,其类型多样,如数字杂志、数字报纸、数字广播、手机短信、移动电视、移动网络、桌面视窗、数字电视、数字电影、触摸媒体等。而广告媒体的选择是影响广告效果的重要因素,广告的根本目的是对目标受众产生影响,或者说是媒介受众产生对广告的结果性反应。根据手机媒体中每一种表现形态的不同特点,我们可以将其概括成以下指标:网络、手机报、手机短信、手机视频、手机音频、手机游戏、手机内置软件。根据目标对象赋予不同的权重,从而对各种形态进行更量化的评估。

2. 媒体内容层面

目前手机媒体的内容的展现形式主要有视频、音频、文本、图片、软件、游戏等。视频的表现形式如手机电视、电影等;音频的表现形式如手机广播;文本的表现形式以Wap网页、短信、彩信、手机报为主;图片的表现形式有彩信、手机报、网页等;软件主要是内置于手机内部的使用软件和一些合作开发软件,比如ucweb、ie浏览器等;游戏主要是内置于手机或者是手机网游。

3. 表现力层面

如果说传统的广告是推的方式,那么手机广告就是拉的方式。传统的广告是无孔不入地把广告信息传递给目标受众,是广泛撒网,然而手机广告是基于数据库营销的对

客户精准分类的娱乐传播过程,它是通过吸引手机用户的方式来完成广告过程的。个性化、分众化、定向化和互动性这些特点,就决定了手机媒体的表现力不俗。不同的形式有不同的表现力,如:图片可视化强,内容承载量少;视频集视听于一体,内容丰富;音频内容承载量多,但表现力不强,转瞬即逝;游戏隐蔽性强,但信息量少,适合做品牌;内置软件垄断性强,信息简单,互动性强;短信内容承载量多,互动性强,不受时间的限制;彩信内容承载量多,集视听于一体,有利于产品认知,但成本高;彩铃内容简单,面积广,成本低;邮件内容丰富,不受时间的限制,但受互联网的影响,口碑不佳。

4. 发布位置层面

手机广告发布位置包括 Wap 网站上的文字链接、条幅(左、右)、横幅(上、下)、弹出视频(右下角、中间、左上角)、弹出声音、滚动字幕(上、下)等;搜索引擎上面的竞价排名、搜索引擎下方的广告、合作广告等;内置游戏中的游戏内容、合作优惠券等;内置软件中的内容、合作优惠等;短信内容群发;彩信内容群发。彩铃前置广告、中置广告、后置广告、全彩铃广告等。例如,邮件内容、邮件条幅广告、邮件横幅广告、邮件弹出广告等;手机短视频广告只能采用片前广告的形式,因为片后广告毫无疑问会有高比率的用户停止播放。

5. 发布时间层面

通过对客户的生活习惯的深入研究,发现在空闲的时间予以广告发布,是广告能够达到预计效果的前提。比如说青少年在晚上 18 点到 22 点是一个手机使用特别是网络使用的活跃期。又比如在凌晨发短信肯定不会收到很好的广告效果。

6. 发布频率层面

通过研究发现短信广告的发布缺乏科学性,短信广告的发布频率和发布时机都对接收到短信广告的消费者的态度具有比较显著的影响。许多短信广告主利用群发设备,不仅向拥有手机的广大消费者发送他们不愿接受的内容信息,而且对发送广告的时间和频率也不加以选择,有的用户经常在深夜接二连三地收到莫名其妙的广告短信。短信广告的超量发送,超出了消费者的需求和承受能力,而未经消费者许可频繁地发送短信广告,则严重干扰了手机消费者的正常生活。盲目地发送短信广告,不考虑短信广告发布的数量和时机,也导致了消费者对短信广告的消极态度。以上三个原因严重影响了短信广告在消费者心目中的可信度和美誉度,进而影响其传播效果。应根据不同的广告内容,再加上对客户群体的研究,选择合适的广告发布频率和时机,才能达到理想的效果。

7. 发布通道层面

手机媒体广告有以下几种可操作模式。①语音广告:设定一个特定的服务号码,用户可以通过拨打这个号码完整收听语音广告来换取相应的免费通话时间,或者将广告放置在彩铃的前、中、后,从而达到传递信息的目的。②短信营销:短信群发广告、短信抽奖、短信促销等,在国内应用已经非常普遍。③冠名短信广告:现在手机用户定制天气预报、新闻、交通信息、股市行情等往往需要支付一定的费用,开通手机广告发布服务以后,可以将这部分服务费转嫁到广告主身上。④间隙广告:意思是在下载手机电影、游戏时插播的广告。⑤游戏广告:在手机游戏中插广告。⑥折扣券:这还得跟折扣信息网站结合。⑦本地化广告:本地化网站服务(城市门户、地图等)的发展,是一个应用契机。⑧会员广告:现在许多超市、商场、银行、俱乐部等都有自己的会员卡,运营商可以向他们提供会员广告信息服务,并收取广告费用。向那些同意接受发卡广告的用户发送诸如促销、新业务等商业广告信息。⑨屏幕保护广告:企业可以通过互联网制作发布带有企业标识的手机屏幕保护图片供手机用户下载,企业按照下载量的大小支付给网站广告费用。⑩互联网广告延伸:随着无线上网费用的降低,Wap用户将呈现大幅度上升的趋势,互联网上的广告形式自然也就会更多地出现在"简易移动PC"手机的屏幕上,它包括现有的网络网幅广告、链接式广告、电子邮件广告等。⑪手机报广告,类似于现在的报纸广告。

二、手机广告受众层次的评价指标体系

受众层次的评价指标体系包含受众对广告态度的测评,受众对广告所承载商品的态度的测评,受众对广告媒介的态度的测评,受众对广告设计制作的态度的测评。

1. 受众对广告态度的测评

广告作品的好坏直接影响着广告效果,对手机广告态度测评的方法主要有四个方面。①仪器测试法:主要在实验室场景内,在目标对象观看手机广告的过程中,使用程序分析仪器、瞬间显示器、反应测定仪、眼睛照相机、皮肤反射测定仪等不同的仪器设备测定用户对不同目的的广告作品的态度。②意见评定法:一种是对手机广告作品的各个创作阶段进行测评,在不同的阶段严格选择合适的测评人员,对广告作品的创作进行测评。另一种是针对同一商品制作多份广告原稿,请目标对象做出选择,测定哪一种广告作品的效果最引人注意,印象最深。③评分法:评分法是将意见评定法进行量化处理,最后以统计方法进行测评。先列出对广告作品的评价项目,制定表格,请目标对象打分,以确定广告作品的实际效果。④实地访问调查法:由调查员访问手机广告样本户,获取对象对所观看广告的反应态度,这种方法的目的是尽量不参与人为操作因素,任其自然反应。

2. 受众对广告所承载商品的态度的测评

消费者在接受广告信息时,就产生了广告认知效果;对广告商品逐渐理解并产生好感时,发生心理变化效果;决定购买广告商品,导致购买效果。但是首要的一步是手机媒体广告用户对手机广告所宣传商品的态度。想知道受众对商品的态度如何我们可以通过做抽样调查问卷来完成。

3. 受众对广告媒介的态度的测评

态度表现由对外界事物的内在感受(道德观和价值观)、情感(即"喜欢—厌恶""爱—恨"等)和意向(谋虑、企图等)三方面的构成要素组成。要想对手机广告做深刻的研究,就必须了解受众对手机媒体本身的态度,这样我们才能从宏观上审视媒体的优劣。针

对消费者对手机媒体态度的测评,我们可以依照以下三个指标来衡量:感受、情感、意向。在具体的调查中,可以采取传统的抽样调查方式、深度访谈方式和焦点访谈方式对目标受众进行调查。当然,在调查的过程中,我们还要把指标细化。

4.受众对广告设计制作的态度的测评

在对消费者关于广告设计制作态度的测评中也可以用到量表评估法,可包含美观性、可读性、互动性、娱乐性等方面的评估要素。

三、手机广告设计开发制作层次评价指标体系

手机广告在设计开发制作层次上的评价指标体系要从手机技术标准、广告文件格式、文件大小、广告时间长度、广告作品艺术标准等方面建立。

1.手机技术标准

手机技术标准从分辨率上来说,一般可以分为 128×128、128×143、128×160、132×176、176×208、120×160、208×208、240×320、320×240、640×480、800×352、412×352(单位:像素)。

2.广告文件格式

广告文件格式主要有以下几种。JPG:经常见到的图片格式,是制造 BMP 的原文件格式,算是 BMP 文件的母文件,而且大多数用在静态壁纸上。GIF:这种文件代表的是动态图片,通常屏保的动态壁纸都属于这种格式的文件。WAV:术语为波型文件,一般是音频文件。AVI:这种格式的文件一般要用播放软件才能观看。3GP:质量算较好的文件,因为文件容易停较长时间,所以不被广泛使用。RM:比较常见的音频/视频文件,质量一般,容易出现跳帧现象。AMR:超低质数的声音文件,通常用作背景音或者录音。TXT:能在电脑和手机上通看的纯文本格式的文件,但缺点就是此格式有些阅读软件如掌上图书等不受理,而且只有文字,没有图片,是此格式的缺点。

3.文件大小

根据文件载体不同,文件大小也不同。图片大小一般不超过 500KB。彩信一般在 50KB 左右。短信长度不超过 70 个字符。彩铃一般不超过 1M。手机报大小不超过 50KB。视频广告大小不超过 1M。

4.广告时间长度

手机广告时间长度也因载体形式的不同而有差异。视频广告时间长度:目前普遍接受的观念是互联网视频长度在几分钟左右,很明显,传统的 30 秒 TVC 对于 1～2 分钟的手机视频来说是过长了,限制在 15 秒以内比较合适。音频广告时间长度:5 秒、10 秒、15 秒。

5.广告作品艺术标准

不同形式的广告其产生作品艺术标准不同。短信:语气亲和,平易近人,言简意赅,通俗易懂。彩信:画面美观,语气亲和,言简意赅。邮件:通俗易懂,冲击力强。游戏:画面美观,广告与游戏融为一体。手机报:画面简单,美观,有冲击力。内置软件:与软件进

行无缝连接,简单,大方。Wap:生动,美观,丰富,趣味性强。

四、手机广告商品方层次评价指标体系

手机广告在商品方层次上的评价指标体系包含广告对商品美誉度的推广测评、广告对商品销售量的测评、广告对改变品牌影响力程度的测评。

1. 广告对商品美誉度的推广测评

品牌的美誉度是指某品牌获得公众信任、支持和赞许的程度。如果说品牌名声是一个量的指标,那么品牌美誉度就是一个质的指标,它反映某品牌社会影响的好坏。

品牌美誉度的测评。相对于品牌的名声,考察品牌美誉度也应分为公众美誉度、社会美誉度和行业美誉度三方面的研究。因行业内部影响因素比较复杂,所以行业美誉度只作为参考,应重点对公众美誉度和社会美誉度进行考察。品牌的公众美誉度也可以用简单测量法和复合测量法来考察。

品牌的社会美誉度是通过大众传播媒体对某品牌报道的性质来考察的,它以正面积极报道占总报道量的比重来声明。如,某品牌被大众传播媒体报道的次数为204次,其中167次为正面积极的报道,那么,该品牌的社会美誉度就是 $167/204 = 81.86\%$。

2. 广告对商品销售量的测评

提高产品的销售效果的因素是多方面的,一方面有广告持续的传播效果的累积效应,另一方面也有营销策略中各个因素的综合效应,例如促销、产品试用、公共关系等。同时,有人购买商品不一定是因为看过广告,而是通过人际传播、柜台推荐等方式而产生的购买行为。因此,测评广告销售效果时,要在确定广告是唯一影响销售的因素,且其他因素能够暂属于不变量的条件下进行测定。在手机广告的销售测量中主要可以用到实验法。另外也可以直接根据手机广告发布之后所产生的效果来评价,可以主要关注以下指标:订单量、真人访问量、电话回访量、短信回复量、报名量、投票数量等。

3. 广告对品牌影响力改变程度的测评

在广告对品牌影响力测评的过程中,要视手机广告为唯一的一种媒体广告,然后对消费者关于某一品牌的认识在观看广告前后的不同进行比较,也可以设计出一些指标运用量表测评法进行评估和对比,量表指标应包含美誉度、忠诚度、知名度、品牌标识、品牌偏好等。

五、手机广告传播效果测评的具体应用

2013年2月,河南新锐传媒与郑州金水区北环路一家四川饭店合作。该饭店由于地理环境不好,几个月以来生意一直都不怎么好,门可罗雀。根据该饭店的具体情况,新锐传媒提出了先做品牌推广,再做特色经营的销售策略。首先对饭店20千米范围内的手机用户进行短信广告品牌宣传,让他们知道有"四川饭店"这样一家非常有特色的饭店。然后利用手机短信互动平台进行短信留言、短信抽奖、短信点歌等互动活动,消费者在饭店吃饭的时候,发发短信就有可能获得一次免费就餐的机会,得到意外的惊喜。在

合作的过程中,新锐传媒也根据此销售策略制订了媒体投放方案。

发布日期:2013年2月12日至2013年2月22日。

广告规格形式:手机短信。

千人成本(CPM):10元。

女性受众:40%。男性受众:60%。

受众人群年龄段:25~29岁/35~39岁/40~50岁。

受众人群教育程度:大学专科/大学本科/硕士。

受众人群职业分布:公务员、教授、教师、医生、律师、企业员工等。

受众人群每月收入水平:2000~2999元/3000~3999元/4000~4999元。

效果监测过程:短信回访率+客户回访。

广告效果:四川饭店很好地完成了中高端特色菜的品牌定位,4月份日收入提升至3000元左右。

新锐传媒从品牌出发,首先确立了本次宣传的目的,根据宣传目的对消费者进行分析,获得他们的生活习惯、兴趣爱好、工作规律等信息,再根据这些信息做出最优的媒体宣传模式——手机广告。在媒体的效果监测中,手机媒体的优势得到了很好的发挥,直接用短信回访和客户走访的方式,从量的角度对广告主的广告活动做出回答。

第四节　网络与新媒体广告效果测评发展趋势

网络与新媒体广告的迅速升温,导致了对网络与新媒体广告的效果进行专业测评的需求与日俱增,运用多种手法,对网络与新媒体广告运行情况及其效果进行监督与测评,已经引起了业界足够的重视。

网络与新媒体广告的运作模式通常是:网络与新媒体广告的代理商根据放置广告的网站经营者提供的广告监测统计数据进行计费。但从网络与新媒体广告发展的趋势来看,代理商逐渐将此种方式转化为由第三方提供技术力量及由第三方进行监测,或由代理商亲自监测。与此同时,一场关于如何制定监测网络与新媒体广告运营状况标准的讨论正在紧张进行。

之所以产生这样的发展趋势,主要是因为以往的广告监测模式很不合理,弊病颇多。常见的作弊方式,是经营网站的公司可以不停地刷新带有广告的画面;若采取复杂一些的方式,如利用转包手段,即网站经营者与广告代理商先共同拟定好较佳的CPM,然后再以较低的价格将广告转包给其他一些乏人问津的小网站,尽管这类网站的访问人次较少,但如果这类网站为数众多,则其流量也是相当可观的。网络与新媒体广告的事前测评就变得毫无参考价值了,因此也就不难理解广告代理商为什么会选择第三方进行广告监测了。

Double Click(著名的网络营销公司)广告网络市场总监大卫·罗森布拉特(David Rosenblatt)就曾预言,使用广告监测技术的广告主和广告代理商的数量会迅猛增长,因为绝大部分代理商都确信,无论是以与第三方合作的方式,还是以他们自行监测的方式进行广告监测,他们的最终目的都是要获得与在线广告相关的原始的、真实的数据。

对许多广告代理商来说,不论与第三方合作,还是公司内部有一个测评小组,增加效果测评这项职能,都将是一个很难控制的工作。Net Gravity(广告监测公司)曾面向广告代理商们,研究开发出了 Adcenter,它是一种基于浏览器的广告管理监测系统,据说有了此系统,广告代理商们所要做的就只是将广告分别放在 50 个网站上,等待返回的监测数据即可。

不仅如此,随着技术更新速度的加快,出现了多种用于监测广告的技术,这些产品各有千秋,因此广告代理商们就有了更多的选择余地。其中一种就是将所有的广告监测任务外包给第三方,即专业的广告监测公司。例如,纽约的 Agency.com 把所有广告监测任务都外包给了 Net Gravity,即该公司将监测其所有客户的广告运营状况。因为他们认为,目前的各家广告监测公司所采用的技术和产生的报告相去甚远,令人难以选择和比较。但另外一些公司(像 APL Digital 公司)则更倾向于与多家广告监测公司合作,因为每一家监测公司都有它自身独有的优势,广告代理商们可以根据每一个客户的需求选择最适合他们的监测公司,做到量体裁衣。

相对来说,国内的网络与新媒体广告效果测评就比较差强人意了。尽管许多网络与新媒体广告的效果需要监测机构的监测,以判定网络与新媒体广告被接受的概率,然而由于没有专业的网络与新媒体广告监测机构,一家网络服务商的计数器是否正常工作便无从得知。对于广告主来说,点击率的统计没有第三方参与,用户资料单调分散,测评的结果就没有多大的参考价值了。有鉴于此,许多广告通常拒绝把网络与新媒体广告列入媒体投放计划中。

有先见之明的广告主和媒体提供商已经意识到问题的原因所在,目前他们正积极寻找第三方测评机构充任这一关键角色。目前国内网络与新媒体广告监测机构正处于初始发展阶段,民间将会很快出现一些相关的组织或机构,业界对监测机构的认同标准业已达成了基本共识,即公正、客观、权威;不求一家独秀,但求百家争鸣;熟悉商业化运作模式;熟悉广告行业。

随着第三方机构的发展壮大和测评技术的不断更新,以及测评准则的日臻完善,网络与新媒体广告效果测评必将最大限度地发挥作用,网络与新媒体广告的发展也必将日益走向规范。

本章小结

鉴于网络与新媒体广告发布方式的多样性,以及网络与新媒体广告效果测评的内容及指标体系的复杂性,需要我们审慎地看待这一新兴的广告形式。主要依托于互联网的兴起而诞生的网络与新媒体广告,在"摄取"传统互联网与移动互联网正面影响异军突起的同时,也"沾染"了其负面因子,网络与新媒体广告发布中的媒体选择、发布内容监管、效果测评数据的来源、测评内容指标的应用等诸多方面有待进一步规范和完善。

思考与练习

1. 试就某一网络与新媒体广告列举其可行的发布方式。
2. 结合实例分析网络与新媒体广告效果测评中应遵循的相关原则。
3. 根据网络与新媒体广告效果测评的内容指标体系,结合大型门户网站(如腾讯等)的某个网络与新媒体广告,试收集相关数据进行效果测评。
4. 在移动互联网终端的微博与微信上发布广告有何区别?
5. 根据自身微信朋友圈的信息流广告推送主题及频次等情况,结合《中华人民共和国广告法》条款,对我国广告法适应新时代传播环境的修订工作及当前网络与新媒体广告的规范健康发展提出若干条科学合理的建议。

参考文献

[1] 王晓华.广告效果测定——效果评估理论与运用[M].长沙:中南大学出版社,2004.
[2] 樊志育.广告效果测定技术[M].上海:上海人民出版社,2000.
[3] 黄升民,等.广告调查[M].北京:中国物价出版社,2002.
[4] 胡晓云,等.从引进到建构——日本的广告效果研究与实战[M].杭州:浙江大学出版社,2003.
[5] 陈刚,等.新媒体与广告[M].北京:中国轻工业出版社,2003.
[6] 林升梁.网络广告原理与实务[M].厦门:厦门大学出版社,2007.
[7] 冯晖.网络广告实务[M].北京:中国水利水电出版社,2009.
[8] 舒咏平.新媒体广告传播[M].上海:上海交通大学出版社,2015.
[9] 陈刚.网络广告[M].北京:高等教育出版社,2010.
[10] 徐艟.微博广告研究[M].芜湖:安徽师范大学出版社,2012.
[11] 徐智,杨莉明.微信朋友圈信息流广告用户参与效果研究[J].国际新闻界,2016(5).
[12] 倪宁,徐智,杨莉明.复杂的用户:社交媒体用户参与广告行为研究[J].国际新闻界,2016(10).
[13] 中华人民共和国广告法,中国人大网[EB/OL].(2018-11-5)[2021-03-18].http://www.npc.gov.cn/npc/c12435/201811/c10c8b8f625c4a6ea2739e3f20191e32.shtml.

北京大学出版社 教育出版中心 精品图书

21世纪高校广播电视专业系列教材

电视节目策划教程（第二版）	项仲平
电视导播教程（第二版）	程晋
电视文艺创作教程	王建辉
广播剧创作教程	王国臣
电视导论	李欣
电视纪录片教程	卢炜
电视导演教程	袁立本
电视摄像教程	刘荃
电视节目制作教程	张晓锋
视听语言	宋杰
影视剪辑实务教程	李琳
影视摄制导论	朱怡
新媒体短视频创作教程	姜荣文
电影视听语言——视听元素与场面调度案例分析	李骏
影视照明技术	张兴
影视音乐	陈斌
影视剪辑创作与技巧	张拓
纪录片创作教程	潘志琪
影视拍摄实务	翟臣

21世纪信息传播实验系列教材（徐福荫 黄慕雄 主编）

网络新闻实务	罗昕
多媒体软件设计与开发	张新华
播音与主持艺术（第三版）	黄碧云 睢凌
摄影基础（第二版）	张红 钟日辉 王首农

21世纪数字媒体专业系列教材

视听语言	赵慧莹
数字影视剪辑艺术	曾祥民
数字摄像与表现	王以宁
数字摄影基础	王朋娇
数字媒体设计与创意	陈卫东
数字视频创意设计与实现（第二版）	王靖
大学摄影实用教程（第二版）	朱小阳
大学摄影实用教程	朱小阳

21世纪教育技术学精品教材（张景中 主编）

教育技术学导论（第二版）	李芒 金林
远程教育原理与技术	王继新 张屹
教学系统设计理论与实践	杨九民 梁林梅
信息技术教学论	雷体南 叶良明
信息技术与课程整合（第二版）	赵呈领 杨琳 刘清堂
教育技术学研究方法（第三版）	张屹 黄磊

21世纪高校网络与新媒体专业系列教材

文化产业概论	尹章池
网络文化教程	李文明
网络与新媒体评论	杨娟
新媒体概论（第二版）	尹章池
新媒体视听节目制作（第二版）	周建青
融合新闻学导论（第二版）	石长顺
新媒体网页设计与制作（第二版）	惠悲荷
网络新媒体实务	张合斌
突发新闻教程	李军
视听新媒体节目制作	邓秀军
视听评论	何志武
出镜记者案例分析	刘静 邓秀军
视听新媒体导论	郭小平
网络与新媒体广告（第二版）	尚恒志 张合斌
网络与新媒体文学	唐东堰 雷奕
全媒体新闻采访写作教程	李军
网络直播基础	周建青
大数据新闻传媒概论	尹章池

21世纪特殊教育创新教材·理论与基础系列

特殊教育的哲学基础	方俊明
特殊教育的医学基础	张婷
融合教育导论（第二版）	雷江华
特殊教育学（第二版）	雷江华 方俊明
特殊儿童心理学（第二版）	方俊明 雷江华
特殊教育史	朱宗顺
特殊教育研究方法（第二版）	杜晓新 宋永宁等
特殊教育发展模式	任颂羔

21世纪特殊教育创新教材·发展与教育系列

视觉障碍儿童的发展与教育	邓猛
听觉障碍儿童的发展与教育（第二版）	贺荟中
智力障碍儿童的发展与教育（第二版）	刘春玲 马红英
学习困难儿童的发展与教育（第二版）	赵微
自闭症谱系障碍儿童的发展与教育	周念丽
情绪与行为障碍儿童的发展与教育	李闻戈
超常儿童的发展与教育（第二版）	苏雪云 张旭

21世纪特殊教育创新教材·康复与训练系列

特殊儿童应用行为分析（第二版）	李芳 李丹

特殊儿童的游戏治疗	周念丽	智障学生职业教育模式	
特殊儿童的美术治疗	孙霞	特殊教育学校学生康复与训练	
特殊儿童的音乐治疗	胡世红	特殊教育学校校本课程开发	
特殊儿童的心理治疗（第三版）	杨广学	特殊教育学校特奥运动项目建设	
特殊教育的辅具与康复	蒋建荣		
特殊儿童的感觉统合训练（第二版）	王和平	**21世纪学前教育专业规划教材**	
孤独症儿童课程与教学设计	王梅	学前教育概论	李生兰
		学前教育管理学（第二版）	王雯
21世纪特殊教育创新教材·融合教育系列		幼儿园课程新论	李生兰
融合教育本土化实践与发展	邓猛等	幼儿园歌曲钢琴伴奏教程	果旭伟
融合教育理论反思与本土化探索	邓猛	幼儿园舞蹈教学活动设计与指导（第二版）	董丽
融合教育实践指南	邓猛	实用乐理与视唱（第二版）	代苗
融合教育理论指南	邓猛	学前儿童美术教育	冯婉贞
融合教育导论（第二版）	雷江华	学前儿童科学教育	洪秀敏
学前融合教育（第二版）	雷江华 刘慧丽	学前儿童游戏	范明丽
小学融合教育概论	雷江华 袁维	学前教育研究方法	郑福明
		学前教育史	郭法奇
21世纪特殊教育创新教材（第二辑）		外国学前教育史	郭法奇
特殊儿童心理与教育（第二版）	杨广学 张巧明 王芳	学前教育政策与法规	魏真
教育康复学导论	杜晓新 黄昭明	学前心理学	涂艳国 蔡艳
特殊儿童病理学	王和平 杨长江	学前教育理论与实践教程	王维 王维娅 孙岩
特殊学校教师教育技能	昝飞 马红英	学前儿童数学教育与活动设计	赵振国
		学前融合教育（第二版）	雷江华 刘慧丽
自闭谱系障碍儿童早期干预丛书		幼儿园教育质量评价导论	吴钢
如何发展自闭谱系障碍儿童的沟通能力	朱晓晨 苏雪云	幼儿园绘本教学活动设计	赵娟
如何理解自闭谱系障碍和早期干预	苏雪云	幼儿学习与教育心理学	张莉
如何发展自闭谱系障碍儿童的社会交往能力		学前教育管理	虞永平
	吕梦 杨广学	国外学前教育学本文献讲读	姜勇
如何发展自闭谱系障碍儿童的自我照料能力			
	倪萍萍 周波	**大学之道丛书精装版**	
如何在游戏中干预自闭谱系障碍儿童	朱瑞 周念丽	美国高等教育通史	［美］亚瑟·科恩
如何发展自闭谱系障碍儿童的感知和运动能力		知识社会中的大学	［英］杰勒德·德兰迪
	韩文娟 徐芳 王和平	大学之用（第五版）	［美］克拉克·克尔
如何发展自闭谱系障碍儿童的认知能力	潘前前 杨福义	营利性大学的崛起	［美］理查德·鲁克
自闭症谱系障碍儿童的发展与教育	周念丽	学术部落与学术领地：知识探索与学科文化	
如何通过音乐干预自闭谱系障碍儿童	张正琴		［英］托尼·比彻 保罗·特罗勒尔
如何通过画画干预自闭谱系障碍儿童	张正琴	美国现代大学的崛起	［美］劳伦斯·维赛
如何运用ACC促进自闭谱系障碍儿童的发展	苏雪云	教育的终结——大学何以放弃了对人生意义的追求	
孤独症儿童的关键性技能训练法	李丹		［美］安东尼·T.克龙曼
自闭症儿童家长辅导手册	雷江华	世界一流大学的管理之道——大学管理研究导论	程星
孤独症儿童课程与教学设计	王梅	后现代大学来临？	
融合教育理论反思与本土化探索	邓猛		［英］安东尼·史密斯 弗兰克·韦伯斯特
自闭谱系障碍儿童家庭支持系统	孙玉梅		
自闭症谱系障碍儿童团体社交游戏干预	李芳	**大学之道丛书**	
孤独症儿童的教育与发展	王梅 梁松梅	以学生为中心：当代本科教育改革之道	赵炬明
		市场化的底限	［美］大卫·科伯
特殊学校教育·康复·职业训练丛书	黄建行 雷江华 主编	大学的理念	［英］亨利·纽曼
		哈佛：谁说了算	［美］理查德·布瑞德利
信息技术在特殊教育中的应用		麻省理工学院如何追求卓越	［美］查尔斯·维斯特

大学与市场的悖论	[美]罗杰·盖格
高等教育公司：营利性大学的崛起	[美]理查德·鲁克
公司文化中的大学：大学如何应对市场化压力	[美]埃里克·古尔德
美国高等教育质量认证与评估	[美]美国中部州高等教育委员会
现代大学及其图新	[美]谢尔顿·罗斯布莱特
美国文理学院的兴衰——凯尼恩学院纪实	[美]P.F.克鲁格
教育的终结：大学何以放弃了对人生意义的追求	[美]安东尼·T.克龙曼
大学的逻辑（第三版）	张维迎
我的科大十年（续集）	孔宪铎
高等教育理念	[英]罗纳德·巴尼特
美国现代大学的崛起	[美]劳伦斯·维赛
美国大学时代的学术自由	[美]沃特·梅兹格
美国高等教育通史	[美]亚瑟·科恩
美国高等教育史	[美]约翰·塞林
哈佛通识教育红皮书	哈佛委员会
高等教育何以为"高"——牛津导师制教学反思	[英]大卫·帕尔菲曼
印度理工学院的精英们	[印度]桑迪潘·德布
知识社会中的大学	[英]杰勒德·德兰迪
高等教育的未来：浮言、现实与市场风险	[美]弗兰克·纽曼等
后现代大学来临？	[英]安东尼·史密斯等
美国大学之魂	[美]乔治·M.马斯登
大学理念重审：与纽曼对话	[美]雅罗斯拉夫·帕利坎
学术部落及其领地——当代学术界生态揭秘（第二版）	[英]托尼·比彻 保罗·特罗勒尔
德国古典大学观及其对中国大学的影响（第二版）	陈洪捷
转变中的大学：传统、议题与前景	郭为藩
学术资本主义：政治、政策和创业型大学	[美]希拉·斯劳特 拉里·莱斯利
21世纪的大学	[美]詹姆斯·杜德斯达
美国公立大学的未来	[美]詹姆斯·杜德斯达 弗瑞斯·沃马克
东西象牙塔	孔宪铎
理性捍卫大学	眭依凡

学术规范与研究方法系列

如何为学术刊物撰稿（第三版）	[英]罗薇娜·莫瑞
如何查找文献（第二版）	[英]萨莉·拉姆齐
给研究生的学术建议（第二版）	[英]玛丽安·彼得等
社会科学研究的基本规则（第四版）	[英]朱迪斯·贝尔
做好社会研究的10个关键	[英]马丁·丹斯考姆
如何写好科研项目申请书	[美]安德鲁·弗里德兰德等
教育研究方法（第六版）	[美]梅瑞迪斯·高尔等
高等教育研究：进展与方法	[英]马尔科姆·泰特
如何成为学术论文写作高手	[美]华乐丝
参加国际学术会议必须要做的那些事	[美]华乐丝
如何成为优秀的研究生	[美]布卢姆
结构方程模型及其应用	易丹辉 李静萍
学位论文写作与学术规范（第二版）	李武 毛远逸 肖东发
生命科学论文写作指南	[加]白青云
法律实证研究方法（第二版）	白建军
传播学定性研究方法（第二版）	李琨

21世纪高校教师职业发展读本

如何成为卓越的大学教师	[美]肯·贝恩
给大学新教员的建议	[美]罗伯特·博伊斯
如何提高学生学习质量	[英]迈克尔·普洛瑟等
学术界的生存智慧	[美]约翰·达利等
给研究生导师的建议（第2版）	[英]萨拉·德拉蒙特等
高校课程理论——大学教师必修课	黄福涛

21世纪教师教育系列教材·物理教育系列

中学物理教学设计	王霞
中学物理微格教学教程（第三版）	张军朋 詹伟琴 王恬
中学物理科学探究学习评价与案例	张军朋 许桂清
物理教学论	邢红军
中学物理教学法	邢红军
中学物理教学评价与案例分析	王建中 孟红娟
中学物理课程与教学论	张军朋 许桂清
物理学习心理学	张军朋
中学物理课程与教学设计	王霞

21世纪教育科学系列教材·学科学习心理学系列

数学学习心理学（第三版）	孔凡哲
语文学习心理学	董蓓菲

21世纪教师教育系列教材

青少年心理发展与教育	林洪新 郑淑杰
教育心理学（第二版）	李晓东
教育学基础	庞守兴
教育学	余文森 王晞
教育研究方法	刘淑杰
教育心理学	王晓明
心理学导论	杨凤云
教育心理学概论	连榕 罗丽芳
课程与教学论	李允
教师专业发展导论	于胜刚
学校教育概论	李清雁
现代教育评价教程（第二版）	吴钢
教师礼仪实务	刘霄
家庭教育新论	闫旭蕾 杨萍
中学班级管理	张宝书
教育职业道德	刘亭亭
教师心理健康	张怀春

现代教育技术	冯玲玉
青少年发展与教育心理学	张清
课程与教学论	李允
课堂与教学艺术（第二版）	孙菊如 陈春荣
教育学原理	靳淑梅 许红花
教育心理学（融媒体版）	徐凯
高中思想政治课程标准与教材分析	胡田庚 高鑫

21世纪教师教育系列教材·初等教育系列

小学教育学	田友谊
小学教育学基础	张永明 曾碧
小学班级管理	张永明 宋彩琴
初等教育课程与教学论	罗祖兵
小学教育研究方法	王红艳
新理念小学数学教学论	刘京莉
新理念小学音乐教学论（第二版）	吴跃跃
初中历史跨学科主题学习案例集	杜芳 陆优君
青少年心理发展与教育	林洪新 郑淑杰
名著导读12讲——初中语文整本书阅读指导手册	文贵良
小学融合教育概论	雷江华 袁维

教师资格认定及师范类毕业生上岗考试辅导教材

教育学	佘文森 王晞
教育心理学概论	连榕 罗丽芳

21世纪教师教育系列教材·学科教育心理学系列

语文教育心理学	董蓓菲
生物教育心理学	胡继飞

21世纪教师教育系列教材·学科教学论系列

新理念化学教学论（第二版）	王后雄
新理念科学教学论（第二版）	崔鸿 张海珠
新理念生物教学论（第二版）	崔鸿 郑晓慧
新理念地理教学论（第三版）	李家清
新理念历史教学论（第二版）	杜芳
新理念思想政治（品德）教学论（第三版）	胡田庚
新理念信息技术教学论（第二版）	吴军其
新理念数学教学论	冯虹
新理念小学音乐教学论（第二版）	吴跃跃

21世纪教师教育系列教材·语文教育系列

语文文本解读实用教程	荣维东
语文课程教师专业技能训练	张学凯 刘丽丽
语文课程与教学发展简史	武玉鹏 王从华 黄修志
语文课程学与教的心理学基础	韩雪屏 王朝霞
语文课程名师名课案例分析	武玉鹏 郭治锋等
语用性质的语文课程与教学论	王元华
语文课堂教学技能训练教程（第二版）	周小蓬
中外母语教学策略	周小蓬
中学各类作文评价指引	周小蓬
中学语文名篇新讲	杨朴 杨旸
语文教师职业技能训练教程	韩世姣

21世纪教师教育系列教材·学科教学技能训练系列

新理念生物教学技能训练（第二版）	崔鸿
新理念思想政治（品德）教学技能训练（第三版）	胡田庚 赵海山
新理念地理教学技能训练（第二版）	李家清
新理念化学教学技能训练（第二版）	王后雄
新理念数学教学技能训练	王光明

王后雄教师教育系列教材

教育考试的理论与方法	王后雄
化学教育测量与评价	王后雄
中学化学实验教学研究	王后雄
新理念化学教学诊断学	王后雄

西方心理学名著译丛

儿童的人格形成及其培养	［奥地利］阿德勒
活出生命的意义	［奥地利］阿德勒
生活的科学	［奥地利］阿德勒
理解人生	［奥地利］阿德勒
荣格心理学七讲	［美］卡尔文·霍尔
系统心理学：绪论	［美］爱德华·铁钦纳
社会心理学导论	［美］威廉·麦独孤
思维与语言	［俄］列夫·维果茨基
人类的学习	［美］爱德华·桑代克
基础与应用心理学	［德］雨果·闵斯特伯格
记忆	［德］赫尔曼·艾宾浩斯
实验心理学（上下册）	［美］伍德沃斯 施洛斯贝格
格式塔心理学原理	［美］库尔特·考夫卡

21世纪教师教育系列教材·专业养成系列（赵国栋 主编）

微课与慕课设计初级教程	
微课与慕课设计高级教程	
微课、翻转课堂和慕课设计实操教程	
网络调查研究方法概论（第二版）	
PPT云课堂教学法	
快课教学法	

其他

三笔字楷书书法教程（第二版）	刘慧龙
植物科学绘画——从入门到精通	孙英宝
艺术批评原理与写作（第二版）	王洪义
学习科学导论	尚俊杰
艺术素养通识课	王洪义